समकालीन
कालजयी कहानियाँ

संकलन एवं सम्पादन

डा. सुशीलकुमार फुल्ल

पूर्व आचार्य एवं अध्यक्ष, भाषा विभाग,
(हिमाचल प्रदेश कृषि विश्वविद्यालय, पालमपुर)

डा. आशु फुल्ल

प्राध्यापक, हिन्दी विभाग, राजकीय स्नातकोत्तर महाविद्यालय,
(धर्मशाला, हिमाचल प्रदेश)

प्रकाशक

यूनीकॉर्न बुक्स

F-2/16, अंसारी रोड़, दरियागंज, नई दिल्ली-110002
23275434, 23262683ए 23250704 • 011-23257790
ई-मेल: info@unicornbooks.in • वेबसाइट: www.unicornbooks.in

शाखा : मुम्बई

23-25, जाओबा वाड़ी, ठाकुरद्वार, मुम्बई-400002
022-22010941, 022-22053387
ई-मेल: rapidex@bom5.vsnl.net.in

ISBN: 978-81-7806-369-0

संस्करण : 2015

मुद्रक: परम ऑफसेटर्स, ओखला, नई दिल्ली-110020

विषय-सूची

अनहद नाद सा संगीत रचती कहानियाँ

यह एक अलग प्रकार का संकलन, चयन है। बहती बयार सा उन्मुक्ता, अल्हड़ परन्तु अर्थपूर्ण चयन...जो विषय, शैली, मृकुटि में प्रासंगिक एवं सन्तुलित।

संकलित कहानियों पर किसी भी तरह की टिप्पणी या वर्डिकट अप्रासंगिक होगी, अनाधिकार प्रयत्न होगा। कोई भी रचना जो कथ्य एवं शिल्प के कारण पाठक को बांध सकने में सक्षम होती है, वही अन्तत: श्रेष्ठ, उत्कृष्ट या कालजयी होने की संभावना से अलंकृत होती है। यह भी आवश्यक नहीं कि पूरी की पूरी रचना एकदम सम्पूर्ण हो। यदि रचनाका कोई बिन्दु हमें सम्मोहित कर लेता है, तो वह भी लेखक की सफलता का ही सूचक होता है। प्रस्तुत संकलन में जिन कहानीकारों की कहानियाँ शामिल की गयी है, वे सभी चर्चित कथाकार हैं। साहित्य में उनका स्थान पहलेही निर्धारित है। कुछ अपेक्षाकृत कम चर्चित परन्तु योगदान में महत्वपूर्ण लेखकों की कहानियाँ भी ली गई हैं। दक्षिण से भी एक हिन्दी कहानीकार को इस परियोजना का भागीदार बनाया गया है। इस प्रकार कथा-संकलन का फलक पर्याप्त व्यापक रखने का प्रयास किया गया है।

कहानी का मर्म कहानीकार की दृष्टि में निहित रहता है। कहानी चरित प्रधान भी हो सकती है, कहानी घटनाप्रधान भी हो सकती है, अप्रत्य प्रभावों की अस्पष्ट अभिव्यक्ति भी हो सकती है, व्यंग्य की तीखी नोक भी कहानी बन सकती है, भावों की धुंध में से भी रचना निकल सकती है, अभिप्राय: यह कि कहानी बनने का कोई निश्चित नियम-चार्टर नहीं है। कहानीकार के घात-प्रतिघात, स्थितियों-परिस्थितियों का आलोड़न-विलोड़न, रचनाकार की संवेदनशीलता, विषयवस्तु की निर्ममता यह सब कुछ और इससे इतर भी बहुत कुछ 'कहानी' की बुनावट में काम आता है। सांचे-खांचे में ढली कहानियाँ मुझे अटपटी लगती हैं, प्रचारवादी गंध से सम्पृक्त कहानियाँ साहित्य में लेने की अनिच्छा रहती है। समकालीन, समसामयिक चितवृत्तियों की शाश्वत गुणवत्ता से सम्पृक्त जो कहानियाँ उपजती हैं, वे आकर्षक, उत्प्रेरक, जीवन की धड़कनों को संजीवनी देने वाली दिशाबोधक कहानियाँ होती हैं। इस संकलन की अधिकांश कहानियाँ

कविता का सा आस्वाद देती हैं। मर्म को छूते हुए भी गुदगुदाती हैं। अस्पष्ट होते हुए भी स्पष्ट स्पंदन का संकेत करती हैं। अनहद नाद की आनन्दानुभूति देती हैं। असगर वजाहन की 'एक अध्याय' व्यक्ति एवं व्यवस्थाको एक्सपोज़ करती है। गोविन्द मिश्र की 'माइकल लोबो' तथा उदय प्रकाश की 'मौसा जी' चरित प्रधान कहानियाँ हैं, जो परत दर परत खुलती चली जाती है। स्वयं प्रकाश का कहानी कहनेका अपना अन्दाज़ है। 'बाबू लाल तेली की नाक' समाज की नाक बन जाती है। वास्तव में आन्तरिक अनुभूतियों की गहनता इन रचनाओं को विलक्षणता प्रदान करती है। राजी सेठ की 'अन्धे मोड़ से आगे' और सुधा अरोड़ा की 'पीले पत्ते' दाम्पत्य सम्बन्धों के तनाव और बिखराव की कहानियाँ है लेकिन ये वोकल नहीं अपितु इनका मौन ही मुखर है। चन्द्रकान्ता की 'काली बर्फ' तथा सैली बलजीतकी 'चिडियों का चम्बा' आतंक एवं उग्रवाद की काली परतों को मर्मान्तक ढंग से उद्धटित करती हैं। ज्ञानप्रकाश विवेक का अपना स्टाइल है... 'बोहेमियन' कहानी के दो पात्र अनेक स्थितियों की जटिलता को संकेतित करते हैं, प्रदीप पंत की 'रैम्बल' बदलते परिवेश को चित्रित करती हुई नास्टेल्जिया का आस्वाद देती है। महीप सिंह की 'पिता' राजनीति की दलदल, हेराफेरियों पर कटाक्ष है। 'खो चुके दिन' में विजय सहगल अतृप्त प्रेम का नास्टैल्जिक हैंगओवर चित्रित करते हैं। गंगाराम राजी की 'मेरी दोस्ती मेरा प्यार' दो मित्रों के अटूट प्रेम के अतत: विखण्डन का आख्यान है। विवाह हो जाने पर एक मित्र अपने साथी को असहाय छोड़कर चला जाता है...मित्र उसकी वापसी की कल्पना में जीता उतराता रहता है। काशीनाथ सिंह की 'खंरोच' काव्यमय अनुभूतियों का बेजोड़ सम्बोधन है। डा. जे. बाबू की 'ग्रसन' दक्षिण भारत के आस्वाद को रेखांकित करती हुई कथा का अलग तेवर प्रस्तुत करती है...इस में अधिक सन्तान की खिलखिलाहट भी है और आतंक की आहट भी। त्रिलोक मेहरा की 'समय के साथ' बदलते रिश्तों एवं समाज के उदार द्रष्टिकोण को परोसती है। चित्रा मुद्गल की 'भूख' शाश्वत सत्य का निर्ममता से उद्घाटन करती है। चन्द्ररेखा ढडवाल की कहानी में दाम्पत्य सम्बन्धों के विश्वास-अविश्वास की लल्खी का रेखांकन है। छटपटाहट से मुक्ति पाने में 'वक्त तो लगेगा' ही। केशव की

'कुछ भी नहीं देखा' नर-नारी के सम्बन्धों की वैधता-अवैधता के बीच झूलती कहानी है। सुदर्शन वशिष्ठ की 'देवता नहीं है' प्रभावशाली लोगों के वर्चस्व, गरीब की कोई नहीं सुनता भाव की कहानी है। 'मुक्तिद्वार' व्यक्ति मन के अटकाव-भटकाव की छटपटाहट की संशिलष्ट रचना है।

क्या तुम 'सारिका' में छपे हो?

कौन कहानीकार समय के साथ-साथ चल कर अपनी पहचान बनाने में सफल रहा है, इसका निर्णय करने के लिए झठे-सातवें दशक में एक ही प्रश्न करते थे...क्या तुम 'सारिका' में छपे हो? 'हां' में उत्तर मिलने पर कहानीकार की स्वीकृति हो जाती थी और कहानी जगत् में एकाएक वह आभा-मण्डल से उदभासित हो जाता था। एक कहानी छपते ही पूरे राष्ट्र की निगाह कहानीकार पर चली जाती थी...विदेशों में भी पत्र-पत्रिका का खूब प्रसार था। बाद में धर्मयुग, साप्ताहिक, हिन्दुस्तान, कादम्बिनी, रविवार आदि अनेक पत्र-पत्रिकाओं ने कहानीकारों को पहचान दी।

'सारिका' के नवम्बर, 1968 अंक में जब मेरी पहली कहानी 'बढ़ता हुआ पानी' शीर्षक में छपी तो अचानक ठगड़ा राम उर्फ स्व. रत्नसिंह हिमेश मुझे शिमला के रिज पर मिल गए। उत्साह से भरे वह मुझे लगभग खींच कर लेखकों के अड्डे भारतेन्दु प्रिंटिंग प्रेस में ले गए जहां राजेन्द्रपाल सूद जी के साथ किशोरी लाल वैद्य बैठे थे। 'सारिका' में एक कहानी छपनेपर ही कितना मान-सम्मान, कितनी पहचान मिलती थी, यह मैंने उस दिन जाना। लेकिन आज परिदृश्य कुछ बदला-बदला सा है। कोई उस स्तर की पत्रिका आज शायद नहीं है। यही कारण है कि आज एक कहानी छपने पर ही किसी का नोटिस नहीं लिया जाता। पत्र-पत्रिकाओं की अपनी सीमाएं हैं, लेखकों-सम्पादकों के अपने व्यामोह हैं। और इन्टरनेट-मोबाइल ने रिश्तोंकी परिपाटी ही बदल दी है। पहले समाचार-पत्रों के रविवारी परिशिष्ट में भी कहानी छपती, तो चर्चा होती। अब एक तो पत्रों ने साहित्य प्रकाशित करना ही छोड़ दिया है, दूसरे पत्रों का राष्ट्रीय स्वरूप विलुप्त हो गया है तथा वे स्थानीयता के रंग में रंगे हैं। इतना अवश्य है कि कुछ दैनिक अपनी सण्डे मैगज़ीन का राष्ट्रीय स्वरूप अभी भी बनाए हुए हैं परन्तु इन्हें

अपवाद ही माना जा सकता है। कहानी का रचना-संसार आज भी सरपट दौड़ रहा है परन्तु अब यह कोई नहीं पूछता कि क्या तुम 'अमुक' 'अमुक' पत्रिका में छपे हो बल्कि यह पूछते हैं कि क्या तुम अमुक अमुक सम्पादक को जानते हो। या मिले हो क्योंकि उसी में प्रकाशन का भेद है। अब रचना की अपेक्षा रचनाकार की सम्पर्क-कुशलता अपेक्षाकृत अधिक फलदायी होती है। बाज़ारवाद के युग में शायद यही उचित एवं उपयुक्त है। अपनी-अपनी ढफली, एवं अपना-अपना राग अलापनेकी सभी को स्वतंत्रता है। गुटवाद, खेमेबाज़ी के होते हुए भी कहानी का फलना-फूलना तथा अपनी उपादेयता बनाए रखना साहित्य की सुखद स्थिति का सूचक है।

प्रस्तुत संकलन में उत्कृष्ट कालजयी कहानियों के रूप में शामिल की गई सभी कहानियाँ मेरी पसन्द की समय-सिद्ध कहानियाँ है और कहानीकार मेरे प्रिय लेखक। लीक से हट कर भी कुछ कहानीकारों को सम्मिलित किया गया है, ताकि संकलन व्यापक प्रतिनिधित्व कर सके। कहा जा चुका है कि दक्षिण से भी एक हिन्दी कहानीकार की उपस्थिति इसे गरिमामय बनाती है। भविष्य में पूर्व-पश्चिम, उत्तर-दक्षिण के और हिन्दी कहानीकारों को भी इस परियोजना में चिन्हित किया जाएगा।

कहानी का क्लासिक या कालजयी होना

संसार की क्षणभंगुरता का ज्ञान होने पर भी अमरत्व की आकांक्षा मनुष्य की अदम्य जिजीविषा की सूचक है। रचनाकार रचनात्मकता के माध्यम से अपने अस्तित्व को बनाए रखने की लालसा पालता है और क्लासिक या कालजयी होने से गुदगुदी अनुभव करता है। इतिहास का सर्वेक्षण करें, तो साहित्य की किसी भी रचना को क्लासिक या कालजयी होते सैंकड़ों वर्ष लग जाते हैं। समय के निकष पर खरा उतरते-उतरते शताब्दियां बीत जाती हैं परन्तु आज के युग में सैंकड़ों वर्ष तक प्रतीक्षा करना न तो आलोचकों को स्वीकार्य है और न ही लेखकों को। त्वरित लेखन के युग में त्वरित मूल्यांकन और वह भी कभी-कभार वाचिक मूल्यांकन मात्र ही लोकिप्रिय हो रहा है। इस के पक्ष-विपक्ष में अनेक तर्क दिए जा सकतेहैं लेकिन यह हमारा यहां अभिप्रेत नहीं है। कोई भी उत्कृष्ट रचना

क्लासिक या कालजयी होने में सक्षम होती है। इसी अवधारणा को ले कर आलोचक प्राय: अपने-अपने चयन या अपनी-अपनी पसन्द को समय-समय पर प्रकट करते रहते हैं।

कहानी सदा ही लोकप्रिय विधा रही है। यहां यह उल्लेख करना अप्रासंगिक नहीं होगा कि ईसा पूर्व प्रथम शताब्दी में यूनानी भाषा में रचित अपूलियस का 'दी गोल्डन ऐस' नामक उपन्यास गद्य में रचित विश्व की प्रथम कथात्मक कृति है। इस के आस-पास, समानान्तर या इससे पूर्व विष्णु शर्मा के पंचतंत्र तथा ईसप की फेबुल्ज़ की रचना हुई। प्राय: यह स्वीकार किया गया है कि कथा-साहित्य का उद्गम-स्थल भारतही है और यहीं से ये कथा-कहानियाँ मध्यपूर्व से होती हुई विश्वभर में व्याप्त हो गयी। इस विवाद को स्थगित कर यह कहना ज्यादा महत्वपूर्ण है कि कहानी-विधा विश्वभर में अपेक्षाकृत अधिक लोकप्रिय हुई है। कारण इसका लाघव, वक्रता, संकेतात्मकता, सहजता या भावनात्मक आलोड़न हो सकता है।

प्रस्तुत संकलन में समकालीन जीवित लेखकों की ही उत्कृष्ट कहानियाँ संकलित की गयी हैं। वास्तव में क्लासिक या कालजयी जैसे शब्द कहानी विधा को चर्चा में जीवित रखने के लिए ही प्रयुक्त किए जाते हैं। समान्तर के विरोध में उपजे परवर्ती सहज कहानी आन्दोलन सन् 1976 में प्रकाशित सहज कहानियाँ कहानी संकलन के बाद कोई आन्दोलन कहानी में नहीं उभरा। यही कारण है कि कुछ सम्पादकों/विद्वानों ने इसे क्लासिक, कालजयी, शताब्दी की श्रेष्ठ कहानियाँ, उत्कृ कहानियाँ कहकर संकलन प्रकाशित किए हैं। कहानी तो कहानी ही होती हैं, जो पाठक को बांध बांध कर रखे, गुदगुदाए, रूलाए या हंसाए, या व्यंग्य से 'परैण' लगाए। प्रस्तुत संकलन में ऐसी ही उत्कृष्ट कालजयी कहानियों को चुना गया है, जो शाश्वत भावनाओं एवं मूल्यों को चित्रित करती हुई महत्वपूर्ण विषयों को उघाड़ती हैं।

कहानी का समकालीन परिदृश्य

इक्कीसवीं शताब्दी का प्रारंभ साहित्य जगत में उत्तर आधुनिक काल का द्योतक है। यह समय न केवल समाज एवं राजनीति में उथल-पुथल का समय है अपितु साहित्य जगत् में भी असमंजस, अराजकता एवं धन कुबेरों के वर्चस्व का समय है। लेखन की अपेक्षा प्रकाशकीय तिकड़मों के षडयंत्र का काल है। चूर्ण और पाउडर की भांति साहित्य को भी उपयोग की वस्तु के रूप में मंडी में बेचा जा रहा हैं। विज्ञापन घटिया से घटिया वस्तु को भी आकर्षक रूप में दिखा कर खरीददारों को लुभाते हैं। साहित्य में भी बहुराष्ट्रीय प्रकाशकों के आगमन ने विद्वानों, सम्पादकों आलोचकों की सांठ-गांठ ने कुछ नहीं को भी बहुत कुछ कह कर महंगे दामों पर परोसने में अपनी दक्षता दिखाई है। उत्तर आधुनिक काल में सर्वाधिक प्रभावित यदि कोई विधा है, वह है कहानी। कहानी को बन्दरिया का नाच नचाया जा रहा है, और मदारी बने विद्वान आलोचक प्रकाशकों की डुगडुगी बजाए जा रहे हैं, इस बात से बेखबर कि वस्तुत वे अपनी ही कब्र खोदे जा रहे हैं।

विश्वफलक पर कहानी विधा का वर्चस्व शताब्दियों से रहा है। एडगर एलिनपो हों या मोपांसा हों, या फिर चेखव हों, या अर्नेस्ट हेमिंग्वे हों, या प्रेमचन्द, यशपाल, अज्ञेय हों, कहानी सदा लोकप्रिय रही है। लोकप्रियता के अनेक कारण हो सकते हैं। कथा में वक्रता, प्रतीकात्मकता, व्यंग्य, मार्मिकता, सदाशचता, तरल संवेदना आदि अनेकानेक पक्ष हो सकते हैं। जिस प्रकार मानवीय संवेदनाएं सार्वभौमिक हैं परन्तु उन में स्थानीय परिवेश एवं भाषागत वैशिष्टय किंचित भिन्न हो सकता हैं परन्तु, मूल-भावना, आकार-प्रकार एवं कलात्मक परिणति विविध होते हुए भी मूल लक्ष्य में एक होती है। पाठक को सहज-स्वाभाविक ढंग से बांधे रखना...उसे बिना महसूस करवाए कथ्य में डूबने-उतराने देना। प्रेमचन्द की कहानी का 'मैकू' एकाएक शराबखोरी पर प्रहार करता है और अकेला ही शराब माफिया पर टूट पड़ता है...दर्शाता है कि लेखक की सहानुभूति पात्रों की व्यथा-कथा के साथ है। कहानी भावनात्मक रूप से यदि पाठक को उद्वेलित करती है, तो निश्चित रूप से लक्ष्य में सफल मानी जाएगी। गुलेरी की

कहानी 'हीरे का हीरा' में व्यक्त सास-बहू की वेदना उन के मौन को मुखर कर देती है। यशपाल की कहानी 'न्याय और दण्ड' थोड़े में बहुत कुछ कह देती है। जातिगत द्वेष एवं अर्थ की मारा-मारी की बेजोड़ कहानी। मोहन राकेश की 'मलबे का मालिक' में भारत विभाजन की पीड़ा का दंश एकाएक पाठक को ग्रस लेता है। फणीश्वर नाथ रेणु की 'जै गंगा मय्यां' कहानी में व्यस्क बाढ़ पीडित लोगों की वेदना की अभिव्यक्ति कितनी मार्मिक है, यह पाठक जानते हैं। हेमिंग्वे की कहानी 'नाऊ आई ले भी' किशोरी-किशोर के संसर्ग, प्रथम अनुभव की अद्‌भुत कहानी है।

प्रश्न उठता है कि क्या यह निर्णय किया जा सकता है कि कौन सी कहानी कितने पाठकों ने पढ़ी है या वह कितने पाठकों तक पहुंची है। और यह भी सच्चाई है कि पता नहीं कब कोई पाठक किसी कहानी को पढ़े। यह अवसर, संयोग एवं रुचि की बात है। हां, पाठयक्रमों में प्रविष्ट हो गई कहानी निश्चय ही बार-बार पढ़ी जाती है, पढ़ाई जाती है। और पिष्ट-पेषित हो कर रस-विहीन, यांत्रिक क्रिया मात्र रह जाती है। पाठ्यक्रमों के निर्माता, चयनकर्ता मठाधीश थोड़े-बहुत परिवर्तन से ही सन्तुष्ट हो जाते हैं। यदि पाठयक्रम में उसने कहा था, कफ़न, लाल पान की बेगम, फेंस के इधर-उधर, प्रायश्चित, परमात्मा का कुत्ता या कोई भी कहानी लग गई, तो वह कोल्हू के बैल की तरह घूमती रहती है। पाठ्यक्रम में यदि प्रेमचन्द की 'कफ़न' कहानी है, तो मैकू या दूध का मोल को कौन पढ़ेगा? यह हिन्दी कहानी की विडम्बना है और विश्वविद्यालयों में आसीन पाठ्यक्रम विशेषज्ञों की लकीर पीटती मानसिकता को दर्शाता है। यही कारण है कि सामान्य पाठक या अध्ययन-अध्यापन में रत विद्वान भी गिनी-चुनी कहानियों की ही चर्चा कर पाते हैं। ऐसी स्थिति में कहानी का विस्तृत फलक अचर्चित ही रह जाता है।

जैसा मैंने अन्यत्र कहा है इक्कीसवीं शताब्दी के प्रारंभिक वर्ष हो हल्ले शोर-शराबे के अधिक रहे हैं, शान्त-चिन्तन के कम। प्रकाशकों के व्यवसायी दृष्टिकोण ने विद्वान सम्पादकों को भी दिग्भ्रमित किया है। मार्कीट का दोहन उनका मुख्य लक्ष्य है। आश्चर्य होता है कि अधिकांश प्रकाशक शताब्दी की कालजयी कहानियाँ, हिन्दी की कालजयी कहानियाँ, हिन्दी जगत् की श्रेष्ट

कहानियाँ आदि शीर्षक से अपनी-अपनी पसन्द के लेखकों की कहानियों को संकलित कर रहे हैं। अच्छी बात है परन्तु यदि चयन में दृष्टि केवल अपने अखाड़े के लोगों पर ही रहती है, तो आप निष्पक्षता का दम्भ नहीं भर सकते। इस में भी अधिक हानि ऐसे संकलनों से तब होती है, जब उन्हें प्रतिनिधि कह कर परोसा जाता है। वास्तव में आकर्षक या बिकाऊ शीर्षक दे कर मार्किट के दोहन के अतिरिक्त कुछ भी नहीं। वास्तव में इन संकलनों में कुछेक कहानीकारों की कहानियाँ ही घूमती रहती है जबकि व्यापक प्रतिनिधित्व की अपेक्षा बराबर रहती है।

क्लासिक कहानियाँकह कर कोई कहानी संकलन छापना कितना प्रासंगिक है? समकालीन कहानी को आप आज ही क्लासिक घोषित कर देंगे, तो परवर्ती विद्वान, किस दृष्टि से इन्हें देखेंगे। यह प्रश्न बराबर बना रहेगा। समय की शिला पर ही वस्तुत: किसी रचना के क्लासिक होने को परखा जा सकता है। रचना जो समय को लांघ कर जीवित रहती है, वही क्लासिक हो सकती है। और पूरे कहानी-संसार का मंथन किए बिना केवल अपनी पसन्द की रचनाओं को क्लासिक से अभिहित कर देना सामान्य परन्तु गम्भीर लेखक के प्रति अन्याय है। इतना अवश्य है संकलित कहानियों को गम्भीरता से पढ़ा जो जरूर जाता है।

कभी-कभी यह देख कर आश्चर्य होता है कि आज अधिकतर उन्हीं लेखकों को धुरन्धर कहानीकार माना जाता है, जो या तो कमर्शियल पत्र-पत्रिकाओं के वर्तमान सम्पादक हैं या सम्पादक रह चुके हैं। उदाहरण के लिए बड़े लेखकों को भी लिया जा सकता है, यथा कमलेश्वर, मोहन राकेश, राजेन्द्र यादव, धर्मवीर भारती, अज्ञेय, मृणाल पाण्डे, रवीन्द्र कालिया, हिमांशु जोशी तथा अन्य उनके जैसे...जो जैसे-तैसे सत्ता-परक पत्र-पत्रिकाओं या समाचार-पत्रों से जुड़े रहते हैं। क्या सम्पादक-कहानीकार ही कालजयी या क्लासिक कहानियाँ लिख सकते हैं। अलग-अलग प्रकाशकों द्वारा प्रकाशित संकलनों को देखे, तो कुछ ऐसा ही लगता है। इनमें अपवाद भी हो सकते हैं परन्तु हिन्दी कहानी का परिदृश्य कुछ ऐसा ही लगता है धुन्धला-धुन्धला एवं बिखराव पूर्ण।

इसी सन्दर्भ में एक और बात। पुस्तक समीक्षा में भी बन्धुआ समीक्षकों से विवेचन करवा कर वाह-वाही लूटी जाती है और प्रसार में आंकड़े बढ़ जाते हैं। पत्र-पत्रिकाओं के सम्पादकों की सांठ-गांठ प्रकाशकों से तथा चाटुकार समीक्षकों की लार टपकाती समीक्षाएं हिन्दी कहानी को कहां ले जाएंगी? क्या पत्र-पत्रिकाओं या समाचार-पत्रों के सम्पादक इतने घिर गए हैं कि वह इस माया-जाल को भेदने में अक्षम हैं। पहले भी संभव है ऐसी स्थितियां होती होंगी परन्तु फिर भी यह लगता है कि उत्तर आधुनिक काल व्यवहार कुशलता एवं अर्थ प्रभाव से ग्रस्त एवं त्रस्त है। कहानी चाकलेट का टुकड़ा तो नहीं होती कि जब चाहा, जैसा चाहा सांचे-खांचे में ढाल कर कहानी बना ली? लेकिन कमलेश्वर ने समान्तर के माध्यम से यह भी दिखा दिया कि कहानियाँ मेड टु आर्डर भी हो सकती हैं। समान्तर कहानी का आन्दोलन इसीलिए टांय-टांय फिस्स हो गया क्योंकि कमलेश्वरने इसे उत्पाद बना दिया और उत्साही कहानीकार सांचे-खांचे में समान्तर का रसोद्रेक भरने लगे परन्तु कब तक झण्डा बरदार नारे लगाते रहते। कभी न कभी तो कण्ठ सूखने ही थे।

प्राय: यह स्वीकार किया जाता है कि कहानी तो अन्तत: कहानी ही होती है परन्तु यह भी सच है कि साहित्य की नीरसता एवं सन्नाटे को पाटने के लिए कुछ नया, कुछ आकर्षक करना ही पड़ता है। औरतें जैसे अपने रंग-रूप को बनाए रखने के लिए आभूषणों एवं नये-नये परिधानों का उपयोग करती हैं, उसी प्रकार कहानीकारों ने भी समय-समय पर इसमें आकर्षण लाने के लिए इसे कभी नई कहानी कहा, कभी अ-कहानी, सक्रिय कहानी, सचेतन कहानी, सहज कहानी,परवर्ती सहज कहानी...और कभी समकालीन कहानी संज्ञाओं से अभिहित किया। इन सब का मूल प्रेरणा स्रोत तो यही था कि कहानी चर्चा के केन्द्र में बनी रहे...भले ही कुछ लोगों ने यह भी कहा कि जो कहानीकार नई कहानी आन्दोलन से छूट गए थे, वे सचेतन के झण्डे तले एकत्रित हो गए। वैसे भी ये सब आन्दोलन वर्गीकरण एवं विशिष्ट चर्चा के लिए ही चलाए गए थे।

आज भी किसी न किसी रूप में कहानी में आन्दोलनों की गूंज सुनाई दे जाती है, भले ही इस का रूप भिन्न होता है। कभी-कभार पत्रिकाएं

भाषागत आचंलिकता से भरपूर कहानियाँ छापती हैं और कभी विश्व की दूसरी भाषाओं की हिन्दी में रूपान्तरित कहानियाँ भी पाठकों को मिलती हैं। साहित्य अकादेमी की पत्रिकाओं इण्डियन लिट्रेचर एवं समकालीन भारतीय साहित्य में तो अनुवाद के माध्यम से पाठकों को कहानियाँ मिलती ही हैं। एक और विकल्प भी सम्पादकों के पास रहता है। वह है हिन्दी के दिवंगत परन्तु प्रसिद्ध कहानीकारों की कहानियों का पुर्न प्रकाशन। यह भी वस्तुत: कहानी की परम्परा को जीवित रखने का ही एक प्रयत्न है।

कहानी का क्षेत्र बहुत व्यापक है और भारत में हिन्दी कहानी का क्षेत्र हिन्दी भाषी प्रान्तों के अतिरिक्त भी दूसरे प्रदेशों में भी फैला है। यह भी द्वेषपूर्ण भाव है कि हिन्दी भाषी प्रान्तों के विद्वान अहिन्दी भाषी हिन्दी कहानीकारों को स्वीकार करने में हिचकिचाते हैं, जबकि अहिन्दी भाषी हिन्दी कहानीकारों का हिन्दी साहित्य को योगदान महत्वपूर्ण रहा है। इस से भी न केवल हिन्दी साहित्य का अपितु, हिन्दी भाषा का भी अहित होता है। उल्लेखनीय है कि हिन्दी भाषी प्रान्तों के हिन्दी विद्वानों द्वारा लिखित हिन्दी साहित्य के इतिहास में दक्षिण प्रान्तों के योगदान की तो बात ही कहां, यहां तक कि हिमाचल, पंजाब, जम्मू कश्मीर, हरियाणा आदि प्रांतों के लेखकों का भी उल्लेख तक नहीं रहता। अंग्रेजी भाषा का विश्व परिवार इसीलिए महान है कि यह किसी भी देश के अंग्रेजी लेखक को स्वीकार करने में हर्ष महसूस करती है। यही कारण है कि अंग्रेजी साहित्य में निरन्तर वृद्धि हो रही है और हिन्दी साहित्य पर क्षेत्रीय भाषाएं भारी पड़ रही हैं।

आवश्यकता इस बात की है कि नागरी प्रचारिणी सभा काशी ने जो हिन्दी साहित्य का वृहत इतिहास अनेक खण्डों में छठे-सातवें दशक में प्रकाशित था, उसे संशोधित एंव संबंधित कर के पुन: प्रकाशित किया जाए। ऐसा करने से पूरे भारत में रचित विपुल हिन्दी साहित्य का आकलन संभव हो सकेगा। यांत्रिकी के युग में कम्प्यूटर आदि की सहायता से शीघ्र एवं बेहतर प्रकाशन हो सकेगा। विधागत रूप में भी साहित्येतिहास प्रकाशित हो सकता है यथा हिन्दी कविता का विकास, हिन्दी कहानी का उद्भव एवं

विकास, हिन्दी उपन्यास का उद्भव एवं विकास...इसी प्रकार अन्य विधाओं को भी लिया जा सकता है।

एक और विकल्प भी संभव है। प्रादेशिक हिन्दी साहित्य के इतिहासों की रचना। स्वाभाविक है कि प्रत्येक प्रदेश के प्रमुख हिन्दी लेखकों एवं विभिन्न विधाओं के कालक्रम के अनुसार विकास को रेखांकित किया जा सकता है। कुछ प्रदेशों के हिन्दी साहित्य के इतिहास प्रकाशित भी हुए हैं यथा पंजाब में रचित हिन्दी साहित्य (डा. मनमोहन सहगल),पंजाब का हिन्दी साहित्य (डा. हरमहेन्द्र बेदी), हिमाचल प्रदेश का हिन्दी साहित्य का इतिहास (डा. सुशील कुमार फुल्ल), हरियाणा का हिन्दी साहित्य (डा. लालचन्द गुप्त मंगल), केरल का हिन्दी साहित्य का इतिहास आदि। इन के भी संवर्धन एवं संशोधन की निरन्तर आवश्यकता है। इस दिशा में हिन्दी संस्थान, केन्द्रीय हिन्दी निदेशालय, विश्वविद्यालयों के प्रकाशन विभाग महत्वपूर्ण भूमिका निभा सकते हैं। प्रकाशकों का योगदान तो बराबर रहेगा ही।

अनेक भाषाओं में विश्वकोश अर्थात एन्साइक्लोपेडिया प्रकाशित करने की परम्परा है। हिन्दी में भी यह परम्परा आंशिक रूप से प्रचलित है। ज्ञानमण्डल ने सन् 1962 में डा. धीरेन्द्र वर्मा द्वारा सम्पादित दो खण्ड़ों में हिन्दी साहित्य कोश का प्रकाशन किया, जो वर्षों तक अपनी महत्वपूर्ण भूमिका निभाता रहा है और सीमित अर्थों में आज भी प्रासंगिक है परन्तु यह आवश्यक नहीं कि उसे अपडेट किया जाए डा. गणपतिचन्द्र गुप्त द्वारा सम्पादित हिन्दी भाषा एवं साहित्य का विश्वकोश (1992) प्रकाशक: एटलांटिक प्रकाशन, नई दिल्ली भी उल्लेखनीय है। या वैसेही और विश्वकोश रचे जाएं। ऐसा करना हिन्दी एवं हिन्दी साहित्यके इतिहास को अद्यतन बनाने में भी सहायक होगा अन्यथा अधिकांश हिन्दी साहित्य के इतिहासों की सामग्री की भांति हम सन् सत्तर-पचहत्तर तक के साहित्य एवं साहित्यकारों से ही परिचित रह सकेंगे।

यहां सुदूर दक्षिण के एक हिन्दी विद्वान का उल्लेख करना प्रासंगिक होगा, जिस ने गत दो दशकों में हिन्दी आलोचना में अपनी उपस्थिति दर्ज

करवाई है। यशपाल के कथा-साहित्य पर अनेक ग्रन्थ प्रकाशित हुए हैं परन्तु डा. सी. एम. योहन्नान ने 'यशपाल का कहानी संसार' में यशपाल की एक-एक कहानी का विश्लेषण करते हुए यशपाल के समग्र योगदान का आकलन निस्संगरूप से किया है। वास्तव में योहन्नान ने उत्तर दक्षिण में अपनी आलोचना के माध्यम से हिन्दी प्रेमियों में सेतु का काम किया है। यशपाल एवं मलयाली कथाकार केशव देव के व्यक्तित्व एवं कृतित्व का तुलनात्मक अध्ययन प्रस्तुत कर लेखक ने कथा-साहित्य में अपनी रुचि का परिचय दिया है। अपनी नवप्रकाशित पुस्तक 'समकालीन हिन्दी कहानी: अन्तरंग परिचय' में तीस कहानीकारों की रचनाओं के सामान्य परिचय के अतिरिक्त पन्द्रह प्रमुख कहानीकारों के समकालीन कहानी को योगदान का मूल्यांकन प्रस्तुत किया है। ये कहानीकार हैं ज्ञानप्रकाश विवेक (शिकारगाह), राजेन्द्रदानी (कच्छुए की तरह), ममता कालिया (बोलने वाली औरत), सुशील कुमार फुल्ल (होरी की वापसी), स्वयं प्रकाश (अगले जन्म), शिवाजी श्रीवास्तव (यक्ष प्रश्न), दूर्बा सहाय (रफ्तार), उदयप्रकाश (दत्तात्रेय के दुख), जयनन्दन (सूखते स्रोत), माहेश्वर (दस प्रतिनिधि कहानियाँ), अरुण प्रकाश (विषम राग), अजीत कौर (कसाईबाड़ा), जियालाल आर्य (जंगल के खिलाफ), कैलाश वनवासी (बाज़ार में रामधन)।

उपर्युक्त चयन योहन्नान का है। इस में और भी बहुत नाम जोड़े जा सकते हैं, परन्तु शोध की दृष्टि से सामान्य निष्कर्षों के लिए लेखक ने पर्याप्त कहानीकारों एवं उन के कथा संकलनों को अपने अध्ययन का आधार बनाया है। वास्तव में इक्कीसवीं शताब्दी के प्रथम दशक में बाज़ारवाद, स्वार्थवाद, पदार्थवाद, यूज़ एण्ड थ्रो की प्रवृत्ति, वृद्धों और नारी की प्रताड़ना, किसी भी तरह आगे निकलने की होड़, दूसरों को पछाड़नेकी ललक, धनार्जन की होड़ आदि प्रवृत्तियां जीवन में व्याप्त मिलती हैं और परिणामत: उन्हीं का चित्रण कहानियों में भी मिलता है। डा. सी. एम. योहन्नान के शब्दों में, "समकालीन कहानी एक ऐसा आईना प्रस्तुत करती है जिससे समसामयिक जीवन की छवि उसकी सम्पूर्ण सच्चाई के साथ प्रतिबिम्बित होती है। इस में शिथिल होते मानवीय सम्बन्धों पर गहरी चिन्ता व्यक्त की गयी है। झुग्गी झोपडियों में अत्यंत कठिन परिस्थितियों

में संघर्ष करने वाले जनजीवन की अदम्य जिजीविषा, आदिवासी स्त्री की अस्मिता, सामन्ती प्रभुता में कुचली जाती पिछड़ी नारी, पुलिस एवं न्याय व्यवस्था की अमानवीयता, मनुष्य विरोधी ताकतों का दर्प, असंगठित निम्नवर्गीय जीवन की व्यथा-कथा, हरिजन उत्पीड़न इन सबका जीता-जागता चित्रण इस में हुआ है।" (समकालीन हिन्दी कहानी: अन्तरंग परिचय; पृष्ठ 181)

मुंशी प्रेमचन्द को ग्रामीण-परिवेश, इसके दुख-दर्द, सामाजिक विसंगतियों का चितेरा स्वीकार किया गया है। मानव मन के अनेक प्रकार के डर, विकृतियां तथा सदाशय की भावना का प्रकाशन उन की अनेक कहानियों में चित्रित मिलता है। इसी प्रकार यशपालकी कहानियों में भी मनुष्य-मन के अनेक रंग-रूप मिलते हैं। यशपाल के लिए कहानी विचार की खूंटी पर टंगा सत्य है। जब उन का प्रचारवादी मुखर होता है, तो वह अपनी रचना को विशिष्ट दृष्टिकोण को प्रतिपादित करने के लिए अस्त्र के रूप में प्रयुक्त करते हैं यथा फूलों का कुर्ता। और जब कहानी उन के वैचारिक नियंत्रण से फिसल जाती है, तो वह विशुद्ध कहानी का सृजन करते हैं, यथा प्रतिष्ठा का बोझ, धर्मरक्षा आदि। जैनेन्द्र एवं अज्ञेय में कहानी का किंचित भिन्न रूप मिलता है। मनोविज्ञान की आन्तरिक छटपटाहट इन की रचनाओं में व्याप्त है। उपेन्द्रनाथ अश्क रांगेय राघव, योगेश्वर शर्मा गुलेरी अपने-अपने ढंग से कहानियों को बुनते हैं। रांगेय राघव की 'पंच-परमेश्वर' प्रेमचन्द की कहानी से नितान्त भिन्न है। रांगेय राघव अपनी कहानी में मनुष्य के अन्दर विद्यमान शैतान का चित्रण करते हैं। कहानी कला की यही विविधता है, यही विराटता है। यही प्रभविष्णुता कहानी को निरन्तर लोकप्रिय बनाए रखने में सहायक हुई है।

समय बदलता है, तो हमारा व्यवहार, परम्परा, स्थितियां, गतियां भी बदलती हैं परन्तु संवेदनशीलता बराबर बरकरार रहती है। 'सद्गति' का नायक यदि भ्रामक सामाजिक मान्यताओं एंव व्यवहारों का शिकार बनता है, तो स्वयं प्रकाश की कहानी 'क्या तुलसीदास झूठ बोल रहे थे' कहानी का नायक भी स्थितियों की भ्रामकता का शिकार बनता है। अभिप्राय: यह कि कहानी सदा मौन भावनाओं की भयावहता एवं गम्भीरता को मुखरता

प्रदान करती है। इस से यह बात भी सत्यापित होती है कि कहानी के विभिन्न आन्दोलन अर्थात नयी कहानी, अ-कहानी, सचेतन कहानी, सहज कहानी, सक्रिय कहानी, समान्तर कहानी, परवर्ती सहज कहानी आदि भी वस्तुत: कहानी को निरन्तर चर्चा में रखने के प्रयत्न थे। कभी आचंलिकता के माध्यम से, कभी अदीक्षित अनुभवों एवं परम्पराओं के चित्रण से कहानी का सम्मोहन बराबर बना रहा है।

उत्तर आधुनिक काल से पूर्व अर्थात सन् 2000 से पहले समाज की वैचारिक सुस्ती हावी थी क्योंकि बाज़ारवाद का रेला पूरी तरह नहीं आया था, तो स्वाभाविकत : साहित्य में भी वैसा एग्रेशन नहीं था लेकिन उत्तर आधुनिक काल में सब कुछ हाई टेक होने लगा और समाज की रूप-रेखा बदलने लगी। कहानी परिस्थितियों का आईना दिखाने लगी। प्रतीकात्मकता एवं किस्सागोई कहानी की प्राणवायु बन गई। संकेतात्मकता प्रखरता से रचनाओं में उतरने लगी।

गत दस-बारह वर्ष में प्रकाशित कहानियों में कुछ सामान्य प्रवृत्तियां मिलती हैं, जिन का संक्षिप्त उल्लेख उपयोगी होगा। अर्थवाद की अतिशयता एवं स्वार्थ की अहमन्यता ने सम्बन्धों में बिखराव पैदा किया है। परिवारों के विघटन से खून के रिश्ते भी फीके पड़ गए हैं। बहन-भाई, पति-पत्नी, पिता-पुत्र, दादा-पोता, चाचा-ताया सब रिश्ते जैसे कहीं पीछे छूट गए हैं। सुदर्शन वशिष्ट की कहानी 'बिरादरी बाहर' में हरिजन पिता का अधिशासी अभियन्ता बेटा स्टेटस की चकाचौंध में पिता का अनादर करता है। पिता की वेदना कहानी में मार्मिक अभिव्यक्ति बनकर उभरती है। ममता कालिया की 'सेवा' शीर्षक कहानी में अस्पताल में बेहोश पड़ी मां का हालचाल पूछने बेटा आता है, तो पूरा विवरण जानने के लिए भी उसके पास समय नहीं। वह मां का हालचाल भी 'नटशेल' में पूछता है क्योंकि उसे तुरन्त मीटिंग के लिए कलकत्ता जाना है। समकालीन भारतीय साहित्य अंक 166, मार्च-अप्रैल 2013 के अंक में डा. फुल्ल की प्रकाशित कहानी 'मुक्तिद्वार' का नायक कुलवन्त मर रहा है और उसके मित्र-परिचित एवं छोटा भाई इस बात से दुखी है कि उसे मरने में इतना समय क्योंलग रहा है। शायद जहर नकली हो। भाई को रजिंश है कि कुलवन्त ने सड़क के

किनारे की सारी जमीन खुद ले ली और उसे सड़क से हट कर जगह मिली। अगर गोस्वामी की एक कहानी का नायक रूद्राक्ष सिंह पिता के अन्तिम संस्कार में भाग न ले कर जर्मनी में कम्पनी के काम को प्राथमिकता देता है। बूढ़े मां-बाप के विदेशों में 'बेबी-सिटर' की भूमिका निभानेकी कहानियाँ भी खूब लिखी गई हैं।

प्रशासन में अराजकता, अव्यवस्था भी एक ऐसी सामान्य प्रवृत्ति है, जिसे कहानीकारों ने अपनी रचनाओं में प्रखरता से उठाया है। भाई-भतीजावाद, भ्रष्टाचार, पुलिस अत्याचार, निर्धन की प्रताड़ना...ये प्रसंग अनेक कहानियों में उभरते हैं। यशपाल ने भी इन प्रसंगों को गम्भीरता से उठाया लेकिन यशपाल के समय में उत्तर आधुनिक काल की निर्ममता व्याप्त नहीं थी। 'न्याय और दण्ड' कहानी में गांव के सामन्तवादी लोग ही डूमनों को प्रताडित करते हैं। प्रेमचन्द की भी अनेक कहानियों में जमीदार-किसान या सामन्तशाही महाजनी संस्कृति की प्रताड़ना चित्रित मिलती है।

समग्र राष्ट्र भ्रष्टाचार के दानव ने जकड़ रखा है। हर स्तर पर काम करने-करवाने के लिए प्रलोभन देना पड़ता है। आदान-प्रदान की प्रवृत्ति भी प्रमुख है। दवा की बहुराष्ट्रीय कम्पनियां अपनी दवाइयां बेचने, प्रचारित-प्रसारित करवाने के लिए डाक्टरों पर अतिरिक्त धन खर्च करती है। उनके विदेश दौरे आयोजित करती हैं। नौकरी लेने के लिए भी रिश्वत देनी पड़ती है। स्कूल, कालेज, दफ्तर में नौकरी प्राप्त करना इसी लिए सहज नहीं क्योंकि उनकी बिक्री की जाती है और धनवान व्यक्ति नौकरी खरीद लेते हैं।पहले तो रिश्वत केवल पटवारी-कानून तक ही सीमित थी परन्तु अब हर स्तर पर हर काम के लिए रिश्वत देना आवश्यक हो गया है। लालफीताशाही के कारण अपेक्षितों को भी सरकारी अधिकारियों या मन्त्रियों के आगे गिड़गिड़ाना पड़ता है। नानी, फिर बच्चों का क्या होगा? कहानी में मुख्यमन्त्री की स्वीकृति मिल जानेपर भी कहानीकी पत्रकार रचना को आर्डर मिलनेमें महीनों लग जाते हैं, क्यों? वस्तुत: मैत्री का प्रदर्शन करने वाले सहयोगी ही ईर्ष्यावश अड़ंगे अड़ा देते हैं।

घोर स्वार्थ, चापलूसी, नकली प्रेम और मूल्यहीनता के वर्तमान युग में मनुष्यता को फूंक मारकर फिर से जिन्दा रखने की प्रवृत्ति भी पाई जाती है। (समकालीन हिन्दी कहानी: अन्तरंग परिचय; पृष्ठ 159) ज्ञानप्रकाश विवेक की कहानी 'आफिसर' में यह बखूबी चित्रित किया गया है। आफिसर डी. एम पण्डाल में आग लग जाने के कारण अपनी बेटी को बचाते हुए बुरी तरह झुलस गया। उसकी पत्नी तो अग्नि में स्वाहा हो गयी परन्तु, वह बेटी को बचाने में सफल हुआ परन्तु चेहरा विकृत हो गया था। बेटी की तो उसमें प्लास्टिक सर्जरी करवा दी लेकिन अपनी नहींकरवाई ताकि बेटी उस के चेहरे को देख कर स्वयं सांत्वना ले सके। कोई आफिसर को देखना नहीं चाहता लेकिन एक नया रंगरूट स्थिति के यथार्थ को समझ संवेदनापूर्ण व्यवहार करता है, जो उस की मानवीयता का सूचक है। सम्बन्धों की सापेक्षता एवं स्थिति के यथार्थ उदघाटन ने कहानी को मार्मिक बना दिया है।

समकालीन हिन्दी कहानी में सामाजिक वैमनस्थ को चित्रित करती भी अनेक कहानियाँ मिलती हैं। विसंगतियों, रूढिवादिता पर प्रहार तो लगभग सभी रचनाकारों ने अपने-अपने ढंग से किया है। अन्तर केवल प्रस्तुति या भाषागत औदात्य का होता है। योगेश्वर शर्मा की कहानी 'पीलिया' की नायिका घरों में बर्तन मांजने वाली अपने बच्चे के लिए अमीर घर के लोगों द्वारा गिलास में छोड़ा गया जूस इकट्ठा करके ले जाती है। मालिक के बेटे को पीलिया है, वह जूस पीता है। थोड़ा-बहुत छोड़ देता है। उसी से वह नौकरानी अपना काम चलाती है। अमीर और गरीब के बीच खाई हमेशा रही है। यह विषमता मिटाने के सरकारी प्रयास तो होते हैं, घोषणाएं होती हैं परन्तु, परिणाम सबके सामने हैं। जिस वर्ग ने पिसना है, वह अब भी पिस रहा है, थोड़ा-बहुत भले ही पहले से कम प्रताडित हो रहा है।

आज की हिन्दी कहानी में सम्भवत: कोई ऐसा विषय नहीं है, जो चित्रित न मिलता हो। भ्रूण हत्या से ले कर नारी प्रताड़ना, यौन-शोषण, बलात्कार, छींटाकशी समाज में व्याप्त है। कामकाजी महिला की प्रताड़ना और भी ज्यादा है। बलात्कार, यौन-उत्पीड़न के कितने कानून बन गए हैं परन्तु, पुरुष की सामन्ती मानसिकता में परिवर्तन अभी अपेक्षित है।

दिसम्बर 2012 में गैंगरेप की शिकार हुई निर्भया की मर्मान्तक घटना सब को याद है लेकिन फिर भी समाज में कोई जागृति दिखाई नहीं देती। हर रोज़ समाचार पत्रों में यौन उत्पीड़न की गम्भीर समस्याएं उल्लिखित मिलती हैं। अरूण प्रकाश की कहानी 'बेला एक्का लौट रही है' ऐसी ही औरत की कहानी है, जिसके इर्द-गिर्द गिद्ध मण्डराते हैं और उसको नोच डालना चाहते हैं। नौकरी में कन्फर्मेशन उसकी योग्यता से होती है लेकिन लम्पट अधिकारी एवं उस अधिकारी का हैडक्लर्क भी उससे शारीरिक सुख भोगने को लालायित है। क्या करे बेटी? नौकरी छोड़ कर बैठ जाना ही एकमात्र विकल्प उसकी आंखोंमें कौंधता है। समाज औरतों को यह नसीहत तो देता है कि उन्हें स्थितियों परिस्थितियों का सामना करना चाहिए लेकिन वास्तव में समाज या राष्ट्र औरत को कोई ठोस सहायता देने में फिलहाल सम्पन्न नहीं हुआ है।

यह भी विडम्बना ही है कि पिछड़ी जातियों के उत्थान के लिए अनेक योजनाएं उद्घोषित होने के बावजूद उच्च वर्ग के लोग। स्वर्ण जाति की मानसिकता वाले बन्धु आज भी निम्न जाति या आर्थिक रूप से विपन्न व्यक्तियों के साथ अन्याय करने में गुरेज़ नहीं करते। छल-कपट, जातिगत विद्वेष, हेराफेरी किसी भी ढंग से कमज़ोर व्यक्ति को पटखनी दे कर हम अपने स्वार्थ सिद्ध करना चाहते हैं। उदय प्रकाश की कहानी 'मोहनदास' इस स्थिति की भयावहता को निर्ममता से उद्घाटित करती है। मोहनदास ने बी. ए. प्रथम श्रेणी में उत्तीर्ण किया है। वह प्रतियोगिता में भी शीर्ष स्थान पर है परन्तु, इन्ट्रव्यू में उसे निकाल दिया जाता है। वह हरिजन है, शायद यही उसका दोष है। उसकी जगह जिस का चयन किया जाता है, वह केवल मैट्रिक पास है। और किन्हीं मामलों में तो फर्जी जाति सर्टीफिकेट बनवा कर भी आरक्षण वर्ग में स्वर्ण जाति के लोग नौकरियां हथिया लेते हैं। केशव की 'छोटा-टेलीफोन बड़ा टेलिफोन', सुशील कुमार फुल्ल की 'सीढ़ी दर सीढ़ी', सुन्दर लोहिया की 'कोलतारं' इन्हीं मुद्दों का भण्डाफोड़ करती कहानियाँ हैं।

हमारे सामने किसी पर अत्याचार होता है, तो हम मूक दर्शक बन जाते हैं। किसी प्रकार की सहायता के लिए भी तरंगे नहीं उठती। सामाजिक

उदासीनता एवं निष्क्रियता से ग्रसित भीड़ तमाशबीन बन जाती है। सड़क पर कोई पीडिता कराहती रहे कोई दुर्घटनाग्रस्त व्यक्ति तिल-तिल मरता रहे, दयनीय आंखों से सहायता की अपेक्षा करता रहे लेकिन निर्मम दर्शक बने लोग आह तक नहीं भरते। ऐसी ही समस्या जया मित्रा की कहानी 'सीख' में चित्रित की गई है। कहानी में दुर्गा नाम की लड़की के साथ सामूहिक बलात्कार का मार्मिक रेखांकन हुआ है। मोहल्ले के शोहदे उसे तंग करते थे। वह बहादुरीसे अपने आप को बचाए हुए थी। लेकिन सामूहिक बलात्कार के आगे उस का हौंसला पस्त हो गया। शोहदों के सरदार ने दुर्गा की वस्त्रहीन देह को बाहों में भींच कर उसके गालों पर अपनेदांत गड़ा दिए। उसका कथन—"कौन साला बचाने आएगा। तुझे यहीं गिरा कर अगर मैं बलात्कार करूं तो एक भी गवाह नहीं मिलेगा तुझे।" ये शब्द उत्तरकालीन मानसिकता की बर्बरता के परिचायक हैं। यह प्रवृत्ति अनेक कहानियों में किसी न किसी रूप में चित्रित मिलती है।

समकालीन हिन्दी कहानी में उत्तर आधुनिक काल की बाज़ारवादी, स्वार्थ परक मानसिक भावना का चित्रण विविधता से मिलता है। कहानीकार अनेक स्तरों पर अपनी बात कहने में प्रयत्नशील रहते हैं। इन कहानियों में वस्तुगत एवं शिल्पगत प्रवृत्तियों में पर्याप्त समानता मिलती है। कहीं-कहीं प्रयोगशील कहानीकार भाषागत विलक्षणता से पाठक को बांधने का प्रयास करते हैं। प्रमुख प्रवृत्तियों में इन्हें माना जा सकता है—बाजारवाद की उपभोक्तावादी संस्कृति का चित्रण, बिखरते मानवीय सम्बन्ध, सामन्ती व्यवस्था एवं सामन्ती व्यवहार, दलित एवं हरिजन उत्पीड़न का चित्रण, सामाजिक विसंगतियों का रेखांकन, बेरोज़गारी, राजनीतिक हथकण्डों का चित्रण, नैतिक मूल्यों का पत्न, धर्मान्धिता एवं शिल्पगत प्रवृत्तियों में पर्याप्त समानता मिलती है। कहीं-कहीं प्रयोगशील कहानीकार भाषागत विलक्षणता से पाठक को बांधने का प्रयास करते हैं। प्रमुख प्रवृत्तियों में इन्हें माना जा सकता है—बाज़ारवाद की उपभोक्तावादी संस्कृति का चित्रण, बिखरते मानवीय सम्बन्ध, सामन्ती व्यवस्था एवं सामन्ती व्यवहार, दलित एवं हरिजन उत्पीड़न, हथकण्डों का चित्रण, नैतिक मूल्यों का पत्न, धर्मान्धिता एवं साम्प्रदायिकता, आतंकवाद

एवं सामान्य जन-आक्रोश का रचनाओं में समावेश। और भी बहुत ही प्रवृत्तियां हो सकती हैं, क्योंकि आधुनिक समाज में आमूलचूल परिवर्तन हो चुका है। टेलीवीज़न, इन्टरनेट, फोन आदि ने आम आदमी को घरों में बन्द कर दिया है।

लेकिन यह तथ्य उल्लेखनीय है कि इक्कीसवीं शताब्दी के डेढ दशक की कहानियाँ समय-सापेक्ष एवं समाज की धड़कनों को अपने यथार्थ रूप में पकड़ने में सक्षम हैं। फिर भी यह प्रश्न तो उठता ही है कि क्या आज की कहानी बिगड़ रहे समाज में सुधार की बयार ला सकती है? हां, निश्चित रूप से ऐसी बयार ला सकती है लेकिन कहानी थानेदार का रोल अदा नहीं कर सकती कि तुरन्त लट्ठ उठा कर के बिगड़े सामाजिकों का संशोधन कर दे। कोई नहीं जानता कि कौन सी कहानी कब पढ़ी जाए और उसकेपाठक कैसे और कहां होंगे। प्रेमचन्द की कहानी सद्गति हो, कफन हो, पंच परमेश्वर हो, दूध का मोल हो... आज भी पढ़ी जाती है... और उम्मीद है आगे भी पढ़ी जाएगी... कहानी की यही विलक्षणता होती है। समय और स्थितियां बदल सकती हैं परन्तु मानवीय भावनाओं की सार्वभौमिकता उसे स्थायित्व देती है। वैसे भी साहित्य फर्स्ट एड का काम न कर के दीर्घकालीन प्रभाव का नियन्ता बनता है। अनेक ऐसी रचनाएं मिल जाएंगी, जिन की चर्चा कालान्तर में स्वत: जन्म लेती है। प्रायोजित चर्चाओं की बात छोड़ दे क्योंकि इन में तात्कालिक लाभ या ख्याति का मोह सांठ-गांठ के जरिए सम्पन्न होता है। बड़े-बड़े समारोह आयोजित करके कहानी के तथा कथित महापण्डितों से लोकार्पण करवा कर कालजयी रचनाधर्मिता के वक्तव्य पोस्टर के रूप में छापे जाते हैं और शीघ्र ही ये किताबें थोक-खरीद के समुद्र में विलीन हो जाती हैं। तात्कालिक रूप से लेखक को ख्याति और प्रकाशक को माया मिल जाती है।

कुछ मित्र यह भी प्रश्नउठाते हैं कि क्या रचना धर्मिता को व्यवसाय मान लिया जाए या इसे अभी शौक या स्वान्त सुखाय की श्रेणी में ही पलने दिया जाए। विदेशों में लिखना व्यवसाय माना जाता है। कोई भी, किसी भी प्रकार का श्रम हो, उसके लिए पारिश्रमिक तो मिलना ही चाहिए। यह मान्यता धीरे-धीरे भारतीय लेखकों को भी सुहावनी लगने लगी है और इस

दिशा में व्यवसायी पत्र-पत्रिकाओं ने पहल भी की है। हर रचना का उपयुक्त मानदेय। यह शुभ लक्षण है लेकिन रायल्टी के सन्दर्भ में अभी बहुत कुछ करना, होना शेष है।

कभी-कभार आलोचना जगत् में यह प्रश्न भी उछलता है कि प्रेमचन्द बड़ा कहानीकार है और यशपाल अपेक्षाकृत छोटा या मोहन राकेश की कहानियाँ उपेन्द्रनाथ अश्क से कहीं बेहतर हैं। ऐसी बहसें अन्य अनेक लेखकों के सन्दर्भ में भी उठती हैं और रोचक भी लगती हैं भले ही ज्यादा प्रासंगिक न हों। वाव्तव में बड़ा या छोटा का निर्णय करने का अधिकार किसे हो? पाठक को या आलोचक को या पत्र-पत्रिकाओं के संपादकों को। किराए पर बुलाए गए आलोचक आज आम बात है...न्यूज़ फ्लैश करवाने के भी अपने ढंग हैं। खेमेबाजी मेरा अभिप्राय: साहित्यिक खेमेबाज़ी से है, अब पतंगबाज़ी या कबूतरबाज़ी की तरह हो गयी है। अपने-अपने ग्रुप के लेखकों की वाहवाही करना, करवाना सुनियोजित व्यवस्था या इवेण्ट मैनेजमेंट का हिस्सा हो गए हैं। इन में पर्यटन की भावना भी समाहित हो गई है। कहानी पाठ ही करवाना है तो क्यों न अण्डेमान-निकोबार में ही करवाया जाए...जितना दूर, उतना महान। और फिर आयोजक और लेखक तो वही होते हैं, जो मैत्री की राखी में बंधे होते हैं।

यहां एक प्रश्न और उछल-कूद मचा रहा है, यह है विश्वविद्यालय में होने वाला शोध-कार्य।वैसे तो इस के अन्तर्गत साहित्य की सभी विधाएं आ जाती हैं परन्तु कहानी-उपन्यास पर होने वाली रिसर्च सहज मानी जाती है क्योंकिक किसी पूर्ववर्ती कहानीकार या उपन्यासकार पर जैसी रिसर्च किसी ने की हो, उसे देखकर चतुर शोध छात्र अपनी थीसिस जल्दी तैयार कर लेते हैं। कभी-कभी तो यह कहा जाताहै कि दस-बीस हजार रुपयेदे कर थीसिस लिखवालो...कम्प्यूटर के युग में कांट-छांट सुविधाजन हो गई है। यही कारण है कि शोध में आचार्य हजारी प्रसाद द्विवेदी, डा. रामपूजन तिवारी, परशुराम चतुर्वेदी, डा. इन्द्रनाथ मदान, डा. गणपतिचन्द्र गुप्त, डा. नन्ददुलारे वाजपेयी आदि के समय का स्तर पृष्ठभूमि में चला गया है और प्रकाशन की चमक-दमक और आंकड़ों की खनक ज्यादा प्रभावी है। इसके अनेक कारण हो सकतेहैं लेकिन एक कारण तो निश्चित रूप से स्पष्ट

है—नौकरी के लिए पी. एच.-डी. उपाधि का आवश्यक होना। स्वाभाविक है पहले व्यक्ति अपनी आजीविका को सुनिश्चित करना चाहता है।

फिर रूचि या सुविधा की बात होती है। पुस्तकालय में घंटों बैठ कर सामग्री संचयन भी अब घर में ही इन्टरनेट से मिल जाता है। ऐसे में शोध में शिथिलता और तर्क में विफलता को शोध-छात्र अन्य साधनों से छिपा लेते हैं। थीसिस थुलथुल आ रहे हैं लेकिन उन की प्रस्तुति प्राय: ढुलमुल एवं आवृत्तिमूलक होती है। कहानी पर भी शायद ही कोई अच्छा शोध-ग्रन्थ गत दस-पन्द्रह वर्षों में आया हो।

बदलती परिस्थितियों और बदलते परिवेश में कहानी का रंग-रूप भले ही बदलता रहा है परन्तु मानवीय व्यवहार की विसंगतियां सार्वभौमिक हैं और इन्हीं विसंगतियों में से उपजती है 'कहानी'। वैसे तो समग्र साहित्य सामाजिक अन्याय के विरोध में उठा आक्रोश का स्वर होता है, जिसे लेखक अपने समकालीन सन्दर्भों में रेखांकित करता है, परन्तु कहानी विधा एक ऐसा अस्त्र है, जो स्थूल की अपेक्षा सूक्ष्म, प्रत्यक्ष की अपेक्षा अप्रत्यक्ष के माध्यम से अपने गन्तव्य तक पहुंचाता है। यही कारण है कि कहानी की सार्थकता हर युग में बनी रही हैं, भले ही उसके रूप बदलते रहे हो।

प्रस्तुत संकलन की प्रासंगिकता

इन्टरनेट, मोबाईल के युग में भी कहानी-विधा लोकप्रिय बनी हुई है और इस की समृद्धि में निरन्तर वृद्धि हो रही है। कहानी कहना, सुनना, इसका पठन-पाठन अपने आप में आनन्दोपलब्धि का पर्याय है। इसमें मनोरंजन भी है, विचार की चुभन भी है, व्यंग्य की चुहल भी है, मर्मको छूने की अदम्य क्षमता भी, सामाजिक जिजीविषा का चित्रण भी और विविधतापूर्ण जीवन-शैली का अंकन भी। कलात्मक दृष्टि से भी इस विधा में वैविध्य की आहट बराबर बरकरार रहती है। कहानी सम्मोहन, पाठक को बांधनेका ही दूसरा नाम है। फिर भी कहूंगा कि कहानी तो कहानी होती है और कहने का अन्दाज़ लेखक की सफलता।

स्वातन्त्र्योत्तर भारत में छठे दशक में कहानी ने अपना पुराना केंचुल उतार नये परिधान पहन नये रंग-रूप का परिचय दिया। और कहानी-जगत में ज्वारभाटा की भान्ति अनेक आन्दोलन प्रस्फुरित हुए, विचारधाराएं हावी हुईं और कहानियों की रचना होती गई। किसी भी विधा के विकास में ये सोपान स्वाभाविक हैं लेकिन धीरे-धीरे विकास कुन्द होने लगता है और उत्साह मन्द पड़ जाता है। गत पच्चीस-तीस वर्षों मे कहानी के साथ यही हुआ है। पिष्टपेषण और कुछ ही लेखकों पर केन्द्रित चर्चाओं का ठहर जाना, पुनरावृत्ति होना, अमेद्य दीवारों का खड़े हो जाना। वस्तुत: इन्हीं अमेद्य दीवारों को तोड़ने के लिए प्रस्तुत संकलन की आवश्यकता महसूस हुई, एक ऐसे संकलन की, जिस में किसी भी समर्थ कहानीकार के लिए प्रवेश के द्वार खुले हों। प्राय: देखा जाता है कि कुछ चुने हुए कहानीकारों की कुछ खास कहानियाँ ही बार-बार कालजयी। श्रेष्ठ/उत्कृष्ट/चयनित आदि विशेषणों के साथ परोसी जाती हैं। ऐसा करने से पाठक बोर होते हैं। देश की सभी दिशाओं से, हर प्रकार के हिन्दी कहानीकारों की पठनीय एवं रोचक कहानियाँ सम्मिलित की जानी चाहिए। केवल हिन्दी भाषी प्रान्तों के हिन्दी कहानीकारों को ही संकलित करना वस्तुत: पाठकों को हिन्दी कहानी की विराट सम्पदा से वंचित रखना होगा।

अस्तु, प्रस्तुत संकलन में बिना भेद-भाव के सभी प्रकार के हिन्दी कहानीकारों की समर्थ, कालजयी कहानियों को सम्मिलित करने का प्रयत्न किया है। संभवत: यह पहली बार ही है कि दक्षिण के एक प्रसिद्ध मलयालम भाषी हिन्दी कहानीकार डा. बाबु की कहानी 'ग्रसन' यहां प्रस्तुत मिलेगी। कुछेक अहिन्दी भाषी हिन्दी कहानीकारों को भी लिया गया है। स्वाभाविक है कि हिन्दी भाषी वरिष्ठ हिन्दी कहानीकार तो इस संकलन में विद्यमान रहेंगे ही। जो भी अच्छी कहानियाँ उपलब्ध थीं, उनका समावेश करने का प्रयत्न किया गया है। और संभवत: यही इस संकलन की प्रासंगिकता भी है, और उपादेयता भी कि यह उन्मुक्त भाव से कहानी की नवीनतम धारा को रेखांकित करने का प्रयत्न करता है। और साथ ही उन लेखकों की कहानियों को भी प्रस्तुत करता है, जो छठे-सातवें दशक से

निरन्तर राष्ट्रीय पत्र-पत्रिकाओं में छपते रहे हैं परन्तु जिन का उल्लेख तक करना, महानगरों में बैठे आलोचक/साहित्येतिहासकार/सम्पादक, भी गुनाह समझते हैं। यहां केवल बाईस कहानीकारों की कहानियाँ ही ली जा सकी हैं, जबकि और भी बहुत से कहानीकार ऐसे संकलनों में स्थान पाने के अधिकारी हैं। भविष्य में फिर कोई ऐसा आयोजन होगा, तो उस में और कहानीकारों को लेने का प्रयत्न रहेगा।

❑❑❑

आभार

संग्रह में संकलित कहानीकारों ने सहज एवं स्नेहपूर्ण भाव से यूनीकॉर्न द्वारा प्रकाशित की जा रही कृति 'समकालीन कालजयी कहानियाँ' तथा ई बुक के लिए अपनी अनुमति फोन/ईमेल/पत्र द्वारा दे कर मुझे एवं प्रकाशक डा. अशोक गुप्ता जी को उपकृत किया है तथा कहानी-संकलनों में व्याप्त एकरसता एवं जड़ता को तोड़ने का अवसर प्रदान किया है। एक बार पुन: सबके प्रति आभार।

(डा. सुशीलकुमार फुल्ल)
पुष्पांजलि, राजपुर (पालमपुर) 176061

कहानियाँ

1

एक अध्याय

--असगर वजाहत

नये डिस्ट्रिक जज ललितमोहन आर्य ने ज्वाइन कर लिया था और मुहिब्बुल हसन रिजवी इलाहाबाद जा चुके थे।

ललित मोहन आर्य मुन्सिफ से धीरे-धीरे तरक्की करते हुए डिस्ट्रिक जज के ओहदे तक पहुंचे थे। उन्हें हर वक्त लगता था कि वो डिस्ट्रिक जज हैं और उनकी कलम की हल्की-सी हरकत किसी आदमी को फांसी के फंदे पर झुला सकती है या किसी आदमी को जिन्दगी दे सकती है। इसी के साथ रिटायरमेन्ट का डर भी उन्हें लगा रहता था। वैसे आगरे में उन्होंने इसी खयाल से एक बंगला बनवा लिया था कि रिटायरमेन्ट के बाद वहीं रहेंगे क्योंकि तीस साल तक शहरों में सरकारी नौकरी करने के बाद गांव में, जहां आज तक लोग उन्हें उनके पिता, दादा और जाति परिवार से अलग करके देखने के आदी नहीं थे, वे नहीं रहना चाहते थे।

सरकारी नौकरी के तमाम तनावों, अनगिनत तबादलों और बीमारियों, खास तौर पर खूनी बवासीर की असाध्य बीमारी ने उन्हें चिड़चिड़ा, झक्की, दूसरों पर संदेह करने वाला और स्वार्थी बना दिया था। नितांत अनपढ़ पत्नी तथा कान्वेंट स्कूल में पढ़े लड़के और लड़कियों के बीच संस्कारों की रस्साकशी में वे जिन्दगी भर बुरी तरह जूझते रहे थे। पत्नी यदि उन्हें विधर्मी समझती थी तो लड़के और लड़कियां उन्हें जाहिल मानते थे और उनकी किसी बात को मानने पर तैयार नहीं होते थे। उनके खिलाफ वे कोई फैसला भी नहीं सुना सकते थे और पूरी तरह उन्हें छोड़ भी न सकते थे क्योंकि 'लोग क्या कहेंगे' का भय अब तक उनमें था। उन्हें ये भी अच्छी तरह पता था कि जितनी तरक्की उन्होंने कर ली है उससे ज्यादा अब नहीं कर सकते और उन्हें ये भी मालूम था कि रिटायर होने के बाद उन्हें कोई दो

कोड़ी को न पूछेगा। उन्हें अजीब लगता था कि एक दिन ऐसा आएगा जब उनका सारा सम्मान, सारा रुतबा, उनकी तनख्वाह, उनकी सामाजिक हैसियत कुछ ही मिनटों में उनसे छीन ली जाएगी और वे साधारण आदमी बन जाएंगे। उसके बाद वे क्या करेंगे? हुजूर, योर ऑनर कहने वाले वकील, हाथ जोड़कर सरकार कहने वाले गवाह, मुद्दई, मुद्दालय न रह जाएंगे। पुलिस वाले सेल्यूट न करेंगे। अहलकार उन्हें देखकर कांपेंगे नहीं। इसलिए वे अपने अधिकारों का अधिक से अधिक इस्तेमाल करके अपने आपको संतुष्ट कर लेना चाहते थे कि चलो हमने भी कुछ किया था। और इसीलिए वो बहुत सख्त मशहूर थे। उन्होंने अपने पूरे कैरियर में सबसे ज्यादा मुजरिमों को सज़ा-ए-मौत सुनाई थी और लम्बी सजाएं देना तो उनके लिए मामूली बात थी। पिछले कुछ सालों से उन्होंने क्लब जाना छोड़ दिया था औश्र अब जिस शहर में भी होते अपनी कोठी के कम्पाण्ड में अरदलियों, चपरासियों से सब्जियां लगवाते, भैंस की सेवा कराते और कोशिश करते कि हर महीने ज्यादा से ज्यादा पैसा बैंक एकाउण्ट में जमा होता रहे क्योंकि उन्हें मालूम था कि आखिर में उनके काम कोई नहीं आएगा, सिर्फ पैसा ही आएगा।

पैसे के महत्व को इतनी बारीकी से समझने के बावजूद ललित मोहन आर्य रिश्वत नहीं लेते थे, पर जानते थे कि उनके पेशकार रिश्वत लेते हैं, अर्दली लेते है, बाबू लोग लेते हैं। वे लेते हैं इसलिए ललित मोहन आर्य ने पेशकार के जिम्मे ये काम कर रखा था कि साहब के घर का हर महीने का राशन वह लाया करेगा। पेशकार ने ऐसा बहुतेरा किया था। वह जानता था कि दिन में सिर्फ पांच मुकदमों की तारीख़ बढ़ा देने का पचास रुपया मिल जाता है और इस तरह महीने में डेढ़ हजार बनता है तो दो सौ रुपये महीने का राशन लाना क्या मुश्किल है। इसी घर की छुटपुट चीजों की जरूरत पड़ती तो अर्दली को अपने जेब से लाना पड़ता क्योंकि अर्दली की भी आठ-दस की आमदनी हो ही जाती थी। बहरहाल ललित मोहन कार्य बहुत सख़्त और ईमानदार जज के रूप में विख्यात थे।

ताहिर मियां और नये जज साहब के संबंध कुछ नया ही मोड़ ले रहे थे। ज्वाइन करने के पहले दिन जब जज साहब अपने चैम्बर में स्टाफ से

मिल रहे थे तो उन्हें सलाम करने ताहिर मियां भी गए थे। उसी दिन जज साहबको लगा था कि ताहिर मियां 'राशी' है क्योंकि उन्होंने टेरीकाट की प्रिन्टवाली क़मीज और टेरीलीन की पेंट पहन रखी थी। हाथ में घड़ी बंधी थी। उन्हें देखकर जब साहब ने पेशकार से पूछा था, "यह कौन हैं?"

"हुजूरये दफ्तरी हैं।"

"अच्छा ये दफ्तरी? "

"जी सरकार।"

"इस शहर में ऐसे दफ्तरी होते हैं?"

"सरकारा..." ताहिर मियां की बात जज साहब ने काट दी थी।

"तुम्हें क्या तनख्वाह मिलती है दफ्तरी?"

ताहिर मियां को पहली बार किसी ने दफ्तरी कहकर बुलाया था। पिछले जज साहब तक उन्हें ताहिर कहकर बुलाते थे। उन्हें ये बात बुरी लगी लेकिन क्या कर सकते थे, बोले, "दो सौ तेरह रुपये सरकार।" जज साहब ने उन्हें ऊपर से नीचे तक देखा और एक अर्थपूर्ण 'हूं' के साथ चले जाने का आदेश दिया था।

जज साहब की अर्थपूर्ण 'हूं' ने दो ही महीने में रंग दिखाया जब पेशकार ने उनसे कहा कि साहब ने तुम्हारी ड्यूटी बंगले पर लगा दी है। यह आदेश उनके ऊपर बम जैसा गिरा था। उन्हें मालूम था कि साहब के बंगले की ड्यूटी का क्या मतलब होता है। लेकिन वे कुछ कर न सकते थे। हां उन्होंने इतना तय कर दिया था कि डिस्ट्रिक जज हों चाहे लाट साहब की औलाद, वे आसानी से हथियार नहीं डालेंगे। चौधरी घराने का खून उनकी रगों में दौड़ रहा है। क्या हुआ जो आज दो टके की सरकारी नौकरी कर रहे हैं, पर हैं तो जमींदार खानदान के ही; ऐसा वैसा जमींदार खानदान भी नहीं बल्कि खिताब पाया हुआ जमींदार खानदान। जज साला अपने को समझता क्या है? इसका बाप तो सुअर चराते-चराते मर गया—इधर-उधर हाथ-पैर मारकर साला पढ़ लिख गया तो अपने आपको न जाने क्या समझने लगा। फिर उन्हें यह बात समझ में आई कि साला क्योंकि खुद

किसी अच्छे खानदान का नहीं है इसलिए खानदानी आदमी की कद्र करना भी नहीं जानता। बहरहाल उन्होंने दिल को कई तरह से समझाया और अगले दिन सुबह दस बजे बंगले पहुंच गए।

जज साहब बरामदे में बैठे अखबार पढ़ रहे थे और ड्राइवर मोटर स्टार्ट कर रहा था। शायद इंजन में कुछ खराबी थी इसलिए स्टार्ट होकर बंद हो जाता था। ताहिर मियां ने झुक कर जज साहब को सलाम किया, तो उन्होंने सिर उठाकर ताहिर को देखा और बोले, "क्यों तुम्हारे आनें का यह टाइम है? दस बज रहा है। बंगले को तुमने अदालत समझ रखा है। यहां की ड्यूटी सुबह आठ बजे शुरू होती है और शाम सात बजे तक रहती है। आज तुम्हारी वजह से भैंस बंधी रह गई। सानी तक नहीं लग सकी।" जज साहब जैसे-जैसे बोलते जा रहे थे वैसे-वैसे ताहिर मियां की समझ में बात आती जा रही थी। उन्होंने सोचा, ये साला भैंस को सानी देने वाला काम तो उनसे कभी चौधरी साहब तक ने न लिया था। ये जज साले कौन होते हैं जो हमसे सानी लगवाएंगे। बहरहाल वे सिर झुकाये खड़े रहे। आखिर में जज साहब ने कहा कि जाओ भैंस को सानी तो लगाई जा चुकी है तुम उसे चराने ले आओ। "जी हुजूर।" की हांक लगाकर ताहिर कोठी के पिछवाड़े आए वहां अर्दली मुबारक अली का क्वार्टर था। उसकी बीवी ने ताहिर मियां के लिए चारपाई निकाल दी और वे आराम से बैठ गए। उन्हें लग रहा था भैंस चराने ले जाने से उनकी सारी खानदानी इज्जत, उनका रुतबा खाक में मिल जाएगा। लोक क्या कहेंगे, "अरे चौधरी साहब ये भैंस किसकी चरा रहे हो?

अपने शहर का मामला है। अगर किसी दूसरे शहर में ये सब करना पड़ता तो कर भी सकते थे। पर यहां, जहां.....

आखिरकार उन्होंने भैंस खोली और पिछले रास्ते से निकालकर खेतों की तरफ ले आए और सीधे भैंस को काजी हाउस की तरफ हांकना शुरू किया। वहां उन्होंने एक फर्जी नाम दर्ज कराया और भैंस बंद कराके घर आ गए। दोपहर का खाना भी नहीं खाया। लेटे रहे और सोचते रहे कि देखों शाम को क्या होता है।

शाम पांच बजे जब वो अकेले बंगले पर पहुंचे तो जज साहब ने, जो आलू की क्यारियों में पानी लगवा रहे थे, पहला सवाल यहीं किया कि भैंस कहां है? क्या बांध आए हो?

"हुजूर भाग गयी है।" उन्होंने सिर झुका कर कहा।

"क्या मतलब? क्या बक रहे हो?" जज साहब भड़क उठे।

"हुजूर भैंस खेतों की तरफ भागती चली गयी। सरकार मैं पीछे पीछे दौड़ा भी, मगर सरकार उसे पा न सका, फिर नज़रों से ओझल हो गयी, तो सरकार...."

"क्या बकवास कर रहे हो? मैं तुम्हें अभी बंद करा दूंगा नहीं तो जाओ और भैंस ढूंढ़ कर लाओ।

"जी हुजूर।"

ताहिर मियां फिर अर्दली मुबारक अली के घर आकर बैठ गए और आधे घण्टे के बाद बंगले पहुंचे। जज साहब उनकी प्रतीक्षा में बेचैन टहल रहे थे। भैंस उन्होंने हरियाणा से बारह सौ रुपए में मंगवाई थी।

"क्या हुआ? मिली?"

"सरकार उसे तो किसी ने काजी हाउस में बंद करा दिया है।" ताहिर मियां की आवाज में कोई अपराध बोध न था, सहजता थी।

"कामचोर, कमीने, साले..." गुस्से में जज साहब इससे ज्यादा न बोल सके। उनका बस चलता तो ताहिर मियां को दो-चार हाथ लगा देते।

"जाओ छुड़वाकर लाओ।"

"सरकार......ग्यारह रुपये साठ पैसे देने पड़ेंगे..."

"जाओ दो जाकर पैसे....गलती तुम्हारी है।"

"सरकार अभी तो मेरे पास एक पैसा..."

जज साहब ने गुस्से में पर्स से बारह रुपए गिनकर उनकी तरफ फेंके और बोले, "ये तुम्हारी तन्ख्वाह से काट लिए जाएंगे।"

भैंस के काजी हाउस में बंद हो जाने और गांठ से पैसा देकर छुड़ाये जाने के कारण जज साहब ताहिर मियां पर बहुत ही नाराज थे। पर शक्की स्वभाव के कारण उन्हें डर था कि अगर इस आदमी को दो-एक बार और भैंस चराने के लिए दी गयी तो कहीं ऐसा न हो कि वो भैंस बेच डाले, किसी के हाथ कहीं भेज दें या कोई और बखेड़ा खड़ा हो जाए। लेकिन जज साहब ताहिर मियां को अच्छा सबक भी सिखाना चाहते थे। अब उन्होंने ताहिर मियां की ड्यूटी घर के काम पर लगा रखी थी। आजकल उनकी पत्नी और बच्चे रिश्तेदारी में गए हुए थे और जज साहब अकेले थे। ताहिर मियां सुबह आठ बजे बंगले पहुंच जाते थे और बरामदे में बैठ जाते थे। बरामदे की घण्टी जब बजाती तो अन्दर जाते और जो काम बताया जाता—फ़ाइल उठा दो, क़लम में इन्क भर दो, चिट्ठी डाल आओ; बड़े बाबू को फ़ोन मिलाओ आदि काम करते रहते थे, इस तरह के काम करने में भी उन्हें अपमानजनक लगते थे पर एक तो घर के अन्दर करते थे, दूसरे भैंस चराने की तुलना में ये काम कहीं ज्यादा सम्मानजनक थे। बहरहाल दिन कट रहे थे और ताहिर मियां ने इन जज साहब के तबादले के लिए सैकड़ों मन्नतें मान रखी थीं।

अभी ताहिर मियां बरामदे में आकर बैठे ही थे कि घण्टी बजी और वो अन्दर गए। जज साहब बेडरूम में थे। उन्होंने ताहिर मियां को देखते ही कहा, "किचन में चले जाओ और एक प्याली चाय बनाकर उसमें दो चम्मच हॉरलिक्स डाल दो। हॉरलिक्स की शीशी वहीं रखी है। और हां अख़बार मुझे दे दो।" ताहिर मियां दिल-ही-दिल में सैंकड़ों गालियां देते गए और अख़बार जज साहब को दे आए। किचन में पहुंचे स्टोव जलाकर पानी रखा। चाय की पत्ती तलाश की, शक्कर का डिब्बा तलाश किया और एक मुट्ठी शक्कर खा गए। सामने देखा हॉरलिक्स की दो शीशियां रखी थीं। एक को खोलकर देखा तो उसमें नमक भरा था, दूसरी में हॉरलिक्स था। उन्होंने हॉरलिक्स वाली शीशी दूसरे डिब्बों के पीछे छिपा दी और नमक के दो बड़े चमचे चाय में मिलाए और चाय बनाकर जज साहब के पास ले गए। जज साहब ने पहला ही लम्बा घूंट लिया था कि बिस्तर से उछल पड़े। चाय बिस्तर पर गिर पड़ी। प्याली टूट गयी।

"क्या डाल लाया इसमें?" वे गरजे।

"हुजूर हॉरलिक्स।" ताहिर मियां बड़ी मासूमियत से बोले।

"ला शीशी लाकर दिखा।"

ताहिर मियां हॉरलिक्स की वहीं शीशी ले गए जिसमें नमक भरा हुआ था।

"अंधे हो क्या; तुम्हें दिखाई नहीं दिया इसमें नमक भरा है।"

"हुजूर मैंने नाम...."

"निकल जाओ यहां से, दूर हो।"

ताहिर मियां खुश खुश बाहर आकर बैठ गए। दस बजे के करीब जज साहब बाहर निकले तो वे मोढ़े से खड़े हो गए।

"दफ्तरी तुम कचहरी पहुंचो।"

"जी हुजूर।"

ताहिर मियां यही चाहते थे। वो बंगले से बाहर निकले रिक्शा रोका और कचहरी आ गए। पेशकार उन्हें देखकर चौका।

"आज से इधर ही ड्यूटी है।" ताहिर मियां ने उन्हें बताया।

"जल्दी छुट गए।"

"यहीं समझ लेवा।"

जज साहब आए। उन्होंने पेशकार को बुलाकर कहा कि दफ्तरी को सम्मन तामील करने के काम पर लगा दो।

जो लोग थोड़ा बहुत अदालती कार्यवाही से परिचित हैं, अच्छी तरह जानते हैं कि सम्मन तामील करने का काम कितना टेढ़ा, ख़तरनाक और तकलीफ़देह होता है। गांव-गांव मारे-मारे फिरना पड़ता है। कहीं बस जाती है और कहीं नहीं जाती। कहीं तो बैलगाड़ी तक नहीं मिलती। आठ-आठ दस-दस मील पैदल चलते हुए सम्मन तामील करने गांव पहुंचो तो गांव में कोई आदमी एक लोटा पानी तक को नहीं पूछता। जिस आदमी पर सम्मन तामील किए जाना है उसका नाम लो और घर पूछो तो लोग गलत घर

बता देते है और दूसरी तरफ उस आदमी को ख़बर कर देते हैं और वो गांव से गायब हो जाता है। रात की तो बात छोड़ दीजिए दिन में भी सम्मन तामील करने वाले को कोई घर के सामने बैठने को नहीं पूछता क्योंकि जिस पर सम्मन तामील किया जाना होता है, उस आदमी से यानी गांव के ही आदमी से रंजिश कौन ले? इस तरह सम्मन तामील करनेवाला मरता-खपता गांव पहुंचे और सम्मन तामील न हो सके तो कानूनन दूसरी बार जाओ, तीसरी बार जाओ। तीनों बार वह अदमी न मिले तो चौथी बार उसके घर के दरवाजे पर सम्मन चस्पां करना पड़ता है, यानी चिपकाना पड़ता है और वह भी दो गवाहों के सामने। अगर किसी असरदार आदमी के घर के दरवाजे पर सम्मन चिपकाना है तो गवाह नहीं मिलते। सम्मन तामील करने वाला गवाह साथ लिए तो घूमेगा नहीं, गवाह तो गांव के ही आदमी चाहिए और वो तैयार नहीं होते या हो भी गए तो कुछ लोग लाठियां लेकर निकल आइए। फिर गवाह तलाश कीजिए जो किला जीतने से कम आसान काम नहीं है। पुलिस वालेभी सम्मन कराने के लिए साथ जाने में टालमटोल करते रहते हैं क्योंकि मिलता मिलाता कुछ नहीं। मीलों पैदल चलना पड़ता है सो अलग। दूसरी तरफ सम्मन तामील नहीं होते तो ऑफिस वालों की डांट अलग पड़ती है। बहरहाल, ये काम ऐसा हैं इसका नाम ही अच्छे अच्छों को रास्ते पर ले आता है। ताहिर मियां को लगा कि अब शायद उन्हें नौकरी ही छोड़नी पड़ेगी। वे इसी उधेड़बुन में थे कि क्या करें? बहरहाल, उन्होंने पहली तारीख़ तक की छुट्टी ले ली और घर बैठ गए। सोचा, पहली को तनख़्वाह ले लें फिर सोचे कि क्या किया जाए।

पहली को जब वो तनख़्वाह लेने गए तो बड़े बाबू ने ग्यारह रुपए साठ पैसे काटकर बाकी पैसे उनके हाथ पर रख दिए। पूछने पर उन्होंने बताया कि साहब ने कहा है कि इतने पैसे तुम्हारी तनख़्वाह से काट लिए जाएं। ताहिर मियां वैसे ही जले बैठे थे। ये सुनते ही तनख़्वाह नहीं ली और सीधे रामबाबू के पास सलाह करने पहुंचे।

रामबाबू ने पूरा किस्सा सुनकर कहा, “जज अनाड़ी है। फंस जाएगा। तुम दो रुपए के स्टैम्प पेपर पर दरख्वास्त लिखो।”

दरख्वास्त लिखी गयी—सेवा में श्रीमान जिला जज महोदय, आदरणीय महोदय, सेवा में सविनय निवेदन है कि प्रार्थी को आपके कार्यालय में दफतरी के पद पर तेरह रुपए पन्द्रह पैसे तनख़्वाह मिलती है। पिछले माह की तनख्वाह लेने जब प्राथी ऑफिस गया तो बड़े बाबू ने ग्यारह रुपए साठ पैसे प्रार्थी के वेतन से काट लिए। जब प्रार्थी ने कारण पूछा तो बड़े बाबू ने कहा कि प्रार्थी पिछले महीने हुजूर की भैंस चराने ले गया था। भैंस प्रार्थी की गलती से किसी आदमी के खेत में चली गयी थी। उस आदमी ने भैंस को काजी हाउस में बंद करा दिया था और हुजूर को ग्यारह रुपए साठ पैसे देकर भैंस छुड़ानी पड़ी थी। क्योंकि प्रार्थी की गलती के कारण भैंस काजी हाउस गयी थी और हुजूर को दण्ड पड़ा था। इसलिए हुजूर के आदेश पर ग्यारह रुपए साठ पैसे काटने का आदेश हुजूर अपनी कलम से दे दें और बाकी वेतन प्रार्थी को दे दिया जाए। हुजूर के आदेश के बिना प्रार्थी ग्यारह रुपए साठ पैसे नहीं कटवा सकता और अपना पूरा वेतन लेगा।

यह प्रार्थना पत्र प्रार्थी सीधे साहब के पास ले गया। साहब ने प्रार्थना पत्र पढ़कर प्रार्थी की तरफ देखा और उन्हें लगा प्रार्थी को सजाए मौत से कम और क्या सजा दी जा सकती है। बड़े बाबू ने हुजूरको समझाया, ऊंच-नीच बताई और आखिरकार प्रार्थी को पूरी तनख्वाह मिल गयी।

□□□

2

मौसाजी

--उदय प्रकाश

मौसाजी को सिर्फ मैं ही नहीं, मोहल्ले के लगभग सारे लोग मौसाजी ही कहते थे। सागर में एक तिराहा है जिसे तीनबत्ती कहते हैं। इससे आगे बढ़ने पर एक चढ़ाई पड़ती है। सागर वैसे भी एक ऊंचा-नीचा शहर है, भोपाल जैसा। वहां रिक्शे नहीं चलते। तांगे या टैक्सियां सवारी ढोती है। इस चढ़ाव के खत्म होने के जरा पहले बायीं ओर एक तंग गली खुलती है। इस तंग गली में घुसने पर अमोनिया की तीखी गंध नथुनों में भर जाती है। इस गली के दोनों ओर ऊंची दीवारें हैं जिन पर हाजमा, गुप्त रोग, पंखे, बीड़ी, सुरमा, दंतमंजन आदि के विज्ञापन लिखे हुए हैं। ये दीवारें दरअसल ऊंची बिल्डिंग के पिछवाड़े हैं जहां संडास, स्नानघर के पाइप खुलते हैं।

यह तंग गली जहां खत्म होती है वहां राखड़, कचड़ा और टूटी-फूटी ईटों भरा हुआ एक छोटा-सो मैदान है। इस मैदान में वे लोग दिशा त्याग के लिए बैठते हैं जिनके पास अमूमन संडास जैसी सुविधाएं नहीं होतीं। इससे थोड़ा आगे चलकर एक लगभग गांव है, पछीत टोला। मौसाजी यहीं रहते हैं।

मौसाजी से मिलना कोई दुर्लभ उपलब्धि नहीं है। आप शहर जा रहे हों, बाजार से लौट रहे हों, दफ्तर की ओर साइकिल के पैडल मार रहे हों, फिल्म देखकर घर लौट रहे हों या कॉलेज जा रहे हों, मौसाजी आपको बदस्तूर ईंट के मकान की ड्योढ़ी के पास पुरानी-सी खटिया पर बैठे दिख जाएंगे।

जब कोई उस गली से गुजरता है तो मौसाजी उसकी ओर एक याचना-भरी उत्सुक मुद्रा से देखने लगते हैं। अब इस देखने में एक निरीह लालच

होताहै जैसे भूखा बच्चा मिठाई को देखता है। हर आदमी इसका अर्थ समझता है और दांत निकालकर दायां हाथ उठाते हुए तेज आवाज में कहता है, "मौसाजी, जयहिंद!" मौसाजी संतुष्ट हो जाते हैं और चुपचाप बीड़ी फूंकने लगते हैं। अगर कोई हड़बड़ी में हो, कहीं जल्दी पहुंचने की बेताबी में जा रहा हो और मौसाजी के अस्तित्व को भूलकर गुजर जाए तो मौसाजी के हृदय में गहरी वेदना पैदा होती है। दुःख से वे अव्यवस्थित हो जाते हैं और होंठों-ही-होंठों में कुछ बुदबुदाने लगते हैं।

मैं सागर में नया था। नौकरी भी नयी थी। पछीतटोला की जनगणना में गया, वोटरलिस्ट तैयार हो रही थी, तो मौसाजी से भेंट हुई। उन्होंने मुझे अपनी ढीली-ढाली खटिया में अपने पोते की तरह बिठाया। पता चला उनके घर में कुल चार प्राणी हैं। एक मौसाजी और तीन उनके बेटे। दो बेटे दूर शहरों में नौकरी करते थे और सबसे छोटा लड़का यहीं कॉलेज में पढ़ रहा था। खाना-पीना मौसाजी ही पकाते थे।

मौसाजी से मेरी मुलाकात दिलचस्प थी। उन्होंने कहा, "बेटा कभी हमरा जमाना होता। वे दिन तो भइया, फुर्र भये।" तब अंगरेजी हुकूमत होती। हम सब आजादी के परवाने होते। समझ लो, बस दिन-रात, एक-ई धुन। गांधी बब्बा को नाम, भजन-कीर्तन, उपास और सस्ती खादी का चोला। 'अंगरेजो, भारत छोड़ों'; अब गांधी बब्बा ने कही तो बाइसराय साहब हमारी कोठी पर आये, का बतायें बेटा, का ठाट-बाट, लाव-लश्कर, साज-बाज होता। बाइसराय हमारे सामने हाथ जोड़ के एक पांव में ठाड़े भये और कहन लगे, 'मौसाजी, अब तुम्हई हमें खों बचाय सकते हो। गांधी बब्बा तुम्हारी बात बहुत मानत हैं—अब तुम्हई उनको समझाओ। हमको इतै, हिंदुस्थान में रहन दयौ' हमने उनसे एकई बात बार-बार कही, 'लाट साहेब, आप तो हाकिम-हुक्काम हो, जे तो सिद्धांत की बात आय। तिलक बब्बा ने जौन बात कही, गांधी बब्बा भी ओई बात कै रहे हैं कि भाई आजादी तो हमारो जनमसिद्ध अधिकार आय।' तो बेटा बाइसराय की आंखिन में पानी भरि गयो। बे रोबन लगे। हमारेपांव पकड़ लयी। पै हम सिद्धांत से टस्स-से-मस्स ना भये।"

मैं उनकी हां में हां मिलाता जा रहा था।

मौसाजी के घर की हालत भी पस्त थी। जमीन-जायदाद थी नहीं। बस यही पुराना, ईंट का बना मकान था जिसकी एक अंधेरी कोठरी को उन्होंने बीस रुपये महीना किराये पर उठा दिया था। प्राइमरी स्कूल का एक मास्टर उसमें रहता था।

मैं जनगणना वाले फार्म में लिखने बैठ गया। कई खाना-पूरतियां करनी थीं। मौसाजी भीतर गये और थोड़ी ही देर में लौट आये। कपड़े का एक चौकोर-सा पुलिंदा उनके हाथ में था। वे खटिया में उसे रखकर कांपते हाथों से खोलने लगे।

मौसाजी के सिर पर एक भी बाल काला नहीं था। मकई के भुए की तरह उनके बाल सफेद थे। भौंहें, बरौनियां और हाथ के रोयें तक सफेद थे। चमड़ी में निचुड़े हुए कपड़े-सी झुर्रियां थीं। उनकी आंखों में हमेशा मटैला पानी छलछलाता रहता था और पुतलियां उसके नीचे थरथराती रहती थीं। इसके बावजूद उनकी आंखों की रोशनी जरा भी मद्धिम नहीं हुई थी। उनका सिर, दस-पांच मिनट के बाद थोड़ी देर के लिए दायें-बायें हिलने लगता था।

उन्होंने कपड़े की गठरी से कागज निकालकर खटिया पर फैला दिये। वे बहुत पुराने समय के पर्चे और खत आदि थे, उन्होंने कहा, "बेटा, हमसे उन दिनन की बात मत पूछो, किता जोश हतो हमारे खून में...न रोटी की फिक्र, न जर-जोरू की फिकर। बस जुलूस औ' झंडा। अंगरेज सरकार बड़ी जालिम हती। हमखों कितेक बार पुलिस ने मारा। और मारने वाले कौन हते? जेई, हमारे भाई-बिरादर....हिंदुस्थानी, अपनोई कौम औ' मुलुक के लोग। मगर गांधी बब्बा कहने लगे कि इनकी भी कौनों गलती नई। जे तो नमक बजाय रहे हैं।" मौसाजी ने एक तह किया हुआ,धुआंया-सा अखबार बाहर निकाला और बोले, "तनक जे अखबार तो देखो।"

मैंने उस अखबार को देखा। सन् पचास का कोई लोकल अखबार था। अखबार में एक लेख छपा था—'स्वतंत्रता सेनानी माया प्रसाद 'हितैषी"।

नीचे मौसाजी की तस्वीर थी। लगभग अट्ठाईस साल बीत चुके थे। तब मौसाजी अधेड़ थे।

मौसाजी ने अपना सिर झुकाया और बोले, "इतै पर देखो। पूरी खोपड़ी खोल दई थी पुलिस न डंडा सों मार-मार के। अब भी बरसात में कमर की जोड़ दुखन लगत। बड़ी जुलम भई जनता पै उन दिनों। जब गणेश शंकर विद्यार्थी मारे गये तब हम उते पर रहे। साथ-ई-साथ, हमने एक साथ चाय पी हती। हमखों का मालूम हतो कि गणेश भइया तनक देर बाद दुनियां-जहान छोड़ के चले देहें...का बतायं भइया...."

मौसाजी के बारे में पछीतटोला के लोगों ने बाद में बतलाया कि वे इसी तरह की बातें अपने दिमाग से गढ़ते रहते हैं। दुनिया के हर बड़े आदमी के साथ उनकी दांत-काटी रोटी की दोस्ती है। दादा भाई नौरोजी से लेकर मोरारजी देसाई तक उनके रिश्ते में कहीं-न-कहीं से निकल आते हैं। मौसाजी पहले कांग्रेस के मामूली वालंटियर थे। भाषण वगैरह दे लेते थे। उन दिनों दो-चार मिनट हांफ-हूंफ कर बोल लेना बहुत बड़ी बात थी। सत्याग्राहियों पर एक बार जब सरकारी मार पड़ी तो मौसाजी तीन बत्ती के तिगड्डे से चुपचाप भाग रहे थे। धक्का-मुक्की में कहीं गिर गये और सिर फट गया। बाद में वे उसी अस्पताल में भर्ती किये गये थे, जहां दूसरे वालंटियर थे। 'पोलिटिकल सफरर्स' की सूची में भी कहीं मौसाजी का नाम नहीं था।

मैंने बहुत सोचने की कोशिश की लेकिन मौसाजी में पागलपन अथवा विक्षिप्तता के कोई लक्षण नहीं थे। वे बिल्कुल स्वस्थ और सामान्य थे। बिला नागा हर रोज, सुबह उठकर खेलावन पनवाड़ी की दुकान तक जाते और एक घंटा वहां बैठकर दो-तीन बीडियां फूंक डालते थे तथा अखबार पढ़ लेते थे। उनकी याददाशत बहुत तेज थी। वे आजादी के पहले की लगभग सभी घटनाओं का यथातथ्य वर्णन करते थे। फर्क बस यही होता था कि उन घटनाओं के बीच कहीं-न-कहीं वे स्वयं को जोड़ देते थे।

उन्होंने बताया कि उनके दोनों बड़े लड़के ऊंचे ओहदों पर हैं। बड़ा लड़का महेंदर बिड़ला के ओरिएंट पेपर मिल का मैनेजर है और दूसरा

लड़का राजेंदर जंगल विभाग में रेंजर है। लेकिन वे स्वयं उन पर कोई बोझ नहीं बनना चाहते। अपना काम वे स्वयं करना चाहते हैं, ऐसा ही उनका उसूल है। सबसे छोटा लड़का नरेंदर भी तरक्की करेगा। वह पढ़ने-लिखने में बहुत होशियार है। बहुत सीधा-सादा और विनम्र लड़का है।

उन्होंने बताया कि उनके तीनों लड़के 'श्रवणकुमार' हैं। बिना मौसाजी की आज्ञा के वे कोई भी काम नहीं करते। छोटी-मोटी घरेलू बात भी होती है तो जरूर लिखकर उनकी राय पूछते हैं। पोता-पोती हों तो मौसाजी ही उनके नाम सुझाते हैं। उनके बेटे भी उन्हें मौसाजी कहते हैं।

बड़े-बड़े मंत्री और नेता-हाकिम मौसाजी के परिवार को जानते हैं। एक बार किसी ने राजेंदर को झूठे मामले में फंसाकर मुख्यमंत्रीजी के पास अर्जी भेद दी। मुख्यमंत्रीजी को जैसे ही पता चला कि राजेंदर, माया प्रसाद 'हितैषी' का लड़का है, उन्होंने कहा, "यह सब झूठ है, अर्जी भेजने वाला असल बदमाश है और किसी रंजिश का बदला निकालने के लिए मौसाजी के खानदान को कलंकित करना चाहता है।"

मौसाजी बताते है कि उनके बड़े लड़के के पास कोठी है, मोटर है, नौकर-चाकर हैं। बिड़ला महेंदर को अपने बेटे की तरह मानते हैं। बैंक में बिड़ला जी का सारा रुपया जमा करने और निकालने का काम महेंदर ही करता है। जब उसकी शादी हुई तो बारात में बिड़ला भी गये। मौसाजी ने बताया कि बिड़ला गोरेचिट्टे, बहुत ही सीधे-सादे आदमी हैं। फटे-पुराने कपड़े पहनते हैं और घमंड उन्हें छू तक नहीं पाया है। बड़े परोपकारी हैं।

पछीतटोला के लोगों से मुझे जिस वास्तविकता का पता चला वह कुछ और थी। असलियत यह थी कि मौसाजी का बड़ा लड़का महेंदर आठवें दर्जे में कई बार फेल होने के बाद होमगार्डस की ट्रेनिंग में भर्ती हो गया था और अब पेपर मिल में मामूली चौकीदार है। दूसरा लड़का फोरेस्ट गार्ड था और सबसे छोटा नरेंदर कॉलेज तक तो पहुंच गया था। लेकिन पढ़ने-लिखने में उसकी दिलचस्पी कम ही थी। वह दिन-भर आवारागर्दी करता था और रात में जुए के अड्डों में बैठकर नाल के पैसे वसूलता था।

तीनों लड़के मौसाजी से बहुत बुरा सलूक करते थे और कभी उनकी सहायता नहीं करते थे। कभी-कभी बड़ा लड़का महेंदर पच्चीस-तीस रुपये उनको भेज दिया करता था।

एक बार मौसाजी बीमार पड़े तब उनके किसी लड़के ने उन्हें झांककर नहीं देखा। पछीतटोला के ही लोग उन्हें खटोले में उठाकर अस्पताल ले गये। उनका इलाज करवाया। लेकिन मौसाजी जब ठीक हो गये तो कहने लगे कि उनके बड़े लड़के महेंदर को जैसे ही पता चला कि मौसाजी बीमार हैं, वह घबड़ा गया। उसने तुरन्त अस्पताल के सबसे बड़े डॉक्टर को फोन किया। महेंदर फोन-पर-फोन करता रहा। चिंता के मारे वह दूसरे दिन जब अपने दफ्तर नहीं पहुंचा तो बिड़लाजीने तफतीश की। जैसे ही उनको पता लगा कि मौसाजी बीमार हैं और अस्पताल में भर्ती हैं, उन्होंने भी बड़े डॉक्टर को फोन किया। उन्होंने यह भी कहा कि अगर बीमारी डॉक्टरों के बस में न हो तो वे साफ-साफ बता दें। वे मौसाजी को विदेश भेज सकते हैं। डॉक्टरों ने जी-जान लगा दिया। पांच दिन में ही मौसाजी चंगे हो गये।

मैंने कई बार महसूस किया कि मौसाजी अपने साथ एक कारुणिक मजाक कर रहे हैं। उन्होंने अपने इर्द-गिर्द एक झूठा संसार निर्मित कर लिया है, जिसे वे अंतिम सच के रूप में मान बैठे हैं। काश, उनके पास पछीतटोला का कोई आदमी जाता और पूरी इत्मीनान के साथ, खरी भाषा में उनको समझाता—"मौसाजी आप जहां, जिस हालात में रहते हैं, उसे जानिये। उसे समझने की कोशिश कीजिए। आखिर औकात का अंदाजा तो आदमी को होना चाहिए। अगर आप अपनी स्थिति को ही नहीं पहचानेंगे तो पूरी जिंदगी गलत हो जाएगी। आपको अपने लिए कुछ वास्तविक ढंग से सोचना चाहिए। हो सकता है, आगे चलकर हालात और बदतर हो जाएं। मौसाजी, आप एक सीधे-सादे गरीब आदमी हैं, जिसके पास मेहनत की आखिरी पूंजी भी नहीं बची है। आप एक बेहद गये-गुजरे बूढ़े आदमी हैं। अगर लड़कों के मन में मकान के लिए कोई लोभ जागा तो आप फुटपाथ पर भीख मांगते नजर आएंगे। मौसाजी होश में आइये।"

मौसाजी को लेकर मैं एक अजीब क्रोध और दया की भावनाओं के बीच से गुजर रहा था। जितना ही उन पर गुस्सा आता उतनी ही उन पर दया भी आती। मैं उनके लिए जरूर कुछ करना चाहता था। कम-से-कम तो जरूर कि मौसाजी खुरदरी जमीन की असलियत पर नंगे पांव खड़े हो जाएं और अपनी औकात और वर्ग से पूरी तरह वाकिफ हो जाएं।

जब चुनाव के दिन आते और पछीतटोला में भी पार्टियों की जीपें दौड़ने लगती तो मौसाजी लगभग हर जीप में देखे जाते। जो भी उम्मीदवार उनके घर आता वे उसी के साथ चल देते। उम्मीदवार से वे यह भी कहते कि इस पछीतटोला में आपको फिक्र करने की जरा भी जरूरत नहीं है। यहां सब अपने ही लोग हैं। एक भी वोट गड़बड़ नहीं होगा। जीप में घूम-फिर कर जब मौसाजी वापस आते तो मिलने वाले से कहते, "भई, जे कैंडीडेट जो हतो, हमाए घर-खोंई आदमी आय। घर-खों लड़का-ई समझो। हमाई ड्योढ़ी पै आके आज कहन लगो कि मौसाजी, दद्दा ने हमखों आप-ई के पास भेजा है। हम तो राजनीति-वाजनीति कछू जानता नईया, अब आप-ई कछू समझाओं। कैंडीडेट के दद्दा (पिता) के साथ हमारी बड़ी पुरानी दोस्ती हती। अंगरेजी राज में हम दोनों एक-ई जेल में बंद हते...भइया, अब का बतायें उन दिनन की बात! तब तो जे कैंडिडेट बिल्कुल छोटो-सो बच्चा हतो, डेढ़-दो साल को। हमारी-ई गोद में खेल के बड़ो भओ।"

मौसाजी को लेकर सिर्फ मैं ही परेशान रहा होऊं ऐसी बात नहीं थीं। पछीतटोला के और भी कई लोग, बहुत मामूली लोग भी परेशान थे। वे मौसाजी से सचमुच हमदर्दी रखते थे। उन्होंने कई बार उनको टोका। उनकी असलियत उन्हें बतायी। उनका मजाक बनाया। लेकिन वे सब हिम्मत हार जाते। उन्होंने कई बार मौसाजी को उनकी हवाई दुनिया से सीधा उठाकर यथार्थ में पटकना चाहा, लेकिन मौसाजी ऐसे में बहुत ज्यादा बौखला जाते। मरने-मारने पर उतारू हो जाते या बिल्कुल घूरने लगते। ऐसे में उनकी आंखों का कसैला पानी और अधिक गंदला होकर धीरे-धीरे कोरों से बाहर फिसलने लगता। उन्हें देखकर अहसास होता, जैसे कोई उनकी

अमूल्य संपत्ति को उनसे जबरदस्ती छीन रहा हो। उन पर बेतहाशा दया आती।

एक दिन ऐसी घटना घटी जिसे मैं आज भी अंतिम मान लेने को तैयार नहीं हूं। उस दिन मौसाजी घर में खाना पकाने की तैयारी में लगे हुए थे कि किसी ने आकर बताया कि नरेंदर गिरफ्तार हो गया है।

मौसाजी ने चूल्हे पर पानी उंड़ेलकर उसे ठंडा कर दिया और संदूक से अपना पुराना खादी का चोला निकाला। शायद वे पहले असमंजस, अनिश्चय और दु:खी स्थिति में थे, थोड़ी देर के लिए। फिर उनमें उत्साह जागा। वे होंठों ही होंठों में कुछ बुदबुदाने लगे। यह बात आसानी से समझी जा सकती है कि वे क्या बुदबुदा रहे होंगे। वे कोई तकरीर कर रहे थे—सियासी! मौसाजी का अटूट विश्वास था कि अच्छी तरह बातचीत कर लेने से हर मुश्किल आसान हो जाती है। वे इसी विश्वास के साथ पुलिस चौकी जा रहे थे।

मैं कुछ काम के सिलसिले में पुलिस चौकी पर बैठा हुआ था। उस दिन शहर की बिजली चली गयी थी और पुलिस चौकी में मोमबत्तियां जल रही थीं।

मौसाजी ने झुककर, समकोण बनाते हुए थानेदान को जयहिंद कहा। थानेदार ने पूछा "क्या नाम है तुम्हारा?"

"माया प्रसाद 'हितैषी', स्वतन्त्रता सेनानी।" मौसाजीने जवाब दिया। उनका उत्तर बहुत विनम्र था और उनकी आवाज सुनकर ऐसा लगता था कि यह आवाज इस मुश्किल के बीच कोई रास्ता निकालना चाहती है।

"यहां कैसे आये?" थानेदार ने पूछा। मौसाजी थोड़ी देर चुप रहे फिर उन्होंने कहा, "साहब, हमारा बेटा को कौनो जुर्म में पुलिस गिरफ्तार कर लई है। एई के लाने हम इते पर आये।"

थानेदार कुछ संभला, "ओह, तो नरेंदर प्रसाद तुम्हारा लड़का है। क्या काम करते हो?" मौसाजी फिर चुप रहे। क्या काम बतायें? क्या काम करते हैं वे? मौसाजी चुप खड़े रहे। थानेदार ने दुबारा पूछा, "क्या काम करते हो?" मुझे लगा सन्नाटा लम्बा हो गया है। मौसाजी को अब कुछ बोलना

चाहिए। तभी एक सिपाही ने कहा, "काम क्या करेगा, लड़को से चोरी करवाता फिरता है। मिली-बांट है बुढ़ऊ की।" मौसाजी पहली बार ऊपर से नीचे तक कांपे। हिल गये, "नईं, जे बात बिल्कुल नहीं है। जे सरासर झूठा इलजाम है। हमने सन् बयालीस में कसम उठायी थी कि हम कौनो गलत काम नई करेंगे। जे अखबार देखिये, थानेदार साहेब...." मौसाजी ने घुटनों तक लम्बे धुआंए कुर्ते की जेब से वहीं अखबार निकाला, "हम कौनो गलत काम नई कर सकत। मुख्यमंत्रीजी भी जे बात अच्छी तरह से जानत हैं। हमने भ्रष्टाचार मिटावे के लाने..."

"चले आते हैं साले पागलखाने से निकलकर सीधे।" थानेदार बुड़बुड़ाया, "अबे मैं तेरी केस हिस्ट्री नहीं पूछ रहा हूं। कोई जमीन-वमीन का इन्तखाब है? जमानत भरनी पड़ेगी। आपके सपूत चोरी के जुर्म में पकड़े गये हैं। चले आते हैं ऊटपटांग बकने। साला, हर कोई नेतागिरी झाड़ता रहता है।"

मैंने देखा, मौसाजी उसी तरह अखबार पकड़े खड़े हैं। फिर मुझे सुनाई पड़ा कि मौसाजी सरदार पटेल का नाम ले रहे थे, लेकिन थानेदार की एक ही हड़क ने उन्हें चुप कर दिया। थानेदार ने कहा, "यहां ज्यादा पगलैटी मत दिखाओ, नहीं तो ससुर, तुमको भी उठाकर अन्दर कर देंगे। कल सवेरे ग्यारह बजे जमानती कागजात और कोई माल-उसूख वाला जमानतदार लेकर आना, नहीं तो तुम्हारा लड़का छह महीने के लिए फुरहरी हवा खाने अंदर चला जाएगा। दूसरी बात भी सुन तो बुढ़ऊ कि अगर ज्यादा ऊटपटांग बकर-बकर किया तो तुम्हारी भी चूतड़ में चार-पांच डंडे जमा देंगे, फिर सूधे हो जाओगे।"

मौसाजी धीरे-धीरे बाहर की तरफ रेंगने लगे। उनके कंधे झुके हुए थे। चाल लस्त-पस्त थी। टांगे थरथरा रही थीं। वे चुपचाप गेट से बाहर निकल गये।

डेढ़ घंटे बाद जब मैं थाने से लौट रहा था, मेरे दिमाग में यह घटना बिल्कुल ताजी थी।

तीन बत्ती की ढलान वाली सड़क पर जहां मैं था, वहां से बमुश्किल दस-पन्द्रह गज दूर मौसाजी सड़क के किनारे किलोमीटर वाले पत्थर पर बैठे हुए थे। उनका सिर उनके दोनों हाथों में टिका हुआ था और घुटनों के बीच झुका हुआ था।

उन्होंने मुझे देखा। उठकर खड़े हुए और मेरे साथ-साथ चलने लगे। मैंने पूछा, "मौसाजी, नरेंदर के लिए आप पुलिस चौकी गये थे, क्या हुआ?"

वे बहुत देर तक चुप रहे। फिर धीरे-धीरे चेहरे पर रोशनी सिमटी और उत्साह जागा। बोले, "बेटा, जो थानेदार मिश्रा है न! इसके दद्दा के साथ हमाई पुरानी दांत-काटी रोटी की दोस्ती हती। आज मिल गओ तो पुरानी बात चल पड़ी। हमने राजी-खुशी पूछी तो उसने हाथ जोड़ दिए। हमाए पांव छुए। कैन लगा, 'मौसाजी, बड़ी गलती हो गई। हम खों का मालूमहतो कि नरेन्दर आप-ई को मोड़ा (लड़का) आय। पै जो कानूनी गलती भई सो भई, अब हम का करैं? आप-ई कछू बताओ।' हमने कही, 'कौनो बात नई बेटा, तुम तो अपनो फर्ज पूरी करो। नमक बजाओ।' जब हम उते से आवन लगे तो कैन लगा कि मौसाजी चलो, हम आप खों आपी जीप में घर छोड़ आयें, पै हमने मिश्रा थानेदार को मना कर दिया।"

मेरा मोड़ आ गया था और मुझे दूसरी तरफ जाना था। मौसाजी जाने लगे। कुछ दूर अंधेरे में बढ़े, फिर रुक गये। वे मेरी तरफ फिर लौट रहे थे। "बेटा, तुमसे एक भौत जरूरी काम हतो।" उनकी आवाज फट रही थी। भर्रा गयी थी। वे मेरे करीब आये। अपने हाथों को मेरे कंधे पर रखा। हाथ धीरे-धीरे कांप रहे थे। मुझे लगा कि इस तरह हाथ सिर्फ अनिश्चय, दुःख, असहायता और पराजय में कांपते हैं। वे हाथ मेरे कंधे पर भारी हो रहे थे।

मौसाजी ने कुछ कहा नहीं। अपने हाथों को मेरे कंधे से हटा लिया और जल्दी से घूम गये। वे अपना चेहरा छुपाना चाहते थे जो पिघल रहा था। वे फिर अंधेरे की तरफ रेंग रहे थे। मैंने सोचा कि उनसे कहूं कि में सुबह आपके साथ जमानत के लिए चलूंगा, लेकिन मौसाजी दूर निकल गये थे।

मैंने पुकारकर कहां, "मौसाजी, मैं चलता हूं....जयहिंद।" उन्होंने बिना पीछे देखे अपना दाहिना हाथ ऊपर उठा दिया और अंधेरे में खो गये। शहर में बिजली अभी लौटी नहीं थी और अंधेरा गाढ़ा हो रहा था।

□□□

3

खरोंच

--काशीनाथ सिंह

"का रजा कासी,कुत्र हालं चालं?"
"सब ठीक ठाक?"
"अती उत्यं?"
"जी हां, अति उत्तम।"

कासी गुरु मगन थे।
पहली पहली नौकरी और वह भी अपने गृह जनपद में
अट्ठाइस साला कासी गुरु मगन थे।
मस्त और चकाचक।
इतने विनम्र हो गये थे कि उनकी नजरें
सिर्फ दो ही चीजों पर जा रही थीं—
छोटों की बांछें और बड़ों के चरण।
जब वे बनारस में ज्वाइन करने के लिए चले थे
तो मां बाप और दोस्तों ने अपने अनुभवों से हिदायतें दी थीं
देखों, गंगा नहाने जाना तो सिर्फ कपड़े लत्ते लेकर जाना
रुपये पैसे नहीं,
मंदिरों में जाना तो जूते चप्पल झोले में डाल लेना।
बाहर मती छोड़ना,
भीड़ में मोबाइल ऊपर सामने की जेब में रखना
बगल में या पीछे नहीं,
साइकिल अगर हो तो हमेशा डबल लाक
अगर रोड़ पर या कहीं और छोड़ना पड़े तो नजर में रखना,
बाकी तो अपहरण का डर नहीं

क्यों तुम डॉक्टर, इंजीनियर या ठेकेदार नहीं हो,
और 'सुपारी' का तो सवाल ही नहीं
क्योंकि तुम्हारा कभी किसी से लफड़ा ही नहीं रहा है।

पिता ने हिदायतें नहीं दी थीं, सिर्फ संस्कार याद दिलाये थे
कि न भूलना कि गरीबी में पले बढ़े हो,
कि दीन दुखियोंकी मदद करना,
कि दूसरों के साथ सुख दुःख बांटना,
कि औरों की बरक्कत में ही अपनी भी बरक्कत समझना
आदि आदि....।

इस तरह मस्त और चकाचक थे कासी गुरु बनारस में
छोटी सी नौकरी
किराये का डेरा
'हाउस वाइफ' बीवी
'लोन' की मोटरबाइक
मोटरबाइक नहीं, पहले साइकिल।

मोटरसाइकिल का ये है कि डेरा जो मिला था वह आफिस से घंटे भर दूर अक्सर लेट पहुंचते और डांट खाते।

आजिज आकर बॉस ने बुलाया और समझाया—"साइकिल छोड़ो!
बैंक से लोन लो और खरीदो मोटरबाइक!
तुमसे न हो तो कहो मैं दिला दूं लोन!"

सो, आ गयी बाइक हीरो होंडा एक पंदरहिया के अंदर

बीवी दुलारी भी बैठती चिपक्कर हीरो के साथ छुट्टी के दिन और घूम आती 'काशी चाट भंडार' और 'आई.पी. माल'

सच कहिये तो मौजा ही मौजा!

कासी गुरु जितना बाइक पर चढ़ते नहीं,
उससे ज्यादा उसे नहलाते धुलाते
पोंछते पोंछते गो सेवा भाव से।
क्या क्या नहीं किया उन्होंने उसे खरोंच से बचाने के लिए?

यहां तक कि ऑफिस के लिए वे 'शार्टकट' छोड़ लम्बा रास्ता पकड़ते
उसी रास्ते घर लौटते और फिर घर से ऑफिस जाते।
ग्यारह महीने हो गये थे बाइक के
लेकिन कोई भी देखता तो पूछे बगैर न रहता—
"अरे गुरु, किस दिन खरीदा यह उड़न खटोला?"

तो एक दिन वे उसी रास्ते घर से ऑफिस जा रहे थे
कि लड़ गये रवींद्रपुरी चौराहे पर!
उस दिन न दुलारी को छींक आयी थी, न बिल्ली ने रास्ता काटा था
लेकिन लड़ गये तो लड़ गये, वह भी साइकिल से।
(कहना मुश्किल है कि बाइक साइकिल से लड़ी या साइकिल बाइक से)

ऐन वक्त पर कासी गुरु ने ऐसा ब्रेक मारा कि बाइक स्टैड स्टिल!

गुरु के मुंह से गुस्से में अपने आप निकला—"सालो! अंधे हो गया? दिखाई नहीं पड़ता?"

उन्होंने वही गाली दी जो कभी-कभी कार वाले उन्हें देते थे।

जेठ की सांय सांय दुपहरिया

सुनसान चौराहा

न कहीं कोई आदमी, न जन

चिडिया का पूत भी नहीं

धधकती धूप में उजाड़, वीरान, निर्जन दूर दूर तक फैली कालोनी।

वे लड़के थे तेरह चौदह साल के नादान

गली से आये थे

एक चला रहा था दूसरा आगे साइकिल के डंडे पर बैठा था।

गलती उन्हीं की थी

लेकिन जाने क्या हुआ कि साइकिल नाचकर गिरी बाइक के आगे और लड़का उछल कर वहीं धम्म।

दूसरा घिसटता हुआ फुटपाथ के पास मोरी तक चला गया

बाइक के पास गिरा लड़का पीली शर्ट में था और मोरी वाला लाल।

पीली शर्ट वाला चीखा, छटपटाया और बेहोश हो गया।

लाल वाले को कहीं गहरी चोट लगी थी

वह कुछ देर हाथ पांव पटकता रहा

फिर तड़पता हुआ शांत हो गया।

कासी गुरु की बाइक स्टार्ट की स्टार्ट ही थी,

वे यह कहते हुए आगे बढ़ चले कि 'सालो! मरो, अपन चलते हैं।'

वे मुश्किल से दस कदम बढ़े थे कि बाइक पर 'खरोंज' की चिंता ने उन्हें खड़ा कर दिया। वे उतरे, घूमकर जायजा लिया। सब 'ओक्के' था।

जब वे दुबारा चढ़ने के लिए पैर उठा रहे थे उनके अंदर कहीं सनसनाहट हुई, कोई चीज कुनमुनायी, हिली डुली और आंखें खोल कर बैठ गयी-दयावान थी, सहृदय थी, करुणा कातर थी वह चीज। उन्हें लगा, इसे ही आत्मा कहते होंगे। उसके भीतर से उनके लिए धिक्कार उठी—'अरे भलेमानस, वे बच्चे जलती सड़क पर तड़प रहे हैं और तू भाग रहा है? इंसानियत खत्म हो गयी है क्या दुनिया से? क्या उन्हें किसी डॉक्टर के यहां नहीं ले जा सकते। कुछ नहीं करते तो कम से कम ए.टी.एस. के टीके तो लगवा देते। और ले भी कहां जाना? जहां खड़े हो वहीं से सामने देखों बड़ी सी होर्डिंग- 'जीवन रेखा क्लीनिक' (24 घंटै सेवाएं उपलब्ध)

कासी गुरु लौट पड़े।

फुटपाथ की नाली पास ही थी। बाइक खड़ी की और झुके।

शायद चोट अंदरूनी थी, बाहरी नहीं।

लड़के का चेहरा कीचड़ में लिथड़ गया था, पहचान में नहीं आ रहा था कि कौन है, कैसा है? कुछ पूछने पर गुगुआने लग रहा था, साफ बोल नहीं पा रहा था। वह जब तब इशारा कर रहा था उंगली से पीली शर्ट वाले लड़के की ओर जो अचेत पड़ा था। गुरु ने जब उसे उठाना चाहा तो उसने

कराहते हुए किसी तरह सिर्फ इतना कहा कि 'मुझे छोड़ो, पहले उसे देखो। मर रहा है वो।'

कासी गुरु का जी 'धक' से हो गया।

किस मुसीबत में फंसे वे?

वे उसे छोड़कर इधर आये।

'खून तो नजर नहीं आ रहा है। इसका मतलब कुछ टूटा फूटा नहीं है।' गुरु ने खुद से कहा। उनकी जान में जान आयी। लड़का जलती कोलतार की सड़क पर ओंधे मुंह पड़ा था साइकिल के पास। सिर और मुंह को गमछे में लपेटे। बदन और टांगों में कोई हरकत नहीं। गुरु उसे पलटने के लिए जैसे ही बैठे, वैसे ही चिल्लाया वह-"पकड़ो! पकड़ो! बाइक लेकर भाग रहा है भोंसड़ी के!"

गुरु भौचक! उठे और गली की तरफ भागे। देखा कि वह बाइक स्टार्ट करके तेजी से गली में घुस रहा है। वे वहां तक दौड़ते हुए गये जहां गली कई गलियों में बंट रही थी। वे हांफ रहे थे और तय नहीं कर पा रहे थे कि किस गली में देखा जाए। इधर या उधर या किधर? जब निराश वापस होने लगे तो सहसा आशा की एक किरण फूटी गुरु की आंखों के आगे कि जाएगा तो किधर जाएगा बाइक लेकर! उसका जोड़ीदार और साइकिल तो उनके कब्जे में है।

बिना समय गंवाये हड़बड़-हड़बड़ जब गली के मुंहाने पर पहुंचे तब देखा-वहां न वह लड़का है न साइकिल। वे चकित और स्तब्ध। अब क्या करें?

वे धीरे-धीरे चलकर उस जगह आये जहां साइकिल थी और वह लड़का था- शायद कोई सुराग छूटा हो। मगर वे लड़के अनाड़ी नहीं थे। खाली जगहें छोड़कर कुछ नहीं छोड़ा था उन्होंने।

कासी गुरु चौराहे पर देर तक खड़े रहे-चुपचाप।

आसमान आग बरसा रहा था और गुरु झुलस रहे थे लेकिन खड़े थे और खड़े रहे।

सड़कें वीरान थीं,बस्तियां उजाड़ थीं, हवाओं के थपेड़े कहीं नहीं थे।

चिल्लायें भी तो कहीं सुनने वाला नहीं। कहीं पेड़ भी नहीं जो पत्ते डुला सके। मोटर साइकिल की चिंता पीछे छूटने लगी थी अब। वह गयी तो गयी। बड़ी चिंता यह थी कि बीच में यह ससुरी 'आत्मा' कहां चली आयी? अगर वह इसी तरह रह गयी तो अभी जाने क्या–क्या अनर्थ करेगी।

काश! इसके बारे में भी कभी किसीने चेताया होता।

□□□

4

कुछ भी नहीं देखा

--केशव

पटवारी अक्सर पटवारखाने के बरामदे में ही बैठता था। कभी आलथी-पालथी। कभी उकड़ूँ। सामने डेस्क। डेस्क पर कागजात। दायीं ओर कलम और दवात। हालाँकि उन दिनों पेन की ईजाद हो चुकी थी। लेकिन पेन का इस्तेमाल किसी-किसी के ही बूते की बात थी।

दिन भर आने-जाने वालों का ताँता लगा रहता। किसी को पर्चा, किसी को जमाबन्दीतो किसी को नकल की जरुरत होती।

पटवारी को कुछ ही अरसा हुआ था इस गाँव में आये। उन दिनों पटवारी भी किसी हाकिम से कम नहीं होता था। लोग आते और बरामने की सीढ़ियों से ही दुआ-सलाम कर वहीं किसी सीढ़ी पर बैठ जाते। बरामदे तक पहुँचने का साहस कोई नहीं जुटा पाता।

पटवारी को यह सब अखरता था।

बदलू लुहार आया था एक दिन। नीचे की ओर से पहली सीढ़ी पर एक ओर जूते उतार वहीं बैठ गया था।

"बदलू इतनी तेज धूप में सीढ़ियों पर क्यों बैठा है, थोड़ा पानी-वानी पी ले और बरामदे में आकर बैठ।"

"हाकिम जी सौ जूते मार लो पर ऐसा न बोलो।"

"अरे भाई इसमें हर्ज ही क्या है?"

"हर्ज है जी। आप ठहरे हाकिम और मैं आपके पैर की जूती।"

"ठहर तू जरा।" – पटरवारी न कोने में रखी बाँस की पतली छड़ी ऊपर उठाते हुए कहा।

तब तक बरामदे के साथ सटे रास्ते पर तीन-चार लोग ठिठककर इस अजूबे को फटी-फटी आंखों से ताकने लगे थे। घटनाविहीन जीवन में मामूली से मामूली घटना में भी गांव के लोगों की दिलचस्पी एक स्वाभाविक-सी बात होती है। जिसकी जुगाली हाट-घाट-घराट दिनों-दिन चलती है।

बदलू अपने हाथ-पॉव सिकोड़कर सीढ़ियों पर लेट गया। उसकी समूची देह एक पीठ में तबदील हो गयी थी।

"जैसी आपकी मर्जी।" मार खाने के लिए बदलू की पीठ हाजिर थी।

पटवारी के अन्दर से बरबस हँसी का फव्वारा-सा फूट पड़ा। उसने छड़ी एक ओर फेंकी और बदलू को बाजू से खींचता डेस्क तक ले आया था।

"अब बता कैसे आया था तू।" पटवारी ने अपनी जगह बैठते हुए कहा।

बदलू अभी सहमा-सहमा ताक रहा था पटवारी को।

"अब तुझे सॉप क्यों सूँघ गया है? कुछ बता भी। मुझे अभी बहुत काम करना है।"

पटवारी की आवाज में तल्खी थी। पर बदलू के प्रति उतनी नहीं जितनी उस स्थिति के प्रति जिसमें वह न चाहते हुए भी धँस गया था।

"मेरे खेतर के साथ मेरे भाई का खेतर लगता है न जी, तो उसके बीच बीड़ है। बीड़ पर एक अलसान का दरख्त है। मेरा भाई मुझे टहनियां-पत्ते भी काटने नहीं देता। मारने को आता है।" बदलू का बांध जैसे अरराकर टूट गया था।

"थाने में रपट की थी।"

"न जी, वहां तो उलटी मार पड़ती है।"

"तो फिर तू क्या चाहता है?'

"आप चल के मौका देख लो। आप ही बता सकते हैं जी कि दरख्त मेरा है या उसका।"

“ठीक है, तू कल इसी वक्त आ जाना। जरीब तुझे ही ले जानी होगी। चौकीदार छुट्टी पर है।”

“कल”

बदलू थर-थर काँपने लगा था।

पल-पल थूक गटकता। जैसे वह बिना सहारे दरख्त की कमज़ोर डाल पर बैठा हो।

“तेरे को यह एकदम जूड का ताप कहां से चढ़ आया। अभी तो तू भला-चंगा था।”

“ओ जी मैं वो... वो लाया नहीं न आज। नी पता था कि इतनी, जल्दी...”

“क्या नहीं लाया?”

पटवारी को सहनशक्ति अब क्षीण होने लगी थी।

“वो...वो... पैसे जी। पहले वाले हाकिम को मैंने इसी काम के लिए पांच दिए थे जी। उसने मेरी मां-भैण गिण दी थी जी। और फिर वो दिन और आज का दिन। एक पत्ता डंगरों के लिए नहीं छांग पाया जी।”

“पहले वाले की तो मैं नहीं जानता। पर दुबारा तैने पैसे की बात की तो दरख्त सचमुच ही तेरे भाई के नाम लिखवा दूंगा।” पटवारीआंखें तरेरताउसकी ओर बढ़ा।

बदलू की पीठ फिर हाजिर थी।

पटवारखाने से दायी ओर चार-पांच घर छोड़ कर था एक गद्दी का घर। उसकी दो लड़कियां लगभग हर रोज पटवारखाने के सामने से गुजरती थीं। बड़ी की उम्र बीस-इक्कीस के आस-पास थी। छोटी उससे एक आध बरस कम।

छोटी लड़की बरामदे में डेस्क के पीछे बैठे पटवारी की ओर से लापरवाह चुपचाप निकल जाती थी। बड़ी लड़की बरामदे के सामने रुकती।

कई-कई पल पटवारी को अपलक ताकती रहती। पटवारी भी उसकी ओर एक उचटता हुआ-सा दृष्टिपात कर अपने काम में डूब जाता।

एक दिन बड़ी लड़की बरामदे की सीढ़ियों पर आकर खड़ी हो गयी। पटवारी ने एक-दो बार नजरें उठाकर उसकी ओर देखा। पर वह टस से मस न हुई। चुपचाप गहरी नज़रों से उसे देखती रही।

पटवारी ने भरसक कोशिश की खुद को काम में डुबाये रखने की। पर न तो उसकी आंखें कागजों पर लिखी हुई इबारत पढ़ पा रही थीं, न कलम कुछ लिख पा रही थी।

अचानक पटवारी ने अपने हाथ में पकड़ी कलम को दवात में डुबोने की कोशिश की। हालांकि पटवारी की उंगलियां इतनी अभ्यस्त हो चुकी थीं कि कलम बिना उस ओर देखे भी सीधे दवात में उतर जाती थी। लेकिन इस बार दवात उलट गयी और स्याही एक चकत्ते की तरह कच्ची मिट्टी के बरामदे में फैलती चली गयी।

लड़की खिलखिलाकर हंस दी।

पटवारी ने पहली बार नज़रे उठाकर लड़की को पूरी आंखों से देखा। गोरी-चिट्टी। औसत कद। आसमानी रंग की सलवार-कमीज़। दुपट्टा नहीं ओढ़ रखा था उसने। बाल बेहद लापरवाही से बांधे हुए। चेहरा कुछ-कुछ पके हुए, कुछ-कुछ कच्चे सेब जैसा। बरबस अपनी ओर खींच लेने जैसा कुछ, कुछ नहीं बहुत कुछ था उसकी काया में।

"पटवारी ऐसे क्या देख रहा है तू।"

पटवारी को एक तेज झटका लगा था।

बड़ी बदतमीज है यह लड़की। ज़रा भी शऊर नहीं है इसे। बिना बात, जान-पहचान के, सीधे तू पर उतर आयी है। जैसे बरसों से साथ रहती आयी हो। पटवारी सोच रहा था। पर कुछ बोल नहीं पा रहा था।

"तेरा तो हाथ भी स्याही से रंग गया है। पानी ला देती हूं। पहले ज़रा इसे धो ले।" कहकर लड़की कोने में रखे घड़े से लोटा भर पानी ले आयी।

"तैने ठीक पहचाना।"

पटवारी लोटा लेकर सीढियों पर हाथ धोने बैठ गया।

"रगड़-रंगड़ के धोना पटारी। नहीं तो यह दाग उंगलियों पर कई दिन तक ठसका मार के बैठा रहेगा।" हँसी अब उसके चेहरे, यहां तक कि होठों पर से भी नदारद थी। आंखों में थी कहीं।

"तू तो बोले ही जा रही है। और यह पटारी क्या होता है। पटवारी नहीं बोल सकती क्या?"

"मैं तो पटारी ही बोलूँगी।"

और फिर वह उठकर वैसे ही चली गयी जैसे आयी थी। बेलिहाज। पटवारी को कुछ-कुछ सकते में छोड़ कर।

"पटारी तेरे को हाड़-मांस की जीती-जागती मेहरू कभी दिखाई नहीं दी क्या? इत्ती देर खड़ी होकर तेरे को ताकती थी हर रोज़। फिर भी।"

दूसरे दिन फिर सीधे ही आ धमकी थी वह। और छूटते ही अपना पिटारा खोल दिया था। छोटी-छोटी चमचमाती बातों का पिटारा।

"तो तेरा नाम मेहरू है।" पटवारी ने जानबूझकर उसके सवाल को नज़रअन्दाज करते हुए कहा। शायद इस वक्त उसके सवाल में डुबकी लगाने से डर रहा था वह।

"नाम में क्या रखा है? पर तेरा कभी मन नहीं हुआ मेरे से बात करने का कुछ पूछने का।"

मेहरूउसके सामने खड़ी थी। कमर पर हाथ रखे। जैसे सवाल का जवाब पाना उसके लिए प्रतिष्ठा का विषय बन चुका था।

अबकी पटवारी ने अपने आपको टटोला। झिझक की तनती रस्सी को समेट कर भीतर के किसी कोने में धकेला। फिर थोड़ा तनकर सीधे उसकी ओर देखते हुए बोला, "मेरे पास काम ही इतना होता है कि देखकर भी अनदेखा करना पड़ता है।"

"पटारी, तू हर बात आधे मन से क्यों करता है?"

अबकी पटवारी की पसलियों से टकरायी थी जैसे कोई भारी-भरकम अनगढ़-सी वह बिलबिलाया।

"तू ठहरी औरत जात। ऐसे में पहल कैसे करता।" अटक-अटककर निकले थे शब्द।

मेहरू ने अपनी तरु से नहीं की थी। पर चोट तो लगी थी पटवारी को। मेहरू अब डेस्क के उस ओर ठीक उसके सामने जाकर बैठ गयी थी। दोनों के बीच खामोशी पसर गयी थी। मुखर होने की इच्छा से छटपटाती। एक-दूसरे की ओर खुलने के लिए तत्पर खिड़की की तरह। रास्ता गहरी होती गर्मियों की दोपहर में और भी सूना और उचाट हो चला था। बीच-बीच में लोहारों के मुहल्ले से लोहे पर पड़ती घन की आवाज़ से चौंकता, फिर अपनी ऊँघ में डुबकी लगाता।

"तेरे पास इतना काम होता है तो तेरे लिए रोटी-पानी की चिन्ता कौन करता है?" उसकी ओर झुकते हुए धीमे पर मुलायम स्वर में पूछा था मेहरू ने।

"पेट ही तो भरना होता है। कुछ भी कच्चा-पक्का बना लेता हूँ। कभी-कभी तो दो टैम का एक ही बार।"

पटवारी अब संयत हो आया था।

"अगर तेरा यह काम मैं कर दिया करूँ तो तुझे बुरा तो नहीं लगेगा।"

"बुरा क्यों लगेगा? पर पहले तू अपने मां-बाप से तो पूछ ले।"

"उसकी जरूरत नहीं।"

मेहरू के स्वर में जिद थी। दृढ़ता थी।

"फिर भी मुझे तेरे बापू से तो बात करनी ही पड़ेगी।"

"औरों की छोड़, अपनी चिन्ता करना सीख पटारी। नहीं तो कुछ भी हाथ नहीं लगेगा।"

"जैसी तेरी मर्जी।"

पटवारी के भीतर चकराती धुन्ध छँट गयी थी। अब उसके सामने थी सिर्फ मेहरू। जैसी थी, जितनी थी। उतनी थी। उतने से बाहर छलांग लगाने, कुछ और होने की कामना में झुलसने का उसके भीतर या बाहर कहीं कोई संकेत तक नहीं था। उतनी आभा से उसका चेहरा दीप्त था उस वक्त। रहता ही था।

पटवारी हैरत में था। भेड़-बकरियां चराने वाली एक अनपढ़, गँवार लड़की के भीतर इतना अछूतापन, इतनी ताज़गी। एक शाश्वत कँवारापन। जैसे अरसे बाद होने वाली बारिश से धूल-मिट्टी के अन्धड़ों से जूझती प्रकृति अपने अनिन्य कँवारेपन को पुन: प्राप्त कर लेती है।

"अच्छा, अब यह बता, चूल्हा चौका, झाड़ू-बर्तन के आलावा कोई और भी काम लेना चाहेगा मुझसे।"

मेहरू ने बहुत सहज ढंग से कहा था। वैसे ही जैसे कोई पेड़ से बात करता है, फूल से बात करता है और कभी-कभी नीले आसमान से भी।

और पटवारी भौचक-सा उसे ताकता रह गया था। उसका सब कुछ सिमटकर जैसे एक गुठली में तबदील हो गया था।

"तेरे घर में कौन-कौन है पटारी?"

एक दिन पूछा था मेहरू ने। रात का खाना परोसते हुए।

रात का खाना दिन छिपते ही हो जाता था। इसलिए भी कि सुबह नाश्ता नहीं सीधा खाना ही बनता था। बरसों से होता आया था ऐसा।

"यह अचानक मेरे घर-बार की कैसे याद आ गयी। आज तक तो नहीं पूछा तूने"

"नहीं पूछा तो अब पूछ रही हूँ। न बताना चाहो तो न सही।"

बीस का था जब शादी हो गयी थी पटवारी की। दस बरस बीत चुके थे अब तक। दो बच्चे थे। बड़ा कोई नौ का और छोटी छ: की।

जिस कस्बे में उसका परिवार रहता था वह सौ मील से भी ज्यादा दूर था इस गांव से। कस्बे से ही शुरुआत हुई थी उसकी नौकरी की। सबसे ज्यादा वहीं पर की थी उसने नौकरी। कोई दो-अढाई बरस। तब से उसकी

यह सातवीं पोस्टिंग थी। बच्चों का इन्तजार उसी पल से शुरू हो जाता था जिस पल वह लौट जाता था नौकरी पर उनके पास से। तभी पटवारी को अहसास हुआ था कि बच्चों में कितना धैर्य होता है। उतना ही है जितनी अधीरता होती है बड़ों में।

जिस दिन पटवारी ने आना होता था उनके पास, बच्चे सुबह से ही आ जमते थे सड़क पर। मोटर रुकती तो उनका उत्साह उछलकर उनके कन्धों पर आ बैठता। बिना रुके निकल जाती तो दोनों एक-दूसरे को बिटर-बिटर ताकते। इन्तजार के खोखल में लौट जाते।

'मैं इन दोनों को पकड़-पकड़कर ले जाती हूँ। कभी नहाने के लिए कभी रोटी खाने के लिए। स्कूल भी नहीं जाते उस दिन तो। तुम्हारी बदली फिर यहां नहीं हो सकती क्या?' पत्नी अकसर कहती थी उससे। वह हर बार सुनता और एक फीकी-सी हँसी हँस देता था।

गर्मियों की तपती दुपहरियों में जब कभी उसका मन काम में नहीं रमता, एक विचित्र-सा अनमननापन, उदासी उसे आ घेरती। ऐसे में अकसर सोचा करता।

बच्चे इस वक्त क्या कर रहे होंगे?

स्कूल से लौटकर सीधे मकान के पिछवाड़े बगीचे में चिडियों के पीछे दौड़ रहे होंगे। हाथ में छोटी-छोटी गुलेलें लिये। जानते हुए भी कि उनके नन्हें-नन्हें हाथ अभी गुलेल की रबर खींचने लायक नहीं हुए हैं। शायद यही बात मन में लिये कि गुलेलों के डर से चुपचाप उनके पास चली आएगी चिडिया और वे उन्हें रंगीन बिल्लौरोंकी तरह आले में सजाकर रख सकेंगे।

बड़ा तो जरूर स्कूल से लौटकर रोज चुपके से मां को दोपहर में ऊँघता पाकर, अपने दोस्त के साथ बिनवा नदी में नहाने चला जाता होगा।

वह खुद भी नहाने जाया करता था बिनवा नदी में। तब बिनवा काफी गहरी हुआ करती थी। पानी से लबालब। पर वह खुद तो एक अच्छा तैराक था। इस बात की पुष्टि के लिए एक बार दोस्तों ने उसे उसके गांव से चार-पांच कोस पर बहती व्यास में हाथ-पांव बांधकर छोड़ दिया था। एक मील तक नीचेजाकर वह उसी तरह किनारे जा लगा था। सब हैरानी से उसका

मुँह ताकते रहे गये थे। बिनवा पर बने रेल के पुल से छलांग लगा दिया करता था वह।

बड़ा कहीं रेल के पुल से तो पानी में छलांग नहीं लगाता होगा। खयाल आते ही दोपहर का सन्नाटा जैसे अचानक पटवारी के भीतर कांटों की तरह उग आता था। भीषण गर्मी में भी ठण्डे पसीने से तरबतर हो जाती थी उसकी देह।

इस बार वह बच्चों के लिए पठानकोट से ले जाएगा हाकी, फुटबाल और गेंदें। अब उनकी उम्र गुड्डे-गुडियों से खेलने की नहीं रही। उन्हें इसी तरह से बड़ा करेगा वह।

आज भी वह सोचते-सोचते ऊँघने लगा था माथा डेस्क पर रखे।

तभी उसे किसी ने झिंझोड़ा। वह हड़बड़ाकर उठा। सामने मेहरू खड़ी थी। अपनी कमीज को झोली की तरह दोनों छोरों से पकड़े।

उसके पेट का निचला हिस्सा उघड़ा हुआ था। नर्म-नर्म, कुछ-कुछ कसी हुई खाल। कुछ पल अनजाने ही पटवारी की निगाहें उस हिस्से पर अटकी रहीं। फिर अचानक हड़बड़ाकर उसने अपनी निगाहें दूसरी ओर कर लीं।

मेहरू इस बात से अनभिज्ञ वैसे ही खड़ी थी।

"यह क्या है?" पटवारी ने आंखें मलते हुए उनींदे स्वर में कहा।

मेहरू ने बिना कुछ कहे अमरूदों से भरी झोली उसके सामने खाली कर दी और धम्म से बैठ गयी थी।

"मैंने तेरे से घर-बार के बारे में पूछा था। फिर तू पता नहीं कौन से झोर (कन्दरा) में चला गया था। मैने तेरे को उस वक्त और छेड़ना ठीक नहीं समझा। इसलिए चुपचाप उठकर चली गयी थी तेरे पास से।"

"पर तेरे को कैसे पता चला कि अमरूद मेरी कमजोरी है।"

"सारी बातें सिर्फ पता होने से ही नहीं होती।"

"तू तो बड़ी-बड़ी बातें करने लग गयी है।"

"बातें नहीं पटारी, अपने मन की करने लगी हूँ अब।"

कहकर मेहरू ने उसे कनखियों से देखा था।

पटवारी उसे अकसर सहमे हुए कबूतर-सा क्यों दिखाई देता है? क्यों वह एक कदम आगे बढ़कर दो कदम पीछे लौट जाता है। वह जो कुछ भी कहती है, उसे अटपटा-सा क्यों लगता है। वह तो हर बात बिना किसी लाग-लपेट के कह जाती है। जैसा उसे उस वक्त लगता है। पटवारी झिझकता है, डरता है। पर मेहरू अपने इस संशय को अपने से बड़ा नहीं होने देती।

"अच्छा, अब तू झटपट खिचड़ी बना दे। बड़ी जोरों की भूख लगी है।"

आज देर भी तो काफी हो गयी थी। कहां तो सुबह नौ बजे खाने से निबटकर पटवारी डेस्क पर आ बैठता था। और अब बारह बज रहे थे।

"बगीचे का चौकीदार कुछ ज्यादा ही किच-किच करता है। इसीलिए मैं वहां से चली आयी। मन तो हो रहा था कि अपनी सुध-बुध भुला के आज बगीचें में ही पड़ी रहूँ।"

"तो तू डरती भी है। मेरेलिए तो बड़ी हैरत की बात है यह।"

"मैं जब भी भेड़-बकरियां चराने जाती हूँ न पास के जंगल में तो बापू कहता है अपने गद्दी कुत्ते को भी साथ ले जा। पर मैं तो नहीं ले जाती।"

कहकर वह चुप हो गयी थी। अनायास। अनामन्त्रित चुप्पी से घिर गयी थी। कभी-कभी वह दूर, बहुत दूर निकल जाती थी। अनचाहे। उसे जैसे कोई चीज पीछे खींच ले जाती थी। उसी तरह जैसे पानी कितनी चीजों को अपने भीतर खींच लेता है। उसे नहीं पता उसके साथ यह सब क्यों होता है। उसकेबस में तो सिर्फ इन्तजार होता है। ऊपर तिर आने का।

"हां तेरे लिए जरूर डरती हूँ।"

बरसातथी कि थमने का नाम नहीं ले रही थी। पिछले तीन दिनों से धारासार। आसमान की एक फांक तक मुहाल।

बरामदे के सामने पसरा रास्ता एक नाले में तब्दील हो चुका था। जैसे लुहारों का मुहल्ला कोई नदी हो और जिसकी प्यास अनन्त।

कच्चा बरामदा तेज बौछारों से लगभग दलदल ही होता जा रहा था। पैर जो पूरा धंस रहा था उसमें।

लेकिन पटवारी का डेस्क वहीं था। और डेस्क के पीछे पटवारी भी। दलदल किसी भी पल लील सकती थी डेस्क को। हालांकि बरामदे की चौड़ाई कुछ कम नहीं थी। आठ फुट तो होगी ही। और उतने पर छत भी थी। लेकिन बौछारें इस बार डेस्क को पार कर पटवारी तक पहुंचने को लालायित जान पड़ती थीं।

सुबह के नौ बज रहे थे। पटवारी एक पल अपनी कलाई में बंधी घड़ी को देखता और दूसरे पल गांव के छोटे से इस ओर उतरते रास्ते को।

मेहरू का कहीं नामोनिशां तक नहीं।

बहुत पहले आ जाना चाहिए था उसे। हालांकि मेहरू की कलाई पर कोई घड़ी नहीं बंधी थी। फिर भी उसके भीतर कहीं नौ बजते हैं हर रोज। नहीं तो इतने ही बजे क्यों वह कहती है:

"आज तेरे को भूख नहीं है क्या?"

उसकी नज़रे कलाई पर बंधी घड़ी की ओर जाती हैं। क्या समय भी उसी की चाल चलता है।

बरसात ने और भी उग्र रूप धारण कर लिया था।

ऐसा तो एक दिन भी नहीं हुआ। पिछले कई-कई दिनों से। कहीं कुछ...नहीं...नहीं पटवारी ने झुरझुरी-सी ली।

फिर सामने फैले कागज-पतर समेटे और पटवारखाने के भीतर जाकर लकड़ी की जर्जर-सी अलमारी के हवाले कर दिये।

कुछ पल अलमारी के पल्ले पकड़कर पटवारी अनमना-सा कुछ सोचता रहा। फिर न जाने क्या हुआ। पल्ले खुले के खुले छोड़ खूँटी पर लटकी छतरी की ओर लपका। कमरे से निकलकर छतरी खोली और बरामदेकी पहली सीढ़ी पर पैर रखते ही छतरी सिर पर तान ली।

तभी बिजली कौंधी। और एक भीषण गड़गड़ाहट के साथ लुहारों के मुहल्ले के उस पार कहीं जाकर गिरी।

पटवारी ने दूसरी सीढ़ी की ओर बढ़ा अपना पैर खीच लिया।

सांझ उतर आयी थी। पर उसके भी पहले उतर आया था अँधेरा। बारिश बेशक थी पर फुहारों में। पर आसमान अभी भी गहरे बादलों के जबड़ों में फंसा कराह रहा था।

दोमंजिला मकान में नीचे पटवारखाना था। ऊपर की मंजिल में दो कमरे थे। जिनमें पटवारी की रिहाइश थी। बीच में था आंगन। आंगन के उस पार था रसोईघर।

आंगन में जाने के लिए बरामदे से सटी ड्योढ़ी से होकर जाना पडता था। ड्योढ़ी लगभग दस फुट ऊँची और छः फुट चौड़ी थी। ड्योढी के पल्ले किसी हवेली के द्वार की तरह भारी-भरकम और मजबूत थे।

मेहरू ने उढ़के हुए पल्लों को पूरी ताकत से अन्दर की ओर धकेला। पल्लों के खुलने की आवाज़ कुछ देर तक आस-पास चकराती रहती। भीतर घुसते ही मेहरू ने पल्ले पुन: उढ़का दिये और बायों ओर बनी सीढियों से होती ऊपर की मंजिल में चली गयी। कमरे में अंधेरा था।

उसने हाथ बढ़ाकर आले से लालटेन और दियासलाई उठायी। जमीन पर बैठकर लालटेन की चिमनी ऊपर की और तीली जलाकर लालटेन की बत्ती पर रखी दी। कमरे का अँधेरा पलभर को कुनमुनाकर लालटेन से दूर सरक गया। उसकी बेदम-सी रोशनी कमरेके अँधरे से सींग भिड़ाने लगी।

"कम से कम लालटेन जला ली होती। इतना भी आलस किस काम का।" चारपाई पर कुछ चरमराहट-सी हुई। मेहरू चारपाई के नजदीक सरक गयी। "आजकल भी रजाई ओढ़ रखी है।" कहकर उसने पटवारी की देह पर से रजाईपलटदी।

पटवारी के दांत किटकिटा रहे थे। मेहरू ने नीचे झुककर पटवारी के माथे पर हाथ रखा।

"तेरे को तो ताप चढ़ा हुआ है।"

कहकर वह चारपाई की पाटी पर बैठ गयी। हौले-हौले माथा सहलाती।

"मुआ चौकीदार कहां चला गया। उसे ही भेज देते मेरे घर।"

"सवेरे क्यों नहीं आयी तू?"

पटवारी ने उसकी बात को अनसुना करते हुए घुटे-घुटे स्वर में कहा।

"जानबूझ के नहीं आयी थी। मैं देखना चाहती थी कि तेरे को कोई फर्क पड़ता है या नहीं।"

"अब तो तसल्ली हो गयी न तेरी।"

पटवारी शिकायत नहीं कर रहा था। अपने को ही टटोल रहा था कि कहां-कहां सूराख हैं।

जिन सूराखों को वह मेहरू में देखने की बेवजह कोशिश करता था वे असल में उसके अपने भीतर थे कहीं।

मेहरू अब भी उसके सामने थी। सामने ही नहीं। नजदीक।इतनी नजदीक कि वह उसे कहीं से भी छू सकता था। हाथ बढ़ाकर उनमें उसे भर सकता था। वह जानता था, मेहरू कभी उसका प्रतिकार नहीं करेगी।

लालटेन ने कमरे के अंधेरे को जितना पी सकती थी, पी लिया था। चीजों की पहचान फिर लौट आयी थी।

मेहरू का चेहरा आम्रबोर के गुच्छे की तरह उसके चेहरे पर झुका हुआ था। 'पटारी...पटारी'

मेहरू के भीतर विद्यमान समूचे राग में भीगा उसका अस्फुट-सा स्वर पटवारी के कानों में उतर रहा था।

आसमान फिर धारासार बरसने लगा था।

धूप अभी बरामदेसे दूर थी। लुहारों के मुहल्ले से इंच-दर-इंच इधर सरकती। सूरज पटवारखाने की ओट था अभी। दिसम्बर के आखिरी दिन थे। डेस्क के पीछे बैठ पटवारी बड़ी बेसब्री से बरामदे में धूप के खिलखिलाने का इन्तजार कर रहा था। देह में उतर आयी ठिठुरन को झटकने की बेमतलब कोशिश में बार-बार पहलू बदलता।

हालांकि इस वक्त वह आंगन में बैठकर भी धूप का लुत्फ उठा सकता था।

एक बार मेहरू ने पूछा था, "पटारी, तू यह बता कि बरामदे ने तेरे को पकड़ रखा है या तूने बरामदे को। और भी तो जगह है बैठने की। फिर घूम-फिरके यहीं क्यों लौट आता है?"

"गर्मियों में हवा के लिए और सर्दियों में धूप के लिए।"

पटवारी ने हंसते हुए कहा था।

"और बरसात में?"

"बौछारों के लिए।"

"यह क्यों नहीं कहता कि ताप चढ़ाने के लिए?"

पटवारी बहुत देर तक डूबा रहा था। मधुमक्खी की तरह इर्द-गिर्द चक्कर काटते उन शब्दों में। उनकी गन्ध में। उनके लगाव में।

आज कानूनगो मौका देखने के लिए आने वाला था। जाहिर है उसका दोपहर का खाना भी यहीं होना था। सुबह ही चौकीदार को बाजार भेजकर गोश्त मँगवा लिया था। वह खुद भी तो बहुत शौकीन था। हफ्ते में तीन-चार बार तो बनवा ही लेता था। फिर मेहरू के हाथों बने गोश्त की तो बात ही कुछ और थी।

मेहरू रसोईघर में पूरे मनोयोग से तैयारी में जुटी हुई थी। तभी तो आज खाना नौ बजे नहीं, दोपहर को बनने वाला था। बड़े अफसरों की तरह वह भी आज अरसे बाद लंच जैसी सौगात का आनन्द उठाएगा।

तभी उसकी नज़रें लुहारों के मुहल्ले से इस ओर आते हरफू गद्दी पर पड़ी। ज्यों ही वह बरामदे के पास से गुजरने लगा उसने उसे आवाज़ दी।

"हरफू ज़रा इधर तो आना।"

हरफू बरामदे की सीढियों पर आकर खड़ा हो गया।

"चरणा बन्दे मालिक।"

"आ, इधर मेरेपास आकर बैठ जरा।" पटवारी बोला।

हरफू बेहिचक पटवारी के सामने जाकर बैठ गया।

"और सुना। काम-धाम तो ठीक चल रहा है न।"

"आपकी दुआ से गुजर-बसर हो रही है मालिक।" हरफू ऐसे बोल रहा था जैसे उसके भीतर सभी सवालों के उत्तर सदियों से धरे हुए हो। बस उनकी ओर संकेत करने की देर थी जैसे।

"तुम्हें पता है न तुम्हारी बेटी मेरे यहां चौका-चूल्हा करती है।" पटवारी ने जैसे अपने भीतर एक अरसे से पड़े इन शब्दों को पूरी ताकत से हरफू की ओर धकेल दिया था।

"उसे अगर आपका काम करके खुशी मिलती है तो मेरे लिए इससे बड़ी बात क्या हो सकती है।"

धूप अब ऊपर की ओर वाली चौथी सीढ़ी पर आन पसरी थी। ठिठुरन धीरे-धीरे पस्त हो चली थी।

"तूने अब तक अपनी लड़कियों की शादी क्यों नहीं की। हमारे यहां तो पन्द्रह-सोलह की उम्र में लड़कियां मां भी बन जाती हैं।"

"बुरा न मानना मालिक। हम गद्दी तो अपनी भेड़-बकरियों की भी अपने से ज्यादा संभाल करते हैं। ये हमेंदूध देती हैं अपने गोश्त से हमारा पेट भरती हैं और अपनी ऊन से ताप देती हैं। अब बेटियां तो उनसे कम नहीं हैं न हमारे लिए।"

हरफू के तर्क ने पूरी तरह निहत्था कर दिया पटवारी को। फिर भी वह अपने हठ को परास्त नहीं होने देना चाहता था।

"फिर भी बीस से ऊपर की उम्र तो बहुत होती है।"

"उम्र से ज्यादा हम उनकी पसन्द का खयाल रखते हैं। फिर हम अपनी दुनिया में सुखी हैं मालिक। भले ही यह दुनिया कितनी भी छोटी है। पर इसमें हम अपनी-अपनी मर्जी से सांस लेते हैं।"

धूप अब डेस्क तक आकर बिछ गयी थी।

"खाना अगर तैयार हो तो कानूनगो को बुला लूं।" पटवारी ने रसोई के दरवाजे से झांकते हुए कहा।

"सब कुछ तैयार है, बस थालियां लगाना बाकी है।"

"मेहरू, तुम अब अपनेघर चली जाओ। खाना चौकीदार परोस देगा।" पटवारी ने सामने दीवार की ओर देखते हुए कहा।

"मेरा औरों के सामने पड़ना तेरे को कहीं काटेगा इसलिए न। पर मुझे इसकी परवाह नहीं। खाना मैंने बनाया है तो परोसूंगी भी मैं ही। तू जा के उसको ले आ, बस।"

पटवारी ऐसा हो गया मानो काटो तो खून नहीं। उसकी पुतलियां जैसे स्थिर हो गयी थीं। देखकर भी कुछ न देख पा रही थीं।

वह एक झटके से पलटा और आंगन में उतर गया।

"गोश्त तो लाजवाब बना है पटवारी जी। इतना कि बनाने वाले के हाथ चूमने को दिल कर रहा है।" कहकर कानूनगो ने कनखियों से मेहरू की ओर देखा।

"थाली ज़रा आगे करो। और डाल देती हूं।" वही निर्विकार भाव था मेहरू के चेहरेपर।

कानूनगो ने थाली उसकी ओर सरका दी।

पटवारी ने हड्डियों पर चिपके गोश्त पर जोर आजमाइश और तेज कर दी।

"पटवारी जी, आपके तो खूब मज़े हैं। रोज इतना लज़ीज खाना और खाना बनाने...."

कानूनगो ने जानबूझकर वाक्य अधूरा छोड़ दिया था। एक निहायत गलीज-सी मुस्कान उसके चेहरे पर चस्पां रही थी देर तक। जैसे कोई सूअर कीचड़ में रपटने को किलोल समझ रहा हो।

भोजन के बाद कुछ आराम फरमाकर कानूनगो रात के खाने का लुत्फ उठाने कहीं और मौका देखनेरवाना हो चुका था।

"अब मैं चलती हूं।"

रसोई से निपटकर मेहरू बरामदे में आ गयी थी।

पटवारी कुछ पल उसे विचित्र-सी नज़रों से देखता रहा। फिर बोला, "तुझे कानूनगो की बातों का बुरा नहीं लगा।"

"मुझे तो कोई बुरा नहीं लगा। कम से कम उसे जो लगा उसने वैसा ही बोल तो दिया। एक तू है कि..."

आगे के शब्द मेहरू की सुबकियों में ही दबकर रह गये थे।

ठीक एक बरस और नौ दिन बाद पटवारी का फिर तबादला हो गया। फर्क सिर्फ इतना था कि इस बार तब्दील होकर वह वहीं जा रहा था जहां उसका परिवार रहता था।

हवा में हल्की-सी खुनकी थी। पतझड़ ने पेड़ों को नंगा करना शुरू कर दिया था। अमरूद के बगीचे से आने वाली हवा पत्तों को अपनी अंजुरियों में भर-भरकर लुहारों के मुहल्ले की ओर जाने वाले रास्ते पर से होती ड्योढ़ी तक बिछाती चली आयी थी। अमरूद की खुशबू की जैसे धरती ने सोख लिया था।

सारा सामान मोटर अड्डे पर जा चुका था। पटवारी छूट गया था पीछे ड्योढ़ी के पास। मेहरू की इन्तजार करता।

तभी मेहरू आ गयी थी।

"मैं तो तेरी ही राह देख रहा था।"

"पटवारी, तूने कितनी बार देखा है मेरे को।"

मेहरू ने सीधे-सीधे उसकी आंखों में झांकते हुए कहा।

पटवारी एकबारगी सिहर उठा था। उसकी आंखों में जलती निष्पाप, निष्कम्प लौ के सम्मुख।

"ऐसा क्यों पूछ रही है तू। साल भर से रोज ही देखता आया हूँ तुझे। तैने तो शायद कभी नागा भी नहीं किया।"

"दुख तो यही है पटवारी कि तैने कुछ भी नहीं देखा।"

मेहरू ने पटवारी के चेहरे से आंखे हटाकर सुदूर क्षितिज की ओर देखते हुए कहा।

चारों तरफ पत्ते ही पत्ते थे। पीले-भुरभुरे, सूखे पत्ते। बरामदे के ठीक सामने असमय ही एक चक्रवात उठा ढेर सारे पत्तों को अपने भीतर भरकर आसमान की ओर उठा और फिर पत्तों को ऊपर ही उछालकर बुझ गया था।

□□□

5

मेरी दोस्ती मेरा प्यार

--गंगाराम राजी

आज मुझे याद आने लगा बीस साल पहले जब मैं शिंटू से मिला था। वह भी एक इतफाक ही था। शिंटू न जाने कहां से आ रहा था मेरे सामने ही वह धड़ाम से गिर गया। सतरह-अठारह साल का लड़का कैसे गिर गया? मैं अपने को रोक नहीं सका और उस ओर भागते हुए गया, उसे उठा कर खड़ा करने में मदद की। मुझे पूछने का उसने मौका ही नहीं दिया! बोला, 'थैंक्यू अंकल कोई बात नहीं, मेरे साथ ऐसा होता रहता है। अब मैं अपने आप घर चला जाऊंगा कोई टैन्शन नहीं।' उसके चेहरे पर कोई झेंप तक नहीं थी। वह मुस्कुराता रहा।

वह चला गया। चाल तो उसकी लंगड़े जैसी ही थी। मैं उसे जाते देखता रहा। उसने एक बार भी मुड़ कर नहीं देखा। मैं अपने काम पर चला गया परन्तु जब शाम को उसी स्थान पर पहुंचा तो मेरा ध्यान फिर शिंटू की ओर चला गया था। उसके प्रति मेरी जिज्ञासा बढ़ने लगी, जानने की इच्छा हुई और शिंटू के घर का पता करके उसके घर वालों से मिलने की इच्छा हुई। पता चला कि वह अपने पिता के साथ रेलवे कालोनी में रहता है, मैं शाम को ही उनसे मिलने चल पड़ा।

रेलवे कालोनी में पहुंचा! उसका मकान मिलने में कोई देरी नहीं लगी। शिंटू का नाम पूछते ही बाहर खेल रहे लड़के मुझे उसके मकान तक ले गए। रेलवे की कालोनी हो तो कोयले की अंगीठी क्यों न जले? एक नहीं सभी घरों से कोयले की सुगंध के साथ आसमान में उठता धुंआ रेलवे कालोनी का आभास करा रहा था। पुराने समय की इस कालोनी में पानी नल से हमेशा लगातार बह रहा था टूंटी तो थी ही नहीं, किसी ने इन्हें एक बूंद पानी का मूल्य समझाने की हिम्मत नहीं की होगी क्योंकि इन्हें पानी की कोई दिक्कत आई ही नहीं होगी। सामने को गेट खुला रहता जहां से हर आने जाने वाले को देखा पहचाना जा सकता था। काल बैल बजाने की कोई

जरूरत नहीं पड़ती। घर में उसके पिता जी मिल गए। घर के अंदर से मुझे खड़ा देख अपने कंधे पर रखे एक लाल रंग के तौलिए से हाथ पोंछते हुए मिलने बाहर आ गए।

"आप शिंटू के बारे पूछने आए हैं? यहां जो नया आदमी आता है वह उसी के बारे में पूछना चाहता है। आप भी पूछें।" शिंटू के पिता जी ने मुझे देखते ही मेरे मन की बात को पढ़ लिया था।

"हां में शिंटू के बारे में ही जानने के लिए आया हूं।"

"आईए अंदर बैठते हैं। चाय भी पीते हैं और गपशप भी करते हैं।" मैं सम्मोहित जैसे अंदर चला गया। छोटा सा कमरा उसी में एक ओर सोफा लगा था, कमरे का एक हिस्सा ड्राईंग रूम बनाया गया था। सामने दिवार पर एक रैक बना था। उस रैक पर दस ग्यारह ट्राफियां रखी थीं। सोफे के एक ओर बैठने के साथ ही चाय के लिए कहा गया जिसका मैं औपचारिकतावश भी विरोध नहीं कर सका क्योंकि चाहता था कुछ देर बैठा रहूं और शिंटू के बारे जान सकूं।

शिंटू के पिता ने बात अपने आप ही आरम्भकर दी, "मेरा शिंटू जिसका नाम विजय बहादुर है पैदा होते ऐसा नहीं था। इसका अपाहिजपन हमें जब यह आठवीं में था सामने आया और हम इसके इलाज में जुट गए। होनहार लड़के के लिए मैंने क्या नहीं किया। इसकी बिमारी की लड़ाई तो मेरे लिए किसी सैनिक युद्ध से कम नहीं थी। मैंने हर मोर्चा संभाला परन्तु मैं हार गया। मैं क्या मैडिकल साईंस ही हार गई। यह बिमारी जीन्स के द्वारा एक पीढ़ी से दूसरी पीढ़ी में जाती है। अब पता नहीं मेरे जीन्स में थी या मेरी पत्नी के? डाक्टरों ने इस बिमारी का नाम मस्कुलर डिस्ट्राफी कहा है अर्थात् सब मसल धीरे-धीरे कमजोर फिर काम करना छोड़ देंगे और अंत में जब यह बिमारी हार्ट तक पहुंचेगी तो सब खत्म हो जाएगा। मतलब आदमी तिल-तिल मरता रहे और मां बाप इस दर्द को बर्दाशत करते रहें।" वह थोड़ा रूका, मैं एक पिता की पीड़ा को समझ रहा था। उसने एक लम्बी सांस लेकर आगे बोलना आरम्भ किया, "तब तक हम शायद रहें या नहीं रहें कुछ नहीं कह सकते। अब चिंता यही है कि हमारे सामने सब कुछ हो

जाए तो हम कम से कम इसकी देख रेख तो कर सकें। हमारे पीछे कौन इसे देखेगा? जब से हमें इसकी लाइलाज बिमारी का पता चला है हमारी चिंता और बढ़ गई है।

आठवीं तक सब ठीक रहा। यह बैडमिंटन का खिलाड़ी था। यह सब ट्राफियां जो आप रैक पर देख रहे हैं उसने जुनियर बैडमिंटन में प्राप्त की हैं। पढ़ने में भी वह किसी से कम नहीं था। वह ऊपर वाला भी जो योग्य होता है उसी को दुख देता रहता है। फिर भी यह किसी न किसी तरह से बारहवीं पास कर गया। बारहवीं भी अपने स्कूल में पहले नम्बर पर रहा। आगे पढ़ना चाहता था परन्तु अब इसका चलना बंद हो गया था, खड़ा होता तो गिर जाता है।" बोलकर वह चुप हो गया। शून्य में बाहर की ओर देखने लगा। मैं भी चुपचाप उसको पढ़ने लगा था, शायद उसके दर्द की पीड़ा का एहसास मुझे होने लगा होगा। इतने में शिंटू की मम्मी चाय ले आई और हम चाय पीने लग गए, साथ में उसके पिता शिंटू के गुणों का बखान करते रहे। पता चला वह पेंटिंग भी करता है, गाना भी गाता है, बांसुरी भी बजाता है। शिंटू कई गुणों की खान बताया गया।

बीस साल बाद मैं इस शहर में फिर ट्रांसफर हो के आया तो शिंटू याद आने लगा। यह सोचकर कि इस छोटे से शहर में अगर वह यहीं होगा तो कभी न कभी वह मिल ही जाएगा। मैं अपने काम में लग गया। मेरे सामने एक अपाहिज की साइकल रूकी। साइकल में एक अधेड़ सा युवक बैठा जो हाथ से साइकल को चला रहा था। साइकल में सुपारी, गुटके, सिगरेट, बीड़ी आदि की लटाएं लटकी हुई थी। साथ में एक ओर लटके रेडिओ में गाना चल रहा था। युवक की गर्दन भी गाने के ताल के साथ हिल रही थी। मैंने सोचा कि यह मुझे कुछ बेचने वाला है। मैंने तुरन्त ही कहा, "भाई मैंने कुछ नहीं लेना है। आपके पास मेरे लिए कुछ नहीं है।"

"अंकल मैं आपको कुछ दे ही नहीं सकता। मैं शिंटू हूं। आपने मुझे एक दिन सड़क पर गिरते ही उठा लिया था। आप हमारे घर भी आए थे, बात पुरानी......"

"अरे शिंटू तुम..." मैं शिंटू को पहचान कर बीच में ही बोल उठा। जिस के बारे में मैं सोच रहा था वह मेरे सामने है। मैं खुश हुआ।

मैंने शिंटू को ध्यान से देखा, उसके बाल समय से पहले ही सफेद होने लगे थे। लगता है कि इसके बाल धूप में सफेद हो रहे हैं क्योंकि उसे अपने जीवन को चलाने के लिए साइकल पर धूप में ही तो निकलना पड़ता है। जब मैं उसकी साइकल को देख रहा था तो वह बड़े प्यार से मुस्कराते हुए बोल उठा, "मेरे मामा ने दी है।"

मैं भी केवल मुस्करा देता हूं। साइकल के ऊपर लिखा था 'मैं ने जीना सीख लिया है।' मुझे उसका यह सलोगन अच्छा लगा। लड़का हिम्मत वाला है। यह तो मैं जानता ही था, आज देखने को मिल गया। तभी गुटके के ग्राहक उसके पास आ गए और वह गुटका बेचने में लग गया। उसके एक एफ.एम रेडियो पर गाना चल रहा था और वह गाने के साथ झूमता भी रहा और अपना सामान भी बेचने में व्यस्त हो गया।

उसके दो चार ग्राहकों ने उसे घेर लिया, मैं भी जल्दी में था चल दिया। जाते हुए दिमाग में आने लगा कि उसकी बिमारी अब आगे बढ़ रही है। यह सब जानते हुए भी वह बड़े उत्साह से अपना जीवन यापन कर रहा है। आज मैं जल्दी में था चल पड़ा। बात अधूरी लगने लगी और सारे दिन शिंटू ही दिमाग पर छाए रहा, शिंटू की बिमारी अब आगे बढ़ गई है, उसकी टांगे बेकार हो गई हैं अब शायद वह कितने दिन...., आदि आदि चल चित्र की तरह दिमाग के पटल पर दस्तक देते रहे।

शिंटू को देख आज मुझे फिर से बीस साल पहले उसके पिता की मुलाकात याद हो आई। बीस साल को गुजरते मुझे तो कोई पता नहीं चला परन्तु बीस साल में कई तो परिवर्तन हो गए होंगे। मेरी जिज्ञासा शिंटू के पिता से मिलने की फिर होने लगी।

शाम को ही मैं रेलवे कॉलोनी की ओर चल पड़ा। अब तो पहले जैसा अंगीठियां से धुआं ही नजर नहीं आ रहा था। अब शायद रेल इलैक्ट्रिक हो गई है फिर भी कुछ इक्का दूक्का अंगीठी से धुंआ निकल ही रहा था। उनके मकान के पास रूका तो देखा वहां तो कोई और ही रह रहा है। पता चला

कि शिंटू के पिता को रिटायर हुए कई वर्ष हो गए और सुना जाता है कि उसके माता-पिता दोनों ही भगवान को प्यारे हो गए हैं। अब शिंटू अपने बाप के बनाए हुए मकान में अपने भाई के साथ रहता है।

यह जानकर तो शिंटू से मिलने की मेरी जिज्ञासा और बढ़ने लगी। अब जब भी मैं घर से बाहर निकलता हूं तो मेरी नजरें शिंटू को ढूंढने में ही लगी रहती हैं। उस दिन तो शिंटू मुझे प्रसन्न सा लगा। अब कहां रहता है कैसे गुजारा करता है सब जानने की इच्छा होने लगी। सभी विकलांगो वाली साइकलों पर मैं नजर रखने लगा।

मन में इच्छा हो तो बात बन ही जाती हैं देरी भले ही लग जाए, एक वर्ष के बाद एक दिन शिंटू की साइकल को एक अधेड़ सा पुरुष धक्का मारता हुआ ले जा रहा था, दिखाई दिया। कभी-कभी कोई ग्राहक मिलता तो वे रुक जाते। अपना सामान बेचने लगते। मैं जल्दी से शिंटू के पास पहुंचा गया। मुझे देखते ही बोला, "अंकल आप सालों बाद मिलते हैं। पिछली बार भी मैं आपको देखता रहा आप चले गए थे।"

"हां मैं चला गया था। उसके बाद मैं भी तुम्हें देखता रहा कोई पता नहीं चला।"

"अंकल यह मेरा दोस्त भोला है। सवेरे हम दोनों साथ चलते हैं। अब मैं अपनी साइकल भी नहीं चला सकता। यह साइकल को धक्का देता रहता हैं।" अपना मुंह भोले की ओर करके उसे कहा, "भोले, अंकल नू नमस्ते कर।"

भोले ने मुझे नमस्ते की। मैं मुस्कराया, "भोले आप बहुत अच्छा करते हो। सेवा भाव तो किसी में ही होता है। धन्य हैं वो जो सेवा करते हैं।" मैंने भोले के कंधे पर हाथ रख कर कहा।

"भोला का भी कोई नहीं है। भाइयों ने इसे घर से निकाल दिया है। अब हम दोनों साथ ही रहते हैं। यह खाना बनाता है, मैं थोड़ी बहुत मदद कर देता हूं। फिर रात को हम कभी कैरमबोर्ड भी खेलते हैं।"

"तुम कैरम बोर्ड खेल लेते हो? तुम्हारे तो हाथ चलते नहीं।"

"हाथ तो चलते नहीं परन्तु उंगलियां चलती है। भोला मेरे हाथ को बोर्ड पर रख देता है और मैं गोटियों को अच्छी तरह से खेल लेता हूं।"

"अंकल यह ज्यादा बार जित जांदा है।" भोले ने कहा।

मुझे आश्चर्य होने लगा। इस लड़के को किसी से कोई शिकवा नहीं, कोई शिकायत नहीं। इसे उस बनाने वाले ने एक साथी भेज दिया है। अब इसके सहारे वह जिंदगी के शेष दिन निकाल लेगा। यह ऊपर वाला भी गोटियां खेलता रहता है, कौन सी गोटी कैसी खेलनी है वह अच्छी तरह से जानता है।

"हमारा मिलना भी एक इतफाक ही था। यह बीड़ी खरीदने का मेरा पक्का ग्राहक था। इसी में हमारी दोस्ती हो गई। भोला पढ़ा लिखा नहीं है। यह अपनी प्रेमिका को पत्र मेरे से लिखवाता था। मैं पत्र लिखते हुए उसमें मजा लेता। एक बार मैंने उस पत्र में अपनी नमस्ते उसे क्या लिखी उसे तो पता ही चल गया कि भोला अनपढ़ है वह इसे छोड़कर चली गई और तब से यह प्रेम का मारा मेरे साथ ही रहता है। वह इसका सब कुछ मार कर चली गई।"

मैं भोले की कहानी समझ गया उसकी ओर देखता रहा, वह मेरी ओर देखता रहा एक भीगी बिल्ली की तरह। मैंने उसके कंधे पर फिर हाथ रखा। साइकल पर रखे एक मोबाइल पर गाने बज रहे थे। साफ था कि अब रेडियो की जगह मोबाइल ने ले रखी थी।

"मैंने सर उसको क्या नहीं दिया। वह जो मांगती सब कुछ देता था। मैंने भूखा रहकर भी उसकी हर मांग पूरी की। मैं खाली हो गया हूं।"

"भोले इस तरह से अपना दिल छोटा नहीं करते। तुम्हारे साथ तुम्हारा दोस्त भी तो है। तुम खाली कैसे हो गए?" मैंने कहा।

मेरा ध्यान उनके मोबाइल पर गया जिसे उसने एक डोरी के साथ बांध रखा था। मैंने शिंटू से पूछ ही लिया, "शिंटू यह मोबाइल डोरी के साथ क्यों बांध रखा है?"

“अंकल एक लड़का मेरे यहां रोज मोबइल पर गाने सुनने आता था। एक बार वह मोबाइल को अपने कान से लगा कर गाने सुनने लगा साथ में नाचने भी लगा था। मुझे अच्छा लगा, मुझे ही क्या सभी आस पास गुजरने वाले भी उसे देख कर हंसते जाते थे और अंत में गाने के साथ उसने एक ठुमका इस तरह से लगाया कि वह मोबाइल लेकर ही भाग गया और आज तक लौट कर नहीं आया। तभी से मोबाइल को बांध के रखता हूं।”

सोचने लगा सभी दूसरों की कमजोरी का फायदा उठाते है।

तभी मोबाइल पर शिंटू और भोले का नाम आ गया। मोबाइल पर एफ. एम. विविध भारती का ‘एस एम के बहाने आपके तराने’ बज रहा था। उनकी फरमाइश थी ‘मेरी दोस्ती और मेरा प्यार’ फिल्म दोस्ती का गाना।

“चुप हो जाओ चुप हो जाओ। हमारा गाना आ रहा है। अंकल यह हम दोनों की फरमाइश है। हम इसी गाने की फरमाइश करते रहते हैं।” वह मेरी ओर देख कर, कान मोबाइल की ओर लगाकर मुस्कराने लगा।

“आज फिर हमारा गाना आ गया।” भोला भी खुश हो रहा था। अब उन दोनों का ध्यान गाने पर था। वे अपना नाम विविध भारती से सुन कर बड़े खुश हो रहे थे, साथ में गाना भी गुनगुनाने लगे।

गाना खत्म होने के बाद दोनों ने एक दूसरे से हाथ जोर से मिलाया मानों इनमें से किसी ने क्रिकेट के मैदान में छक्का मारा हो। थोड़ा हंसते रहे मैं उन दोनों को देखता रहा इनकी दुनियां भी अपनी है, वर्तमान में जीते हैं कल क्या होगा, उसके लिए निश्चित रहते हैं। इनके जीवन का दर्शन ही पढ़ने योग्य है। विविध भारती भी इन लोगों के लिए कुछ खुशी बांटती है। क्षण में ही वे फिर अपनी बात पर आ गए, “अंकल अब इसकी शादी हो जाए तो हम साथ रहेंगे, खाना वह बना लिया करेगी और हम बाजार में माल बेच कर पैसे उसे दे दिया करेंगे।” शिंटू ने कहा।

भोला भी चुप रहा बल्कि हल्का सा मुस्कराने लगा था। लग रहा था कि उसे काम सताता होगा और लगने लगा कि वह शादी की इच्छा रखता ही होगा।

मैं इन दोनों से मिलकर आज खुश था।

शिंटू और भोला को जब भी देखता हूं तो दोनों एक दूसरे के साथ देखने को मिलते हैं। उन्हें देखने से मुझे 1964 की फिल्म दोस्ती की याद ताजा हो जाती है। इसी फिल्म के गाने की वे विविध भारती से हमेशा फरमाइश करते रहते हैं। एक लंगड़ा और दूसरा अंधा, दोस्ती अटूट। यहां थोड़ा भिन्न एक स्वस्थ और दूसरा अपंग।एक चल नहीं सकता दूसरा चल फिर सकता है इसलिए शिंटू की पूरी तरह भोला मदद करता। ऐसा लगता है कि दोस्ती के दोनों किरदार फिर से एक अलग रूप लेकर आ गए हैं। आज के समय में जब एक दूसरे के पास बात करने का समय भी नहीं है यह दोस्ती का भाईचारा देखने को कम ही मिलता है।

कुछ अंतराल के बाद अब शिंटू चल फिर नहीं सकता, उठ बैठ नहीं सकता लेकिन बात चीत अच्छी तरह से करता । कहीं बैठा हो और बात कर रहा हो तो कोई नहीं कह सकता कि इसे कोई बिमारी है। हर बात में भाग लेता। सवेरे ही सारी की सारी अखबार जब तक चाट नहीं लेता तब तक वह चाय का घूंट तक नहीं पीता।

कुछ और दिनों के बाद जब मैं उन से मिला तो अब शिंटू की हालत खराब हो रही थी। वह अब अपने हाथ तक नहीं हिला सकता। केवल बोल सकता था। अब तो दोनों साथ ही रहते हैं। उनसे पता चला कि शौच करने के लिए भोलेको ही उसे बाथ रूम तक ले जाना पड़ता है। यहां तक कि उसके चू.. तक भोला ही धोता है। अब तो उसके पांव में सूजन आ गई है। मैंने उन्हें कहा कि चलो डाक्टर को दिखा आएं।

“नहीं कल ही मैं इसे डाक्टर को दिखा आया था।” भोले ने कहा।

साइकल पर शिंटू को बैठाए अपना सामान बेचने दोनों निकल पड़े। मोबाइल पर विविध भारती बज रहा था। मैं उन दोनों को जाता देखता रहा। सोचने लगा कि सब अपनों ने शिंटू को त्याग दिया है एक मित्र ही काम आ रहा था। आज के समय में इस तरह के काम चू.. तक साफ करने का कौन कर सकता है? भोले तुझे सलाम हो। अब मेरी जिज्ञासा बढ़ती जा रही थी कि शिंटू की किसी दिन छुट्टी हो जानी है। डाक्टरों के कहने के

मुताबिक बिमारी हार्ट तक पहुंचने वाली है। इसलिए भी मैं उनको लगभग रोज देख आता।

शिंटू को मालूम है कि अब उसके दिन थोड़े ही रह गए हैं। उसे इसका कोई गम नहीं। शरीर में कोई स्थान ऐसा नहीं जहां उसे पीड़ा नहीं सताती हो लेकिन उसने कभी भी इसका पश्चाताप नहीं किया। वह कहता फिरता कि भोले जैसे दोस्त का जिस को साथ हो उसे दर्द का एहसास ही नहीं हो सकता। उसका मानना है 'भगवान है या नहीं वह तो अपने मां बाप के बाद भोले को ही जानता है।'

एक दिन मैं काम पर से घर आ रहा था। रास्ते में देखा तो शिंटू अकेला ही साइकल पर बैठा था। आज उसके पैर अधिक फूले हुए थे, आंखें डूबी सी, शरीर में कोई हरकत नहीं। उदास सा सड़क का दूसरा छोर देख रहा था। मोबाइल पर गाना 'मेरी दोस्ती और मेरा प्यार' बज रह था। मैंने पूछा, "क्यों शिंटू आज तुम्हारी फ़रमाइश फिर आ गई?"

"नहीं अंकल अब तो गाना ही इसमें भर दिया है और इसी को सुनता रहता हूं। विविध भारती वाले भी तंग आ गए थे हमारी फरमाइश को बार-बार सुनाते हुए।" कहते हुए मुझे लगा कि आज पहली बार उसकी आंखें भर आई थीं। मैं उसकी ओर देखता ही रह गया। मैंने इधर-उधर देखा तो मुझे भोला नजर नहीं आया, "क्यों शिंटू भोला दिखाई नहीं दे रहा है?"

क्षण भर वह चुप रहा फिर एक लंबा सांस लेते हुए बोला, "अंकल जब से भोला गया है यह गाना मैं लगातार बजाता रहता हूं। मुझे लगता है कि भोला मेरे पास ही है। मैंने ही उसे भेजा है।"

वह चुप तो हो गया या उसका गला रुंध गया था कुछ नहीं बोल पाया। लेकिन मेरा माथा ठनका पूछा, "कहां गया है भोला, वह तुम्हारे बिना कहीं जाता ही नहीं था?"

"भोला कहीं नहीं गया है आ जायेगा। उसे मालूम है मेरा अंतिम समय नज़दीक है, उसके बिना तो मैं मरूंगा कैसे? मेरे अंतिम संस्कार उसी के हाथों होने हैं। वह आएगा और यह गाना बजता रहेगा हम दोनों मिल कर इस गाने को गाएंगे तभी मैं मरूंगा।" अब वह चुप हो गया। वह अपनी

साइकल को मुझ से अलग ले जाना चाहता था। परन्तु मुझे मालूम है कि उसके हाथ नहीं चलते। उसमें अब तो बोलने तक की शक्ति भी नहीं रही है।

मेरी नजर उसके साइकल पर लटके सामान पर गई तो देखा उसमें अब एक आध ही पाउच पड़ा है। "तुम्हें यहां कौन लाता है?"

"मोहल्ले के लड़के यहां ले आते हैं।" उसका गला फिर भर आया।

"अंकल आज आप मुझे घर छोड़ आओगे न? बहुत देर हो गई है। आज मुझे घर छोड़ने कोई नहीं आए।" चुप होते ही उसने मुंह में आया थूक अंदर किया। जब भोला उसके साथ नहीं तो मुझे लगा कि आज उसने खाना भी नहीं खाया होगा। मैं पास से ही एक दर्जन केले ले आया। एक केला शिंटू के मुंह में डालते हुए पूछ ही लिया, "तुम भोले के बिना खाना कैसे खाते हो?" शेष केले मैंने उसकी साइकल पर रख दिए।

उसने अपनी दांई कोहनी को साइकल की कुर्सी के बाजू पर रखते हुए केले को मुंह में डालने के लिए अपने हाथ से सहारा देने लगा। केला का भाग उसके मुंह में था उसे अंदर करने के बाद बोला, "अंकल खा लेता हूं। अपना मुंह ही खाने तक ले जाना पड़ता है।"

वह मुस्करा तो रहा था परन्तु लगा कि वह भूखा था या केले का स्वाद वह सालों बाद ले रहा हो। कुछ भी हो मुझे खिलवाने में आनंद आ रहा था और उसे खाने में।

जब मैं उसके पास पहुंचा तो एक दुर्गंध का झौंका मेरे नाक को छू गया। साफ लग रहा था कि अब कोई उसे बाथ रूम तक नहीं ले जाता होगा और जल्दी में सब कुछ उसके पैंट में ही हो जाता होगा। इसलिए भी कोई उसकी साइकल को धक्का लगाने नहीं आया होगा। लेकिन मुझे उसकी साइकल को धक्का मारते हुए अच्छा लगने लगा। मेरे मन में उठ रहे प्रश्न को मैंने उससे पूछ ही लिया, "अच्छा भोला कब आएगा?"

"भोला जरूर आएगा वह हनीमून मनाने गया है। अंकल उसने शादी कर ली, कर क्या ली मैंने ही करवाई। भाभी आएगी हम दोनों की रोटियां बनाएगी। हम दोनों मिल कर खाऐंगे, उसका लड़का होगा, मुझे वह अंकल पुकारेगा। मैं उसे चाकलेट दूंगा......" बोलते बोलते वह सपने देखने लगा

गया था, चुप हो गया क्योंकि आगे उससे कोई शब्द ही नहीं निकल रहे थे। अब मैं भी उससे कुछ नहीं पूछ पाया। मेरा गला भी तो रूंधने लगा था।

मुझे लगने लगा कि अब भोला नहीं आएगा। सेवा करना बहुत कठिन धर्म है। लाखों में एक ही इसे निभा पाता है। और अब तो भोले को एन्टरटेनमैंट मिल गया है। अब शिंटू कुछ बीमारी से कुछ भूखे रहकर ही जल्दी चला जाएगा। और एक दिन लोगों की भीड़ खड़ी देख मैं भी उस ओर लपका। साइकल उस पर शिंटू बैठा आंखे खुली, मोबाइल पर से गाना बज रहा था। 'मेरी दोस्ती और मेरा प्यार' और शिंटू चुप। आंखे जैसे भोले की राह देख रही हो कि भोला आएगा और उसकी अंतिम क्रिया करेगा। मैंने भीड़ को हटाया, उसकी आंखें बंद की और साइकल को भारी मन से धक्का लगाते हुए अंतिम यात्रा के लिए शिंटू को ले चला। सोचने लगा कि उसके रिश्तेदारों को जानकारी दूं। जब जिंदा रहते कोई भी नहीं आया तो उनसे संपर्क करने को कोई लाभ नहीं। हां पुलिस को समाचार देना जरूरी समझा।

मुझे उस दिन ही समझ लेना चाहिए था कि भोला शादी के बाद नहीं आएगा। शिंटू को क्या मालूम कि आजकल लड़कियां अपनों से अपने पति को अलग करती आई हैं परन्तु शिंटू की मित्रता के विश्वास पर मैं कोई संदेह नहीं कर सकता था। अब मैं समझ रहा था कि भोला हनीमून से नहीं आएगा जब तक वह भी उसे छोड़ न दे। मुझे ही उसका क्रिया-कर्म करना होगा। शिंटू के लिए लोग यह नहीं कहें कि उसका मित्र अंतिम समय में भी नहीं आया।

मैं उसके क्रिया-कर्म के लिए उसे श्मशान भूमि की ओर ले जाने लगा उधर उसके मोबाइल पर अब भी गाना बज ही रहा था 'मेरी दोस्ती और मेरा प्यार'। मैंने गाना बजने दिया। साइकल पर से जब शिंटू को उठाया गया तो सीट पर एक फोटो भोले और शिंटू आपस में एक दूसरे को देख रहे हैं मिला, हो सकता है वह अंत तक इस फोटो को देखता रहा हो। मैंने इसे भी शिंटू के साथ चिता पर रख दिया।

वहीं पर दूर खड़े एक युवक पर मेरी नज़र पड़ी जो असहाय और विवश सा लग रहा था शायद वह भोला ही हो। मैं उसे ऐनक के बिना ठीक तरह से पहचान ही नहीं पा रहा था। मैं भारी मन से चिता के धुंए को ऊपर उठता देखता रहा शिंटू के दर्द को पढ़ते-पढ़ते दर्द के एहसास में डूबने लगा। पास पड़ी शिंटू की साइकल पर डोरी से बंधे मोबाइल से गाना अभी भी बज रहा था, 'मेरी दोस्ती मेरा प्यार'।

□□□

6

मायकल लोबो

--गोविन्द मिश्र

मायकल लोबो तो यही था- टुटरूं टूं, गोया कि पैंट-कमीज-कोट में कोई बांस का एक पतला टुकड़ा गलती से डाल गया और डालकर भूल गया। रंग धुर काला, सिगरेट पी-पीकर और भी काला। काले के ऊपर पीलेपन का गोट। दांत....अंधेरे में चमकती कोई सफेद लहर नहीं, बल्कि ढहती हुई इमारत की जहां-तहां से उखड़ती ईंटे। हाथ-पैर लुंजपुंज। दाहिने हाथ की दो उंगलियां सिगरेट को बराबर थामे, हल्के कांपती हुई।

लेकिन क्या चुस्ती और आकर्षण था लोबो में! उन दिनों वह अपने को हर क्षण हरकत में पाता था...जबरदस्त हरकत में। समय कैसे भागा जा रहा है, और कहां-यह सोचने की कभी जरूरत ही नहीं हुई, क्योंकि वह खुद दुगुनी रफ्तार से भागता होता। दिन में बारह बजे तक कचहरी में वकालत, उसके बाद या तो शराब की जुगाड़ में दौड़ते-फिरते रहे हैं या फिर शराब की महफिलें गरम हो रही हैं। घर में बीवी-बच्चे अपनी आप जानें। लोबो का काम है सिर्फ उनके लिए रुपए मुहैया कर देना। बर्खुरदार शहर के पहुंचे हुए वकील के बेटे थे, खुद वकील बने तो मुवक्किल-मुकद्दमे पहले से ही मौजूद। कुछ दिनों में सरकारी वकील हो गए तो और भी घर-खर्च लायक आमदनी पक्की हो गई। दूसरे मुकदमों से जो पीट-पाट लिया वह शराब के लिए था।

दोपहर से ही अड्डे बाजी चालू हो जाती और चलती रहती बरसात की झड़ी की तरह। अंतराल सिर्फ इस महफिल से उठकर दूसरी तक जाने का, उसे जमाने का। भीतर-बाहर खलल-बलल करती होती शराब। शाम तक पेट में बदुर-बदुर होने लगता, जैसे चूल्हे पर अदहन चढ़ा हो। कभी-कभी तो पेट की बाकायदे धज्जियां उड़ी हुई होती। ऐसा लगता जैसे भीतर लत्तों

के हज़ारों टुकड़े उड़ रहे हैं, उड़े आ रहे हैं...लेकिन जाम सामने बराबर हाजिर...जब तक कि पलक के ऊपर पहाड़ न आकर बैठ जाए। आधी रात तक घर पहुंच गए तो पहुंच गए, वर्ना जहां तक पहुंचे,पहुंचे। कभी किसी की कार में ही लुढ़क गए और रात कार के साथ गैराज में कट गई। कभी-कभी सुबह-सुबह ढूंढ मची, दोस्तोंसे पूछा-पाछी हुई तो कोई दोस्त ही ताज़्जुब करने लगा-"एं, घर नहीं पहुंचा, कहकर तो गया था कि घर ही जाता हूं। अच्छा ठहरिए बरामदे में कोई पड़ा है, शायद वही हो।" और बाहर बरामदे या सीढियों पर सोती हुई शख्सियत हजरत मायकल लोबो की ही निकलती। बाद में कितने दिनों तक ऐसी कोई बात महफिलों में मजाक बन नाचती। वैसे ज्यादातर लोबो घर पहुंच ही जाते, क्योंकि वह जिम्मेदारी उनकी नहीं, किसी और की होती थी। किसी-न-किसी की नज़र पड़ ही जाती थी और छोटा कस्बा होने की वजह से सभी मायकल लोबो को पहचानते थे।

लोबो से भी ज्यादा तेज भागती थी उनकी जुबान, कतन्नी की तरह कच्च-कच्च करती चली जाती। वह कहता भी था- "लो...बो..., बो...लो.. एक ही बात है, हर्फ ही तो इधर से उधर हो गया और साथ मिलकर पढिए तो भी वहीं है- लोबो बोला, अल्लाताला का हुक्म है कि बोलो। अरे वो दारा सिंह हैं तो यहां भी दारू सिंह हैं। जाम भूलकर...? वह यहां कहां होगा भाई, जाम भूलकर है तो जाम को ही ढूंढ रहा होगा। वह होगा देवदास... हम तो भाई लेवदास हैं... लेव जाम, चढ़ाओ जाम। लोबो की हाजिर जवाबी और मज़ाक का अंदाज ऐसे थे कि महफिलों में सब उनके मोहताज होते। हर महफिल का केन्द्रबिन्दु वहीं था- वह बोलता और सब सुनते। शराब और उसकी बातें एक सिक्के के दो पहलू थे...उन्हीं से महफिलें गरम होती थीं। एक-से-एक चटक और शानदार मज़ाक लोबो के दिमाग में दौड़े चले आते। एक चौराहे पर शहर की एक मशहूर हस्ती की प्रतिमा खड़ी थी। वे जब जीवित थे तो समाजसेवी होने के अलावा उनका एक व्यक्तिगत किस्सा भी शहर में खासामशहूर था। उनकी एक रखैलथीजो उन्हें भी छोड़ किसी और के साथ भाग गई थी। एक रात शराब के बाद लोबो एंड कंपनी भटकती हुई इस चौराहे पर आ निकली। मूर्ति के पास ही

ट्रैफिक का एक बोर्ड था-कीप लैफट। लोबो अपने साथियों को बुला-बुलाकरउसे पढ़वा रहे थे और भुनभुनाते जाते थे- 'पब्लिसिटी की हद है! दोस्त लोग उस पर भी न समझे तो उन्होंने तफसील दी- "यानि कि मूर्ति के साथ-साथ यह भी मशहूर कर रहे हैं कि उनकी जो 'कीप' थी वह भाग गई...यानि कि हद है।"

कभी-कभी मज़ाक पैदा करने की लत लोबो से क्या का क्या उगलवा जाती। उस शाम वह अपने पिता को दफनाकर सीधा महफिल में पहुंचा था। पिता के ही एक बुजुर्गवार साथी ने देखा तो औपचारिकतावश दूर से ही पूछा- "मायकल, तुम्हारी मां कैसी है।" "आलराइट सर! स्टिल ए विडो सर! कहकर लोबो अपने पैने अंदाज़ में खुश-खुश आगे बढ़ गया लेकिन जब सभी दोस्त एकाएक चुप...तो उसे भी कुछ कोंचा। जो वह कह गया, उससे यह ध्वनि निकल गई थी कि मां आप जैसे विधुर लोगों के लिए उपलब्ध है। लोबो को हल्की ग्लानि हुई कि अभी-अभी अभी पिता को कब्र में उतारकर आया और फौरन शराब'; साथ ही मां के साथ ऐसा क्रूर मज़ाक। लेकिन यही तो था मायकल लोबो। शराब के बिना एक दिन भी रहना मुश्किल और शराब और जुबान तो फिर साथ थिरकती थी। कोई लगाम नहीं। हमदर्द उसे अक्सर समझाते। कुछ दोस्तों ने उसे टालना भी शुरु किया। कुछ ने शराब देना बंद कर दिया। गिरजे के पादरी लोग कहते- "मायकल, अब भी समय है, आ जाओ, हम शराब छुड़वाने में तुम्हारी मदद करेंगे।" लेकिन लोबो तो सोते हुए भी जैसे घोड़े पर सवार रहता था, कहता-"किनारे बैठ तमाशा देखने वाले क्या जानें दरिया में बहना क्या है, क्या होता है लहरों के थपेड़ों में डूबना-उतरना। अरे, एक बार लगाम छोड़कर तो देखो हुजूर! पर लग जाएंगे। उड़ने का लुत्फ तुम क्या जानो, हर वक्त अपनी सेहत की हिफाजत करते बैठे रहते हो और यह शरीर भी आखिर दगा दे ही जाता है।" लोबो को थोड़ा-बहुत गड़ती थीं तो बीवी की वे झुकी हुई निगाहें जिनके बोझ को उठाए वह हर उस व्यक्ति को धन्यवाद देती जो कहीं भी पड़े उसके पति को देर रात उठाकर घर लाया होता। लोबो ने कभी उन निगाहों को देखा नहीं, इस हालात में ही नहीं होता था...फिर भी वे उसे बराबर घूरती होती, उसकी पीठ में छेद करती होती। लोबो तेज बोल-

बालकर बीवी की उन नज़रों को परे कर देता। धीरे-धीरे उसके लिए यह एक खेल हो गया था- थोड़ी देर को शीशे में कुछ उतराएगा, लोबो एक हाथ मारकर उसे पोंछ डालेगा।

बीवी भी आखिर तंग आ गई। कहां तक आधी रात को रोज किसी-न-किसी का सामना करती। उसने मायकल को उठाकर लानेवाले को दबी जुबान से फटकारना शुरू कर दिया- "भाई साहब! इन्हें क्यों उठा लाए आज, इनकी जगह वहीं है जहां ये पड़े थे।" फिर यह हुआ कि कोई खटखटाता रहता, वह दरवाज़ा ही न खोलती। लाने वाला मायकल को सीढियों पर सुलाकर चला जाता। इस बीच बेटी रूथ जाग गई तो पापा को भीतर करती, वरना सीढियों पर ही सुबह। ऐसे ही चल रहा था...बीच-बीच में लोबो की सुधरने की कोशिशें भी, बीवी को दिए वायदे कि बस आज से बंद...लेकिन शाम को फिर उसी हालत में घर पहुंचना। सब कुछ इतनी बार हो चुका था क किसी भी घटना में कुछ नया नहीं रहा था। सब ने, मायकल लोबो ने खुद भी सुधरनेकी आशा छोड़ दी थी। ऐसे ही जीना था, जब तक जीना था...और जीना भी एक-एक दिन नहीं, एक दिन में एक-एक महीना घट रहा था...कि एक रोज़ वैसे ही घर की सीढियों पर लुढ़के हुए पता नहीं क्या हुआ कि लोबो में तमाम धुंध के बीच अपने इर्द-गिर्द की थोड़ी पहचान जगी। दिमाग सोया था-यह एकदमनहीं मालूम कि कौन यहां लाया, कैसे लाया, वह रात कहां था, शाम कहां से शुरु हुई...लेकिन उसने देखा कि रूथ उसे सीढियों पर से उठा रही थी...

"पापा, मैं कब तक आपको इस तरह उठाती रहूंगी?"

वे शब्द...स्वर में कैसी वेदना...जहां तकलीफ का बांध चटकने को आ जाता है। रूथ बोल चुकी पर वे शब्द फिर भी बोलते रहे। उनके पीछे बड़ी ही रहस्यमय गूंज थी...जैसे दूर किसी गिरजे के घंटों की आवाज़ संगीत में छनती हुई चली आ रही हो। अनुगूंज सिर्फ आवाज़ की ही नहीं, अर्थ की भी...अर्थ जो रोशनी बन आसपास फैल रहा था, फैलकर बज रहा था। आवाज़, अर्थ और रोशनी के फर्क खत्म हो गए थे। घर, सीढियां, बरामदा,

छप्पर, बेटी और वह...इनकी अलग-अलग पहचानें नदारद थीं। सिर्फ रोशनी थी-रोशनी में उतरते गूंज के टुकड़े, वहीं कहीं पर कहीं नहीं...

कैसा अद्भुत था वह प्रकाश...एक छोटी-सी जागना में ही। जागना जहां बड़ी होती होगी, वहां? ज्यों-ज्यों वह रोशनी उसकी पहुंच के बाहर होती गई, लोबो का मन ग्लानि से भरता गया। हीनताबोध जीवन में पहली बार उभरा और वह भी इतना कि लोबो उसके बोझ से दबा जा रहा था। रूथ ने अंदर ले जाकर लिटा दिया था पर लोबो को अब नींद कहां। कोई खामोश कराह उस पर गहरी खरोंच खींचती इधर से उधर चली जाती...एक के बाद दूसरी, हर बार नई जगह। गिरे हुए बाप को देखकर कैसी तकलीफ उपजती होगी बेटी में! शर्म का कितना बोझ ढोती होगी रूथ की नन्ही-सी जान। अपने परिचितों और सहेलियों के बीच उसका सिर झुका ही रहता होगा...उस चीज़ को लेकर जिसके लिए वह दूर-दूर तक जिम्मेदार नहीं थी...

मुश्किल-मुश्किल से पौ फटी उस रोज़। लोबो सीधा पादरी के पास गया और बोला- "फादर, मैं आज इसी वक्त से शराब छोड़ता हूं।" न धीरे-धीरे छोड़ने की बात, न किसी दवा, ड्रग या व्यक्ति का सहारा ही चाहिए। लोबो को पता नहीं, कैसेबहुत भरोसा था इस बार। एक हफ्ता बुरा बीता। लगता जैसे जिस्म का एक-एक हिस्सा अलग होकर हवा में रिगता जा रहा है और लोबो देख रहा है- यह कान गया, यह दाहिने हाथ की उंगली गई। कभी पूरे शरीर में खून की जगह हवा ही हवा भरी महसूस होती। कभी जाने कहां से चीटियों का कोई बड़ा काफिला उठ खड़ा होता, सारे शरीर में एक-साथ रेंगने लगता। लोबो एक खौलती चिनचिनाहट में आ गिरता। कभी शराब के एक घूंट के लिए वह तलब उठती जैसे पानी के अंदर एक अदद सांस के लिए उठती है...बस एक घूंट! ऐसे में लोबो अपना हाथ कसकर दबाता, उस रोशनी को याद करने लग जाता जो उस रात सीढियों पर उतरी थी, लोबो के लिए उसे उठाने।

छह महीने हुए, लोबो ने शराब को हाथ नहीं लगाया है। परिवार के लिए राहत हुई कि किसी को अब लोबो के लिए आधी रात उठना नहीं

पड़ता...बाकी पहले जैसा ही है। लोबो ने सोचा था कि शराब छोड़तेही वह पिता जैसा प्रतिष्ठित व्यक्ति हो जाएगा...लेकिन कुछ नहीं हुआ। बड़े आदमियों के लिए वह अब भी शराबी-कबाबी है। जो साथी थे, उनसे शराब ही जोड़ती थी। शराब गई तो वे भी गए। निम्न वर्गके लिए लोबो कौतूहल की चीज़ है- 'अरे! वही है? छोड़ दी? गप्प मारता है!' ये लोग लोबो से सटनेकी कोशिश करते हैं। कभी शराबी खुद आता है, कभी उसकी मां, कभी बीवी-कैसे छूटी भैया, क्या हमारा रमन्ना नहीं छोड़ सकता? लोबो इन लोगों को झिड़क कर भगा देता है, उन्हें कभी मुंह नहीं लगाया...जब पीता था तब भी नहीं। गंदे लोग हैं, मुंह खुला नहीं कि ऐसा भभका छूटता है जैसे पेट में ही भट्टी लगी हो। एक वक्त था जब वह जलसों और सांस्कृतिक कार्यक्रमों के संचालन का काम बखूबी करता था, अपने खास मज़ाकिया अंदाज़ में उन्हें जानदार बना देता। दो-तीन पैग चढ़ाए और मंच पर कूद गया...बला का आत्मविश्वास। शराब छोड़ने के बाद एक कार्यक्रम हाथ में लिया तो मंच पर आते ही हाथ-पैर कांपने लगे, गला खुश्क...लगा जैसे सामने बैठा जन-समुदायपहले से ही खी-खी कर रहा है- वहीं है जो सड़क पर कहीं भी लुढ़का दिखता था, सींकिया! लोबो की घिग्घी बंध गई, एक बोल मुंह से न निकला। उसे हटाकर किसी और को खड़ा करना पड़ा था।

पहले लोबो किसी की परवाह नहीं करता था, अब किसी की छोटी-से-छोटी बात भी गड़ जाती है। पहले हमेशा उसके चारों तरफ भीड़-ही-भीड़ थी, अब लोबो अकेला हो गया।

मायकल! पूरे सात साल तुम सोए रहे। तुम्हें पता ही न चला कि इस बीच कैसे पिता की जमी-जमाई वकालत टुकड़ा-टुकड़ा ढहती चली जा रही है। ईश्वर ने तुम्हें सब कुछ दिया था-तंदुरुस्ती, अक्ल, शिक्षा, बोलने की कला और पिता की उम्दा विरासत, लेकिन तुम सो गए, सात साल सोते रहे। तुममें अब कोई वज़न नहीं रहा। बांस में लिपटे फटे कपड़े की तरह तुम अब सिर्फ हवा में फटर-फटर होते रहोगे। लोबो तो गुज़र चुका, अब तो उसका खोल बचा है, जो इधर से उधर होता रहेगा...

लोबो के दफ्तर में मुवक्किलों वाली बेंच पर वह बैठी हुई थी। मैले-कुचैले कपड़ों में लिपटी एक दुबली-पतली काया। चेहरा-मोहरा चेहरा-मोहरा साधारण। कुल मिलाकर इतनी मामूली कि नजर कहीं नहीं ठहरती थी। देखने के फौरन बाद ही भूल जाने वाली चीज़।

दफ्तर में और कोई नहीं था। लोबो की नज़र किताब से उठी कि वह दिखाई दी। कब आई, कैसे कि आवाज ही न हुई, कितनी देर से यों चुपचाप बैठी हुई है, क्या कोई मुकदमा लाई है?

लोबो के मुखातिब होते ही औरत ने मुंह सड़क की तरफ कर लिया, पीठ लोबो की ओर। फिर दोनों हाथों से कपड़े ऊपर खींच अपनी पीठ खोल दी। पीठ पर घाव ही घाव छिटके हुए थे, नए-पुराने, पके-सड़े, पुरे-अधपुरे...सभी तरह के घाव। पुराने घावों पर जहां-तहां नई ठोकरें...जिससे सूखने के बजाय वे और भिनककर रह गए थे। पूरी पीठ दागों से ऐसे पटी पड़ी थी जैसे किसी भटकी हुई चिट्ठी पर एक ही जगह के आसपास दस तरह की मोहरें मारी गई हों। लोबो कुछ पूछता उसके पहले ही उधर से उसने बताना शुरू कर दिया-

"मरद रोज शराब पीकर घर पहुंचता है, मोहल्ले में घुसते ही झगड़ा फसाद करता है, वह बीच-बचाव कर किसी तरह घर लाती है तो फिर घर में उसे मारता है या बच्चों को। कभी-कभी तो एक-दूसरे को बचाने की कोशिश में सभी मारे जाते हैं। मारते समय मरद को ठौर-कुठौर का भी ध्यान नहीं रहता। बगैर गालियां वह बात ही नहीं करता। रोज का यही हाल है, एक दिन का भी नागा नहीं..."

लोबो ने बीच में टोकने की कोशिशकी, कल के मुकदमे की तैयारी में व्यस्त होने की बात उठाई लेकिन औरतवैसे ही पीठ उसकी तरफ किए हुए अपना दुख गाती चली गई। अब वह छोटे-छोटे किस्सों पर आ गई थी- उस रोज यह हुआ, अगले रोज़ यह...छोटे-छोटे फिजूल के ब्योरों के साथ बीच-बीच में सिसकती भी थी...पर वह स्वर भी करीब-करीब बोलने जैसा ही। सिसकने में आवाज़ ऊपर-नीचे कतई नहीं होती थी। एक-सी चलती उस आवाज़ में अजीब ठंडापन था...जैसे सहते-सहते वह उस बिंदु पर आ पहुंची

हो जहां उतार-चढ़ाव के अहसास ही खत्म हो गए हों, दुख एक पर एक जमकर रह गए हों।

वह एकरस ठंडी आवाज़ लोबो को मूर्छा में लिए जा रही थी। पता नहीं किस किस्से के बीच वह एकाएक फूट पड़ा-

"ठीक है... ठीक है... तो मैं क्या करूं? मुझे इस सबसे क्या मतलब! आप तो इस तफसील से सुनाए जा रही हैं जैसे गुनहगार मैं होऊं, जैसे मैं ही आपको पीटता होऊं, जैसेआपका पति अगर पीटता है तो इसका जिम्मेदार मैं हूं। जाइए, अपने मुखिया से कहिए, मुझसे क्या मतलब? आपका आदमी जब इतना खराब है तो उसे छोड़ क्यों नहीं देतीं? दायर करिए मुकदमा, मैं लड़ता हूं। मैं जानता हूं- वह आप न करेंगी। हिंदुस्तानी औरत रोएगी गाएगी खूब, मगर अलग होने की बात न करेगी..."

औरत पलटी, एक नज़र लोबो पर डाली-वैसी ही ठंडी नज़र, जैसी आवाज़। फिर पीठ ढकी, आंखों के हिल्गे आंसू पोंछे और बगैर कुछ कहे बाहर निकल गई।

औरत तो चली गई पर उसकी पीठ पर उछले दाग पीछे छूट गए। लोबो की बीवी की वे निगाहें, जब वह देर रात लोबो को लानेवाले को धन्यवाद देती होती- "भाईसाहब..." वे नज़रें जिन्हें लोबो ने सीधे कभी नहीं देखा था, पर जो उसकी पीठ में बराबर छेद करती होती...वे जैसे फिर लौट आईं थी, उस औरत की पीठ पर उछले घावों में दुगनी-चौगनी होकर फैली हुई थीं।

लोबो उलझकर रह गया। वह नंगी पीठ और वे उछले घाव सामने बने ही रहते। जितना वह परे करता, उतना ही वे और सामने झूलते। सवाल-पर-सवाल चले आते वह औरत कौन थी, कुछ मांगा तो नहीं पर क्या आस लेकर आई थी? उसे इस तरह दुत्कार कर नहीं भगाना था। अपना दुख क्या इतना बड़ा होता है कि किसी और के दुख दिखाई ही न दें? क्या उस औरत को ढूंढा जा सकता है? वह कहीं दिखाई दे जाए तो पहचाना भी तो नहीं जा सकता। पीठ खुली हो तो वह एकदम पहचान लेगा। लोबो के सामने अब भी एक-एक घाव था- कौन कैसा, पीठ पर किस जगह। अक्सर उन

घावों से बहुत ही महीन धागे उठकर लोबो की आंखों तक तन आते। लोबो पर एक रहस्यमयी तंद्रा मंडराने लगती...बैठते-उठते, चलते-फिरते, काम करते हुए भी। एक धुंध सी चारों ओर घिर आती जिसमें वे घाव अस्फुट स्वरों में कुछ बोलते हुए तैरते होते। आसपास कुछ वैसी आवाज घूमती होती जो रूथ की उस दिन थी- 'पाप! मैं कब तक आपको इस तरह उठाती रहूंगी'- कब तक...। एक दिन तो सोने-जागने के बीच लोबो को ऐसा लगा जैसे घावों के वे कटे-छटे स्वर अलग-थलग पड़े अक्षर हो गए। फिर सहसा एक इबारत में सज गए जो उस पीठ पर साफ-साफ लिखी हुई थी- 'और ईश्वर ने कहा कि तू अब इधर आ जो यह कहता है कि तेरी जिंदगी गई। उधर देख कि दूसरों की अब भी बच सकती है।' मायकल! तेरा नुकसान इसी तरह भर सकता है कि उसे तू दूसरे की जिंदगी में न होने दे। जिनसे तू भागता है, उन्हीं के बीच जा...

"ड्रिंक और एंड शिंक-पियो और सिकुड़ते जाओ। ड्रिंक और थिंक-या पी लो या फिर सोच ही लो..."

मायकल लोबो की जुबान थिरक रही है, उसी अंदाज में जैसे कभी शराब की महफिलों में थिरकती थी। यह चर्च का एक हिस्सा है...पर मुख्य इमारत से दूर, एक किनारे पर, उपेक्षित पड़ा कमरा जो लोबो को हफ्ते में एक दिन एक घंटे के लिए इस्तेमाल को मिल जाता है। न यहां प्रार्थना-घर जैसी सजावट है और न ही वहां जैसी गौरवमयी औपचारिकताएं। उल्टे बेतकल्लुफी...यहां तक कि फूहड़पन है। हर शुक्रवार को यहां कोई भी आ सकता है और अपने बारे में कुछ भी कह सकता है। लोग शराब की अपनी कमजोरी से बात शुरु करते हैं-छोड़ने की कोशिशें, कोशिशों की असफलताएं, पीने की विवशताएं...और सरकते-सरकते अपनी दीगर कमजोरियों पर भी आ जाते हैं। शुरुआत लोबो ने खुद से की थी। अपनी कमजोरियां सबके सामने खोलकर रख दो तो वे ही तुम्हारी शक्ति बन जाती हैं, दो कमजोर लोग इस तरह आपस में एक-दूसरे की शक्ति बन सकते हैं। सबके बोलने के बाद लोबो सभी बातों को समेटकर सारांश प्रस्तुत करता है। बीस-पच्चीस आदमी-औरतें आते हैं, ज्यादातर मज़दूर भाई और उनके परिवार के लोग। लोबो एक-एक के घर के बारे में, उनकी

समस्याओं के बारे में जानता है, वक्त जरूरत उनमें से किसी के भी घर पहुंच जाता है। वकालत खर्च कमाने-भर के लिए बाकी लोबो पूरी तरह से इन्हीं लोगों में डूबा हुआ है।

मैं पूरे सात साल सोया रहा। जागा तो बाहर जिंदगी कहां की कहांपहुंच चुकी थी। मैं उन सात सालों को फिर वापस नहीं ला सका। क्या तुम भी मेरी तरह सोते रहना चाहेंगे...?

लोबो की नज़रें पुराने-नए चेहरों की भीड़ में किसी को खोजा करती हैं...वह जिसे लोबो खुद नहीं जानता, पहचान भी नहीं पाएगा। वह जो आई थी और झिड़की खाकर चुपचाप लौट गई। लोबो को चलते रहना है...जब तक उस पीठ उछले घाव पुर नहीं जाते...

'तुमसे से कोई मेरे बराबर क्या बरबाद होगा। यह मेरे बस का कभी नहीं था कि मैं शराब छोड़ सकता। यह तुम्हारे हाथ में भी नहीं है। इसलिए ओ मेरे भाइयो, मैं तुमसे कहता हूं कि शराब छोड़ने की चिंता छोड़ दो। चिंता यह करो कि ईश्वर से दूर क्यों हो। वह एक बार तुम्हें पास बुला ले....'

एक-से-एक बातें, रस से सराबोर...पता नहीं भीतर कहां उगती हैं और कैसे बाहर झर-झर करती निकलती चली आती हैं, जैसे हवा के हल्के झोंके से हर सिंगार के फूल बरसते चले आ रहे हों। सब सुन रहे हैं पर तुम कहां हो...वह जो मेरी नादानी से लौट गए, हर बार जब आदमी-आदमी को मारता है तो तुम इस तरह झेलते हो प्रभु! क्या इसीलिए तुम वहीं हो जहां दुख है, दर्द है, कष्ट है...?

लोबो के मुंह से डेविड की प्रार्थना के बोल जलती मोमबत्ती से मोम की बूंदों की तरह गिर रहे हैं...टप्-टप्...

"प्रभु! अपने तरीके मुझे जनाओ। अपने रास्ते मुझे दिखाओ, अपने सत्यमें मुझे ले चलो, मुझे सिखाओ, क्योंकि तुम मेरी मुक्ति के देवता हो! सारे दिन मैं तुम्हारी प्रतीक्षा में रहता हूं..."

□□□

7

काली बर्फ

--चन्द्रकान्ता

हमारी दादी-नानी जब किसी असंभव अनहोनी की संभावना को समूल उखाड़ना चाहतीं, तो एक छोटे से वाक्य का सहारा लेकर सभी संबंधित आशंकाओं को निरस्त कर देतीं, "आह! क्रुहुन शीन छा प्योमुत जांह?" कभी काली बर्फ भी पड़ी है? यानी कि अगर आकाश से काली बर्फ गिरे, तो इंसानियत को बचाए रखते सारे विश्वास और सभी उम्मीदें अपनी अर्थवत्ता न खो देंगे?

उन्हें विश्वास था कि काली बर्फ कभी नहीं पड़ेगी, क्योंकि उन्होंने कड़ाके की ठंड में भी वादी में सफेद बर्फ के मुलायम फाहे ही गिरते देखे थे। बर्फ भले ही माघ मास में 'शिशिरगांठों' और 'तुलकतुर' में जमकर बेइंतहा तकलीफें देती, खैर वह तो स्वभाव है बर्फ का, पर काली बर्फ? और उसके साथ जुड़े सृष्टि के आतंक? जो उन्होंने नहीं देखा, उसे मानकर वे अच्छी-भली सुकून भरी जिंदगी मुहाल क्यों कर लेतीं?

तब की बात तब, इधर उन विश्वासी बुजुर्गों के कूच करने के बाद, कुछ ही समय पहले, एक दिन यह अनहोनी होकर रह गई। आश्चर्य? जी नहीं, इस बीच वक्त कई आश्चर्यों के दौर से गुजर चुका था।

हुआ यों कि जाड़ों की एक सुबह, सोनमर्ग की पहाडियां चढ़ते कुछ पहाड़ी गड़रियों ने रात गिरी बर्फ पर पैर रखा, तो डर और वहम से पत्थर हो गए। आंखें फाड़कर चौतरफ नजरें दौड़ाई, पहाड़ तो पहाड़, चीड़, देवदार और चिनार की ठूँठ डालियां भी स्याह बर्फ की परत से ढक गई थीं। जी हां! अनहोनी होकर रह गई थी। काली बर्फ ने पूरी वादी को अपनी चपेट में ले लिया था। प्रलय की संभावना सूंघ लोग बदहवास हो गए, "हे शंभो, रक्षा कर! या अल्लाह, खैर कर!"

बाद में विशेषज्ञ आए। प्रयोगशालाओं में बर्फकी जांच हुई।निष्कर्ष निकला—दूषित वातावरण। उधर युद्ध के दौरान, कुवैत में सद्दाम हुसैन ने तेल के कुओं में आग लगा दी थी। दमघोंट धुआं दूर-दूर तक फैलकर शफ्फसक बर्फ पर भी कालिख पोत गया था। लोग सोचों में अटकलें लगाने लगे। थोड़ी राहत जरूर हुई कि चलो दैवी प्रकोप तो नहीं है।

उसी वादी के किसी गड्ढे में लेटी एक जवान लड़की भी ठंडी बेलौस आंखों से आसमान के खोखे से झरते काले कहर को एकटक देख रही थी। वह सोच की किन गुफाओं से गुजर रह थी? जानना चाहेंगे?

गड्ढा सा था, या कोई गहरी खाई थी शायद! सख्त पहाड़ों के बीच दर्रा सा। नुकीले पत्थरों से लड़की का जिस्म जगह-जगह छिलकर कटगया था। दीनेश्वर की गुफा का गर्भगृह तो नहीं लगता। लड़की गई थी मां के साथ एक बार वहां। श्रावण पूर्णिमा को शिव के दर्शन होते हैं वहां। काकनी ने बेटी को चेताया था, 'गर्भयात्रा से गुजरना है।' गुफा के भीतर ऊपर-नीचे, दाएं-बाएं नोकदार पत्थरों वाले तंग रास्ते से खुद खुद को सिकोड़कर बचाना पड़ा था। गर्भयात्रा! अंधेरीकोख से छिलते-छिलते प्रकाश में निकल आना। वैसे ही राहत की सांस ली थी उसने। नीचे घुटनों तक बर्फीले पानी की धार तीखी बर्छियां खुभाती जा रही थी। लेकिन यहां तो बर्फीली नदी के सिहरातेपानी में आधा शरीर डूबा हुआ है। सुन्न, बेजान, बेहरकत! धुलकर खूब साफ हो गया है। धब्बा भर खून भी नहीं दिखाई पड़ता। खुली आंखों के सामनेबादलों की मैली परत के नीचे उदास आसमान मुंह ढांपे सो रहा है। क्या इस पर अब सूरज कभी नहीं उगेगा? प्रलय! शायद प्रलय ही है। पानी,हवा और काला कहर! इतना मैला का लोथड़ा सा है। वह कुछ नहीं सोच पाती। कैसे पहुंची वह इस गहरी खंदक में?

लड़की पर नींद की खुमारी सी छाई है। नींद में ही कुछ चित्र दिखाई पड़ रहे हैं। बेतरतीब रील-दर-रील! एक ऊँचा पहाड़ हरा या नीला। लंबे चीड़ों से ढका। हरी पोशाक वाले उस पहाड़ के दामन में दूर-दूर तक फैले मक्का के खेत। वह शमा के साथ वहां जा रही है। ढेर सारे भुट्टे छिपा देतीहै। उसे तो बस भुट्टे चाहिए। लेकिन लड़की बावली सी ऊँचे उठते

पहाड़ों को देखती रह जाती है। "क्या होगा वहां? उस जंगल की गहराइयों के बीच?"

उसने बबा से एक बार पूछा, तो बेबात डांट खाई—'उधर न जाया कर परमी। उस घने जंगल में बाघ रहता है। खा जाएगा कभी।'

बाघ! बबा डराते। पर डर शब्द तो परमी के शब्दकोश में था ही नहीं।वह उत्सुक हो उठती। क्या वह बाघ देख पाएगी कभी। सचमुच का। जंगल में बेधड़क घूमता हुआ? पिंजरे में बंद बाघ तो उसे जंजीर में बंधा कुत्ता जैसा बेबस लगता है।

एक शाम उसने शमा से पूछा था—'तूने देखा है बाघ कभी?'

'मैंने? बाघ? नाम नले परमी! हम तो शाम को न सांप का नाम लेते हैं और न बाघ का।'

'अच्छा, नहीं लेती नाम। मेरी काकनी भी यही कहती है। अपशकुन होता है। पर तूने कभी जंगल में देखा है उसे? बता तो।'

परमी की उत्सुकता का कोई ओर-छोर नहीं। 'ना बी, मैंने नहीं देखा। देख लेती, तो आज जिंदा होती? वह मुझे चीरकर मेरा खून न पी गया होता।'

'तू बड़ी डरपोक है।' परमी हंस देती, 'मेरा मन करता है, एक दिन रात को खूब सा अलाव जलाकर बैठूंउस जंगल के बीच। बाघ आएगा भी तो, आग के डर से झपटने की हिम्मत नहीं करेगा। कैसा बेचारा लगेगा! बाघ को चिढ़ाने में कितना मजा आएगा।'

'तू चिढ़ाएगी बाघ को? अह! बाघ न हुआ खरगोश हो गया। दिमाग चल गया है तेरा। अलावजलाकर जंगल में बैठेगी! तेरे बबा सुनेंगे तो तेरा घर से बाहर निकलना बंद कर देंगे।'

पर बबा जल्दी ही उसे छोड़कर दूसरी दुनिया के लिए प्रस्थान कर गए। उसका घर से निकलना बंद नहीं हुआ।

लेकिन उसने बाघ देखे थे। उनके लंबे-लंबे नख और तीखे दांत अपने जिस्म में खुभते महसूस किए थे। उसने भी कम नोच-खसोटनहीं की उनकी।

पूरा मुंह छील दिया था एक का। उस वक्त उसकेभीतर से लावा फूट पड़ा था, नीला-लाल उबलता लावा। जब तक उसके हाथ लटककर बेजान न हो गए और सिर पत्थरसे टकराकर बेहोशी न छा गई, उसने अपने सभी हथियारों का इस्तेमाल किया। वह हारना सीखी ही कहां थी? लेकिन वह अकेली थी और बाघ झुंड में आ गए थे। उसे कुछ-कुछ याद आ रहा है, धुंधला सा। वह चक्रेश्वर जाना चाहती थी। मनौती के धागे की गांठ खोलनी थी।

इधर काकनी को वहम हो गया था। वह बार-बार कहती, 'पता नहीं, कहां मनौती की गांठ खोलना भूल गई! नहीं तो इतना दु:ख सहना पड़ता! इतना कोप झेलना पड़ता! पीर, पंडित, बादशाह से लड़कर लाई हूं तुझे। भैरव के थान पर बकरा भी चढ़ाया। मालूम नहीं,कहां क्या गलत हो गया।शायद चक्रेश्वर में मनौती की गांठ खोलना भूल गई।'

मां ने सचमुच परमी को अतलस की तह में लपेट-संजोकर पाला। उसकी हर इच्छा, हर जिद पूरी की। गांव से शहर आकर बस गई। परमी तो पढ़ाई करना चाहती थी। वह डॉक्टर बनना चाहती थी, पर पिता बीच राह छोड़कर गुजर गए। मां ने दिलासा दिया। नर्स की ट्रेनिंग करवाई। डॉक्टर की पढ़ाई के लिए बड़े खर्चे करने की कूवत उसमें न थी, यह तो परमी भी जानती थी।

परमी नर्स बन गई, लेकिन क्या डॉक्टरों से कम इज्जत पाई? मान, प्रसिद्धि और स्पर्श में गजब की राहत। हीलिंग टच! नरेंद्र कहताथा, 'तेरे हाथों में कोई जादू है परमी! जरा सा छू दे, तो जले पर बर्फ का सा सुकूनदेह एहसास होता है।'

सर्जन डॉ. सलमा ऑपरेशन के वक्त उसे हमेशा अपने साथ रखतीं, 'तुम्हारे बिना मेरा काम चलने वाला नहीं, परमी।'

परमी उसके साथ रहकर छोटे-मोटे ऑपरेशन करना सीख गई। औरतें बच्चे जनने आतीं, तो उनकी माएं परमी की मनुहार करतीं—'हमारी बच्ची के साथ रहना सिस्टर। तुम्हारे हाथ में शफा है। अल्लाहताला की मेहर है तुम पर! बेटी को तुम्हें देख राहत मिलेगी।'

मां बनने के नए नकोर अनुभव से गुजरती बहू-बेटियां जिस्म के कोरेपन की दर्दनाक छीछालेदर से त्रस्त, चीखती, छटपटाती उससे लिपट जाती। 'मोज्य हय छख' कहकर बार-बार उसे मां की जगह देतीं। पहले-पहले उसे अजीब सा लगता। बीसेक साल की कुँआरी परमी, तीस-पैंतीस साल की औरतों की मां। उलझन में कपोल दहक उठते। पर धीरे-धीरे वह अपने पेशे से एकात्म होती गई। अपनी लंबी पतली उंगलियों से दर्द झेलती नवेलियों के पसीने पोंछती।वह सचमुच उनकी मां बनकर उन्हें तसल्ली देती; पीठ, पैर मलती। नन्हें बच्चों के होंठ माओं की कोरी छातियों से छुआती, दूध पिलाने के सही ढंग सिखाती। वह शायद नानी, दादी की जगह पर भी बैठ जाती—इस तरह, ऐसे, बच्चे का सिर थोड़ा ऊंचा, कहीं धसका न लग जाए।

सब ठीक चल रहा था। परमी को भी किसी से कोई शिकायत न थी। जल्दी ही नरेंद्र से उसकी शादी भी होने वाली थी, पर इसी बीच हालात बदल गए। वादी के आसमान पर जो काले बादल काफी दिनों से इकट्ठा होकरवे सदियों की मजबूत इमारतों को पलक झपकते तहस-नहस कर देंगे। पर हुआ कुछ वैसा ही। राजाओं के जोड़-घटाव भी गलत साबित हो गए। प्रजा को बाढ़ में बहना ही था। लोगों ने सैलाब में छटपटाकर उबरने की कोशिश की और किनारों की कच्ची-पक्की मेंड़ें, पेड़ों के ठूंठ जकड़ लिये। कुछ बह गए और कुछ उबरे परमी के चाचे-ताये लोगों के हुजूम के पीछे घर-द्वार छोड़कर पहाड़ों के पार, मैदानी इलाकों में आसरा ढूंढ़ने चले गए।

चारों ओर आंधी उठी कि सदियों पाले विश्वास चरमराकर ढह गए। मां, बहन, बेटी महज एक लावारिस औरत रह गई, एक भोग्या! दीन धर्म की आड़ में इनसानियत का खून हो गया। कुछ कठपुतलियों को हथियारों से लैस कर दुश्मन सियासत ने दो भाइयों के बीच दरार डाल दी। मां ने परमी से कहा, 'अब यहां से चलो, कहीं देर न हो जाए।'

परमी ने मां के डर को नाक पर बैठी मक्खी सा हटा दिया—'कहीं नहीं जाएंगे हम, तू डरा मत कर। सभी हमारे अपने हैं यहां। शमा, अजहर के

रहतेहम बेघर कैसे हो सकते हैं? फिर हमने किसी का कुछ बिगाड़ा तो नहीं है।'

मां ने दलीलें दीं, 'लीला, रैना का क्या हुआ, अवतार कौल की रजनी तो कॉलेज से घर लौट रही थी, उसने किसी का क्या बिगाड़ा था? सर्वानंद की बहु जया तो पड़ोस में सब्जी लेने निकली थी, उनका हश्र तुमसे छिपा है। हमारे घर में तो कोई मर्द भी नहीं है।'

लेकिन परमी को विश्वास था खुद पर। परमी एक नर्स है। रात को भी पेशेंट घर आए या बीमार के घर जाना पड़े, तो किसी को निराश नहीं करती। तभी तो दहशत के दिनों में भी वह अकेली नहीं रही। हथियारों की भाषा में बात करने वालों ने उसे अभयदान दे दिया, 'हमारे रहते तुम्हें क्या डर आपा? तुम हमारे लड़कों की जान बचाओ, हम तुम्हारी जान बचाएंगे। मजाल है कोई तुम्हें मैली नजर से देखे।'

परमी को आत्मीयता की डोर से बंधे उन गैरों पर भी तो भरोसाथा जो पिता के गुजरने पर उसके चाचे और भाई बन गए थे। घर में मर्द की कमी तो उसने महसूस ही नहीं की।

लेकिन मां की आत्मा में डर बैठ गया था, कुंडली मारे। बेटी उसे निकाल नहीं सकी। मां ने बेटी की जिद पर माथा पीटा। इतना हठ? तभी उसे लगा कि कहीं कुछ गलत हुआ है। मनौती की गांठ कहीं अभी भी बंधी पड़ी है। इसी से लड़की चौतरफ के हालात देखकर भी जिद ठाने बैठी है।

परमी मां जैसी सहज विश्वासी नहीं है, पर वह मां के विश्वासों को चुनौती नहीं देती। मां का मन रखने के लिए ही उसने कहा था, 'कल शमा जाएगी दरगाह, अजहर के साथ। मैं भी उनके साथ चली जाऊंगी। चक्रेश्वर मंदिर में माथा नवाऊंगी। तेरी मनौती की गांठ भी ढूंढूंगी। तू मुझे बता किधर बांधी थी? रंग-रूप जगह सब बता। कुछ याद तो होगा तुझे?'

लेकिन मां आश्वस्त नहीं हुई थी। अस्पताल तक जाना तो मजबूरी थी, पर उससे बाहर जाना तो मौत के मुंह में कदम रखना था। मां के विश्वास भी तो बह गए थे। जिस दिन नरेंद्र के दरवाजे पर दूसरी बार घर छोड़ने का रुक्का चिपका मिला,उसका धैर्य जवाब दे गया था। उस दिन पहली बार

मां ने अजहर के सामने दामन फैलाया, 'बेटा, तू कुछ कर! कह दे उनसे नरेन्द्र को तंग न करें। वह चला जाएगा, तो सब बिखर जाएगा।' एक ही आसरा तो बचा था मां के पास।

अजहर ने दिलासा दिया था। सरदार गुलमुहम्मद से बात भी की नरेंद्र के बारे में। गुलमुहम्मद आभारी था परमी का। वह उसके जख्मी जंगजुओं को बिना सवाल पूछे मरहम-पट्टी करती थी। घर पर भी देखा करती थी। अस्पताल में तो सी.आर.पी. और बी.एस.एफ. के जवान शिकार की तलाश में घूमते रहते। परमी लड़कों का पूरा ध्यान रखती, अपने पेशे को उसने सियासत से दूर रखा।

चार-चार मास का भ्रूण लिये कुंआरी लड़कियों को मां की तरह दिलासे देती। उन्हें अपमान की जिल्लत से मुक्त कर देती—'इसमें तुम्हारा क्या कसूर, सलमा? समझो एक खौफनाक हादसा होकर गुजर गया। नूरी! रोने से हालात बदल नहीं जाएंगे, हौसला रखो। पाकीजगी तो मन की होती है। वक्त के कहर पर हमारा क्या जोर?' जया, बीना, लता कितनी मासूम लड़कियों की जिंदगी मौत का स्यापा बन गई, लेकिन परमी साएदार चिनार बनकर उनकेदहकते तन-मन को थपकाती रही। उसका काम तो जख्मों पर मरहम लगाना था।

लेकिन दुश्मन कई गुटों में बंट गए थे। अगली बार दूसरे गुट ने नरेंद्र को धमकी दी, 'जान प्यारी है, तो यहां से चले जाओ और अपनी महबूबा को हमारे लिए छोड़ दो।' तब नरेंद्र ने परमीऔर काकनी से भी साथ चलने के लिए मिन्नतें कीं, पर वे लोग जा नहीं पाईं। गुलमुहम्मद के लड़के घर के बाहर पहरा दिए बैठे थे। वे लोग उसे खोना नहीं चाहते थे। परमी ने नरेंद्र का डरा हुआ स्याह चेहरा देखा। उसकी कातर आंखें परमी का कलेजा चीर गई, पर वह सिर्फ कुछ शब्द ही कह पाई—'तुम चिंता मत करना, हम यहां सुरक्षित हैं। सब ठीक हो जाएगा, तुम जल्दी अपने घर लौट आओगे।'

तब से काकनी सभी प्रार्थनाएं भूल गई है। उसके मन में वहम घर कर गया है कि उसके सभी देवी-देवता सो गए हैं, उन्हें वह कभी जगा नहीं पाएगी। वह बौराई सी बेटी के सायों की रखवाली करती है। चारों ओर

कलिश निकोव, ए.के.47 के धमाके और बम फटने की आवाजें सुनाई पड़ती हैं। इन सदाओं से उसके कान बहरे हो गए हैं। घर के पेड़ों के पांखी भी इन आवाजों के डर से किसी खोह में छिपे बैठे हैं। घर की 'काकपट्टी' पर सुबह का रखा भात शाम तक अकड़ जाता है। कोई कौआ भी उसे खाने नहीं निकलता।

सुन्न होती परमी आकाश में किसी पांखी को ढूंढ़ रही है। कोई भी पंछी, कुकिल, पोशनूल न सही, कोई भटकी हुई मैना, कोई थकी-हारी चिडिया। लेकिन वहां सिर्फ कुहासा है। झर-झर झरता कुहासा। आह! अधमरी काकनी इस कुहासे को देखकर पूरी मर जाएगी। वह तो मानकर चली थी कि काली बर्फ कभी नहीं पड़ती।

उसने बंद आंखों से मां को देखा। घने कुहरे को देखती अंधी हो रही काकनी। लोहे के जंगले पर सिर पटकती, लहूलुहान, किसे ढूंढ़ती है काकनी? तेरे आंगन की चिडिया तो आसमान के खोखे में समा गई। काली खोह में बंद हो गई। उसने तेरी बात नहीं मानी। तूने कहा था, 'टैंटों में रहेंगे, पर आबरू तो बचा लेंगे, लेकिन उसे बेघर जीना मंजूर नहीं था। उसे भरोसा था, हालात ठीक हो जाएंगे। फिर सभी तो उसके अपने थे।'

काकनी का स्थापा खत्म नहीं होता। एक-एक कर घर छोड़कर चले जाते नाते-रिश्तेदारों को यह छाती पीट-पीटकर विदा करती है।

'गए तुम भी? कब देखूंगी तुम्हें, आंखें पथरा जाएंगी, प्राण निकल जाएंगे, इस देह को आग कौन देगा?'

'आग! आग के लिए इतना स्यापा? मरके भी तुझे देह की सदगति की चिंता रहेगी काकनी? मरे को तो चील-कौए खाकर तृप्त होंगे! लाशों के लिए क्या चिंता?'

'तू नहीं जानती परमी! मरी देह का भी एक धर्म होता हैं। मां शारिका, मेरा धर्म वचना।'

लेकिन मां शारिका अपना थान छोड़कर चली गई है। देवद्वार सूने पड़े हैं। खीर भवानी के कुंड का रंग काला स्याह हो गया है।

'सब हमारेअपने हैं मां। देखती नहीं? आए दिन कर्फ्यू में तुझे कभी राशन-सब्जी की तंगी हुई अजहर के रहते? तेरा अपना कोई बेटा होता, तो इससे ज्यादा तेरी चिंता करता?'

'हुम्म!' भात का कौर मां के गले में अटकता है। धसका लगा है शायद। सामने सूने घर कपाट बंद किए सहमे-सहमे खड़े हैं। मां नजर हटा लेतीहै।

धड़ाम...धम्म...ठ...ठ...ठ क...ठ...ठा क...।

बाहर कोई बम फटा है, गोलियां भी चली हैं। सहमे घर कांप गए हैं।

'कौन है? परमी, आ रहे हैं वे, उठ मत। खिड़की मत खोल। किसने अंधरे की छाती छलनी कर दी?' परमी मां को पानी का गिलास थमाती है। हाथ हलके से कांप जाता है, 'सो जाओ मां, इधर कोई नहीं आएगा। हमने किसी का क्या बिगाड़ा है?'

वह अपने आप से प्रश्न करती है या भीतर उगते भय को प्रश्नों की चुनौती देती है? जानती है, कोई कानून नहीं रहा। जो भी है, बंदूक की नोक पर टिका है, व्यवस्था, कानून, रोजमर्रा के दंद-फंद, सांसों को बरकरार रखने की शर्तें।

बदलते हालात में परमी की ड्यूटी मैटरनिटी वॉर्ड के अलावा आपातकालीन विंग में भी लग गई। तब से जख्म धोते, मरहम-पट्टीयां करते अकसर वह ओवर टाइम करती रही है। गुमराह जवानों के खून और पसीने से विकृत चेहरों को साफ करती कराहती नसों पर शफा का हाथ फेरती। कुछ वैसा ही स्पर्श उसने भी चाहा था। शफा की छुअन, जब खून और मैल से लिथड़ी वह युद्ध क्षेत्र में बिखरी पड़ी थी, थकी-हारी, जहां न कोई आदमी था, न आदमजात। सिर्फ बाघों का झूंड। लहलहाती फसलों को रौंदते जानवर, आखिरी लोथ पर झपटने को आतुर...। कैसा लगा होगा लड़की को तब?

क्या पता, लड़की तब अपने शरीर के एहसास से मुक्त हो गई हो और योगमाया से अपने से बाहर आकर खुद को दूर से देखने लगी हो? हारी पर्वत के दामन में दरगाह से कुछ कदम दूर सेबों के पास बदरंग आसमान के नीचे उजाड़ धरती की तरह फैली।

मनौती, मां ने मनौती मांगी थी। राज्ञा के आंगन में, पीर के अस्तान में। परमी ने भी शायद कोई मनौती मांगी हो, पानी के सैलाब में छटपटाते किनारे कोई खूंटा, कोई कटे पेड़ का ठूंठ, कोई नरकुल शैवाल पकड़ने की कोशिश की हो। किसी खुदा, किसी भगवान को पुकारा हो।

'उसने एक चेहरा पहचान लिया था। उस पर झुका एक खूंखार चेहरा। जिसके जख्म साफ करते उसने कहा था, ठीक हो जाओ, तो पीर बाबा को नियाज ले जाना। उसने तुम्हारी जान बख्श दी है।'

'हां, शायद हलकी भूरी आंखें, फ्रेंचकट दाढ़ी, नाक के ऊपर किसी ताजा घाव का निशान। परमी ने उस चेहरे की पीड़ा की ऐंठन को अपनी चुन्नी के छोर से सहलाया था। वही अफजल। जिसे दूरदर्शन पर लाखों लोगों ने सवालों के जवाब देते सुना था।'

'जिस दुनिया में हम जी रहे हैं वहां कोई मां नहीं, कोई बाप नहीं। सिर्फ हुकुम की तामील है, वही दीन, वही धर्म है। आंख उठाकर सवाल करने की इजाजत नहीं।'

परमी का धर्म? दोस्त, दुश्मन दोनों को सहारा देना।

वही परमी के राहत देते हाथ मरोड़ रहा था—'क्या कहा तूने? बेदीन हैं हम? और क्या कहा था जेबा से? तू किस पुलिस से पकड़वाती हमें? बुला तो, अब अपनी पुलिस को? अपने यार को, हम रचा देंगे तेरी शादी।'

उस दिन अस्पताल एमरजेंसी केसों से अटा पड़ा था। सोलह साला लड़की का भ्रूण साफ करते उसने नर्स जेबा से गुस्से में भरकर कहा था—'बहुत गलत काम कर रहे हैं लड़के। सिर फिर गया है। क्या दीन यही सिखाता है?' परमी अपने पर काबू नहीं पा सकी थी उस दिन। पहली बार मुंह खोलकर गलत को गलत कहा था।

शमा ने सुना तो परमी को डांटा, 'तू इतनी सीधी क्यों है, परमी? वक्त पर अब ऐतबार नहीं। जेबा पर तो बिलकुल नहीं। अपनी सलामती की कुछ फिक्र किया कर।'

परमी हंसकर टाल गई। उसने खरी बात कही है। उसे क्या डर? शमा हमेशा से डरपोक लड़की रही है।

'नहीं परमी, आजकल अजहर बहुत परेशान है। उसके कई दोस्त अलग-अलग गुटों में शामिल हो गए हैं। वह कब तक बचा रहेगा? उसे कोई बचने देगा भी नहीं।'

'सब ठीक हो जाएगा', परमी ने सहेली को तसल्ली दी। उम्मीद, परमी के पेशे ने उम्मीदें देना ही सीखा है। सांस की आखिरी उठान तक। 'हम लोग दरगाह जाएंगे। मसजिद की चौखट पर माथा नवाएंगे। मैं भी बड़े दिनों से हारी पर्वत नहीं गई—बड़ा मन है।'

उस वक्त नरेंद्र का उदास चेहरा जेहन में कौंधा था। कैसा होगा? सुना नगररोटा के पास शिविर में रहता है। बेघर, अकेला। मन तो परमी के पास ही छोड़ गया था। यहीं अपनी पुरखों की माटी के पास।

काकनी ने सहम भरी नजरों से अपनी बेटी को देखा था। अजहर ने जीप स्टार्ट करते वेव किया—'फिक्र मत कर काकनी, हम हैं न?'

जीप की रफ्तार में तीखी हवा दम घुटा रही थी। तीखी बर्छियों सी ठंड फिरन के भीतर घुसी जा रही थी। दोनों थे। कान, माथा, मुंह सब। सिर्फ आंखों के जोड़े और नाक की नोक दुपट्टे के बीच से झांक रहे थे। शहर खामोश था। जगह-जगह पुलिस और रेत के बोरे।

हारी पर्वत की पहाड़ी पर चक्रेश्वर का मंदिर दूर से दिखाई दे रहा था। मंदिर के शिखर पर फहराता ध्वज, और नीचे दामन में मसजिद की ऊँची उठी नक्काशीदार इमारत! अकबर बादशाह के सर्वधर्म समभाव का अद्‌भुत नमूना। मंदिर-मसजिद एक साथ। क्या सोचकर बनाया होगा? जब धर्म के नाम पर सिर फुटौव्वलें होंगी,तो सभी अपने-अपने अल्लाह-ईश्वर को एक जगह याद कर अपनी भूलों का प्रायश्चित करेंगे? अकबर बादशाह, आकर देख लो। हालात के मोड़ ने तुझे गलत साबित कर दिया।

अचानक भूचाल का झटका सा लगा। जीप के आगे, बीच रास्ते रायफल-पिस्तौलों से लैस चार युवकों ने अजहर को रोक लिया। अजहर ने किनारे के खेतों से जीप निकालने के लिए स्टेयरिंग मोड़ दी। पर तभी

धमाका सा हुआ। जीप घिसटकर एक तरु रुक गई। शायद उन्होंने टायर पंचर कर दिया था।

फिर आसमान से कहर बरस गया। धरती डोलने लगी। किसी ने अजहर के सिर पर रायफल के कुंदे से वार किया। वह चीख मार वहीं जीप के पास ही लुढ़क गया। दोनों लड़कियां, जो आखिरी उम्मीद की तरह उससे चिपट गई थी, उन्हें खींचकर अलग कर दिया गया।

वे अलग-अलग दिशाओं में घसीटी गई। एक को दूसरे की खबर नहीं रही। सिर्फ चीखें हवाओं को चीरती गईं।

'शमा।'

'परमी।'

आर्तध्वनियां कुछ देर हवा में गूंजी, फिर विलीन हो गई। पता नहीं पुलिस के कानों तक पहुंची कि नहीं।

परमी ने बाघ देखे। एक साथ कई बाघ। शिकार नोंचते। वह लड़ती रही, जब तक कि पंजों और लातों के हथियार भोथरे न हो गए। टूटती हड्डियां और चटखती नसों की दहशत देखती रही। खुद से अलग होकर। तब उसने देखा, चक्रेश्वर मंदिरका पुजारी रस्सों से बंधा पड़ा है और देवी थान से गायब है। परमी ने धरती को फटते देखा। जहां ठंडे पानी के सोते ने उस पर शफा का हाथ फेरा। आह! हब्बा खातून का ठंडा चश्मा। पाक पवित्र थान! नापाक लहू धुल-पुंछ गया। हावाओं ने माथे का पसीना पोंछ दिया, उसी तरह, जिस तरह वह जख्मियों की पीड़ा पोंछ देती थी। परमी को लगा, किसी ने उसकी अनावृत देह को सफेद चादर से ढककर इज्जत दी। क्या अजहर उस तक पहुंच गया? अचानक उसे मसजिद की अजान के साथ सूने चक्रेश्वर मंदिर की घंटियां बजती सुनाई पड़ी। अरे! नरेंद्र वापस घर लौट रहा है? ढेर सारे-नाते-रिश्तेदार जवाहर टनल के भीतर से वादी में अपने घरों की तरफ लौट रहे है। परमी जानती थी, सब ठीक हो जाएगा।

परमी हवा में रुई के फाहे-सी उड़ने लगी है, हलकी, बेहद।

परमी की आंखों में दीये की आखिरी लौ कौपी। शायद अजहर और शमा को उन्होंने छोड़ दिया हो, दीन का लिहाज करके। आखिर वे लोग दीन के लिए जिहाद कर रहे थे। कम-से-कम जिंदा काकनी को तो कोई अंधी कब्र से बाहर निकाल लेगा। लेकिन परमी नहीं जानती थी कि कुछ ही दूर पर मनौतीवाले पत्थर की ओट, शमा भी उसी की तरह लहूलुहान पड़ी है। उसने भी आखिरी चीख से पहले यह उम्मीद की है कि उन्होंने परमी को छोड़ दिया होगा, वह जो उनके जख्मों का इलाज करती थी, उन्हें उसकी जरूरत थी।

लेकिन सभी सोच गलत हो गए थे, क्योंकि काली बर्फ ने सभी उम्मीदों, सभी विश्वासों को काले लबादे से ढक दिया था।

□□□

8

वक्त तो लगेगा

--चन्द्ररेखा ढडवाल

जीवन रहते सबसे ज्यादा यदि कुछ महत्त्वपूर्ण लगता है तो प्रश्न...। भीतर से प्रश्नों की ऐसी और इतनी बौछार कि उत्तर की अपेक्षा नहीं रह जातीं। "तुमने मेरे साथ यह क्यों किया? इस तरह नहीं उस तरह क्यों नहीं किया? यह नहीं वो क्यों नहीं कहा? ऐसे नहीं वैसे क्यों नहीं कहा? अपने प्रति निष्ठा और ईमानदारी ढूंडने की व्यग्रता इतनी कि प्यार बीच में से गायब हो रहा है, इसकी चिन्ता नहीं की। नहीं मानने लायक बात को भी मन मार कर मान लेते वक्त दूसरा तुमसे कितनी दूर होता जा रहा है, कभी सोचना ही नहीं चाहा...सोच की धुरी तुम स्वयं ही रहे। आस-पास बनते/पगते रिश्ते तो नानी की कहानी सुनते; बहती नाक वाले वे बच्चे मात्र, जिन्हें कहानी के सहज प्रवाह हेतु बीच-बीच में हुंकारा ही भरना होता है। तुम्हारा विरोध करते और तुमसे लड़ते-झगड़ते कोई तुम्हें ज्यादा प्यार कर सकता है। ऐसा समझ कर, एक छूट यदि दी होती तो आसान रहता। मुझे ही नहीं, मेरे इर्द गिर्द के सब कुछ को और मेरे सरोकारों को तुम यदि चाह पाते तो मन पतझड़ सा नहीं झड़ता...। मैंने तो तब भी सालों तक तुम्हीं को माना। मन से या बेमन से, यह भी मेरे ही सोचने की बात है। तुम्हें तो जो चाहिए था और जब चाहिए था तुमने पाया। पा जाना ही तुम्हारे लिए सब कुछ था। मैंने दिया कैसे, यह तुम्हारी चिन्ता और बाधा कभी नहीं हुआ। जिन्दगी की सर्वाधिक सुखद चीज़ भी जब घट रही थी, मैं असम्पृक्त नहीं थी। तुमने इतनी उदारता उस पल भी नहीं दिखाई कि मैं अपनी खुशी के साथ बेलौस जी पाती।"

बड़े बेटे की नौकरी लगी तो बाजार से मोतीचूर के लड्डू मैं स्वयं लेकर आई थी। पास-पड़ोस के दो चार घरों में बांट कर अपनी खुशी उनसे सांझी कर लेना चाहती थी।

"यह क्या?" बड़े से थाल में अलग-अलग ढेरियां लगा रही थी तो तुमने पूछा।

"लड्डू हैं। लो, मुंह मीठा करो।" मेरा बढ़ा हुआ हाथ इस तरह पीछे किया कि शगुन का पहला ही लड्डू बूंदी के दाने होकर ज़मीन पर बिखर गया...।

"हमारी भी लगी थी नौकरी। मां के पास तो बांटने को देसी गुड़ भी नहीं था।" तुम्हारी पीठ देखती रही मैं कुछ पल; फैली-आंखों से, फिर भरा हुआ थाल जूठे-बर्तनों के बीच रख आई थी। विभोर होते पलों में भी मैंने तुम्हें निहारा और तुम्हारी तुनक या अपेक्षा के वशीभूत होकर कठपुतली सी नाचने लगी। हंस-हंस कर बधाइयां स्वीकारती पर अन्दर से केवल और केवल निभ जाने की प्रतिज्ञा...। जब सब बीत जाता तुम सरल से बन कर कुछ भी कहने लगते। मैं फिर पुलकसे भर उठती। धुली-पुंछी एक-दम साफ...। कुछ हुआ भी तो मेरे साथ ही हुआ न। घर का हर कांच, हर गिलास साबुत रहा। कुछ चटखा भी तो मेरे भीतर ही न। इससे भी ज्यादा यह कि तुम्हारी जिस बात को लेकर सबसे ज्यादा नाराज़गी मुझे होती, मैं उसका भी औचित्य सिद्ध करने लगती। यह अलग बात है कि मैं यह सब कुछ समझते/बूझते हुए करती। आंशिक भले ही हुआ हो पर पूर्ण भ्रम मुझे कभी नहीं हुआ। सही और गलत को लेकर। सामान्य और सहज दिखते, दिन बिता जाने के बाद, रात के किसी पहर नीन्द टूट जाती तो मैं ताने/बाने बुनने लगती शब्दों के। पीछे दूर-दूर तक पलटती, यहां-वहां जुगनुओं सदृश तुम्हाराकिया भला सा कुछ चमक जाता तो बच्चे की सी तसल्ली लिए सो जाती। हर अगली सुबह हल्की सी परछाई मन पर गहराये तो गहराये, चेहरे से कुछ भांपने मैं नहीं देती। टूटती, फिर बनती। इस टूटने-बनने की प्रक्रिया में इतनी मेहनत कि अपने लिए सोचने का वक्त कम ही मिलता। अपना होना बस औरों के लिए।

चाय की एक प्याली मैंने बरामदे में पड़ी मेज पर रखी तो तुमने पूछा—"और तुम्हारी चाय?"

"तुम्हारे आने से पहले, अभी-अभी पी मैंने।"

"क्यों?"

"बतरा के यहां कीर्तन है। बहुत प्यार से बुला कर गई हैं।"

"अच्छा! हम भी तो यह शाम की चाय बड़े प्यार से पीते हैं तुम्हारे साथ।" यह चाय तुम सुबह की छूट गई खबरें और सम्पादकीय पढ़ते हुए पीते हो। मुझ से ज्यादा तुम जानते हो। सोचते-सोचते सीढियां उतर रही थी कि अजीब सी आवाज में कहा तुमने—"जाओ भई। भीतर बैठा बतरा भी सुन रहा होगा तुम्हारे भजन। बड़ा प्रशंसक है तुम्हारा।" "प्रशंसक है तुम्हारा", सुना और "शिकारी है तुम्हारा", गुना मैंने....। तुम्हारे मन और तुम्हारी भाषा दोनों को जानती हूं...। वहीं से पलट आई थी। कमरे में पेटीकोट पहने साड़ी तहा रही थी कि कमर से घेर लिया तुमने। "प्रशंसक तो हम भी हैं तुम्हारे... हमीं को सुना दो न" कहते-कहते वहीं औंधा कर दिया था मुझे। तुम्हारी सन्तुष्टि के क्षणों में, मैं घोर असन्तुष्टि की भट्ठी में जलती-भुनती, अतीत में ठिठकी एक स्मृति में घिरती चली गई। बर्फ के टुकड़े हो-हो कर शब्द, मेरी ठूण्ठ होती जाती संवेदना को हरियाला करते चले गये...।

"तुम जाओगी ही?"

"जी, यह नहीं मान रहे।" विवशता की जगह पत्नी होने पर दर्प रहा होगा मेरे चेहरे पर कि हंस पड़ी थी वह ईसाई हैडमिस्ट्रेस, "यही क्यों, तुम भी कहां मानना चाहती हो हमारी बात... खैर खुश रहो। पर अपना यह हुनर मत भूलना। आम नहीं हो तुम। आवाज़ की जादूगरनी हो, बड़े शहर में जा रही हो। बड़े अवसर पा सकोगी। हमारी शुभकामनाएं।" आज इतने सालों बाद ज़रा-ज़रा जानने लगी है कि बड़े शहर में कहां, एक घर में आई थी वह, जो उसके पिता के बड़े और खुले-खुले घर की तुलना में एक कोठरी भर था। छ: बाई छ: की कोठरी भर ही शायद।... कारावास की बात भिन्न होती है। आप तैयार होते हैं। मन और शरीर दोनों ही धरातलों पर अपने को सिकोड़ कर और संकुचित करके, जी लेने के लिए। यहां तो उड़ने की हुलस लिए आते हैं....। फिर चलने तक की बेज़ारी यदि सामने आ खड़ी हो

तो मन-आंगन की नंगी होती जाती ज़मीन पर बेल-बूटे तो क्या,घास तक नहीं उगती...।

सुर में बजती ढोलकी पर चम्मच पीट-पीट कर गा लेने का सुख भी छिनने लगा तो विद्रोहिणी हुई थी, मैं...। दोपहर के खाने और शाम की चाय के बीच जहां और जिसके यहां मौका मिलता मैं गाती। दौड़ते-भागते घर पहुंच कर जल्दी-जल्दी साड़ी ब्लाऊज तहाने और छुपाने के झंझट से बचनेके लिए घर की धुली, सूती धोती में जाने लगी थी बाद में। कुछ्-कुछ पुरानी पड़ती, आने जाने के लिए पहनी जाने वाली साडियां भी उन दिनों घर में पहनने लगी...। तुम्हें इसका पता कभी चला ही नहीं या जानबूझ कर अनेदखा करते रहे, मैं नहीं जानती। वैसे व्यवहार में एक साफ़गोई और शालीनता निभाने ('दिखाने', ज्यादा सही शब्द हो सकता है) की आदत तुम्हें थी। चलते पैरों के सामने पहाड़ खड़ा कर देने के दूसरे ही पल सहज हो कर बच्चे की तरह हंस सकने की सामर्थ्य तुममें थी...। उन दिनों तुम्हारी यह आदत मेरे लिए सन्तोष की चीज़ थी।... बहुत अर्से तक मैं इसे तुम्हारे गुणों में शुमार करती रही कि बात को बहुत नहीं खींचते तुम...पर आज इन क्षणों में तुम्हारे साथ बिताए हुए को शब्दबद्ध करते- आषाड़ी बिजली सा कौन्ध गया यह बोध कि बड़े मंजे हुए कलाकार थे...। तुम्हारी वह मुद्रा जो तब सब लेने के बाद भी चैन की चीज़ थी मेरे लिए (भीतर से ज्यादा बाहिर के लिए ही तब भी) आज जानते हो, क्या लग रही है?...बेसन में लिपटी मछली, कड़ाही के उबलते तेल में छोड़ देने के बाद; पांव के बल बैठ कर निश्चिन्त बीड़ी पीतेतलैया की मुद्रा.... बेसन के भीतर छुपी मछली के शररीर के साथ-साथ कब सिकुड़ता और फटता है वह।

तुम्हारे किये के प्रभावों से बचने के लिए मनोनीत गुमानों के कितने-कितने महीन जाले बुने। हर किसी पर अविश्वास करने की तुम्हारी आदत को यूं विश्लेषित किया कि प्यार करते हो बहुत। बाहों से तो क्या नज़रों से भी क्यों घेरे मुझे कोई...यही सोच कर शायद हर अड़ोसी/पड़ोसी के उठ कर चले जाने पर कुछ न कुछ कहते हो। वैसे तुम्हारी किस बात पर कब क्या महसूस किया। बहुत साफ़ नहीं है यह। किसी भी स्थिति को बचपन के खेल सा 'स्टैचू' करके गौर से देखा/परखा कब। उससे निकल भागने की

जल्दी में रहीं सदा। इस भाग-दौड़ में कितनी बार गिरी और कितनी बार उठी। नहीं सोचा-विचारा। पर उस दिन थमी रह गई...छोटा अपने दोस्त को घर ले आया। उसकी मां नहीं रही थी। सुबह की गाड़ी में उसके साथ उसके गांव हो आने की सोच कर उसे लाया था। उसके सिर पर हाथ रखा तो फूट पड़ा था बच्चा, जेब से रूमाल निकाल कर तुमने भी आंखें पौंछी थी। मैं थोड़ा दूर-दूर ही रही। बहुत दुख रहा था मन उसके लिए। पर चाहती थी कि धैर्य रखूं और उसे हौंसला दूं। व्यावसायिक प्रचारकों की तरह घिसे/पिटे वाक्य दोहराती रही...बस ऐसा ही है जीवन। यही शाश्वत नियम है। सबको जाना है आदि-आदि। अगली सुबह सैर से लौट कर बरामदे में पड़ी कुर्सी पर बैठे तुम अखबार पढ़ रहे थे। जब वे गांव के लिए निकले।

"चलता हूं मां। ध्यान रखना।" मेरे पांव छूते, मेरे बेटे ने कहा, तो सीढियां उतरता उसका दोस्त दोनों हाथों से अपना पेट थाम कर वहीं बैठ गया। उसके पास बैठ कर मैंने स्नेह से उसका चेहरा अपनी ओर घुमाया तो हिचकियां ले-लेकर रोने लगा वह। उसे अपनी छाती से सटा कर खुद भी ऊँचे-ऊँचे रो पड़ी मैं।

"कितना देखोगी? घंटा, उसे छाती में भीच कर रखे रही, तसल्ली नहीं हुई?" पीछे घूम कर तुम्हें नहीं देखा। लगा, यदि देखूंगी तो मुंह नोच लूंगी। भीतर आकर पांव से सिर तक चादर ओढ़ कर सोई तो तुम्हारे जाने तक उठी नहीं फिर। पहली बार यह नहीं सोचा कि तुम भूखे ही दफ्तर जा रहे हो...। यही नहीं, तुम्हारे जाने के बाद अपना मन पसंद नाश्ता बनाकर भी खाया। उस समय तक मेरे विद्रोह की पराकाष्ठा थी यह। दोपहर के खाने के लिए घर आये तो सब भूल चुके थे। मैंने भी ठीक तुम्हारी तरह भूलने का नाटक किया। तुम्हारे सामने बैठ कर आम दिनों से भी ज्यादा खाया। लगा तुम थोड़ा आहत हुए...सोचा होगा कि रो-धो कर सुबह के व्यवहार यानी तुम्हें भूखा भेज देने को लेकर क्षमा-याचना करूंगी। हमेशा यही तो हुआ। तुम्हारी हर बदजुबानी और ज्यादती के बाद भी माफी नामा-मेरी ओर से ही दाखिल हुआ। माहौल को खुशगवार करने की कोशिश में अपने भीतर कितना कुछ नागवार करती चली गई...। तुम्हारे साथ-साथ मैंने भी कब

सोचा। पर उस दिन साफ हो गया कि क्या हो रहा है मेरे साथ...घर के सामने की सड़क पर बाईक चलाती लड़की, रास्ता काटते सांप से भयभीत होकर नियंत्रण खो बैठी। औंधे मुंह गिरी तो नाक-मुंह खून से भर गया। तुम भागते हुए गये थे, चीख सुन कर और मैं भीतर से डिटोल-रूई ले आई थी। इन्सानियत में सराबोर पूरी तन्मयता से उसके माथे पर लगी चोट को हल्के-हल्के मुंह से हवा देते हुए साफ कर रही थी कि मेरी नज़र उसकी पीठ सहलाते तुम्हारे हाथ पर गई। पल भर तुम्हें देखते रहने के बाद उसके माथे की खरोंच को फूंक मारे बगैर जल्दी से पोंछ दिया मैंने। लड़की चौकी। सोलह-सत्तरह की रही होगी पर भांप गई।

"मैं ठीक हूं।" उसने तुम्हारी ओर को पलट कर कहा फिर मेरा हाथ अपने हाथों से रोकते हुए बोली—"अब हो गया आंटी। अस्पताल हो आऊंगी। बहुत-बहुत धन्यवाद।" कह कर वह सीढियां उतर गई तो जाना कि क्या हो गया...घुटने पकड़ कर मुश्किल से उठी मैं...। बच्ची छुपा ले गई अपना रूआंसापन भी और मैंने अपने भीतर का कलुष उघाड़ कर रख दिया उसके सन्मुख। पति से बदला लेने लगी थी पर उसके साथ क्या किया? यह इतनी कड़वाहट और इतना घटियापन कहां से आ गया मुझमें? ...तुम्हारी करतूत है। क्या बना दिया मुझे....लकीरों को सांप समझने और कहने लगी हूं। खरी-सच्ची संवेदनाओं में खोट देखने लगी हूं...। बहुत रोई थी उस दिन...। तुम जो करो, जिस तरह करो और जैसे भी करो मैं नहीं ढूंढूंगी उसमें पाप/पुण्य की छाया। साफ सुथरी ऊपरी सतह देखूंगी। ज़मीन के भीतर कुलबुलाते केंचुओं का नर्तन नहीं देखूंगी...। यह संकल्प लेकर ही हल्की हो पाई थी उस शाम को...। वैसे अनदेखा करना आज ही क्यों कठिन लगा...यह तो मैं तब से करती आ रही हूं जब चीजें आज से सौ-सौ गुणा ज्यादा चुभती थी। क्या-क्या कह कर बहला लिया करती थी मन को। ... "अथाह है तुम्हारे तन/मन की प्यास। इसी से ओस की बून्द से समुद्र तक जो जहां मिले पी जाना चाहते हो। बहलाना तुम भी जानते थे।"

"तुम्हारे लिए क्या कमी है मेरे पास कहो?"

"पर मैं ही मैं क्यों नहीं तुम्हारे लिए?"

"अरे! अधिष्ठात्री देवी तो तुम ही हो मेरे मन सिंहासन की। मेरी राधा तो तुम्हीं हो। बाकी तो गोपियों संग कन्हैया की सी छेड़-छाड़ है थोड़ी।" "पर अपने जानने/पहचानने वालों के बीच तुम्हारी इस थोड़ी छेड़-छाड़ की वजह से बहुत छोटी पड़ जाती हूं मैं अक्सर। मुझे बेचारी समझते कभी-कभी ज़रा ज्यादा ही पतियाने लगती हैं मुझे तुम्हारी गोपियां। मेरी पीठ पीछे, अनजाने लोगों से तुम जो करो; तुम जानो, पर मेरे अपने..." "वाह जी! अनजानों पर कृपा बरसे और तुम्हारे अपने वंचित रह जाएं।" मुझे बीच में रोक कर कहा था तुमने...। वैसे यह झूठ और बकवाद भी तुमने तभी तक निभाया जब तक मैं तुम्हारी हर रात की जरूरत रही, बाद में तो यह मुंह मुलाहजी भी छोड़ दी। ढीट होते चले गये। शरीर कमजोर होता गया पर मन की भूख प्रबल और बेलिहाज होती गई। मेरी इच्छा तो कब की मर गई थी पर एक कामुक युवा को देखने व झेलने की जगह एक कामुक बूढ़े को देखना व झेलना पहले से भी कठिन लगा...। इच्छा और असामर्थ्य की जंग को देखते दया या घृणा से नहीं, जुगुप्सा से भर उठती मैं... पति-धर्म, लोक-लाज और तुम्हारे साथ बीते कुछ मीठे पलों की परतों तले मैं रोज़-रोज़ दफनाती रही तुम्हारे और अपने बीच के रिश्ते की टुकड़ा-टुकड़ा लाश। कोई नहीं जान पाया और किसी ने नहीं देखा कि समय बीतते तुम्हारे और मेरे बीच रिश्ता नहीं एक साबुत लाश पसर गई...एक ठण्डी शान्ति फैलती गई भीतर/बाहिर दोनों जगह ...। यहां तक कि मैं तुम्हें ज्यादा नमक उंडेलते, नहीं टोकती। सुबह-सुबह बगीचे में बिना चादर लपेटे घूमने से भी नहीं रोकती। डॉक्टर की दी हिदायतें दोहराना अब मरे हुए सम्बन्ध पर मर्सिया जैसा लगने लगा था...। मैं पढ़ने तुम्हारी घर-गृहस्थी निभाते और तुम्हारा हर हुकुम बगैर आनाकानी किये बजाते रह कर भी तुमसे विलग कर दूर आ खड़ी हुई थी। यह तुमने नहीं जाना क्योंकि बाहिर से तो विराट होते बरगदी पेड़ तले के चबूतरे समान मैं सिमटती चली गई तुम्हारी छाया में। फिर एक दिन मेरे पल-पल पर काबिज हो गये तुम। ठोस वजह थी तुम्हारे पास (मेरे पास ऐसी वजहें कभी नहीं रहीं।) एक हाथ और एक पांव संज्ञा-शून्य हो गया तुम्हारा।

"अरे! घबराते क्यों हो, भाभी के दो-दो हाथ और एक तुम्हारा। तुम्हारे पास तो तीन-तीन हुए न।" दोस्त कहते और निश्चिन्त मुस्कुराते तुम। इतना और ऐसा भरपूर जी लिया था तुमने कि इस तरह बिस्तर पर पड़ना भी भारी नहीं लग रहा था शायद। फिर पढ़ने/लिखने वाले आदमी थे। घण्टों पढ़ते और बीच-बीच में आलतू-फालतू मुझ से लिखवाते रहते। "जिन्दगी बार-बार नहीं मिलती। इसलिए यह, इधर-उधर के सिद्धान्त और इसके/उसके लिहाज़ की बली नहीं चढ़ाई जाती सकती...तुमने कहा तो कमरे की दहलीज़ लांघता वर्मा तो जैसे उड़कर आ पहुंचा तुम्हारे सिरहाने..."

"वाह क्या माणिक/मुक्ता उगल रहे हो...लगे रहो भाई, मास्टर-पीस बनेगा...."

मास्टर-पीस! हैरान रह गई मैं। इस सड़े हुए आदमी के पास है क्या...? पर विडम्बना देखों कि इसी सड़े हुए आदमी के पास रहना पड़ता है मुझे। मेरी पल-पल की चाकरी को मेरे आत्मजों ने भी मेरा कर्तव्य मान लिया। लाचार होकर तुम और भी ज्यादा समर्थ व क्रूर शोषक बन बैठे। अब शिकायत भी अधिकार नहीं रह गया। एक बीमार आदमी के किये की क्या चर्चा? एक अभिशाप जीते आदमी के प्रति कैसी नाराजगी? अब उसके लिए कौन सी बददुआ....? मैं भी सोचती पर...

"कहां हो तुम? किस यार की यादों में हो?" तुम्हारे अन्दर फलों का रस और कमीनापन गडमड हो गया। पहली बार मेरे भीतर कुछ ज्यादाही हलचल हो गई। मन के अंधेरे कोने में दफ़न तुम्हारे-मेरे रिश्ते का शव, विशालकाय होते-होते मेरे आस-पास, पूरे घर में फैल गया। नहीं! अब तो संस्कार करने ही होंगे। गंधा जाऐगा भीतर/बाहिर सब कुछ। मैं उतावली हो उठी इतनी कि भागते हुए रसोई में पहुंची। बर्तन-चौका निबटा कर घर जाने के लिए तत्पर बाई को रोक लिया...उसे साथ लेकर बड़े बेटे जयंत का खाली पड़ा कमरा खूब अच्छी तरह झाड़ा/बुहारा। पलंग पर की चादर व सिरहाने का गिलाफ, सब कुछ बदल दिया। उसकी अलमारी में पड़े उसके कपड़ों को पुरानी धोती में बांधा और ऊपर के खाने में रखवा दिया। तुम्हें

सोया जानकर, दबे पांव आकर हैंगर निकालने लगी थी कि तुमने पूछा "ये कहां ले जा रही हो?"

"जयंत के कमरे में रख रही हूं अपने कपड़े। यहां करीने से तुम्हारे कपड़े और किताबें आदि रख दूंगी। तुम्हारे सामने खड़े रहते तुम्हारा कुछ भी निकाल कर देते हुए आसानी रहेगी।" कुछ कहा नहीं तुमने पर सन्तुष्ट दिखे। मैं और मेरी चीज़े कम से कम जगह घेरे यह इच्छा तो तुम्हारी सदा से रही है। तुम्हें मुक्त रखूं यही चाहा है तुमने।पर आज मैं तुम्हें मुक्त करने की कोशिश में नहीं हूं। बल्कि स्वयं मुक्त होने की शुरूआत कर रही हूं...। मेरे भीतर फुंफकारते अजगर की जिह्वा का तांडव तुम देख सको उससे पूर्व ही तुम्हारे सामने से हट गई। एक पर्दा पड़ा रहे। कोई न जाने और सालों से लिजलिजे कीड़े सा, मेरी मेधा/मेरेमन पर रेंगता तुम्हारे और मेरे बीच का सम्बन्ध समाधि हो जाये। जयंत के कमरे को अपने लिए सजाते स्वयं को कोसा मैंने, यह तो बहुत पहले कर चुकी होती मैं, यदि देखती कभी अपनी ओर भी...। पूरे दिन में चाहे घण्टा भर ही सही यहां अपनी और नितान्त अपनी होकर जी लेती मैं। मनपसंद पढ़ती। कुछ लिखती या निढाल होकर पड़ी रहती बिस्तर पर। उघड़े दुपट्टे या टांगों के बीच फंसी कमीज के प्रति जरा भी चिन्तित हुए बगैर। चलो, जब जगे तब ही सवेरा। बाई को कुछ पुरानी धोतियां निकाल कर दीं और फर्श को शीशे के समान चमकाने की हिदायत देकर तुम्हारे सामने आ खड़ी हुई...।

"सुनो! मैंने कुछ तय किया है।"

"चलिए! हमारी पत्नी, हमारी सोहबत में रहते हुए कुछ तय करने लायक तो हुई।" प्रभावित नहीं हुई मैं तुम्हारे हास्य के पर्दे में छुपे व्यंग्य-बोध से।

"आज से और अभी से तुम लिखाते जाओगे। जिस दिन समझोगे कि लिखा चुके। मैं पढ़ कर सुना दूंगी। रोज़-रोज़ लिखवाना फिर सुनना बन्द। ठीक लगे तो लिखओ नहीं तो...।" मैंने बात पूरी नहीं की पर कह दी दो टूक लहज़े में।

"नहीं तो,"....तुमने कमज़ोर सी कोशिश फिर भी की।

"नहीं तो मत लिखाओ।"

मेरी बेबसी का फायदा उठा रही हो। "तुमने पैंतरा बदल लिया...।

"फायदा तो अब भी तुम्हीं उठा रहे हो।" कुछ कहने की जगह तुमने बांह आंखों पर रख ली तो कमज़ोर पड़ी मैं...। पर नहीं। अब बिल्कुल नहीं। मुझे भी जीना है।... उस पल से; सिर झुकाये, बहुत सोच-सोच कर धैर्यपूर्वक लिखती हूं मैं। पर तुम्हें सुनने और तुम्हें देखने का उपक्रम करते, मैं तुम्हें कतई नहीं सुनती और देखती। लिखती हूं, पर तुम्हारा लिखाया नहीं...। जिस दिन अचानक तुम कहोगे कि अब हो गया, पढ़ो। मैं सुनना चाहता हूं...। मैं सुनाऊंगी तुम्हें यह सब जो लिख रही हूं...। नानी की कहानी के अंधे कुंए को दर्पण सा दिखाऊंगी कि शर्म से डूबना भी चाहो तो चूल्लू भर पानी न मिले...। शायद शर्म न आए गुस्सा आए। बेबस गुस्सा देखूंगी तुम्हारी आंखों में, जिसे मैंने सिर्फ महसूस ही किया है आज तक। दशार्या कभी नहीं....

"सुन रही हो सुम्मी" तुम्हारी आवाज़ का तिलिस्म सिर चढ़ा तो जागती आंखों में परियां समाने लगी। "अब कल।" कोई बहाना बनाये बगैर उठ खड़ी हुई मैं। कमरे से निकलते हुए, अपनी पीठ पर चिपकी तुम्हारी भौंचक आंखे दिख रहीं थी मुझे...। वक्त तो लगेगा, तुम्हें अनदेखा करके जीने की कोशिश में...!

□□□

9

भूख

--चित्रा मुदगल

आहट सुन लक्ष्मा से सूप ने गरदन ऊपर उठाई। सावित्री अक्का झोंपड़ी के किवाड़ों से लगी भीतर झांकती दिखी। सूप फटकारना छोड़कर वह उठ खड़ी हुई—“आ, अंदर कू आ, अक्का।” उसने साग्रह सावित्री को भीतर बुलाया। फिर झोंपड़ी के एक कोने से टिकी झिरझिरी चटाई कनस्तर के करीब बिछाते हुए उस पर बैठने का आग्रह करती, स्वयं सूप के निकट पसर गई।

सावित्री ने सूप में पड़ी ज्वार को अंजुरी में भरकर गौर से देखा—“राशन से लिया?”

“कार्ड किदर मेरा।”

“नई?” सावित्री को विश्वास नहीं हुआ।

“नई।”

“अब्बी बना लो।”

“मुश्किल न पन।”

“कइसा? अरे, टरमपरेरी बनता न। अपना मुकादम है न परमेश्वरन, उसका पास जाना। कागद पर नाम-बाम लिख के देने को होता। पिच्छू झोपड़ी तेरा किसका? गनेसी का न! उसको बोलना कि वो पन तेरे को कागद पे लिख के देने का कि तू उसका भड़ोतरी....ताबड़तोड़ बनेगा तेरा कार्ड।”

उसने पास ही चीकट गुदड़ी पर पड़े कुनमुनाए छोटू को हाथ लंबा कर धपकी देते हुए गहरा नि:श्वास भरा—“जाएगी।”

"जाएगी नई, कलीच जाना!" सावित्री ने सयानों-सी ताकीद की। फिर सूप में पड़ी गुलाबी ज्वार की ओर संकेत कर बोली, "ये दो बीस किलो खरीदा न! कार्ड पे एक साठ मिलता।"

छोटू फिर कुनमुनाया। पर अबकी थपकियाने के बावजूद चौंककर रोने लगा। उसने गोद में लेकर स्तन उसके मुंह में दे दिया। कुछ क्षण चुकरने के बाद बच्चा स्तन छोड़ बिरझाया-सा चीखने लगा—"क्या होना, आताच नई।" उसने असहाय दृष्टि सावित्री पर डाली।

"कांजी दे।"

"बोईच देती पन..."

"मैं भेजती एक घाटी तांदुल। सावित्री उसका आश्य उठ खड़ी हुई, तेरा बड़ा किदर? और मझला किस्तू?"

"खेलते होएंगे किदर।"

उसने मनुहारपूर्वक सावित्री की बाहें पकड़कर बैठाते हुए कहा, "थोड़ा देर बइठ न अक्का, मैं इसको भाकरी देती।" कुछ सोचती-सी सावित्री बैठ गई। लक्ष्मा उठकर ज्वार की रोटी एक सूखा टुकड़ा ले आई और छोटू के मुंह में मींस-मींसकर डालने लगी। छोटू मजे से मुंह चलाने लगा।

"कालोनी गई होती?"

सावित्री ने पूछा तो प्रत्युतर में लक्ष्मा का चेहरा उतर आया।

"दरवाज़ा किदर खोलते फलाटवाले? एक-दो ने खोला तो पिच्छू पूछी मैं कि भांडी-कटका के वास्ते बाई मांगता तो बोलने को लगे कि किदर रेती? किदर से आई? तेरा पेचानेवाली कोई आजू-बाजू में काम करती क्या? करती तो उसको साथ ले के आना। हम तुमको पेचानते नई, कैसा रक्खेगा। और पूछा, ये गोदी का बच्चा किसका पास रक्खेगी जब काम कू आएगी? मैं बोली, बाकी दोनों बच्चा पन मेरा छोटा-छोटा। संभालने कू घर में कोई नहीं। साथेच रक्खेगी। तो दरवाजा वो मेरा मूंपेच बंद कर दिए।" लक्ष्मा का गला भर्रा आया।

“सुबुर कर, सुबुर कर, काम मिलेगा। किदर-न-किदर मिलेगा। मैं पता लगाती। कोई अपना पेचानवाली बाई मिलेगी तो पूछेगी उसको। ये फलाटवाले चोरी-चोरी से बोत डरते। कॉलोनी में काम करती क्या वो!” सावित्री कंधे थपका उसे ढाढ़स बंधाने लगी कि तनिक सोचे, उसके तो फिर तीन-तीन औलादें हैं। वह अकेली किसका मुंह देखकर जिंदा रहे? मुलुक में, समुद्र तट पर बसे उसके पूरे कुटुंब को अचानक एक दोपहर उन्मादी तूफान लील गया था और घर में दीया जलाने वाला भी कोई नहीं बचा।

“मैं मेरी क्या सबके साथ? देख।”

अपना दु:ख तसल्ली नहीं देता। दूसरों का दु:ख जरूर साहस पिरो देता है। यह सोचकर सावित्री ने अपनी पीड़ा की गांठ खुरच दी। लक्ष्मा ने विह्वल होकर अक्का की हथेली भींच ली।

“कल मेरा दुकान पर आना। सेठ बोत हरामी हय, पन मैं हाथ-पांव जोड़ेगी तेरे को रखने के वास्ते। अउर हां, बड़े को ताबड़तोड़ भेजना तांदुल के वास्ते।”

उसने स्वीकृति में सिर हिला दिया।

सावित्री झोंपड़ेसे बाहर आई तो लक्ष्मा की दयनीय स्थिति से मन चिंतित हो आया। मजे में गृहस्थी कट रही थी। ऐसी पनवती लगी कि सब उजड़ गया। मरद मिस्त्री था। तीस रुपया दिहाड़ी लेता। एक सुबू पच्चीस माले ऊंची इमारत में काम शुरू किया ही था कि बंधे बांसों के सहारे फल्ली पर टिके पांव बालकनी पर पलस्तर चढ़ाते फिसल गए। पंद्रहवें माले से जो पके कटहल-सा चुआ तो ‘आह’ भी नहीं भर पाया गुंडप्पा। सेठ खडूस था। साबित कर दिया कि मिस्त्री बाटली चढ़ाए हुए था। अलबत्ता रात को जरूर वह बोतल चढ़ा के सोया था, पर सुबु एकदम होश में काम पर गया। मुंह से दारू की बास नहीं गई तो और बात। हजार रुपया लक्ष्मा को टिका के टरका दिया हरामी ने।

सबने बोला टेकेदार सेठ को, मगर उसने लक्ष्मा को काम पर नहीं रखा। बोला, इसका तो पेट फूला है। बैठ के मजूरी लेगी। बैठ के मजूरी देने

को उसके पास पैसा नहीं। मिस्त्री मरा तो वह पेट से थी। सातवां महीना चढ़ा हुआ था।

बुरा वक्त। एक काम, दस मजूर। काम मिले भी तो कैसे? ऊपर से मुसीबत का रोना एक से एक बेईमान ओढ़कर निकलते। किसी के पास कोई असली जरूरतमंद पहुंचे भी तो कोई विश्वास कैसे करे?

छोटे को कमर पर लादे लक्ष्मा बनिए की दुकान के सामने जा खड़ी हुई। सावित्री की नज़र उस पर पड़ी तो वह काम से हाथ खींच, बनिए के पास पहुंची और लक्ष्मा की मुसीबतों का रोना रोकर उस पर दया करने की सिफारिश करने लगी। लेकिन बनिए के डपटने पर कि जाओ, जाकर अपना काम देखो—वह विवश-सी एक बड़े से झारे से अनाज चालने बैठ गई। उसकी बगल में चादरनुमा टाट पर पंजाबी गेहूं की ढेरिया लगी हुई थीं। पहलेसेठ से उसके मेहनताने का करार गोनी पीछे दो रुपया था। फिर सेठ को लगा कि इस सौदे में उसका नुकसान यूं है कि नौकर गोलियां जल्दी-जल्दी पिनटाने की मंशा से बीनने-चुनने में मक्कारी बरतते और उसके फ्लेटवाले ग्राहक अनाज में कंकड़-पत्थर निकालने पर उससे प्राय: झिक-झिक पर उतर आते हैं कि उनकी दुकान पर जिस मुताबिक दाम लिए जाते हैं, सामान उतना साफ़-सुथरा नहीं मिलता। सेठ ने फिर दिन के हिसाब से मजूरी तय कर दी। अब स्थिति बेहतर है। दोनों नौकरानियां और नौकर मन लगा के काम कर रहे हैं।

सेठ ने ग्राहकों से फुरसत पाई तो लक्ष्मा की ओर मुखातिब हुआ। उसने पूछा कि वह पहले कहां काम करती थी। उसके बताने पर कि जब मिस्त्री पति जिंदा था तो वह भी उसके साथ बेगारी करती थी, ईंट-गारे के तसले ढोती थी और पिछले डेढ़साल से वह बाकायदा किसी काम पर नहीं है। सेठ ने उसे संदिग्ध नज़रों से देखा और एक भौंह टेढ़ी कर सवाल किया कि क्या उसके यहीं एक बच्चा है जो गोदी में है? लक्ष्मा के यह बताने पर कि इसके अलावा उसके दो बच्चे और हैं, सेठ ने उन बच्चों की उम्र जाननी चाही। उसने बेझिझक बता दिया कि बड़ावाला

सेठ ने छूटते ही उसे टका-सा जवाब दिया, "कइया रक्खेगा तुमेरा को? बड़ा बच्चावाली औरत को पड़वड़ता नई। पीछे एक बच्चेवाली औरत को रक्खा होता, उसने इतना घोटाला किया कि क्या बोलूं। वो काम पर बइठली नई कि उसका एक-न-एक बच्चा मिलने को आताच रैता। पता नई कैसा होशियारी से वो दो-दो, चार-चार किलो अनाज गायब कर देतीकि मेरा मगज फिर जाता। पूछने पर शेंडी लगाती-सेट, कचरा बोत निकला।" फिर थोड़ा उठकर अर्धपूर्ण ढंग से उसके चेहरे को टटोलते हुए बेशर्मी से मुस्कराया और बोला, "काम पर रखने को सकता पर गारंटी के वास्ते कोई दागिना-बीगिना डिपोजिट रखो। कारण कि गोनी पीछे किलो-डेढ़किलो कचरा निकलता है। उससे जस्ती कचरा निकलेगा तो डिपोजिट में से कीमत कट जाएगा। मंजूर तो बोला?"

क्या बोले? टेंट में दागिन होता तो आज उसकी दुकान पर उससे मजूरी मांगने आती? छेनी-हथौड़ों न खरीद लेती और गली-गली हांक लगाती घूमती कि 'टांकी लगवा लो, टांकी!' कोई नहीं जानता कि छेनी-हथौड़ी हाथ में आते ही सिलबट्टे पर उसके हाथ किस मुस्तैदी से थिरकने लगते हैं। छोटू कमर पे लदा उसकी पकड़ से नीचे खिसकता महसूस हुआ। संभली और मुड़कर बिना सावित्री अक्का की ओर देखे चल दी। उनकी ओर देख सकने का साहस जुटा नहीं पाई। सावित्री अक्का को जरूर लगा होगा कि सेठ ने उसको इंकार नहीं किया, बल्कि जैसे उसे ही झोंटा पकड़ नौकरी पर से बाहर कर दिया। जो औरत अनाज के कचरे में से उसके बच्चों के लिए घुघुरी बनाने के लिए अन्न के दाने बुनकर लाती है, उसके कलेजे की लाचारगी और पीड़ा निश्चित हो उसकी छाती पर धंसी अवमानना की कीलों से कम गहरी और छरछराहट पैदा करती हुई न होगी। जानती है, वहीं औरत दीया-बाती के समय अनाज की गोनियों के मुंह पर ताने दे जब झोंपड़ी में लौटेगी तो उसे हिम्मत न हारने की घुट्टी पिलाने उसकी खोली पर जरूर आएगी।

झोंपड़ी पर पहुंची तो दोनों बच्चों को घर से नदारद पा, क्षुब्ध मन की हताशा गुस्से, खीझ और चिड़चिड़ाहट में बदल गई। उलटे पांव उन्हें गली में खोजने लपकी। वे सड़क के किनारे गटर में धंसे हमजोलियों के साथ

मछलियां पकड़ते दिखाई दिए। उन्हेंलगभग घसीटते हुए खोली में लाई और लादी पर पटक मोंगरी से पीटने लगी, मानो वह बच्चों की देह नहीं, बल्कि उस मोटे सेठ की थुलथुल देह हो, जिसने उन्हीं के चलते नौकरी पर रखने से इंकार कर दिया। जान बचाने को बिलबिलाते, छटपटाते, मुरगों की भांति प्राण छूटते ही बेहरकत हुए। वे बच्चे लादी पर सिसकते औंधे पड़े रहे; जैसे भयभीत हों कि उठकर बैठते ही अम्मा उन्हें फिर रेतने लगेगी। उन्हें निश्चेष्ट पड़ा देख वह ग्लानि और क्षोभ से विगलित हो भुभुआकर रो पड़ी। क्या करे? कैसे जिए? कैसे इन्हें खिलवाए?

पिछले महीने जब उसका मन बहुत विचलित हो उठा, उसने तय कर लिया कि वह सावित्री अक्का से चिरौरी करेगी कि उसे कुछ पैसे किराये-भाड़े के लिए उधार दे दे। वह बच्चों समेत गांव चली जाएगी। ससुराल में गुज़र संभव नहीं। मायके में बड़े भाई हैं। उन्हीं के पास रहकर खेतों में मजूरी कर लेगी। मगर सावित्री अक्काने उसे दीन-दुनियां समझाई कि जो वह सोच रही है, अब गांवों में संभव नहीं। गांवों की हालत तो यहां से भी बदतर है। मजूरी वह भी दो पाव चावल पर। यहां तो फिर भी गनीमत है। देर सवेर कुछ-न-कुछ जुगाड़ हो जाएगा। यूं छिटपिट कुछ-न-कुछ वह कर ही रही। फिर भाई भी बाल-बच्चे वाला है। महीने-दो-महीने की बात हो तो सभी रिश्तेदार निबाहेंगे। लेकिन जब उन्हें अनुमान हो जाएगा कि वह सपरिवार हमेशा के लिए रोटी तोड़ने उनकी छाती पर आ बेठी है तो पलक झपकते माया-ममता खुले कपूर-सी छू हो जाएगी। उसे सावित्री अक्का की बात व्यावहारिक लगी।

अपने बारे में भी खूब सोचा तो पाया कि गांव जाने को इच्छा स्वयं उसकी भी नहीं, किन्तु पता नहीं क्यों जब भी वह टूटने-हारने लगती, स्वयं को गांव के भरोसे ही भुलावा देने की कोशिश करतो कि ऐसा नहीं है कि इस दुनिया-जहान में उसका अपना कहने लायक कोई नहीं। उसने पाया कि मुलुक के भरम ने कई दफ़े उसे ताकत दी है और समेटे रखा है। निकट जाने से यह भरम टूट सकता हैं और वह इस भरम को टूटने देकर बिखरना और अनाथ होना नहीं चाहती।

बच्चे लादी पर सुबकते-सुबकते ही सो गए। छोटू को भी गुदड़ी पर थपकाकर वह उठ खड़ी हुई कि जब तक वे सो रहे हैं, वह भाकरी थाप ले। जैसेही उठेंगे, भूख-भूख चिल्लाएंगे।

दोपहर के बाद मुकादम अंजेबा के पास जाएगी। एक तो राशन कार्ड के बारे में पूछेगी कि क्या वाकई उसका कार्ड बन सकता है। दूसरे उसने हाइवेपर बन रही सड़क के ठेकेदार से उसकी मजूरी के बारे में बातचीत करने का जो आश्वासन दे रखा है, उसका क्या हुआ? यह भी ख़वाल आया कि पड़ोस की भैयानी उसे अपने खल-बट्टे सहित एक किलो हल्दी कूटने को दे गई थी, जिसकी कुठाई वह खर्च के लिए उससे पहले ही ले चुकी है। उसे भी निपटाना होगा। खैर, भाकरी से निपटकर ओटले पर बैठ के कूट देगी। भीतर धमक से सोते बच्चे जग जाएंगे।

मुकादम के यहां से उत्साहित और प्रसन्न मन लौटी।

दोनों काम हो गए। कार्ड के लिए वह गनेसी से लिखवाकर दे आई कि वह उसकी भाड़ोतरी है और उसका कहीं भी कोई कार्ड नहीं। मुकादम ने यह भी कहा कि उसने ठेकेदार से उसके काम की भी बात कर ली है। कल सुबह वह उसे ठेकेदार से मिलवा देगा। सात रुपये रोज़ मिलेंगे। सड़क पर पत्थर कूटने होंगे। जब डामर पड़ने लगेगा तब काम खत्म हो जाएगा। फिर यह उसकी मेहनत और स्वभाव पर निर्भर करता है कि वह ठेकेदार के अगले काम में मजूरी पाती है या नहीं। अगर पा गई तो जहां भी ठेका होगा, वह भी अन्य मजदूरों की टोली के साथ वहीं अपना डेरा बनाकर निश्चित हो, रह सकेगी। किराये-भाड़े का भी झंझट नहीं। खैर, यह आगे की बात है।

उसने निश्चय किया कि वह तीनों बच्चों को संग ही ले जाया करेगी। अन्य मजदूरिनों के बच्चे भी तो साथ आते होंगे। यहां उसके सामने ही नहीं टिकते हरामी तो पीछे कैसे घर पर बैठेंगे? आंखों के सामने रहेंगे तो तसल्ली रहेगी। साथ रखने की जरूरत भी होगी। छोटू को जहां भी बैठाएगी, कोई देखभाल करने वाला भी तो चाहिए होगा। खाना वह सुबू ही बनाकर पोटली में बांध लिया करेगी।

गली में मुड़ने लगी तो एकाएक खयाल आया कि टेंट में जो एक रुपया सहेजा हुआ है, उसमें से दोनों के लिए दस-दस पैसे वाली मीठी गोली लिए चले और चार आने की चाय की पत्ती। बड़े से चार आने का दूध भी मंगा लेगी। गुड़ थोड़ा-सा रक्खा ही हुआ है। सावित्री अक्का को 'चा' के लिए लिया लाएगी। चिंता कैसी। कल से मजूरी उसे मिलने ही लगेगी। कितना अरसा हो गया है छह-सात रुपल्ली-इकट्ठा देखे हुए।

घर पहुंची तो बच्चे हमेशा की तरह नदारद मिले। मगर आज उन पर गुस्सा नहीं आया; सोचा बेचारे घर में बंधे भी तो कैसे? कोई उन्हें बैठाने वाला तो हो।

सिगड़ी सुलगाकर कनस्तर से कुल जमा तीन मुट्ठी आटा झाड़कर मांड़ने बैठ गई। एक-दो भाकरी ज्यादा ही बना लेगी—एक लोई से दो। सावित्री अक्का को भी खा लेने के लिए जबरन बैठा लेगी। मगर अगले ही पल मन 'धुप्प' से बुझ गया। दावत देने की सोच तो रही, खिलाएगी काहे से? उनकी दाढ़ें भी कमजोर हैं। सूखी भाकरी चबाने में भी दिक्कत होगी। देखेगी। कोई उपाय सोचेगी। बना तो लेती ही हूं, अपने मन की उमंग को कैसे और कहां दबाए? और इस निर्धन उमंग की साक्षी सावित्री अक्का से बढ़कर और कौन हो सकता है? अचानक याद आया। फोकट में हैरान हो रही। 'चा' के वास्ते थोड़ा-सा गुड़ रखा हुआ है। एक डली पानी में भिगो चटनी सरखी बना लेगी।

काम निपटाकर बच्चों को ढूंढ-ढांढ़कर पकड़ आई। उन्हें मीठी गोली देकर, छोटे को देखने की ताकीद कर सावित्री अक्का के झोंपड़ी की ओर चल दी। वह बस पहुंची ही थी कि उसने अक्का को अपनी झोंपड़ी की कुंडी खोलते हुए पाया।

"आ लक्ष्मा, आ।" सावित्री अक्का ने तनिक बुझे-हुए स्वर में उसे भीतर बुलाया। उसके कुछ बोलने से पहले ही कहने लगी सफ़ाई देते हुए, "मेरे को भोत दुख हुआ सेठ ने तेरे को काम के वास्ते ना बोला न!"

लक्ष्मा सावित्री अक्का के बुझे-बुझे स्वरों पर ध्यान न देकर, अपनी धुन में मग्न उसे तुरंत खुशख़बरी सुना देने को उतावली हो आई। अक्का अपनी

बात में डूबी हुई उसके उत्साह को अधैर्य के अर्थ में लेकर धैर्य बंधाती-सी बोली, 'देख, तू घबरा नई। एक अऊर भी रास्ता हय। मेरे को कलाबाई बोली कि एक औरत हय, वो छोटे बच्चे को गोद लेती हय, संभालती हय। शाम कू बच्चा परत देती। साथ में पइसा भी देती। मेरे को बात जमा। बच्चे को वास्ते तेरे को काम नई मिलता न। फिर काम करने को सकेगी। मैं सुबूच उसको अपने झोंपड़े पर बुलाई। कलाबाई साथ लेके आएगी। उसको ले के मैं ताबड़तोड़ तेरा पास आएगी। बच्चे को वो औरत भोत अच्छे से रखती। कलाबाई को मालूम!"

वह कुछ भी समझ नहीं पाई, सावित्री अक्का का क्या मतलब है? कौन-सी ऐसी अच्छी औरत है, जो बच्चे को अक्खा दिन अपने पास रखेगी, संभालेगी और शाम को उसे लौटाएगी तो साथ में पैसे भी देगी! पर इस वक़्त उसने सावित्री अक्का को अधिक छेड़ना उपयुक्त नहीं समझा। सुबह उसे लेकरवे झोंपड़े पर आएंगी ही, तभी असलियत स्वयं पता चल जाएगी।

उनको ढिबरी जलाते हुए देखकर वह उठकर उनके निकट आ खड़ी हुई और उतावली-भरे स्वर में बोली-"अक्का घर कू चल न। तेरे वास्ते मैं चा करेगी, खाना पन तू बच्चा लोगों के साथेच खाना। भाकरी करके आई में अऊर गुड़ का चटनी पन।"

सावित्री अबूझ-सी और मुड़ी।

"हां अक्का, मुकादम बोला कि वो मेरा कार्ड पन बनाएगा और कल से मेरे को काम पर भी जाना।"

"अइयो!" सावित्री अक्का की आंखों में हुलसा विस्मय छलछला आया। उसने एक सांस में सारी बात उन्हें सुना डाली और पाया कि खुशी से अक्का की आंखों में गीली चमक पैदा हो आई है।

रास्ता कट नहीं रहा। वैसे भी सांताक्रुज हाइवे कोई नज़दीक नहीं। उसकी झोंपड़पट्टी से कोई डेढ़ कोस से कम नहीं होगा। लेकिन यह दूरी जाते वक्त फलांग-भर नहीं लगी थी और अब वापसी में सुरसा का मुंह हो रही है।

ठेकेदार ने कहा था, जिस मज़दूरिनको यह काम छोड़ गया समझा था और जो पिछले हफ्ते-भर से बिना किसी सूचना के लापता थी, आज सुबह अचानक मजूरी पर लौट आई। उसकी जगह पर उसने मुकादन से कर रखा था कि वह उसे कोई मजूर दे दे। अब जब वह लौट आई तो बदले में किसी और को काम पर रखना मुमकिन नहीं। हां, हफ्ते-डेढ़-हफ्ते बाद उसकी मरजी हो तो चक्कर मार ले। लक्ष्मा समझ गई कि आग-लगे पेट की सूखी अंतडियां निकालकर ठेकेदारके सामने रख दे, फिर भी कोई गुंजाइश पैदा होने से रही।

स्वयं मुकादम का चेहरा उतर गया। दु:खी स्वर में बोला, "घबरा नई, लक्ष्मा! मैं दूसरा जाना पन कोशिश करेगा।"

सभी उसके लिए सोच रहे हैं कि किसी उपाय से दो जून रुखे-सूखे का ही जुगाड़ हो जाए, मगर उसकी ही किस्मत फूटी है तो कुछ कैसे जुटे?

सुबह किसने ताव से सावित्री अक्का से ऐंठ गई थी कि अक्का ने उसकी मदद की ख़ातिर इतना कमीना रास्ता कैसे सोचा? क्यों ले आई उस बदजात औरत को उसके पास? सुनकर अक्का ने बगैर चिढ़े हुए उत्तर दिया कि वह उसकी दुश्मन नहीं, न बच्चों की। मगर बच्चों का दाने-दाने को तरसना उससे झेला नहीं जाता। क्या वह नहीं जानती कि वह रात-दिन दौड़-धूप के बावजूद-कांजी तक तो चार दाने भात के साथ उन्हें पिला नहीं पाती। कुछ दिनों तक वहीं हाल रहा तो सोचे कि बच्चों की क्या गति होगी! उन्हें भी कलाबाई के मुंह से पहले-पहल यह प्रस्ताव सुनकर अचरज हुआ था कि कोई अपने कलेजे के टुकड़ों को भीख मांगने वाली औरत को किराये पर कैसे दे सकता है? ऐसी ग़लीज हरकत से तो डूब मरना अच्छा। इसी उधेड़बुन के चलते सच्चाई जानते हुए भी उसने कल शाम को लक्ष्मा को वास्तविकता नहीं बताई। पूरी रात करवटें बदलते सोचती रही थी कि उचित-अनुचित क्या है? आखिरी यही लगा कि जैसीकठिन परीक्षा की घड़ी लक्ष्मा की चल रही उसमें अधिक सोच-विचार की गुंजाइश नहीं।हां, कल अगर उसे कोई मिल जाता है और वह अपने बच्चों को आराम से पाल-पोस सकती है तो अपना बच्चा उससे वापस लेने में कौन-सी दिक्कत?

"जरा ठंडे दिमाग से सोच, लक्ष्मा! भीख तो वह मांगेगी, छोटू से थोड़ी ही मंगवाएगी। बच्चा तो सिर्फ उसकी गोद में रहेगा।"

"इसमें कोई ग़लत नई।" कलाबाई ने उसका संकोच तोड़ना चाहा।

वह अवाक्-सा सबके तर्क सुनती रही। साथ आई औरत ने अतिरिक्त उत्साह प्रदर्शित करते हुए अपनी बगल में लटके चीकट थैले में से एक लुभावनी प्लास्टिक की दूध की बोतल निकालकर उसे दिखाई और कहा कि वह बड़े बच्चों को नहीं, गोदीवाले को ही किराये पर लेती है। उसकी देख-रेख की पूरी जिम्मेदारी उठाती है। चूंकि छोटे बच्चे के दूध, बिस्कूट आदि पर ज्यादा खर्च आता है, इसलिए उसी हिसाब से उसका किराया कम हो जाता है। किराया वह दो रुपये मात्र देगी, जिसे वह हर शाम बिना नागा थमा दिया करेगी। बच्चे की किस्मत से अगर कमाई ज्यादा होने लगेगी तो वह उसका किराया भी बढ़ा देगी। बच्चों की कमी नहीं उसे-एक ढूंढ़ों, हज़ार मिलते हैं, पर कलाबाई ने उसकी विशेष सिफारिश की तो वह लक्ष्मा से मिलने आयी? इस काम में उसे कितनी जिल्लते उठानी पड़ती हैं? विरार से चर्चगेट, चर्चगेट से विरार, ...घंटों डिब्बे-डिब्बे, खड़े-खड़े यात्रा करती पड़ती है। सवारी-सवारी गिड़गिड़ाना पड़ता है। बच्चे को उठाए-उठाए बाजू दुख जाते हैं। उसका हगना-मूतना धोते रहो...

वह आपे से बाहर हो उठी। उसने लगभग धक्का लेते हुए उस औरत को झोंपड़े से बाहर खदेड़ दिया और भरसक शिष्ट हो सावित्रीअक्का से बोली कि वे अब उस पर मेहरबानी करें और उसे उसके हाल पर छोड़ दें। वैसे आज से वह मजूरी को जा रही है। सब संभल जाएगा।

लेकिन...बंधी हुई उम्मीद, कुछ ही घंटों में दम तोड़ बैठी। यह कैसी अंतहीन परीक्षा है! थक गई है, बहुत। अब और नहीं चल सकती। हताश मन में एक भयानक विचार ने आहिस्ता से सिर उठाया। तीनों बच्चे साथ हैं। जिंदा भी मुर्दा समान। क्यों न तीनों सहित सड़क के उस पार समंदर में पांव दे दे? टंटा खतम!

उफ! यह क्या सोच रही है? उसनेअपने को बुरी तरह झिड़का। धिक्कारा कि इन मासूमों का भला क्या दोष? क्यों उन्हें मार डालना

चाहती है? इसलिए न कि वे मुट्ठी-भर भात के मोहताज हैं...हफ्ते-भर की ही तो बात है। ठेकेदारने फिर बुलाया है। भगवान करे, कंतू की लकवा-पिटी मां ठीक न हो...फिर मुकादम ने भी आस बंधाई है। समय एक-सा नहीं रहता, बदलता है। उसका भी बदल सकता है। आखिर इतने दिन किसी-न-किसी तरह कटे ही। लेकिन किस तरह से कटे! सुबह कटी तो दोपहर भारी हो गई...दोपहर कटी तो रात!

बच्चों समेत मरने की क्या पहली बार सोची है? एक रात जब पेट में पानी उड़ेलकर भी बच्चों से भूख सहन नहीं हुई तो बिरझाई-सी तीनों को घसीटती करीमन चाली के पिछवाड़े, अंधेरे में डूबी बावड़ी पर छलांग लगाने नहीं जा खड़ी हुई थी, ...और उस दोपहर भी तो अपनी हंडियल देह से तीनों को चिपकाए पिघलते कोलतार वाले हाइवे पर पहुंची ही थी प्रण करके कि जैसे ही दैत्याकार ट्रक या दो मालेवाली बस आती दिखाई देगी, वह बच्चों समेत झपटकर सामने हो जाएगी।

ऐसे मरें या वैसे, मरेंगे जरूर एक दिन । और वह भी हत्या ही होगी और वह हत्यारिन! सुलगती पेट की आंतों को उनकी खुराक न देकर, उन्हें तरसा-तरसाकर मारना हत्या नहीं?

जिस आस के छोर को मुट्ठी में भींचे वह अपने को ढाढ़स बंधा रही है, अगर उसी केतू की मां एक रोज़ठीक हो उठ खड़ी हुई तो क्या ठेकेदार उसे मंजूरी पर रखेगा? नहीं, हरगिज़ नहीं। आज की तरह ही उसे टरका देगा। कितना गिड़गिड़ाई थी वह मुकादम के सामने ही कि जहां इतने मजूर खपे हुए हैं, एक उसे भी रख ले-भले आधी मजूरी पर सही।

मगर ठेकेदार ने बेअसर होकर टका-सा जवाब पकड़ा दिया—"वो पन बौत मुश्किल है। वैसे नई बात नई। आधे से भी जास्ती मजूर इधर आधी दिहाड़ी पे लगा है। चलते-चलते लक्ष्मा को लगा कि चिलचिलाती धूप में वह जिस कुटती-पिसती सड़क को अपने पींछे छोड़ आई है वह पीछे कहां छूटी है? सड़क की छाती उसकेसीने से चिपकी उसके संग चली आई है और पत्थरों से लदे ट्रक लगातार वहां खाली हो रहे हैं और सैकड़ों हथौड़े एक साथ 'ठक्क' उसकी छाती कूट रहे..."

सहसा बिजली-सा एक विचार दिमाग में तड़का। बच्चे बच सकते हैं। उपाय है—अगर वह छोटू को उस भिखमंगी औरत को किराये पर उठा दे तो? छोटू का पेट भरेगा-ही-भरेगा, दो रुपये जो ऊपर से मिला करेंगे उसमें किल्लो-भर मोटा चावल आ जाएगा। बड़े और मझले के पेट में भी दाने पड़ जाऐंगे फिर कौन उसे हमेशा के लिए किराये पर उठाएगी। कुछ ही दिन की तो बात है। ठेकेदार ने मजूरी नहीं भी दी तो देर-सवेर कहीं-न-कहीं जुगाड़ लग ही जाएगा। मजूरी मिलते ही वह ताबड़तोड़ छोटू को उस औरत के चंगुलसे छुड़ा लेगी। किसी को पता भी नहीं चलेगा। सावित्री अक्का की बात अलहदा हैं वे तो उसकी ढके-फटे की साथिन हैं ही।

संध्या को अक्का से जाकर कह देगी कि उसे उस औरत की बात मंजूर है। संध्या को ही क्यों, अभी ही क्यों नहीं? यहां से सीधा सवित्री अक्का की दुकान पर ही न चली जाए। कहीं ऐसा न हो कि यह औरत अपने धंधे के लिए कोई दूसरा बच्चा तय कर ले। अभी मिल लेगी तो सावित्री अक्का कलाबाई के हाथों फ़ौरन उसके पास ख़बर भिजवा देगी कि उसे बच्चा देने में कोई एतराज नहीं,

छोटू पेट में आया तो उसका सपना था कि उसके होने पर वह मिस्त्री से जिद्द कर फिलाटवालों जैसी रंग-बिरंगी दूध की बोतल ख़रीदेगी। भले उसकी छातियों से बालटियों दूध उतरे...

वह सिगड़ी पर से गीलाभात उतारकर सूखी बोमबिल (सूखी मछली) का सालन छोंकने जा रही है; लेकिन उचाट मन हाथोंका साथ नहीं दे रहा।

अंधेरा गाढ़ा हो रहा। मगर अब तक छोटूको लेकर जग्गूबाई खोली नहीं लौटी। छोटू को धंधे पर ले जाते उसे तीसरा महीना पूरा होने को जावा, पर कभी लौटने में इतनी देर नहीं हुई। अंधेरा घिरने से पहले वह छोटू को उसके हवाले कर जाती है और बिना नागा दो रुपये के चिल्लर हथेली पर रख देती है। मन अनेक अनहोनियों में घुमड़ रहा। कहीं भीड़-भड़के में चढ़ते-उतरते धक्का न खा गई हो। बिना टिकसके तो नहीं फिरती-घूमती कि पकड़ी गई हो और जेहल में बंद हो? फिर? कुछ सूझ नहीं रहा कि क्या करे। रहती कहां है वह भी तो उसे ठीक से पता नहीं कि वहीं

चक्कर मारकर खोज-ख़बर ले ले। कहीं वह सीधे अपनी खोली पर तो नहीं चली गई? हालांकि बग़ैर छोटू को उसके हवाले किए वह सीधे अपनी खोली नहीं जाएगी। कभी गई नहीं। अपने कलेजे का टुकड़ा सौंपा उसका पता ठिकाना नहीं रखना चाहिए? माना कि सौदा सावित्री अक्का ने पटाया, लेकिन खुद उसकी जिम्मेदारी नहीं बनती...सावित्री अक्का को ख़बर कर दे?

सालन पर ढक्कन देकर उठने को ही थी कि झोंपड़ी के दरवाजे पर किसी के नंगे पैरों की आहट सुनाई दी और दूसरे ही पल लस्त–पस्त जग्गूबाई सोते हुए छोटू को गोदी में उठाए भीतर दाखिल होती दिखी। उसकी जान में जान आई। कुछ पूछने से पहले ही जग्गूबाई ने छोटू को उसकी गोदी में उतारते हुए आंखों नचाकर संकेत किया कि पहले बच्चे को वह चटाई पर थपका दे, बड़ी मुश्किल से सोया है। बहुत बोमड़ी मारता।

छोटू को लेते हुए उससे सबुर नहीं हुआ—"कुछ लफड़े-बिफड़े में फंसी क्या?" उसकी नादानी पर जग्गूबाई फिक्र से हंस दी-"मेरे को लगा कि तू बेइच सोच के घबराती होएगी। मैं धाई-धाई में फास्ट टिरेन में चढ़ी...पिच्छू वो खार किदर रुकने की? बोरीवाली उतरी कि ताबड़तोड़ सिलो टिरेन पकड़ी, जऊर अब्बी इधर पोंची। ले, फटाफट तेरा हिसाब ले।" उसने टेंट खोलकर दो रुपये की चिल्लर गिनी और उसकी ओर बढ़ा दी। फिर अल्मुनियम का पिचका कटोरा औंधा कर दिखाती हुई ठेना मारती-सी बोली, "जरा पन धंधा नई हुआ, पर तेरेको जो ठेराया वो देनाच न।"

लक्ष्माने नि:शब्द चिल्लर की ढेरी बनाई और धोती किनारी में जतनपूर्वक लपेटकर टेंट में खोंस ली। धंधा हुआ कि नहीं, भला इससे उसको क्या लेना-देना। वह ज्यादा-कम के टंटे में पड़ती ही नहीं...

इधर जग्गूबाई छोटू को लेने झोंपड़ी में घुसती नहीं कि उसके जाते ही वह बड़े और मझले को सामने ही खेलते रहने की धपकी देकर घर से बाहर हो लेती। जहां भी जो बताता, पता लगाने पहुंच जाती कि क्या उसके लायक कोई काम यहां निकल सकता है? कल सुबह ठेकेदार के पास

मुकादम को लेकर फिर चक्कर मार आई है...कंतू की मां ठीक नहीं है, फिर भी वह छुटटी पर नहीं जा रहा।

सालन की फदकन से पतीली का ढक्कन भक्क-भक्क कर रहा है। आंचल से ढक्कन खींचकर देखा तो सुगंध से अंदाजा हो गया कि बेमिसाल पक गई। उसे बच्चों का खयाल हो आया। बेचारे संध्यासे ही भूख-भूख की रट लगाए, सिर पर कूदम-कूद मचाए हुए थे। मझले किस्तू ने आकर कई बार पूछा, 'छोटू धंधे पर से नई आया? आएगा तो पिच्छू भाकरी देगी?' किसी प्रकार उन्हें बहला-फुसलाकर बाहर भेज दिया था। करती क्या, छोटू की चिंता किसी काम में रमने ही नहीं दे रही थी।

अभी उसने झोपड़े से बाहर पांव दिया ही था कि अचानक छोटू चिहुंककर जाग गया और चीखें मार-मारकर रोने लगा, जैसे किसी ने उसे सोते में चिकोटी भर ली हो और वह पीड़ा से बिलबिलाकर चीख पड़ा हो। वह पलटकर घबराई हुई-सी उसकी ओर दौड़ी। उसे गोदी में उठाकर पुचकारा, दुलराया। फिर कटोरी-चम्मच उसके सामने रख टनटनाकर बहलाया कि कुछ देर किसी भी प्रकार छोटू बदल जाए और कटोरी-चम्मच के संग खेले तो वह बड़े और मझले को लिवा लाए। मगर उसने पाया कि छोटू किसी तरह चुप होने को तैयार नहीं है। शंका हुई-कीड़े-वीड़े ने तो कहीं नहीं काट खाया? चौकन्नी नजर से उसने लादी टोही। उसे कुछ नहीं दिखा।

खीझकर वह उसे ज्यों-का-त्यों छोड़कर बाहर हो गई। इधर छोटू बहुत चीं-चीं करने लगा है। उसे लगता है कि दिन-भर जग्गूभाई की गोदी चढ़े रहने और घर से बाहर रहनेके कारण छोटू को घुमक्कड़ी की बुरी लत हो गई। यही वजह है कि घर में घुसते ही वह लगातार मिमियाता रहता है और चाहता है कि कोई-न-कोई उसे गोदी में उठाए ही रहे।

दिन-भर की मगज़मारी के बाद बचता है बूता कि छोटू को गोदी में टांगे होते? जिद्द की आदत छुटानी होगी। बड़े और किस्तू को लेकर घर में घुसी तो छोटू को पूर्ववत् चिचियाते पाया। अबकी उसने ध्यान ही नहीं

दिया। किस्तू उसे गोदी में उठाने लपका तो उसे भी डपट दिया, "पड़ा रहने दे।"

छोटू को अनदेखा करते हुए बड़े और किस्तू के लिए भात और बोमबिल परोसकर थाली उनके सामने सरकाई कि तभी दृष्टि उनके चीकट हांथ-पांव पर गई। खीझती हुई उठी और उन्हें लगभग घसीटते हुए मोरी के निकट ले जाकर भुनभुनाती, हाथ-पांव धुलाने लगी। सुबू बाबड़ी से पानी खींच भरपूर दोनों को नहला-धुलाकर छोड़ गई थी। कैसे गटर में लोटे सुअर सरीखे थाण हो रहे। पल्ले से बड़ेका मुंह पोंछ ही रही थी कि अचानक पलटी थाली की झन्नाहट सुन मुड़कर देखा, पाया कि बैंया-बैंया निकट जाकर छोटू ने झपट्टा मारकर भात की थाली लादी पर उलट दी। वह क्रोध से बावली हो उठी। 'ताड़' 'ताड़' उसने लपककर छोटू को थप्पड़ जड़ दिए—"तेरे को दूध होना, बिस्कुट होना...अक्खा दिन पेट-भर खाना होना...पन घर में आ के हर रोज़ बोमाबोम करना। येई वास्ते च तू वैसा का वैसाच बोमबिल सरखा हरामखोर। सत्यानाश किया न इतना भात।"

छोटू मार खाकर आंखे उलट बैठा। उसके सींक-से-हाथ-पांव तकली में बंटते सूत-से ऐंठने लगे। वह घबरा गई। यह क्या हो गया अचानक छोटू को? हाथ-भर की गेहुई काया नीली पड़ रही। कभी तो ऐसा नहीं हुआ उसे। कोई पहली बार पिटाई की उसकी? कई दफे भिन्नाकर उसने छोटू को उठाकर पटक तक दिया है... और

हाथ-पांव मल-मलकर देह गरमाने की कोशिश की कि वह होश में आए, पर उसने महसूस किया, उसकी पसीजती हथेलियों की आंच सोखने के बावजूद छोटू की देह निरंतर ठंडी पड़ती जा रही है। नीले पड़ रहे होठों के बाएं कोने पर अचानक सफ़ेद वज्जे से फूटने लगे। अकड़ी देह छटपट करने लगी। भड़भड़ाकर उसने छोटू को गोदी में उठा झकझोरा।

अचानक उसे याद आया—रामदेव भैयानी के इकलौते बेटे बचुवा की सांसे बांध लेने की बीमारी है। डॉक्टर ने भैयानी को चेतावनी दी है कि जैसे ही बचुआ रोते-रोते सांस बांध ले, वह तुरंत अंजुली-भर पानी 'छपाक' से उसके मुंह पर मार दे। पानी पास में न हो तो जोरदार थप्पड़ रसीद दे, पट्ट

से सांस ढील देगा बचुवा। रोग कोई नहीं बचुवा को। फकत जिद्द चढ़ती है, जिद्द। छोटू के लक्षण भी मिलते-जुलते लगे। उसने जी मजबूत कर छोटू के गाल पर ज़ोर का थप्पड़ जड़ दिया...असर दिखा। ऐंठी देह कुछ ढीली हुई। छटपटाहट भी।

"हिलने का नई छोटू के पास से। देख इसको, मैं अब्बी आई।" बड़े और किस्तू को हिदायत दे वह उसे ज्यों-का-त्यों छोड़कर बदहवास सावित्री अक्का के झोंपड़े की ओर दौड़ी। अक्का को संग लेकर लौटी तो पाया कि मइंले और बड़े के रोने का स्वर सुनकर तमाम पड़ोसी छोटू के इर्द-गिर्द घिर आए। छोटू की नाजुक हालत देखकर सभी ने सुझाव दिया कि देशी इलाज में समय गंवाना मुनासिब नहीं।

अक्का ने छोटू को लपककर गोद में उठाया और मुख्य सड़क पर स्थित डॉ. चिरवलकर के दवाख़ाने की ओर दौड़ी। पीछे-पीछे आशंकित-से कुछ अड़ोसी-पड़ोसी भी।

डॉ. चिरवलकर ने बच्चे की नाजुक हालत देखते ही हथियार डाल दिए कि बच्चे का इलाज उनके वश का नहीं। उसे फौरन भाभा अस्पताल ले जाना होगा। बच्चे को ग्लूकोज चढ़ाना पड़ेगा, खून देना होगा। लक्ष्मा ने घबराकर सावित्री अक्का की ओर देखा तो सावित्री अक्का ने उसका आशय भांप सांत्वना दी कि चिंता न करे और तुरंत एक टैक्सी रोक ले। पैसे हैं उनके पास।

सयानी अक्का छोटू को सीधा उसी वार्ड में ले गई जहां गंभीर मरीज़ को दाखिल किया जाता है। जहां परची बाद में कटती है, डॉक्टर पहले देखते हैं। तकरीबन पांच मिनट बाद अचेत पड़े हुए छोटू को बड़ी नर्स देखने आई तो उसकी मरणासन्न हालत देखकर चिंतित हो उठी। बिगड़ी कि बच्चे को तुम लोग अस्पताल तभी लाता जब बच्चा मरने कू होता है। क्यों लाया इसको अभी इधर? फिर उसने तुरंत डॉक्टर के पास खबर भिजवाई और बावा नर्स को बच्चे को फटाफट इमरजेंसी वार्ड में चलने की ताकीद की।

दीवार से टिकी खड़ी अडोल लक्ष्मा की सूनी आंखें वार्ड के बंद दरवाज़े को देखती रही धीमे-से अक्का ने निढाल लक्ष्मा को छुआ-"ग्लूकोज़का

एकच बाटली को खाली होते चार तास (घंटे) लगते। अक्खा रात एइसा खड़ा होने से चलेगा? सोच, तेरी तबीयत बिगड़ी न, पिच्छू तेरे को देखना कि छोटू को संभालना..."

"डॉक्टर बोत हुश्यार इधर के। सब ठीक होएगा।" अक्का ने ढाढ़स बंधाया। जैसे ही कोई नर्स वार्ड से बाहर आती दिखती, अधीर लक्ष्मा आशास्पद भाव से उसकी ओर लपक पड़ती। तकरीबन ढाई घंटे की असाध्य प्रतीक्षा के बाद डॉक्टर वार्ड से उनकी ओर आते हुए दिखे। उन्होंने निकट पहुंचकर सबसे पहला सवाल पूछा कि उन चारों में से बच्चे की मां कौन है?

साथ आई कांबले ताई ने लक्ष्मा की ओर संकेत किया।

डॉक्टर ने पल-भर लक्ष्मा को भेदती नज़रों से देखा, फिर रूक्ष स्वर में बोले, "बच्चे को खाने को नहीं देती थी क्या? बच्चा भूख से मर गया...उसकी आंतें सूखकर चिपक गई थी।"

"क्या?" लक्ष्मा के गले से आरी-सी काटती एक करूण चीख फूट पड़ी—"पन कइसा? वो तो बोलती होती कि वो उसको दूध देती, बिस्कुट खिलाती..." उस पर बेहोशी-सी छाने लगी।

साथ आई औरतों ने लपककर लक्ष्मा को सहारा दिया।

समय-कुसमय का संकोच त्याग कांबले ताई अपना क्षोभ नहीं रोक पाईं। भर्त्सना-भरे स्वर में बोली, "जब रोने से क्या! भिकारिन ने बच्चा पूजा के वास्ते नई लिय होता। वो छिनाल बच्चे का पेट भरती तो बच्चा आराम से गोदी में सोता, पिच्छू उसको भीक कौन देता? अरे, वो बच्चे को फ़कत भुक्काच नई रक्खते, रोता नई तो चिकोटी काट-काट के रूलाते कि लोगों का दिल पिघलना...अभागिन, कांय कू दी तू उसको अपना छोटू रे?"

ढह रही लक्ष्मा को कुछ सुनाई नहीं दे रहा।उसे सिर्फ दिखाई दे रही है दूध-भरी बोतल...बिस्कुट का डब्बा...चिपकी आंते...और एक बच्चेकी लाश।

□□□

10

बोहेमियन

--ज्ञानप्रकाश विवेक

वह भीड़भाड़ वाला चायघर था, जहां जले दूध की गन्धऔर शोरशराबा बराबर मिकदार में उठते थे। मेज के आसपास बैठे लोगों की अपनी दुनिया होती और उस दुनिया की अपनी बातें! दूसरी मेजवाले को पता नहीं चलता था पहली मेज के आसपास क्या बातचीत हो रही है! कोई जरूरत भी नहीं थी पता करने की। कोई नया आदमी यहां चाय पीने आता तो कुछ देर भौंचक खड़ा रहता, जैसे शोर के थम जाने के इन्तजार में हो या फिर इस दुविधा में कि यहां बैठे या चला जाए। लेकिन यहां की चाय बेहतरीन थी। कड़क! और कुछ-कुछ तल्ख भी। चाय पीनेवाले उससे थोड़ा झिझकते थे, दरहकीकत उसकी चुप से घबराते थे। पहले-पहल उसे देखकर मुझे भी बड़ी हैरानी हुई थी।

चायघर में बूढ़ा, पुराना रेडियो खड़खड़ाता रहता या कहें खांसता रहता। बाद में एक टू-इन-वन बज-बजाने लगा था। वहां के गन्धाते फर्नीचर और शोर के बावजूद लोग घण्टों बैठे रहते। बूढ़ी औरत कभी उठने के लिए नहीं कहती थी, बस इस अन्दाज में देखती कि बैठना असम्भव हो जाता। वह जब मेजों-कुर्सियों के बीच से गुजरती तो महसूस होता जैसे शोर के समन्दर में कोई खामोश किश्ती गुजर रही है। कभी-कभी वह बीच में आकर खड़ी हो जाती। बात करने वाले शब्दों को संभालते। स्वर धीमे होने लगते। वह तनिक बूढ़ी-सी हंसी हंसकर कहती, "बोलते रहिए।"

उस दिन अजीब-सा माहौल था। वह औरत चाय बनाकर हमारे बीच एक कुर्सी पर आ बैठी थी बोली, "मैं तो इस जहाने-दो से कूच कर चुकी होती। मैंने लड़ाई लड़ी। बहुत सारी चीज़ों को अपने बस में किया।"

"लेकिन बहुत सारी चीजों पर बस नहीं चलता," साथ बैठा आदमी चायवाली औरत की बात काटते हुए बोला।

औरत चुप हो गयी। वह बहस से दूर रहती थी। बात खत्म होती देखकर वह आदमी फिर बोला, जोश में हाथ उठाते हुए, औरत और मेरी तरफ मुखातिब होते हुए, "यकीनन कुछ चीजों पर इंसान का बस नहीं चलता। मसलन वक्त...और हवा...और बाढ़...और मेहमान...और उदासी...थोड़ा बेतकल्लुफ होकर कहूं तो छींक जैसी निकम्मी चीज पर भी इन्सान का बस नहीं चलता।"

"और महोबत भी इन्सान के बस के बाहर की शय होती है," मैंने कहां। वह मुझे देखने लगा। चायवाली औरत ने भी मुझे देखा। उसकी गुर्राती आंखें अब भी मुझ पर टिकी थीं।

चायघर में शोर था लेकिन कुछ कम। हमारी मेज के पास शोर और भी कम था। मैंने चाय का कप एक ओर सरकाते हुए कहा, "आपको ऐसा लगेगा कि मैं निराशावादी हूं। लेकिन क्या यह सच नहीं कि जीवनरक्षक दवाओं के बावजूद मौत पर भी इन्सान का बस नहीं चलता।"

"बिलकुल ठीक कहा। मैं यह बात कहना चाहता था लेकिन मौत जैसा शब्द उछाल कर मैं माहौल को संजीदा नहीं बनाना चाहता था। आपने कह दी, आप सही वक्त पर सही बात कहने की हिम्मत रखते हैं। मैं आपकी कद्र करता हूं। आप जैसे लोग मुझे बेहद पसन्द हैं। जो हमख्याल हो वह जिन्दगी के रास्तों का हमसफर भी बन सकता है। गलत कहा मैंने?"

मैं उसकी बात नहीं समझ पाया था। लेकिन मैंने हां में सिर हिला दिया था।

"आप मेरी बात से सहमत हैं, खुशी हुई। आप ही हैं जो मेरे पार्टनर बनने लायक हैं।"

"पार्टनर?"

"रूम पार्टनर।"

"लेकिन मैं तो कमरा लेकर रह रहा हूं।"

"कमरा छोड़ा जा सकता है।"

मैं उसके मुंह की तरफ ताकने लगा। वह औरत उठकर चली गयी थी। चायघर में कम लोग थे। शोर कुछ थम-सा गया था। उसने सिगरेट निकाली। जलाने लगा। फिर रुक गया, "मुआफ कीजिए। पहले मुझे आपसे पूछना चाहिए था कि मेरे सिगरेट पीने से आपको कोई ऐतराज तो नहीं?"

मैं उससे पिण्ड छुड़ाना चाहता था। ऐसे झक्की लोग गाहे-ब-गाहे मिलते ही रहते हैं, वह भी था, जो दो-चार मिनट की बातचीत के बाद कमरे की पार्टनशिप देने को तैयार था। लेकिन मैं तैयार नहीं था। उठकर चलने लगा तो वह बोला, "चलिए, मैं भी साथ चलता हूं। कल आप कमरे से सामान शिफ्ट करेंगे तो मैं भी पहुंचकर हेल्प करूंगा।"

"लेकिन, मैंने अभी मन नहीं बनाया।"

"कोई बात नहीं। लेकिन मैंने मन बना लिया है कि आपको रूम पार्टनर बनाऊँ।"

"क्यों?" मैंने तल्खी से पूछा।

वह हँसते हुए बोला, "यार,ऐसी कड़क और बेबाक आवाज सुने अरसा हो गया था। यहां लोग चाशनी की परत चढ़ाकर शब्दों को उतारते हैं। खैर, आपने पूछा है क्यों, तो जवाब यह है कि मेरा कमरा बहुत बड़ा है और तमाम चीजें बेजान!"

"तो आप मुझे वहां जीवित चीज की तरह रखना चाहते हैं?"

"नहीं, रखना नहीं, देखना चाहता हूँ।"

यह शहर बहुत बड़ा नहीं तो बहुत छोटा भी नहीं था। यहां सरकार के तीन-चार बड़े दफ्तर थे, मसलन पोस्ट मास्टर जनरल का दफ्तर, टेलीफोन कोएक्सल का दफ्तर, इसके अलावा साइंटिफिक इक्विपमेण्ट की कई छोटी-छोटी इण्डस्ट्रीज थीं। बाहर से बहुत सारे बेरोजगार युवक यहां नौकरी करने आते थे। अलग-अलग कॉलोनियों में मकान या कमरे किराए पर लेकर, ढाबों और रेस्तरांओं पर खाना खाकर या खुद पकाकर दिन गुजारते। यह शहर पुरानी छावनी भी था और लम्बी, साफ, घने दरख्तोंवाली सड़कें भी यहां थीं। शाम या झुटपुटे अंधेरे में ये युवक मण्डलियों में पान चबाते,

सिगरेटें फूंकते, सड़कों पर टहलते; लाल कुर्ती, तोपखाना और सदर बाजार में जब बाजार लगता तो जरूरी सामान खरीदने निकल पड़ते। इस बहाने थोड़ी-थोड़ी नयन तृप्ति भी हो जाती क्योंकि बहुत सारी जवान होती लड़कियां भी अपनी अदाओं और तरल उमंगों के साथ इन बाजारों में खरीद-फरोख्त करने आतीं।

बहरहाल, मैं बिलकुल नहीं चाहता था कि मैं किसी के लिए हस्तक्षेप बनूं या फिर मेरे लिए कोई गैर-जरूरी हस्तक्षेप पैदा करे। लेकिन वो अगले दिन किसी जिद की तरह उपस्थित हो गया। मैं हैरान था। वो घर से रस्सी साथ लाया था। पैकिंग करते हुए बोला, "अकसर ऐसा होता है। पैकिंग के वक्त हम रस्सी लाना भूल जाते हैं। बिलकुल वैसे जैसे पंखा चलाकर कागजों पर पेपरवेट रखना।"

मैं हतप्रभ था। एक गैर-जरूरी आदमी कितनी बड़ी जरूरत बनकर खड़ा था। मैंने चिढ़कर कहा, "आप जो भी कर रहे हैं, बड़ा वाहियात है।"

वह हँस पड़ा। बोला, "यकीनन! जिन्दगी ब-जाते खुद वाहियात चीज है। हम रोने लगें तो कमबख्त आंसू सरपंचों की तरह फैसला देने आ खड़े होंगे। वाहियात! एक उम्र के बाद हम नहीं बढ़ते लेकिन नाखून बढ़ते रहते हैं। वाहियात! एच टू ओ! दोनों गैसें जलती हैं लेकिन इनसे पानी बनता है। वाहियात! फूल का हँसना उसकी मौत का कारण बनता है। यह भी वाहियात। और...और ग़रीब लोगों के लिए आसमान इतना करीब होता है कि वे उसे छत भी बना लेते हैं और चादर की तरह ओढ़ लेते हैं। एक काल्पनिक यथार्थ! और वाहियात..."

वह चुप हो गया तो मैं उसे चिढ़ाने वाले लहजे में बोला, "मैंने समझा था कि आप इतनी सारी वाहियात चीजों को गिनते-गिनते अपने-आपको और मुझे भी उसी फेहरिस्त में शुमार कर देंगे।"

"आप दिलचस्प हैं," वह बोला। बात को बदलने का यह उसका खूबसूरत अन्दाज था। वह हँसते हुए बोला, "वाहियात चीजों में एक और चीज भी होती है वाहियात—मकान मालिक! आप जल्दी से जाकर उसके

साथ हिसाब-किताब चुकता कर आइए। लड़ना मत। प्रोफेशनल तरीके से बात करना।"

वो मुझे किसी कठपुतली-सा नचा रहा था। मैं नाच रहा था। मैं वापस आया तो वह सामान पैक कर रहा था। बाद में मुझे महसूस हुआ मेरे साथ-साथ वो खुद भी नाच रहा है। कुछ लोग पैदाइशी मदारी होते हैं। वो मदारी का पेशा नहीं करते लेकिन होते है। वो भी था। उसने बड़े करीने से सामान पैक किया था लेकिन कम्बख्त मेरी निजता को ऐसे पकड़कर बैठा था जैसे चिमटे से अंगारा।

उसने मेरी जिन्दगी का चैप्टर ही बदल दिया था। मैं उसके कमरे में था। कमरा बहुत बड़ा था, पुराने जमाने का। कई अलमारियां। कई खूटियां। कमरेको उसने साफ-सुथरा रखा हुआ था लेकिन बहुत सारी चीजों के वजूद को उसने मिटा-सा दिया था। मसलन साबुनदानी को उसने ऐश-ट्रे बनाकर रखा हुआ था। एक जस्ता की कटोरी को साबुनदानी। सबसे अजीब बात यह लगी कि एक देवता की तस्वीर को उसने दीवार पर चिपका रखा था। देवता बिना मूँछोंवाला था और उसने इस देवता की पेंसिल से मूँछें भी बना दी थीं।

वह चाय बनाते हुए बोला, "हम एक-दूसरे के नाम नहीं पूछेंगे। नाम हमारे बाहर रहेंगे, दफ्तरों में। यहां मैं मिस्टर ए और तुम मिस्टर बी। अगर ये अँग्रेजी नाम पसन्द न आएं तो मैं श्रीमान क तुम श्रीमान ख और अगर..."

मैंने बात काटते हुए कहा, "मिस्टर ए मिस्टर बी ठीक रहेंगे।"

उसने चाय झटपट पी और इस इन्तजार में खड़ा रहा कि मैं जल्दी से चाय पी लूं। ज्यों ही मैंने चाय पी, उसने झट से कप लिया और धोकर शेल्फ पर रख दिया। मैं सोचने लगा इस सनकी से कैसे एडजस्टमेण्ट होगा। वह शायद मेरी बात भांप गया था। संजीदगी से बोला, "मिस्टर बी, एक बात नोट कर लो। हमारी लड़ाई पैसों पर नहीं होनी चाहिए।हम दूसरी बातों पर लड़ेंगे..."

"लड़ेंगे? लड़ेंगे क्यों?"

"लड़ना इंसानी फितरत है...इसलिए लड़ेंगे।"

मैं उसे आदमी समझ रहा था लेकिन वो अट्ठाइस-तीस की उम्र का था। सेहत में अच्छा। कद में लम्बा। भरी हुई मूँछें। सिर पर छोटे बाल। कुँआरा और और अकेला। नहीं अकेला कहां? मेरा साथ। पर मेरे साथ से पहले भी एक साथी—सन्नाटा! यह बात खुद उसने बतायी। अब भी एक दिन बजते हुए टू-इन-वन के शेल्फ को नीचे अलमारी के खानों में घुमाता रहा। मैं उसे हैरानी से देखता रहा। कुछ देर बाद आप बोला, "सन्नाटा इन्हीं खानों में पड़ा रहता था। भगा रहा हूं साले को इस टू-इन-वन से।"

हे भगवान! क्या चीज है यह? बहुत ज्यादा अक्लमन्द या बहुत ज्यादा बेवकूफ। वह मेरे लिए चाय बनाता और बाद में जूठे कप को धोता। कभी-कभी दफ्तर से जल्दी आकर कपड़े प्रेस कर डालता—अपने भी, मेरे भी। मैं शर्मिन्दगी महसूस करता तो बोलता, "यही जीवनहै।" मैं अवाक् रह जाता। कभी-कभी ऐसा भी होता वो अलमारी में हैंगर पर टँगे मेरे कपड़े पहनकर ऑफिस चला जाता। उसे वे कपड़े टाइट होते। साफ लगता, किसी और के डाल रखे हैं। लगता रहे। लेकिन वो खुद खुश होता।

अजीब बात यह थी कि जब से मैं यहां आया था, चाय से लेकर खाने तक के पैसे वो खुद खर्च कर रहा था। मुझे उस पर तरस आता, गुस्सा आता और संकोच भी होता। ये तीनों चीजें मुझ पर हावी रहती। मेरा अजीब-सा मूड होता। हँसने-रोनेके बीच। उदासी-खुशी के बीच। गुस्से और दया के बीच। प्यार और अदावत के बीच। मैं उसे देखता रहता, सोचता रहता। उसने मुझे प्रयोगशाला में बदल दिया था। वो खुद भी मुझे अकसर प्रयोगशाला जैसा नजर आता।

अचानक एक दिन मेरे दो सौ तीस रुपए गुम हो गये। गुम क्या हुए, मैंने कमरे में शेल्फ पर रख दिये थे। मैं अपने पैसे वहां रख दिया करता था। अगले दिन मैंने देखा दो सौ तीस रुपए गायब थे। हमारे कमरे में कोई तीसरा आदमी आया नहीं था और उस पर यानी मिस्टर ए पर शक नहीं किया जा सकता था। मैं इस पशोपेश में रहा कि आखिर पैसे गये कहां? एक दिन मैंने डरते-डरते उससे पूछ ही लिया। वह तपाक से बोला, "हां, मैंने

चुराये थे।" मैं स्तब्ध रह गया। वह बड़े सहज भाव से बोला, "मिस्टर बी, मैं देखना चाहता था कि चुराये हुए पैसे आत्मग्लानि पैदा करते हैं या आनन्द देते हैं।"

"यार मैं तुम्हें समझ नहीं सका," मैंने गुस्से को दबाते हुए कहा।

"तुम क्या समझोगे? मैं खुद नहीं समझ सका अपने-आपको।"

यह बात सुबह हुई थी जब हम अपने-अपने दफ्तरों के लिए तैयार होने लगे। इस बात के बाद हम दोनों के मूड बिगड़ गये थे। हम उन्हीं कपड़ों-जूतों समेत चारपाइयों पर पड़े रहे, शाम तक। शाम को उसने मुझे उठाया। माफी मांगते हुए बोला, "यार, मैंने कहा था हम पैसों की बात पर नहीं झगड़ेंगे। ये ले अपनेदो सौ तीस...बल्कि ढाई सौ ले ले!" उसने दो सौ पचास के नोट मेरी अलमारी में रखते हुए कहा। अब मुझे उस पर तरस आने लगा था। फिर उसने मुझे आलिंगन में भर लिया और मैंने उसे। हम देर तक एक-दूसरे को गले से लगाकर खड़े रहे।

बाद में वो बोला, "मिस्टर बी, रूठना-मनाना दोस्ती के लिए बहुत जरूरी होता है। चलो इसी खुशी में बाहर किसी रेस्तरां में बीयर पीते हैं।" मुझे उसका प्रस्ताव अच्छा लगा। मैं वे दो सौ पचास रुपए उठाने लगा तो वह बोला, "रहने दो मेरे पास पैसे हैं।"

बीयर के हमने दो-दो गिलास तो ठीक-ठीक पीये लेकिन तीसरा गिलास बीयर का भरा तो उसमें मक्खी गिर गयी। गिलास उसी का था। वह एक मिनट के लिए देखता रहा। फिर मुझे बोला अभी हंगामा होगा। मैं उसे मना करता, इससे पहले उसने मैनेजर को बुलवाया। बोला, "मिस्टर मैनेजर, बीयर के गिलास में मक्खी गिर गयी है। इसे चेंज कराइए।"

"वाइ नॉट सर। आप ऑर्डर दें तो एक और बीयर भिजवाऊँ?"

"लेकिन हम उसकी पेमेण्ट नहीं करेंगे," ऐलान किया उसने।

"सर, हमारा क्या कसूर? हमारे वेटर ने कोई गड़बड़ की होती तो..."

"देखो मैनेज़र, हम बहस नहीं करते। लेकिन इतना बता दें यह मक्खी भी तुम्हारे रेस्तरां की थी। इसे हम अपनी जेब में डालकर नहीं लाये थे।"

"बट सर, ऐसा नहीं हो सकता।"

"हो सकता है।"

"सर...नहीं हो सकता," मैनेजर प्रोफेशनल स्वर में बोला।

"ठीक है। हम पेमेण्ट करेंगे। एक बीयर और ले आइए," इस बीच उसने मुझे कहा, "मिस्टर बी, अपना गिलास खत्म करो और चलने की तैयारी भी। देखों, तुम्हारी फुर्ती का आज इम्तिहान है।"

"क्या मतलब?" मैं उसके इरादे को कुछ-कुछ समझ रहा था।

वह बोला, "बाहर जो दरबान खड़ा है। वो हट्टा-कट्टा है। फिर भी उलझना पड़ा तो मैं सँभाल लूँगा। तू उस दरबान से बिलकुल नहीं उलझेगा। वो तुझे सलाम ठोके तो दो रुपए हाथ में रखना, समझे। मैं तब तक आ ही जाऊँगा। बस, ये जो बीयर में गिरकर मक्खी मरी है इस पर जरा-सा फातिहा पढ़ लूँ।"

वेटर बीयर की बोतल रखने लगा तो उसने मक्खीवाली बियर के गिलास को मेज पर लुढ़का दिया। फिर चीखा, "नॉनसेंस, कपड़े खराब कर दिये।" इस बीच उसने मुझे संकेत किया। मैं बाहर की तरफ चला आया। तब तक एक-दो और वेटर मेज साफ करने के लिए वहां पहुँचे। यही वक्त था। वह तेज कदमों से बाहर की ओर लपका। बाहर खड़ा दरबार उस पर झपटता, उसने दरबार की टांगों में अपने पांव की अड़ंगी मारी। दरबान भारी-भरकम था। सँभलते-सँभलते भी गिर पड़ा। तब तक वह बाहर आ गया।

उसकी एक बात मुझे जरूर अच्छी लगती थी। वह थी चिट्ठियां लिखना। वह रोजाना सात-आठ चिट्ठियां लिखता। कुछ पोस्टकार्ड, कुछ अन्तर्देशीय। वह क्या लिखता था, इसका मुझे इल्म नहीं था। जानने की जरूरत भी नहीं थी। चिट्ठियां लिखना उसकी दिनचर्याका हिस्सा था। लेकिन वह लिखता और उन चिट्ठियों के उसे जवाब भी आते।

वह रेस्तरां वालों को तो सबक सिखा आया था। एक दिन छावनी बोर्ड से भी उलझ पड़ा। एक दिन हम बाजार की तरफ जा रहे थे, बच्चों के स्कूल

से कुछ पहले एक मैनहोल का ढक्कन खुला था। ढक्कन नदारद था। मैं तो चलता रहा लेकिन वह ठिठक गया। मैंने मुड़कर देखा। वह मैनहोल के पास खड़ा था। मैं लौटकर उसके पास गया। वह बोला, "इसे देख तो। यह तो सीधे-सीधे मौत का कुआं है। कोई गिर गया तो? उधर स्कूल है। बच्चे तो चलते भी अपनी मस्ती में हैं।"

मैंने भी सोचा ठीक कह रहा है। मामला गम्भीर है। मैंने कहा, "चल, छावनी बोर्ड के दफ्तर रिपोर्ट कर आते हैं या टेलीफोन करके उन्हें सूचित करते हैं।"

"चुप रह," वह सख्ती से बोला, "मुझे अपने ढंग से काम करने दे। देख अभी ऐक्शन होगा। बस तू मेरा साथ दे थोड़ी देर के लिए। देख, मैं बोलूंगा छावनी बोर्ड, तू कहेगा मुर्दाबाद।"

"लेकिन छावनी बोर्ड सामने है क्या?"

"हो जाएगा। देख तो सही," इस बीच उसने वहीं मैनहोल के सामने खड़े होकर नारे लगाने शुरू कर दिये, "छावनी बोर्ड...मैं बोलता मुर्दाबाद...मैनहोल पर ढक्कन लगाओ। छावनी बोर्ड होश में आओ।"

कुछ देर तक मैं उसके नारों की लय-सुर में साथ देता रहा। लोग इकट्ठे होने लगे। मुझे शर्म महसूस होने लगी। मेरा स्वर धीमा पड़ता गया। मुट्ठी की शक्ल में ललकारने वाली मुद्रा थम गयी। मैं चुपचाप वहां से खिसक लिया और दूर जाकर खड़ा हो गया।अब वह अकेला नारे लगा रहा था, "छावनी बोर्ड मुर्दाबाद!" वह अकेला नारे लगा रहा था। लोग तमाशा देख रहे थे। भीड़ जमा हो रही थी। बात कैण्टोनमेण्ट बोर्ड तक पहुंची कि एक सिरफिरा बोर्ड के खिलाफ नारे लगा रहा है। एक सिपाही और तीन अदद बन्दे जिनका शराफत से कोई वास्ता नहीं था, एक साथ वहां पहुँचे। सिपाही बीड़ी पीने लगा। यानी कानून की हिफाजत। वे तीनों मेरे रूम पार्टनर को घसीटकर एक ओर ले गये। मैं यह दृश्य देखकर दहल गया। भाग खड़ा हुआ।

देर रात को वह घर आया। आया क्या, बस जैसे-तैसे पहुँचा। मैं उसे देखता रहा। सिहर उठा मैं। वह जीने और मरने के बीच की किसी अवस्था

में था। मुँह सूजा हुआ। माथा फटा हुआ। होंठ कटा हुआ। पूरा चेहरा विकृत। लहूलुहान। धूली-धूसर। कपड़े फटे हुए। वह बमुश्किल खड़ा रह सका। धड़ाम से अपनी चारपाई पर गिर पड़ा और कई दिन तक पड़ा रहा। मैं डॉक्टर को बुला लाता।वह मरहम पट्टी कर जाता। ताज्जुब यह था कि इस बीच उसके पास एक भी चिट्ठी नहीं आयी थी। मैंने उससेकहा कि वह पता बताए तो मैं चिट्ठी लिखकर उसके घर से किसी को बुला लेता हूँ या खुद जाकर ले आता हूँ। वह फीकी हँसी हँसकर बोला, "किसको बुलाऊँ? मेरा तो कोई भी नहीं। एक मकान था। मां थी। मर गयी। मकान प्रॉपर्टी डीलर ने छीन लिया। सब खत्म! बस कुछ दोस्त हैं, जिनकी चिट्ठियां आती रहती हैं।"

"ओह!" मैंने दीर्घ श्वास लेकर कहा। फिर उसे दिलासा देते हुए बोला, "घबरा मत! मैं जो हूँ।"

एक अच्छी बात यह हुई थी जितने भी मैनहोल थे उनके ढक्कन नये लगा दिये गये थे। जिस मैनहोल पर उसकी पिटाई हुई थी उसका ढक्कन तो खुद सचिव देखने आये थे।

कभी-कभार वह जटिल हो जाता। बेहद मुश्किल! एकदम अडियल-कडियल! चुप तो कई दिन तक चुप। मैं टू-इन-वन ऑन करता तो वह बिना कुछ कहे उसकी नॉब बन्द कर देता। मैं फिर चलाता तो वह फिर बन्द कर देता। मैं फिर चलाता तो वह गैलरी में चला जाता। एक दिन वह गैलरी में नहीं गया था। थाली और चम्मच उठाये। बजाने लगा। इतनी जोर से कि मैं चीख पड़ा, "बन्द कर ये सब!" उसने तत्काल बन्द कर दिये।

फिर उठा, अलमारी में से एक चॉक को उठाकर बोला, "कमरे का बँटवारा करते हैं। ऐसे नहीं चल सकता, बँटवारा जरूरी है, निहायत जरूरी। समझौता परस्त लोग मुझे अच्छे नहीं लगते। गलत बात के विरुद्ध आंख बन्द करके धृतराष्ट्री मुद्रा में जिन्दगी जीनेवालों से मैं खार खाता हूँ। इसलिए बँटवारा होगा, आधा कमरा तेरा, आधा मेरा।" और फिर उसने चॉक से फर्श को आधा-आधा किया। बीचोंबीच लकीर। मैं हतप्रभ! दुविधाग्रस्त! फिर उसने नहानेवाला साबुन उठाया, उसके दो टुकड़े किये,

एक टुकड़ा मेरी ओर फेंकते हुए बोला, "आधा हिस्सा तेरा।" इसी तरह उसने टूथपेस्ट को उठाया। मैं जानता था टूथपेस्ट को बीचोंबीच काट दिया तो उसकी क्या हालत होगी। शायद वह भी जानता था। लेकिन उसने दो टुकड़े किये। पेस्ट से उसके हाथ भर गये। मैं देखता रहा। मैं सच कहूँ तो डरता रहा। मैं सचमुच उससे डरने लगा था। उसका बस चलता तो वह गैस सिलेंडर के भी दो टुकड़े कर डालता। इस तरह उसने बहुत सारी चीजों को आधा-आधा बांटा। फिर मुझे ललकारते हुए बोला, "तेरे इस टू-इन-वन की आवाज़ इस ओर आयी तो मैं हत्या कर दूँगा।"

"किसकी?" मैं घबराकर बोला।

"इसकी आवाज की, और किसकी?"

लेकिन मैं सारी रात सो नहीं पाया था। मुझे डर लगता रहा था कि वह कहीं मुझे मार ही न दे। पता नहीं मैं उससे क्यों डरता रहा? शायद मैं उसे समझ नहीं पाया था।

सुबह उठकर मैंने देखा, वह गीले पोंछे से चॉक के निशान मिटा रहा था। उसने तब तक चाय बना ली थी। दो कपों में डालते हुए बोला, "बँटवारे की बात बकवास है, महोबत का बँटवारा होता है क्या? दोस्ती बँटती है क्या? दोस्ती बँटती है क्या? ले चाय पकड़, नहीं पीएगा तो ये गरमागरम चाय मैं अपने ऊपर डाल दूँगा।"

मैं उसे देखता रहा। मेरी आंखें नम थीं, उसकी भी थीं।

इतवार था। मैं अखबार पढ़ रहा था। वह ताश खेल रहा था। ताश अकसर वह अकेले खेलता था। ताश खेलते वक्त वह और भी अजीब लगने लगता। अकेला आदमी ताश खेलतेहुए अजीब तो लगता ही है। लेकिन आज पहले तो वह ठठ्ठाकर हँसा। मैंने अखबार पढ़ना छोड़ दिया। उसे देखने लगा। वह हँसता जा रहा था। फिर उसका हँसना बन्द हो गया। बल्कि वह संजीदा हो गया। थोड़ी देर बाद मैंने देखा वो रो रहा है। मैं उठा। उसके पास चला गया, "क्या हुआ?" मैंने हैरान होकर पूछा। वह रुँधे गले से बोला, "यार, मेरा पार्टनर लगातार हार रहा था। हारते हुए लोगों के प्रति मेरे मन में करुणा पैदा हो जाती है।"

"ठीक है, पर पार्टनर है कहां?"

"पार्टनर..?..इनविजीबल! अदृश्य!" वह बोला। मैं चिढ़ गया। दांत पीसते हुए बोला, "पता नहीं किस जाहिल से पाला पड़ा है। न मुझे यहां से जाने देता है न चैन से रहने देता है।"

उसने ताश को एक ओर पटका। भर्रायी-सी आवाज में बोला, "तू सचमुच जाना चाहता है। बता? जाना चाहता है तू?" जा, कौन रोकता है तुझे?"

मैं चुपचाप खड़ा रहा। फिर न जाने उस पर क्या भूत सवार हुआ कि चुपचाप चला गया। मैं समझ गया था कि वह कहां गया होगा। मैं उसके पीछे-पीछे चला गया। चायघर में। शोरोगुलवाले चायघर में। वह वहीं था, अकेला। शोर के बीच अकेला। भरी हुई मेजों के बीच अकेला। अपने अकेलेपन में अकेला। अपनी फितरत से, अपनी वुसअतों से अकेला।

मैं उसके पास जाकर बैठ गया था। चायघर वाली औरत चाय रखकर हमारे पास बैठ गयी थी। हम तीनों चुप बैठे थे। चायघर वाली औरत बोली, "ऐसी छोटी-छोटी लड़ाइयां लड़ते रहनी चाहिए। इससे अच्छी बात यह होती है कि हम बड़ी लड़ाई नहीं लड़ते।"

वापसी पर हम दोनों साथ-साथ आये। वह जुगनुओं को पकड़ने की कोशिश करता रहा। इस चक्कर में वह गिर भी पड़ा। मेरी हँसी छूट पड़ी। अपनी चोट को छुपाते हुए वह भी हँसा। मैं पट्टी बांधने लगा तो वह बोला,

"पट्टी मत बांध। मैं चाहता हूँ कि अपने दर्द को कुछ देर तक याद करता रहूँ।"

"दर्द कोई याद रखने की चीज है?"

"हां, है क्यों नहीं? दर्द के पड़ोस में खुशी का भी घर होता है।" फिर उसने जेब से एक कैसेट निकाली। बोला, "तेरे लिए लाया हूँ।" कुमार गन्धर्व की कैसेट थी। मैं उसे देखता रहा। जिस टू-इन-वन से इसे चिढ़ थी उसी के लिए कैसेट। फिर बाद में वह अपनी पुरानी दिनचर्या पर उतर आया। पोस्टकार्ड लिखने लगा। बोला, "कई दिनों से दोस्तों को चिट्ठियां नहीं लिखीं, क्या सोचते होंगे।"

आज मैंने उसकी मेज के पास जाकर उसकी चिट्ठियों को गौर से देखा। चिट्ठियों का ढेर था जो उसके पास इन दिनों आया था। वह जवाब लिख रहा था।

मुझे कुछ खटका-सा हुआ। पेन की स्याही अलग-अलग थी लेकिन हैंडराइटिंग कमोबेश एक जैसी। मैं उन चिट्ठियों को पढ़ने लगा तो उसने छुपा लिया। कुछ पोस्टकार्ड वो लिख चुका तो उसने उनको कागजों के नीचे छुपा दिया। वह टायलेट गया। इस बीच मैंने बड़ी जल्दी से उन चिट्ठियों को ढूँढा जो उसने अभी-अभी लिखी थीं, मैंने उन पर एक कोने में निशान लगा कर, फिर उन्हें वहीं रख दिया।

तीन दिन बाद उसके पास उन चिट्ठियों का जवाब आया। डाक मैंने रिसीव की। मैं पोस्टकार्ड देखकर चौंक पड़ा। वही खत थे जिन पर मैंने निशान लगाये थे। यानी वो चिट्ठियां खुद अपने आपको लिखता था। मैं चाहता तो उसके इस नाटक का अन्त कर सकता था। लेकिन अपने साथ इस खेल को खेलते हुए वह कितना जीवन्त बना हुआ था। उसने एक दुनिया रच रखी थी। भेद खुलता तो दुनिया टूट जाती। मैंने कहा, "तेरी चिट्ठियां," उसने लपककर वे चिट्ठियां ली। बड़े मनोयोग से पढ़ने लगा जैसे सचमुच उसके दोस्तों ने भेजी हों।

□□□

11

समय के साथ

--त्रिलोक मेहरा

हरदेव ने अपने मोबाइल की सिम बदल ली थी। हरप्रीत के साथ बात ही नहीं करनी अब। उसके साथ रिश्तेमें निरर्थकता की घुंडी फंस गई थी। मिस्ड कॉलज, मैसेज और घंटों बतियाते रहने का अर्थ अब उसके लिए कुछ नहीं रह गया था। उसके मोबाइल स्क्रीन पर उसका शरारती चेहरा उसे हर वक्त याद दिलाता था। वह भी उसने डिलीट कर दिया। उसके प्यार की नदी का बहाव पहली बरसात था। उसके मार्ग में पड़े सूखे-सूखे पोखरों को भरता, अटकी चट्टानों को तोड़ता-फोड़ता न जाने सागर तक पहुँच भी पाएगा या नहीं। वे दोनों साथ-साथ इंजीनियर बने थे। जब उन्होंने दाखिला लिया था, कोई किसी को जानता-पहचानता नहीं था। अजनबियों के मेले में वे भी अजनबी। परन्तु किताबों के साथ-साथ एक-दूसरे को जानने-समझने की कोंपलें वर्षों की शाखाओं पर उगती रहीं। हवा के थपेड़ों में सहलती रहीं। वे पढ़ने आए थे कोई इश्क के हिचकोलों में गृहस्थ बसाने नहीं। पर क्या करें? सुगंधों के बहकावे बड़े बलवान थे। उनके सहारे की जरूरत पड़ जाए। वे कम्प्यूटर इंजीनियर बन गए और सैकड़ों इंजीनियर मर्द-औरतों, लड़के-लड़कियों की भांति बड़ी कम्पनी में समा गए। हर एक का अपना-अपना संसार था। किसी को किसी से कोई मतलब नहीं। अपने समय पर आना, काम करना और वापिस चले जाना। लेकिन ये दोनों नई-नई नौकरी के जोश में और नज़दीक आते चले गए थे। सब कुछ भूलकर एक छत के नीचे जिन्दगी जीने की बातें करने लगे थे। यह बात भी नहीं कि उन्होंने अपने मम्मी-डैडी की स्थिति की चर्चा नहीं की थी। वे करते थे, लेकिन उनके अपने आकर्षण हर कारण को पीछे धकेल देते। हरप्रीत ने अपनी मम्मी सुरिंद्र कौर का मन जानने के लिए धीरे-धीरे इस रिश्ते की परतों को उघाड़ने की कोशिश की थी। मम्मी से भी 'हां-हूँ' के अतिरिक्त

कोई 'न' वाली बात नहीं आई थी तो उसनेभी मान लिया कि इसमें कोई रुकावट नहीं है।

सुरिन्द्र कौर उसकी रफ्तार को ब्रेक लगाने की बजाए उसके हाव-भाव पढ़ लेना चाहती थी। बाहर रहती है तो छोटे-मोटे लगाव होते रहते हैं और टूटते-जुड़ते रहते हैं। उसे विश्वास था कि वह जो बोलेगी, साफ बोलेगी और दूसरी लड़कियों की तरह नहीं करेगी कि लड़कों से सम्पर्क साधे रखने के लिए घर से छुपाव रखने की सोच पालती रहे और उनके मोबाइल नंबर लड़कियों के नाम से सुरक्षित रखे। फिर भी दो बच्चों की मां डरी थी कि कहीं हरप्रीत गलत न हो जाए कि जिन्दगी के सारे निर्णय स्वयं ही ले ले। बाहर घर से दूर पढ़ने और नौकरी करने का मतलब यह नहीं कि सारी सम्वेदनाएं उससे लिपटी हुई और सुरक्षा के सारे बाड़ ढहते हुए नज़र आएं। उसने भुजंगा सिंह के कानों में धीरे-धीरे बेटी की बातों की बूँदे टपका दीं। कई कीले ज़मीन का जमींदार था वह। फसलें बोने और काटने के वक्त उसका और ज़मीन का रंग एक हो जाता। दर्जनों बिहारिये मज़दूर खैणी चबाते हुए धान रोपते, मक्की गोड़ते और ट्रैक्टरों पर कैसटी गीत गाते, गेहूँ काटकर तूड़ी पर लौटते-लौटते नशे में गुल रहते। दिन ढलते ही भुजंगा सिंह का मोटर-साईकिल देसी-अंग्रेजी की बोतलें तथा मुर्गों की लाशें लटकाए घर की ओर भागता। वह बेफिक्र था। दो बच्चों का बाप और वे भी सम्भले हुए बच्चे। लड़का इंग्लैड में और प्रीत अपने पास कम्प्यूटर इंजीनियर। उन्हें ऊँची पढ़ाई करवाना उसकी तमन्ना थी और वे पढ़े भी। वह चाहता था कि हरप्रीत किसी बड़ी कम्पनी में काम करे और वह काम करनेलग पड़ी थी। अब क्या था वह स्वयं को बड़ा खुशनसीब मानता था। लम्बे-चौड़े खेतों में फसलें देखों और मौज करो। इस मस्ती में दो-चार पैग अन्दर चले जाएं तो लोमुंहड़ी गाने लगता—

सुन्दर मुदरिये हो, तेरा कौन बेचारा हो।
दूलो भट्ठी वाला हो, दूलो धी ब्याही हो।।

स्वयं इलाके का दूलो ही बन गया था। कुडियों के ब्याह में कुछ न कुछ दान-पुन करता। उसने तो हरप्रीत ही ब्याहनी है। उसे कमी क्या है! परन्तु

सुरिन्द्र से आए वाक्यों ने उसके सारे गीत हवा कर दिए। उसकी उड़ानों को चक्रवात निगल गया। उसकी बेफिक्री को डंक लग गया। वह भड़क पड़ा कि प्रीत को यहां लड़कों का अकाल पड़ गया है क्या? लड़के की आंखें उस पर नहीं, उसकी दौलत पर ललचाई हैं। उसके लिए अपने इलाके में कोई लड़की नहीं रही है। अब समझा कि यहां आता था दौलत की सुगंध लेने। सोचा, इकट्ठे काम करते हैं, आ गया घूमने। फिर सारी झुँझलाहट सुरिंद्र पर गिरी कि वह उसे समझ की घुट्ठी नहीं पिलाती, 'प्रीत, ऐसे विचार रखना बंद कर दे। यहां के लड़कों की दाढियां चंगियां नहीं लगती हैं उसको? पूछता हूँ कि इस रास्ते पर चलने के लिए पढ़ाया है उसको?' उसका तमतमाया चेहरा देखकर सुरिन्द्र कांप उठी।

मां के आंगन की कुडियां-चिडियां। बाप के घर की कुडियां-बिटियां। सुरिन्द्र ने बिटिया को बता दिया कि उसके डैडी को पता नहीं कैसे कुछ-कुछ भनक पड़ी है, उनके बीच जो पक रहा है। वह अपने लिए कुछ और सोच ले जो उन्हें अच्छा लगे। मगर वह लम्बी लय में 'मम्मी...तुम भी...!' कहकर अपने काम पर निकल गई थी।

कैसा दिन था वह। उसके चेहरे पर तनाव के पर्वत उभर आए थे। वह हरदेव से मिली। हैलो-हाय भी हुई। लेकिन खिलखिलाहट की लहरें उन्मुक्त नहीं हुई। कम्प्यूटर पर बैठते ही उसने और कोई काम नहीं किया, बल्कि अपनी जन्म तिथि, समय आदि फीड कर अपना भविष्य जानना चाहा। टीवी चैनल भी क्या है? दिन में दो-दो बार 'आपके तारे' दिखाते फिरते हैं और ऐसे दिलों को भरमाते रहते हैं। उसने अब तक एक-दो बार ही कम्प्यूटर पर अपने बारे में जानना चाहा होगा। परन्तु आज वह सारी जानकारियां लेने के लिए व्याकुल थी। हर संदेह का उत्तर पाकर उड़ते मन से अपना और काम भी किया। लंच-टाइम उसका इंतजार कर रहा था। काम पर आंखें गड़ाए रखने से कुछ क्षणों की चैन देता था लंच-टाइम। दोनों फिर इकट्ठे हो गए। उसने डैडी को आए क्रोध की सारी बात बता दी। पूछा भी कि अब वे क्या करें? राय भी दे डाली कि क्यों न वे कोर्ट-मैरिज कर लें? लेकिन वह नहीं माना कि अभी ऐसा नहीं करेंगे। अभी ऐसा करने का

समय नहीं आया है और यह अंतिम हल भी नहीं है। हम दोनों के मम्मी-पापा आपस में बात करेंगे।

'काश! वाहे गुरु ऐसा करें।' प्रीत मन मार कर रह गई।

एक उतावलापन, एक उचट, एक मन की खटास में सारा दिन गुज़र गया। इसी स्थिति में बातों-बातें में, गिले-शिकवों में सारे विरोध झटक दिए और उनके बीच बहार फिर आ गई, गुन-गुनाती हुई।

हरदेव जब भी उसके घर गया, उसे बड़ा मान मिलता था। प्रीतके साथ पढ़ने वाला या प्रीत का सहकर्मी। लेकिन अब वहां जाने के ख्याल से वह कुछ बिदकने लगा था। अकेली संतान। घर से दूर पढ़ाई और अब नौकरी। कुछ हो जाए तो! उसके मम्मी–पापा उससे खुलकर बात करते थे। हँसी-मज़ाक भी करते। पापा विश्वविद्यालय में भौतिकी के विभागाध्यक्ष थे। विश्वविद्यालय की जवां रूमानियत से पूरी तरह सराबोर। वह भी उनके संग जवां ही बने रहते। कई मर्तबा उनके कंधे पर हाथ रखकर या गले में बाजू डालकर मुस्कराते-हँसते पूछते, 'भई, कन्याओं के हीरो तो नहीं बन गए हो! कितनी लट्टू हैं तुम पर, हमें भी बताना।... कहीं कोई लफड़ा तो नहीं हो गया है? है कोई सूरमी या हम करें तलाश बहू की? भई हम से नहीं छुपाना।' इस तरह कह-कहकर प्रोफेसर रणदीप ने सच जान लिया था। 'कोई हर्ज़ नहीं, यह टाइम होता है। सबकी जिन्दगी में आता है। वह जवानी ही क्या जिसमें कोई प्यार-व्यारका किस्सा ही न हो।'

छुपाव रखना हरदेव की भी आदत नहीं। उसने घर में हरप्रीत के बारे में सब कुछ बता दिया था। अगर वह उसे पसंद है और हरप्रीत को वह मन भाता है तो वे उसकी बात को टालेंगे नहीं। मगर कोई अपनी पढ़ी-लिखी लड़की यों ही चुपचाप किसी की झोली में नहीं उड़ेल देता। फोन पर और कोई बात नहीं होती। हरप्रीत की बात पहले, बाकी संदेश उसके बाद। वे दूर रहते हुए भी छाया का पीछा करते रहते। उनके सूत्र के अटक जाने की खबर भी पहुँच गई क्या पता, क्या हो जाए! पंजाबियों का रक्त तो हमेशा उफान पर रहता है। रंजना, हरदेव की मम्मी तड़प उठी। कहने लगी,' कम्पनी छोड़कर कहीं और चला जा! तुझे क्या लेना इससे। लड़कियों की

कमी है क्या? इससे अच्छी लड़की लाएंगे।' उसने सुरिंद्र कौर से तार जोड़ लिए। बच्चों की ट्रेनिंग के दौर से ही वह परिचित हो गई थी। लेकिन परिचय इस तरह गूढ़ होकर प्रश्न बन जाएगा, उनके जेहन मे न था। वह उसकी बातों में विरोध की महक सूँघना चाहती। लेकिन बच्चों के कैरियर की बातें और अपने-अपने यहां बुलावे के साथ बात समाप्त हो जाती। वह उससे भी प्रीत की खबर लेना नहीं चूकती। बस, यही उत्तर मिलता कि मज़े में है। सर्विस कर रही है। उसके डैडी सर्विस छोड़ने को कहते तो नाराज़ हो जाती है। उड़ ले, जितना मन है। बच्चे हैं, उड़ेंगे नहीं तो क्या हमारी भांति पालथी मारकर बैठ जाएंगे?

एक दिन प्रीत उसके लिए संदेश लाई कि उसे डैडी ने बुलाया है। वह डर गया। डरे भी क्यों नहीं। उनकी लड़की जो चुरा रहा था। और उसके डैडी गुस्सा जाहिर कर चुके थे। कहीं उसे उसके रास्ते से हटा देने की योजना तो नहीं। वह नहीं गया। बुलावा फिर आया। वह फिर भी नहीं गया। प्रीत ने भी ज्यादा दबाव नहीं डाला। क्या पता शराबियों का। अब फोन आ गया।

'हां जी, हां जी, अंकल जी!' वह हड़बड़ाया।

'पहले मैं नहीं बुलाता था तो तुम स्वयं आते थे। अब कितनी बार प्रीत के साथ कहला भेजा तो ख्याल ही नहीं रखते। क्या कोई भय है? आओ तो, बात करते हैं।'

दूसरी तरफ से फोन पर भुजंगा ने एक बार ही कह डाला। वह सुनता रहा। उसे कहने का मौका ही नहीं दिया। उसे ही निपटना था अपने बुने तंत्र से। उसने प्रीत से फोन की बात बता दी। प्रीत ने हरदेव को आंखें भरकर देखा और देखती रही, 'फिर क्या फैसला किया? टाइम भागा जा रहा है। तुम अकेले नहीं हो। तुम्हें कुछ हुआ तो समझो मुझे भी उसी क्षण...।' वह आगे कह न पाई।

उसे यकीन आ गया। हरप्रीत पीछे नहीं हटेगी उस वक्त। वह रविवार के दिन पूर्वाह्न गया। सिंह ने जैसे उसका इंटरव्यू ही लेना शुरू कर दिया। पहले भी बातें होती थीं, लेकिन इस दफा तो वह भूल ही चुका था कि कभी

कोई बातचीत उनमें हुई थी। सिंह नए सिरे से उसके आधार की छानबीन कर रहा था। कई प्रश्न और कई उत्तर। उसने सोचा शायद रजामंदी का फर्श इसी भांति साफ होता है। ज़मीन का प्रश्न बार-बार कूदा कि कितनी ज़मीन है, उसके पापा के पास? वही स्थाई सम्पति है। इसके बिना आदमी खाना बदोश है। उसकी अपनी कीलों ज़मीन है। सुबह चले कोई तो शाम तक ही चक्कर लगाकर वापिस आ सकता है। सैकड़ों भइये पलते हैं उसके यहां। पहाडियों के पास जंगल तो होते हैं पर ज़मीनें नहीं होती। वह सिंह की बातों से उकता गया था। जैसे वह टॉलस्टाप के पात्र से बात कर रहा था।

'पापा विश्वविद्यालय में भौतिकी के विभागाध्यक्ष हैं। शहर में उनका अपना मकान है। मैं उनकी इकलौती संतान हूँ, लेकिन कीलों ज़मीन नहीं है।' उसने उत्तर दिया।

'पिता-पुरखी से भी कोई हिस्सा नहीं मिला?' सिंह का प्रश्न था।

'पापा ने अपना हिससा अपने भाइयों को छोड़ दिया।'

'क्यों? और उन्होंने ले भी लिया! बेईमान निकले।'

'मैं नहीं जानता।'

'इस ज़मीन के बगैर तुम अनाथ हो।'

'हम लालची नहीं हैं मगर।'

'हरप्रीतकी ज़मीन पर तुम्हारी नज़र है, तब ही सिक्ख लड़की को काबू किया है।'

'वह हमारे दिल की नजदीकियां हैं, अंकल!'

'लालची इसी तरह भरमाते हैं।'

'लालची...मैं...?' वह सहन नहीं कर सका। तैश में आकर कमरेसे बाहर निकला। बाहर खड़ी बाइक को किक मारी और निकल गया। उसे ऐसे लगा कि सिंह कमरे में ज़ोर-ज़ोर से हँस रहा था और तालियां बजा रहा था।

हरप्रीत और सुरिंद्र कौर भी बाहर निकल आई थीं। बेटी ने मां से कहा भी कि उसे रुकने के लिए कहे। वह इस तरह गुस्से में पकता न जाए। सिंह का स्वभाव ही है जली-कटी कहना। वह सबको भइया ही समझता है। लेकिन मां के मुंह से एक शब्द भी नहीं फूटा। केवल नौकर को कहा कि इन्हें कहो कि रुक जाएं। खाना खा कर जाएं। लेकिन उसके पास पहुंचने तक वह जा चुका था। प्रीत आंखों में झील लेकर नदी बहाने अपने कमरे में चली गई।

खलिहान में बिखरी खेती पर मंडराते कऊए उड़कर भाग गए तो सिंह लम्बी तानकर सो गया।

अगले दिन हरप्रीत कम्पनी नहीं गई। क्या कहेगी हरदेव से। फोन मिलाया और मिलाया। वह स्विच-ऑफ था। मिल जाता तो बात करती। उससे अगले दिन गई। लेकिन वह दिखाई ही नहीं दिया। पता नहीं कहां चला गया। कई दफा उसकी लैब में गई। किसी से पूछने की हिम्मत नहीं जुटा पाई। उसने कोई गुनाह तो नहीं किया। दौड़ती रही इधर से उधर। स्वयं ही दिख जाता था। कहीं घर तो नहीं चला गया? कहीं बीमार तो नहीं पड़ गया। अगले कल देखेगी। पर अगले कल मम्मी बीमार पड़ गई। वह फिर रुकी और रुकी तो चार-पांच दिन रुक गई। हरदेव से मोबाइल पर बात भी नहीं होर ही थी। पता नहीं कितनी नाराज़गियों की परतों ने उसे ढक दिया होगा। उसे लगा कि कोई छल उसे घेरे जा रहा था। मां, जो उसके करीब थी, उसने भी अब कम्पनी न जाने की इच्छा जाहिर कर दी। अब तो मम्मी-डैडी दोनों एक हो गए हैं। उसने तर्क किए। वह छटपटाई, बच्छिया-सी रोई।

इंजीनियर निदान ढूंढ़ते हैं। नवनिर्माण करते हैं। कम्प्यूटर इंजीनियर चुप नहीं बैठी। बच्छिया बाड़ फांद सकती थी। पीड़ा की तीव्रता इस कद्र असहा हुई कि हरदेव के घर जाने की तरकीब सोचने लगी। मम्मी से सहेली के घर जाने के बहाने बनाने लगी।

वह पहुंच गई वहां। उसे देख हरदेव और रंजना असमंजसमें पड़ गए कि यह क्या तूफान लाई होगी। वह रंजना के गले लिपट कर रोई और बहत

रोई कि सबने उसे विसार दिया है। रंजना से छूटे ही नहीं। वह बड़ी मुश्किल से अलग हुई। वह पहले भी आती थी। आते ही हँसी-मज़ाक के गुलदस्ते। लेकिन इस बार कई चक्रवात लाकर फूटे। बड़ी देर तक वे उसे सहलाते रहे। उसे सामान्य होते देख कर हँस दिए। भारीपन दरवाज़ों-खिड़कियों से निकल गया। उड़ती हुई चिडिया आंगन में टकरा कर घायल हो गई थी और अब सुस्ता रही थी। उसकी चहक लौट आई थी कि 'अब वह उनके पास से कहीं नहीं जाएगी। यही रहेगी।' यह क्या कह दिया उसने। वे उलझन में पड़ गए, लेकिन सुनते रहे। वह बोलती रही कि 'डैडी ने हरदेव से ठीक नहीं किया। वह राजी नहीं हैं, पर वह हरदेव के अतिरिक्त किसी और के साथ नहीं बंधेगी।' '...डैडी शराबी है। दिल की बात नहीं समझते। ...उन्होंने पढ़ाया है, गुलाम तो नहीं बनाया है।... ज़मीन से तो वह नहीं खरीदी जा सकती। उनकी ज़मीन उनके पास रहे।'

वे उसे सुनते रहे। भली आफत है और यह आफत भी प्यारी है उन्हें। लेकिन उन्हें बुरा लगा, अपने डैडी के विरुद्ध ही उसका युद्ध छेड़ देना। वे कैसे बोलते उसे न बोलने के लिए। प्राध्यापक को बात में तरलता नहीं पारदर्शिता पसंद थी। एक वैज्ञानिक उस समय एक पापा था। उन्होंने उसे पूछा कि वह कहीं भावनाओं के जंजाल ही तो नीं बुन रही। वह उनके घर-परिवार की स्थाई सदस्य भी बन सकती है। लेकिन उन्होंने धमकाया, 'वह इस तरह बिन पूछे आई ही क्यों?' वह ज़रा भी विचलित नहीं हुई। उसने उसी वक्त मोबाइल पर बात कर दी और यह भी कह दिया कि वह यहां है और चिंता न करना। मम्मी कहती रही, लेकिन उसने मोबाइल बंद कर दिया। वे दोनों उसे ऐसा करते देखते ही रह गए। वह हँसी, 'बस'। वे सबकुछ समझ गए।

'तुम बड़े ज़मींदार की बेटी हो, और हम ज़मींदार नहीं। समझो इस बात को।' प्रोफेसर ने कहा।

'लेकिन मैं ज़मीन नहीं हूँ। भइयों के हवाले रहती है ज़मीन।'

'पर तू हकदार है उसकी! हकदार और बेहकदार में फर्क होता है।'

'मैं हक लेने से इंकार कर दूँगी। लूँगी भी क्यों? क्या उन्होंने मेरी खुशी की परवाह की? नहीं की न!'

'वे ज़मीन को और तुम्हें देखते-पालते हैं। तुम भी वारिस हो उनकी।'

'वारिस, वारिस, वारिस! पापा, क्यों कहते हो ऐसा? मैं इस तरह नहीं आती यहां।'

'तो किस तरह आती हो? भाग कर?'

'पापा...।'

'दिलवाले इसी तरह भागते आते हैं?'

'पापा...!' वह रूआंसी हो गई और मुंह आंचल में छुपा लिया।

'तूने मुझे फिर भी 'पापा' कहा?'

'हां... तो...?'

'तुझे इसकी कीमत चुकानी पड़ेगी! वकील से ऐफिडेविट बनवाओ कि तुम्हारा भुजंगा सिंह की ज़मीन और अन्य सम्पति पर कोई अधिकार नहीं है। अगर हक है भी, तो तुम उसे स्वेच्छा से त्यागती हो। उस काग़ज को घर में उनको दे आओ यह भी कहो कि हरदेव के सामने ये सम्पतियां तुम्हारे लिए तुच्छ हैं।'

वह सुन चुकी थी कि उसके डैडी ने उन्हें लालची कहा था और प्रोफेसर कहते हैं कि वे ऐसी हकदार को अपने घर नहीं ला सकते। ऐसे हकों की लड़ाई कैसे उनमें आ गई, इसकी कल्पना उसने नींद में भी नहीं की थी। वे सोचते थे कि प्यार के आगे सारे बंधन मिट जाते हैं। परन्तु यहां नहीं मिटे।

विद्रोह का झंडा बुलंद किए वह चली थी। बस की खुली खिड़की से आते हवा के दबाव को झेलती, वह सोच के हिचकोले में झूलती कि क्या वह इस दौड़ की मंजिल पा जाएगी? हरदेव के एक तरु रहने से वह कम्पकंपा जाती। लेकिन उसकी मम्मी का दुलार अभी उसकी छाती और सिर से चिपका पड़ा था।

सुरिंद्र ने उसके वहां जाने की घटना पर पर्दा डाल दिया था। लड़का बुरा नहीं था, उसके ख्याल से।

हरप्रीत अपने डैडी के सामने आने से कन्नी काटने लगी थी। सामने आ भी जाए तो गुनगुनाती तेज़ कदम भरने लगती। वह पूछे तो न सुनने का बहाना करती। फिर पूछे तो संक्षिप्त-सा जवाब देकर आगे निकल जाती। वह जान गया था नाराज़गी की घटनाएं अभी बरस कर छंटी नहीं है।

एक सुबह हरप्रीत ने अपनी मम्मी के हाथों एक कागज़ उसके पास थमा दिया था, 'प्रीत ने दिया है।' सुनिंद्र ने कहा। तहों में लिपटा मुद्दा क्या हो सकता है? पढ़ने के लिए उसका मन बेचैन हो गया। प्रीत ने स्वयं क्यों नहीं दिया? सुरिन्द्र ने बताया, 'उसके सामने आने से डर लगता है।' 'अपने बच्चे को उससे क्या डर?' उसने उलाहना दिया। उसने कागज़ के मोड़ उघाड़े। यह तो कोर्ट-पेपर था।

'उहं! वह मेरी सम्पति का एक तिल-भर भी नहीं लेना चाहती। उसे केवल हरदेव ही चाहिए। देख, तू भी पढ़ ले! तेरी लाडली।' उसने वह कागज़ उसकी ओर फेंका। उसका मन किया कि अभी टुकड़े-टुकड़े कर दे उस कागज़ के। कह दे—'जा, वह नहीं मानता कोर्ट-पेपर। उनका कोई वजूद नहीं हरदेव की तुलना में।' वह भड़क पड़ा था।

'बुला उसे! कोर्ट खुला है उसे आगे बढ़नेके लिए। कर ले कोर्ट-मैरिज!'

'वह कोर्ट-मैरिजके विरुद्ध है।' उसने दूसरे कमरे से हौले से जवाब दिया।

'मेरे घर बारात लेकर आएगा! देख इसका साहस। ज़लील कर रही है मुझे।'

'ज़लील नहीं, सच बोल रही हूं। आपने ही तो कहा था कि निडर बनूं।'

'कृपाण ले और काट डाल मेरी गर्दन! क्या कसर रही है निडर हो, बड़ी हो गई हो और फिर समझदार भी।'

वह आगे बोली नहीं। सुरिंद्र बैठी थी उसके सामने बेटी के किए का समभाग झेलने के लिए। वह सुनती रही।

'इस दिन के लिए पढ़ाया-लिखाया था उसे। इसे अपने यहांके छोकरों में कोई नहीं लुभा पाया। वे सभी नामर्द हैं?'

सुरिंद्र ने अपने ओठों पर दुपट्टे का कोना रख लिया। वह समझ गई कि वह अपने कपड़ों में नहीं रहा है। रिश्तों की दीवारें ढह गई थीं। उलझन के भंवर में वह घास-पात भी था और लक्कड़ पत्थर भी। सुरिंद्र ने उसके घर-घराते अहम् को संबल दिया, 'इस तरह बेपर्दा बोलते रहे तो यह घर नहीं रहेगा। इसे घर नहीं कहेंगे। बच्चे को इस तरह कहकर अपने से दूर ही करेंगे।'

'गुरु महाराज की यह वाणी अपने पास ही रख! मुझे न सुना! तू लड़की की डोली गीतों के साथ नहीं विदा करना चाहती? ये क्या कहर बरपा रही है। समझ ले। इस ब्याहको कौन पढ़ेगा?' वह उठकर पांव पटकता चला गया। कागज़ को लेकर जेब में रख लिया। उसे अब पता चला कि हरप्रीत व्यस्क हो गई है। उसे अब सहारे की आवश्यकता नहीं रही है। हफ्ता-दो-हफ्ता उसकी सोच की मथनी फिर गई। वह घर में न सुरिंद्र से बोला और न ही प्रीत से। मजदूरों के सहारे उसके दिन कटते गए। पहले वह रात को ही नशा करता था। अब दिन में भी हल्के सरूर में रहने लगा ताकि उसके थके हुए मन को चिकनाहट मिलती रहे। कई विकल्पों से गुज़रता हुआ उसका मन कहता, 'आखिर बेटी तो उसकी अपनी है।' फिर प्रात: उसने सुरिंद्र को आवाज़ लगाई, 'बुलाओ उनको अगले बुधवार! बात करते हैं।'

खेतों की झुलस पर फुहार पड़ गई। क्या सच ही सुना सुरिंद्र ने? वह भीग गई। भीग की झुरझुरी में तिरती हुई कंपकंपा गई। हल्की-सी यही आवाज़ कि किसी को पता न चले, प्रीत के कानों से भी टकराई। 'रब राखा!' उसने दोनों हाथ अपनी छाती पर धर लिए कि ठण्ड पड़ गई।

'सुना तूने?... मिला नम्बर उनका। तेरे भाग!' कौर ने प्रीत को कहा।

'सरदार साहब बुला रहे हैं आपको भाई साहब! कहते हैं बातचीत करेंगे। चाय-पानी यहीं पर और हो सके तो दोपहर का खाना भी यहीं करें!' कौर ने और बात नहीं की।

प्रोफेसर ने संदेश सुना। शंकाओं के कई द्वीप सागर में उभरे और डूबे। सरदार घर में बुलाकर क्या व्यवहार करेगा; पता नहीं! प्रीत ने सलाह के स्रोत का भंडा फोड़ न दिया हो। हम कौन होते हैं उसे भटकाने वाले या सलाह देने वाले। शायद अपनी गृहस्थी में छेड़छाड़ न करने के लिए ठंडे मन से कहेंगे। जो हुआ सो हुआ, अब परहेज़ करें। हरदेव से भी मोबाइल पर बात हुई। वह बड़ा प्रसन्न हुआ, 'टूटे तंतुओं को जोड़ो, पापा!'

हरदेव की मां बड़ी उत्साहित थी कि बात बड़ों तक पसर आई है।

वे चले और रिश्तेदारों के नाम पर हरदेव के मामा और पत्नी के बहनोई को साथ ले गए। हरदेव और हरप्रीत के प्यार की पींग की रिश्तों की कील से बांधने चले। छोटा-मोटा हथियार पिस्टल भी डाल लिया। क्या पता जान पर बन जाए। हरदेव की मां भी गई, परन्तु हरदेव नहीं गया। यह तो वही था जिसके कारण भवें तनकर झुकने को सहमत हुई थीं।

उनके भीतर संदेह की धधकती आग बुझ गई, जब उनका स्वागत गले मिलकर हुआ। प्रोफेसर को लगा कि फन झुक गया है। ज़हर की पोटलियां खाली होकर बंद पड़ी हैं। फिर भी शिवाजी के बघनखे कभी भी चुभ सकते हैं। उसकी निगाहें बाज थीं। यकायक उसके हाथ को अपने हाथ में लेते हुए भुजंगा सिंह ने कहा, 'देखो, जाट, जाटों में ही रिश्ता करते हैं। वे नामधारी सिक्खों में भी नहीं करते।'

प्रोफेसर ने सोचा कि उन्हें 'न' करने के लिए यहां बुलाया गया है। कहीं शोर ज्यादा न हो। परिवार चुपचाप समझ जाएं और दूर हो जाएं। मगर भुजंगा ने फिर कहा, 'तुम लोगों से लड़ जुड़ गया तो लोग कहेंगे कि कहीं गड़बड़ जरूर है। मेरे पास क्या उत्तर होगा? फिर यह भी तो पता नहीं कि कौन से हिन्दू हो तुम? और किस रीत से विदा करूँ प्रीत को?'

प्रोफेसर को अपनी पहचान पर हँसी आई। बेटे ने जो बताया था, उस पर उसे विश्वास न था। हो सकता है वह उसके मुँह से ही सुनना चाह रहा हो या उसने सुना होगा और गौर नहीं किया होगा कि लड़के इसी तरह ठगते हैं, सच-झूठ बोल कर। उसने स्वयं बताया कि वे समाज-सम्मानित हिन्दू हैं। उन्हें राजपूत कहते हैं। उनके दादा की पीढ़ी के लोग होशियारपुर

में बसते हैं। पता कर लें। उनमें से यहां कोई नहीं आया। भुजंगा ने सोचा, चलो अपने ही देश के लोग हैं। लेकिन उसने हरदेव की मम्मी के भाई और बहनोई की ओर ध्यान दिया कि ये कौन हो सकते हैं?

प्रोफेसर भांप गया और स्थिति स्पष्ट की कि वह अपने भाई या बहन नहीं ला सका। क्योंकि उसकी अपनी शादी के लिए एक महाभारत लड़ा गया। घर ही कुरुक्षेत्र था और भाई-बहन कौरव थे। 'वह कैसे?' सिंह ने कौतुक जताया कि कहीं प्रीत गलत जगह तो नहीं जा रही?

उसने उनके बारे में बताया और यह भी कहा कि ज्यों ही उनकी मंगनी पक्की हुई मां जो प्राय: बीमार रहती थी, उन्हें पैरालाइसिस का अटैक हो गया। बुरी दशा थी मां की। पढ़े-लिखे परिवार में इस सगाई का विरोध में खड़े हो गए थे। उसे उनकी सोच पर तरस आया था कि ये पढ़ क्यों गए, जो लड़की और मां की बीमारी को जोड़ कर देख रहे हैं। मंगनी तोड़ने से लड़की कुलच्छनी कही जाएगी। वह इस तरह अकारण उसका जीवन बरबाद होने नहीं देंगे। उसके अपने संस्कार थे। उनके विरोध के आगे वह डटा रहा, उसे बेकसूर घोषित करता हुआ। शायद वह प्रोफेसर था। उसकी बड़ी बहन ने तो बहस करते उसे थप्पड़ जड़ दिया। यह उसके गुस्से की हद थी। अब समझौते की सारी अटकलें खत्म हो गई थी। वह निराश हो चुका था। केवल एक रिटायर्ड कर्नल पर आशा थी। उन्होंने रिटायर्ड ऑफिसर मेरे पिता को समझाया, और वह मेरा साथ देने के लिए तैयार हो गए। बारात में सगा भाई भी नहीं गया। मां मिलीटरी अस्पताल में थी। छोटा भाई आर्मी में कैप्टन था। उसने मां को भी विवाह में आने नहीं दिया। बेचारी वह तो लाचार थी। वे दोनों पति-पत्नी विवाह के उपरान्त मां का आशीर्वाद लेने अस्पताल गए। इस तरह की कटुता के जंगल में पैतृक सम्पति में हक जमाने के लिए अपने वस्त्र क्यों फड़वाएं। अच्छी नौकरी थी। विदेश यात्रा थी, शांति थी। फिर जमीन के लिए जिसे उनके पास बीजने-कटाने का वक्त ही नहीं था, अपनी बंदूक खाली करना अक्लमंदी नहीं थी। इस समय जो उसके साथ हैं, वही उसका समाज है। वह इनमें खुश है और वे अपने समाज है। वह इनमें खुश है और वे अपने समाज में। यह साफ-साफ बात है, कोई कमज़ोरी नहीं। और बच्चे! बच्चे बाहर पढ़ते हैं, उनका अपना रुझान है। वे

अपनी समझ-बूझ से नज़दीक आकर एक छत के नीचे खुशियां बटोरने लगे तो क्या बुराई है। उसकी खेती उसका बेटा है।

सिंह के मन में छटपटाहट थी कि शादी की रस्में कैसे निभेगी। वह गुरुद्वारा-गुरुद्वारा गया था। ग्रंथियों को अपनी उलझन बताई थी। कई प्रश्नों के बुलेट उसने झेले थे। क्या जरूरत ऐसा विवाह रचाने की? यह राय भी मिली थी कि लड़का सनातनी है अत: वेद बांधी जाए और मंत्रोच्चारण हो। अग्नि के फेरे लें वर-वधु! प्रोफेसर इतना खुल गया है तो वह भी अपना मन खोल दे। उसने यह बता दिया उनको। प्रोफेसर रुक न पाया, सुनकर कहा, 'इतना ही पर्याप्त नहीं। दोनों परिवार गुरुमत के अनुसार आनंदपुर साहब में सिंख परम्परा निभाएं और माथा टेकें।' सिंह हैरान हो गया सुनकर, फिर भी कहा, 'जवाब देते हैं। इंतज़ार करें!'

प्रोफेसर का पिस्टल सोया रहा और इसी दशा में घर वापिस आ गया।

उसके सारे उपाय औंधे मुँह गिर थे और विचार कर उसने एक रात स्वयं फोन पर प्रोफेसर से कहा, 'आएं और बात पक्की कर लें। ऐसा समधी मुझे अपनों में'

□□□

12

रैम्बल

--प्रदीप पन्त

शाम वे दोनों पार्क में खेल रहे थे। खेल रहे थे अलग-अलग। आसपास अन्य बच्चे भी खेल रहे थे। रंग-बिरंगी पोशाकों में।

वह दौड़ता हुआ उसके पास पहुँचा, "सुनो!"

"क्या?"

"वहां, उधर चलते हैं।" उसने दूर पड़ी रेत की ओर इशारा किया।

उसने मना नहीं किया। उसके साथ चल पड़ी। दोनों दौड़ते हुए रेत के नज़दीक जा पहुँचे। वह धप्प से रेत के ढूह पर बैठ गयी। वह भी। दोनों चुप—कुछ सोचते हुए से। फिर वह बोला, "रेत का घरौंदा बनाएंगे।"

"रेत का घरौंदा कितना अच्छा लगता है। लगता है न?"

"हां, लगता है। सचमुच। बहुत प्यारा।"

वह उठी। वह भी उठा।

वे घरौंदा बनाने लगे।

उसने रेत के ढेर से रेत उठायी। एक बार, दो बार, तीन बार... कई बार। रेत कुछ-कुछ नम थी। उसने रेत पर रेत डाली। डालती रही। जैसे गांव की औरतें उपले बनाती हैं। उसने गांव नहीं देखा था, लेकिन वह गांव की औरतों की ही तरह तेजी से हाथ चला रही थी। देखते-देखते रेत का बड़ा-सा ढेर बन गया।

वह रेत का बड़ा-सा ढेर बनते देख रहा था। देख रहा था और मन ही मन प्रसन्न हो रहा था। उसने एक पैर आगे बढ़ाया और पैर की उँगलियां रास्ता बनाते हुए अनायास अन्दर की ओर जाने लगी—धीरे-धीरे।

उसे जैसे कुछ ख्याल आया। उसने उसे सहसा रोक दिया।

"नहीं, पैर की उँगलियां नहीं, हथेली अन्दर डालो।"

"क्यों? सब तो पैर की उँगलियां अन्दर डालते हैं।"

"मुझे यह अच्छा नहीं लगता।"

वह कुछ नहीं बोला। उसने पैर पीछे कर लिया और बैठ गया। क्षण भर बाद वह हथेली को धीरे-धीरे, आहिस्ता-आहिस्ता रेत के ढेर के अन्दर डाल रहा था। नम रेत में उँगलियां आगे बढ़ाते हुए उसे अच्छा लगा। कुछ देर में उसने अन्दर ही अन्दर हथेली बन्द की। बन्द हथेली में कुछ रेत सिमट आयी। उसने रेत भरी हथेली बाहर निकाली। रेत एक तरु डाली। ऐसा उसने कई बार किया—रेत के अन्दर हथेली डालना, मुट्ठी बन्द करनेपर आयी रेत बाहर एक किनारे रख देना।

वह बड़े गौर से इस क्रिया को देख रही थी। देख रही थी और मुस्करा रही थी। उसे लगा, आहिस्ता-आहिस्ता एक छोटे-से घर का निर्माण हो रहा है। घर जिसमें वह रहेगी और वह रहेगा। इस कल्पना से उसके होंठोंकी मुस्कान कुछ और फैल गयी।

और कुछ ही देर में घरौंदा बन गया—छोटा-सा, गुफानुमा।

अब वे दोनों प्रसन्न थे, मानो कोई बड़ी सफलता हाथ लगी हो।

"कैसा लग रह है?"

"बहुत अच्छा। मॉम इधर आयीं तो उन्हें दिखाऊंगा।"

"क्या कहोगे उनसे?"

"यही कि हम दोनों ने मिलकर यह घरौंदा बनाया है।"

"सुनकर मॉम खुश होंगी।"

"मेरी भी।"

"लेकिन मेरी मॉम कहती हैं कि रेत के घरौंदे ज्यादा समय तक टिकते नहीं।"

वह उदास हो गया। सोच रहा था, इतनी मेहनत से यह घरौंदा बनाया और कुछ समय में यह बिखर जाएगा।

"इे ईश्वर!" उसने अपने से कहा और हाथ जोड़कर आकाश की ओर देखने लगा, मानो ईश्वर से प्रार्थना कर रहा हो कि हम दोनों ने इतनी

मेहनत करके यह जो घरौंदा बनाया है, उसे बिखरने न देना। उसे ख्याल आया, मॉम कहती हैं कि ईश्वर सबकी इच्छा पूरी करता है। बच्चों की तो अवश्य।

यह सब सोचते और प्रार्थना करते समय उसकी आंखें मूँद गयी थी। नहीं उसने आंखें मूँद ली थी। मॉम कहती हैं कि प्रार्थना आंखें मूँदकर ही करनी चाहिए।

उसने आंखें खोली तो देखकर चकित रह गया कि वह भी ठीक उसी की भांति आकाश की ओर हाथ जोड़े खड़ी है। उसनेभी अपनी आंखें मूँद ली थी। उसे अच्छा लगा। लगा कि उन दोनों का घरौंदा मज़बूत होगा—मज़बूत और टिकाऊ।

वे रोज़ घरौंदा बनाते। रोज़ यही कामना करते।

कामना करते-करते जाने कब वे बड़े हो गये। खुद उन्हें अपने बड़े होने का पता नहीं चला। उन्हें और भी कई बातों का पता नहीं चला। जैसे—प्रेम, जो उन दोनों के बीच न जाने कब-कैसे चुपचाप आकर पसर गया था, पहाड़ों में रुई के फ़हों की भांति निःशब्द झरती बर्फ़ की तरह, सर्द मौसम में छितराये बादलों के बीच से पंख फैलाकर आती धूप की तरह, पूरे चांद की रात में धरती पर खामोशी से उतरती चांदनी की तरह।

"प्रेम जाति, रंग, रूप, धर्म, कद-काठी वगैरह कुछ नहीं जानता।"

"किसी को किसी से प्रेम हो जाता है, बस।"

"अचानक?"

"हां कभी अचानक, लेकिन अकसर धीरे-धीरे, आहिस्ता-आहिस्ता।"

"क्या मतलब?"

"हम किसी को देखते हैं। वह हमें अच्छालगता है। शायद यह अच्छा लगना प्रेम हो जाना है, लेकिन इसे प्रेम की शुरूआत भी कहा जा सकता है। समझ लो कि प्रेम इसी तरह धीरे-धीरे, आहिस्ता-आहिस्ता होने लगता है।"

वे दोनों, प्रेमी-प्रेमिका थे, लेकिन तय नहीं कर पा रहे थे कि उनमें प्रेम हो गया है या नहीं? उन्हें कभी-कभी लगता कि उनकी मुलाक़ातें निरर्थक

हैं। वे मिलते हैं पर एक-दूसरे से बोलते कम हैं, एक-दूसरे को निहारते अधिक हैं। एक-दूसरे की आंखों में झांकते हुए। अपलक। लेकिन ऐसे भी मौके आते हैं जब वे एक-दूसरे से लगातार बोलते चले जाते हैं। ऐसे समय वे एक-दूसरे को घूरते नहीं, सिर्फ बोलते-बतियाते हैं। जैसे, इस समय...।

वे पार्क में इस बेंच तक फुटपाथ पर चलते हुए आये थे। फुटपाथ सड़क के किनारे था, बस-स्टॉप के पीछे। दोनों अलग-अलग बसों से स्टॉप पर उतरे। एक-दूसरे की प्रतीक्षा की। मिले मुस्कराये। साथ चल पड़े। ऑटो और स्कूटर दौड़ रहे थे। कारें शोर मचाती हुई जा रही थीं। बसें कर्कश-सी आवाज़ करते हुए भाग रही थीं। फुटपाथ पर चलते हुए उन्होंने गेट पार किया, पार्क के अंदर पहुंचे, खाली बेंच पर बैठे—

एक-दूसरे के निकट, लेकिन एकदम सटकर नहीं।

"देखो, कितना शोर है।" उसने कहा।

"यह शहर एक मिनटको भी नहीं थमता।" वह बोली।

"कितना अजीब लगता है।"

"क्या?"

"यह शोर।"

"हां, बहुत अजीब लगता है, और भी बहुत कुछ।"

"जैसे?"

"शहर का एक मिनट भी न थमना।"

"डैड कहते हैं कि कुछ साल पहले तक शहर एकदम शान्त हुआ करता था।"

"उनके समय में?"

"और हमारे समय में? हाल तक इस पार्क में पौधे कैसे झूमते रहते थे।"

"फूल मुस्कराते थे।"

"उन पर तितलियां मंडराती थी।"

"चिडियां चहचहाती थीं—पेड़ों पर लुका-छुपी का खेल खेलते हुए।"

"और आजकल?"

"कोई बात नहीं, मौसम फिर बदलेगा और सबकुछ पहले जैसा हो।..."

"आशा करनी चाहिए। और ईश्वर से प्रार्थना भी...।"

"देखो, इस पेड़ को देखो!" उसने बेंच के एक तरफ असहाय-असमर्थ से खड़े पेड़ की ओर इशारा करते हुए कहा।

"देखने को इसमें है ही क्या! सारी पतियां आने पर वही शाखें सजी-धजी लगने लगती हैं, मानो गहने और वस्त्र पहने हुए।"

"तब हम कई बार पहचान भी नहीं पाते कि ये वही पेड़ थे।"

"और वे यही शाखें थी—उजड़ी हुई-सी।"

"ऐसा केवल पेड़ों के साथ ही होता है।"

"कैसा?"

"यही कि उनमें नये जीवन का उल्लास आ जाता है। वे हंसते-मुस्कराते से लगते हैं। इसके बरक्स इनसान बूढ़ा हुआ नहीं कि...।"

"लेकिन एक दिन पेड़ भी बूढ़े होते हैं। बूढ़े होकर उखड़ी हुई मुर्दा जड़ों के साथ अकसर ज़मीन पर गिरे नज़र आते हैं।"

"यह उनकी मौत है।"

"इनसानों की तरह—बूढ़े होने पर।"

"जाने कितने इनसान मरे होंगे इस शहर में।"

"केवल इसी शहर में क्यों, हर कहीं नहीं।"

"और सिर्फ बुढ़ापे से ही नहीं, दुर्घटनाओं से, असमय हॉर्ट अटैक या दूसरी बीमारियों से भी।"

"ऐसा पेड़ों के साथ भी होता है।"

"क्या मतलब?"

"इनसान की ही तरह सिर्फ़ बुढ़ापे से ही नहीं दूसरी वजहों से भी उनकी मौत होती है। कभी-कभी दर्दनाक मौत, जब तेज़ आंधी-पानी उन्हें सहसा जड़ सहित उखाड़ फेंकते हैं, भले ही तब वे हरे-भरे हों, अपने पूर्ण

यौवन के साथ। पतियों का हिलना-डुलना-इठलाना अद्भुत संगीत में तब्दील हो जाता है, लेकिन अफ़सोस कि...।"

"छोड़ो इन बातों को। मुझे अजीब-सा लग रहा है। चलो, सामने रेस्तरां में चलते हैं।"

पार्क के अन्दर एक किनारे रेस्तरां था—'रैम्बल।' निरुद्देश्य, आवारागर्द सरीखे, तफ़रीह करने वालों का अड्डा। वे जब भी आते, 'रैम्बल' में कॉफी जरूर पीते। उनकी तरह और भी कई वहां आते। कुछ तो हर दिन।

अनजाने ही दोनों की हथेलियां एक-दूसरे की ओर बढ़ी। अकसर ऐसा ही होता।

"तुम्हारी हथेलियां नर्म, लेकिन गरम हैं।"

"तुम्हारी खुरदुरी और गरम।"

वह हंसा। वह भी। दोनों अब 'रैम्बल' में थे।

दोनों नौकरी करते थे।

"याद है न तुम्हें, हम दोनों बचपन में रेत के घरौंदे बनाया करते थे।"

वह बहुत पहले देखी फिल्म का गीत गुनगुनाने लगा, 'बचपन के दिन भुला न देना, आज हंसे कल रुला न देना।'

"सुना तुमने, मैं कुछ कह रही हूं?"

"हां, सुना।"

"क्या?"

"यही कि बचपन में हम दोनों रेत के घरौंदे बनाया करते थे।"

"कितना अच्छा लगता था न!"

"हां, लेकिन तुमने बताया था, तुम्हारी मॉम कहती थीं कि घरौंदे ज्यादा समय टिकते नहीं।"

"ऐसा मत बोलो!"

वह अकसर घरौंदों की बात छेड़ती। वह अकसर घरौंदों के बिखर जाने की बात कहता। वह अकसर रोकती, "ऐसा मत बोलो!"

दोनों बहुत पहलेशादी कर चुके थे। विवाह को कई साल हो गये थे।

हर दिन ऑफिस की भागमभाग। याद नहीं रहा था दोनों को कि वे कभी-एक दूसरे से पार्क में मिला करते थे। और भी बहुत-सी बातें याद नहीं रह गयी थीं—पार्क में बेंच पर बैठना, एक-दूसरे को अपलक निहारना, एक गहन चुप्पी या फिर बातें, और बातें, और-और बातें। याद रह गया था केवल रेत का घरौंदा, बिजली के तारों में फंसी पतंग की तरह, नंगे पेड़ से लटकी अधटूटी डाल की तरह, हथेली में टीस पैदा करती फांसकी तरह...

वह चाहता था कि बच्चा हो।

वह नहीं चाहती थी कि अभी से बच्चा हो।

"पहले मुझे अपना कैरियर बनाना है।" एक दिन उसने कहा।

"क्या उन औरतों के नाम गिनाऊंजो आज अपने कैरियर के शिखर पर हैं, जबकि उनके विवाह के एक-दो साल बाद ही बच्चे हो गये थे?" वह बोला।

वह चुप। जानती थी कि यह उसकी अकसर दुहरायी जाने वाली दलील है। वह इस दलील से आजिज आ चुकी थी। सुनते ही झुंझला उठती। वह उसकी झुंझलाहट से ऊब जाता। ऊब जाता और खुद भी झुंझला उठता।

"हम रिश्तों के किस मोड़ पर आ पहुंचे हैं?" वह अपने से ही पूछती। उनके प्रेम में ही नहीं, शादी में भी जाति, धर्म, रंग, रूप, कद-काठी वग़ैरह आड़े आ गया था।

"तुम आजकल ऑफिस से देर से आने लगी हो।"

"कॉर्पोरेट दुनिया के अपने नियम-कायदे हैं।"

"क्या मतलब?"

"यही कि कैरियर बनाना है तो काम करो, चाहे देर तक करना पड़े।"

वह चुप हो जाता।

फिर किसी दिन, "तुम ऑफिस से आती हो, तो भी कानों में मोबाइल। बाते होते ही फिर फोन।"

"किसी से इश्क़ नहीं फ़रमाती हूं।" वह तमककर कहती, "ऑफिस से फोन आते हैं, सबॉर्डिनेट्स के। कभी-कभी क्लाइंट्स के। अकसर हेड ऑफिस से भी। क्या सबसे कह दूं कि ऑफिस से निकल चुकी हूं, नौ टॉक्स।"

वह चुप। मन ही मन उससे पूछता, "तुम दिन-ब-दिन मुझसे दूर नहीं होती जा रहीं क्या?"

"डिनर लगा दिया है, आओ!" ड्रैस चेंज कर टेबल की ओर बढ़ते हुए वह कहती, "कल सवेरे जल्दी जाना है।"

"क्यों?"

"हेड ऑफिस से ऑडिट टीम आ रही है।"

वह डिनर टेबल की ओर बढ़ता। दोनों डिनर लेते, लेकिन चुप। वह कहना चाहता कि मेड ने मटर-पनीर की सब्ज़ी अच्छी बनाई है, लेकिन कह न पाता। वह कहना चाहती कि मेड के हाथ का बना तन्दूरी चिकन लाजवाब है, पर कह न पाती। लगता कि वह कुछ भी सुनना नहीं चाहता। उसके सामने रेत का घरौंदा साकार हो उठता और मॉम कहती थीं रेत के घरौंदे ज्यादा समय तक टिकते नहीं।

डिनर लेकर दोनों पलंग पर। एक-दूसरे की ओर पीठ किये हुए। वह पूछना चाहता कि मेरी ओर पीठ करके क्यों सोयी हो? वह भी लगभग ऐसा ही प्रश्न करना चाहती। लेकिन कोई एक-दूसरे से कुछ न पूछता। एक तनाव-भरी चुप्पी खामोश कदमों से आ दोनों के बीच दीवार बनकर खड़ी हो गयी थी।

"सुनो!" अगले दिन सुबह-सवेरे वह कहता।

"क्या?"

"आज शाम जल्दी आने की कोशिश करना।"

"ट्राई करूंगी, लेकिन क्यों?"

"बस, यों ही।"

वह चली जाती। ऑफिस जाने के लिए तैयार होते हुए वह सोचता, कैसी अजीब है, मेरा बर्थ-डे भी अब याद नहीं इसे! पहले कैसे याद रहता

था? खुद ही, बिना याद दिलाये, केक का ऑर्डर दे देती थी। फ्लैट के अन्दर कदम रखता था मैं, तो इसके होठों पर होती थी एक शरारती मुस्कान, हाथों में बुके और होंठों पर, 'हैप्पी बर्थ-डे टू यू... तुम जियो हज़ारों साल...।' और अब?

वह सचमुच जल्दी आ गयी। लेकिन वह खुद नहीं आया।

"अजीब शख्स है।" उसने झुंझलाकर अपने से ही कहा, "मेरी परीक्षा लेना चाहता है क्या?"

वह आया, मगर देर से।

दोनों डिनर लेकर लेट गये। दोनों चुप। वह सामने बनते-बिखरते घरौंदे को देख रही थी।

"तो यह बात है।" तभी वह धीरे से बोला।

"क्या?" उसने पूछा, "मुझसे कुछ कह रहे हो?"

"नहीं।" वह बोला, "या समझ लो कि हां।"

"क्या मतलब?"

"तुमने आज मुझे विश भी नहीं किया।"

"कोई खास बात?" प्रमोशन हुआ है या...?

"नहीं।"

"तो फिर?"

"हां, विश करने जैसी बात है भी नहीं। वे लोग बेवकूफ होते हैं जो किसी के बर्थ-डे पर उसे विश करते हैं? यह विश करने का नहीं, दुख का विषय है। जिन्दगी का एक साल जो घट जाता है।"

वह सन्न। याद ही नहीं कि आज इसका बर्थ-डे है। वह पलटी और सिसकते हुए सहसा उससे लिपट गयी। आंखों में ढेर-ढेर आंसू।

उसने उसे बांहों में जकड़ लिया। और...

इतनी अच्छी रात तो हनीमून की भी नहीं थी, कुछ देर बाद वह सोच रही थी। पहल उसी ने की थी।

दोनों को लगा, जिन्दगी समझौतों का नाम है। और... वे पति-पत्नी ही क्या जो एक-दूसरे से झगड़े-भिड़े नहीं।

कई दिन बाद एक दिन। वह लैपटॉप पर था।

"डियर, मैं यह नौकरी छोड़ दूंगी।" सहसा उसने कहा।

"क्यों? कहीं और से ऑफर है?"

"हां!"

"ज्यादा बड़ा पैकेज?"

"हां!"

"आई सी, कांग्रेट्स!"

"ज्यादा पैकेज और नौ आराम।"

"यानी पहले से अधिक बिज़ी लाइफ़।"

"हां भी और नहीं भी।"

"क्या मतलब?"

"सिम्पल। ऑफर मंजूर करने पर ज्यादा बिज़ी लाइफ़, नहीं करने पर आराम। और मैं इस ऑफ़र को मंजूर नहीं करूँगी।"

"और यह नौकरी भी छोड़ दोगी?"

"हां।"

"क्यों?"

"बस, यों ही। बहुत नौकरी कर ली। थक गयी हूं। भूल गयी थी कि घर क्या होता है?"

और वह उससे लिपट गयी—स्वप्निल नयनों से, सम्पूर्ण उल्लास के साथ, एकटक उसे निहारती हुई।

वह मुस्कराया—शातिर-सी मुस्कान। लैपटॉप को एक तरफ रख धीरे से उसके होठों पर अपने होंठ रख दिये। फिर ठोढ़ी पर, गालों, माथे पर, केशराशि पर और...

"छोड़ो भी अब।" वह बोला, "याद है, उस रात जब...।"

"हां, याद है।"

"जानते हो, उसका क्या नतीजा हुआ?"

"क्या?" उसने पूछा।

वह शरमा गयी।

"बताओ!"

"यह भी बताना पड़ेगा?"

वह फिर शरमायी। अब भी वह उसकी बांहों में थी। बांहों से मुक्त होने की कोशिश करते हुए बोली, "सामने खिड़की खुली है।"

"खुली रहने दो!" उसके होठों पर फिर शातिर मुस्कान उभर उठी।

"बाहर बच्चे घरौंदे बना रहे हैं।"

"बच्चों को घरौंदे बनाना अच्छा लगता है।"

"घरौंदे लगते भी तो कितने अच्छे हैं न! ऊपर से बस रेत ही रेत, पर अन्दर रहस्यलोक जैसा।"

"और यह रहस्यलोक कुछ ही समय में बिखर जाता है।"

"ऐसा मत बोलो।" उसके होठों पर उँगली रख दी उसने। फिर पूछा, "कॉफी पियोगे?"

"कहीं बाहर।" वह बोला, "रैम्बल में, जहां बहुत पहले जाया करते थे हम आवारा-से, तफरी करने।"

"नहीं... तफ़री करते हुए।"

"कार ड्राइव करोगी?" उसने पूछा।

"ऐसे में!" वह फिर शरमायी।

कुछ देर में कार सड़क पर थी और वह उसकी बगल में। कनखियों से उसे निहारती हुई। होठों पर मुस्कान-हल्की-सी।

"तुम बहुत कंजूस हो।" वह बोला, "मुस्कराने में।"

वह हंसी।

"तुम हँसती हो तो फूल झरते हैं।" उसका मन हुआ कि कहे, पर कहा नहीं उसने। कहा उसने, "कितने समय बाद हम बाहर निकले हैं न?"

"अरसे बाद।"

"हां, अरसे बाद।" उसने भी कहा।

वे इसी तरह बातें करते रहे। फिर कुछ चुप्पी। कुछ ही देर की। कुछ देर बाद इधर-उधर देखते हुए वह बोली, "शहर कितना बदल गया है। अब तक ध्यान ही नहीं गया था इस ओर।"

"सब कुछ बदल रहा है। बहुत तेजी से।" कहते हुए उसने कार रोकी, "लो आ गये।"

"पर 'रैम्बल' कहां है?"

"और वह पार्क?"

"वे लाल-पीले-बैंगनी फूल?"

"हवा में झूमते पौधे?"

"और कभी ठूँठ बन जाने वाले, कभी सुर्ख हरी पतियों से लद जाने वाले वे तरतीब-बेतरतीब पेड़?"

"उन पर चिडियों का चहचहाना?"

"फूलों के इर्द-गिर्द शोख और हल्के रंगों वाली तितलियों का मँडराना?"

"तब भी ये सब गायब होते थे और मौसम बदलने के साथ फिर मानो किसी रहस्यलोक से आ खड़े होते थे, लेकिन अब जब पार्क ही नहीं है, तब...।"

"सब कुछ खत्म।"

"सब नहीं, तो भी बहुत कुछ खत्म।"

"आश्चर्य!"

"आश्चर्य क्यों! यह बदलाव ही ऐसा है जिसमें तेजी से बहुत कुछ खत्म हो रहा है। एक आंधी है यह, बल्कि अन्धड़। इस अन्धड़ में भला उस छोटे-से रेस्तरां और पार्क और फूल, पौधों, पेड़ों का वजूद कैसे रह सकता है।"

"देखो सामने कितना बड़ा होटल—पन्द्रह-सोलह शायद बीस मंजिला।"

"दैत्य जैसा।"

"पूरे पार्क को निगल लिया है इस दैत्याकार होटल ने।"

"लगता है, इसके बड़े-बड़े पंजों वाले डरावने हाथ अभी आगे बढ़ेंगे और...।"

"और धीरे-धीरे या शायद जल्दी ही सारे के सारे पार्कों, छोटी-छोटी दुकानों और रेस्तराओं का वजूद खत्म हो जाएगा। उनकी जगह मल्टीनेशनल कम्पनियों या खुद अपने ही देश के मल्टीमिलिनेयरों के भयभीत कर देनेवाले होटल, मल्टीप्लैक्स, छोटी मछलियों को खा जाने वाली शार्क की तरह सब कुछ को लील जाने वाले बिग बाजार, मॉल, कार्पोरेट ऑफिसेज...।"

उसने कार आगे बढ़ाते हुए कहा, "चलें?"

"कहां?"

"फ्लैट पर वापस।"

"नहीं, चलो देखें, शायद कोई छोटा-सा पार्क, उसके आसपास कोई छोटा-सा रेस्तरां, कोई 'रैम्बल' अब भी बचा हो।"

...और दोनों पुरानी यादों में भटकते हुए किसी नये 'रैम्बल' की तलाश में निकल पड़े— आवारा-से घुमक्कड़, निद्वंद्व, अपने में खोये... रैम्बलर्स।

□□□

13

ग्रसन

--डा. जे. बाबू

अलताफ भाई की आठवीं औलाद की झूलैरात में भाग लेने का निम ण मिला तो मैं अचंभे में पड़ गया। अचंभे की पहली बात, अलताफ की इसके पहले सात सन्तानें हो चुकी हैं। एक ही साथ काम करने वाला होकर इसका पता मैं नहीं रखता था। अलताफ को देखने पर भी कोई नहीं बता पाता कि वह सात सन्तानों के बाप हैं। कभी-कभी पार्टियों में भाग लेते वक्त अल्ताफ के साथ बीवी और दो बच्चे ही अक्सर दिखाई पड़ते थे। अलताफ की आयु तीस की दीखती तो बीवी की उससे भी कम। ऐसी उम्र में आठ बच्चों का बाप बन जाना, इसकी कल्पना भी कोई नहीं कर सकता।

अचंभे की दूसरी बात, इससे पहले ऐसे पारिवारिक समारोहों में भाग लेने का न्यौता अल्ताफ भाई ने मुझे नहीं दिया है। इस कम्पनी में मेरे आने के बाद सात साल बीत चुके हैं और अल्ताफ के अधीन काम करने का यह चौथा साल है। आज तक उनके घर जाने का मौका तक नहीं मिला था। दूसरे लोगों के यहां आने-जाने का मौका खूब मिला भी है। इसलिए पिछले दिन जब अल्ताफ भाई अपनी पत्नी के साथ निमन्त्रण देने आए तो मैं अचरज में पड़ गया।

मेरी शादीके बाद ऑफिस में एक पार्टी का आयोजन किया था। कम्पनी के अक्सर लोगों ने उस पार्टी में भाग लिया था। यह कम्पनीकी एक सामान्य रीति है। लेकिन अल्ताफ उस पार्टी में भाग न ले पाया। बाद में पता चला कि उन दिनों वे हैदराबाद के बाहर चले गए थे। लौट आने पर एक शाम को बीवी को भी साथ लेकर वे मेरे घर आए थे। उस दिन मेरी पत्नी ने अल्ताफ की बीवी की खूब सराहना की थी। थोड़े से समय की मुलाकात में उन दोनों का परिचय इतना बढ़ गया कि बाद में वे दोनों स्त्रियां बराबर फोन पर बातें करती थी। लेकिन मेरी पत्नी को भी आठवीं सन्तान की यह बात आश्चर्य में डालने वाली रही जरूर।

अल्ताफ भाई के आने पर और निमन्त्रण देने पर ही झूलैरात शब्द से मेरा परिचय हुआ था। हैदराबाद में आने के इतने साल हुए, मगर यह शब्द वास्तव में पहली बार सुनता हूं। बाद में पत्नी से पूछ कर शंकानिवारण करने का निश्चय करके मैंने अल्ताफ और उनकी बीवी की बिदा की। उनके चले जाने के बाद पत्नी के झूलैरात के बारे में पूछने पर पता चला कि वह भी इसी के बारे में मुझसे पूछने वाली ही थी। बात सुनते ही मुझे हंसी आ गई। कल ही किसी पड़ोसन से पूछकर बताने का वचन देकर पत्नी रात के भोजन बनाने में लग गई।

दूसरे दिन कम्पनी में किसी से झूलैरात के बारे में पूछने के विचार के साथ ही घर से निकला था। लेकिन कई व्यवस्तताओं के कारण किसी से पूछने का मौका न रहा। शाम को घर आया। तब तक झूलैरात की बात भी मैं भूल चुका था। चाय पर बैठते वक्त अभिरामी के बताने पर ही यह बात याद आई। किसी पड़ोसिन से प्राप्त सामान्य जानकारी वह बताने लगी। मुझे तुरन्त याद हुआ कि अभिरामी के यहां आने पर दो ही महीने बीत चुके हैं। वह तेलुगु अच्छी तरह से बोल भी न सकती और समझ भी न सकती। फिर पड़ोसन से संवाद कैसे? मलयालमया, तमिल बोलनेवाला कोई पड़ोस में रहता भी नहीं। फिर भी अभिरामी को मिली जानकारी क्या है, यह जानने की उत्सुकता में मैंने पूछा—

—यह झूलैरात है क्या वास्तव में, अभि?

—झूलैरात कर्ण वेध जैसा एक पर्व है।

—याने झूले में छेद डालने का?

मेरी मूर्खता और नासमझी पर हंसती अभिरामी आगे बोली—

—बच्चों के जन्म होने के बाद अड़तालीसवें दिन मनाए जाता पर्व।

—यह मनाया कैसे जाता है?

—वह मुझे मालूम नहीं हुआ। मगर यह पर्व हैदराबादियों के बीच एक मुख्य पर्व माना जाता।

—किसने इतनी सारी जानकारी दी?

—पड़ोस की पार्वती ने। इस पर्व में पहुंचने वाले सब कोई-न-कोई उपहार लेकर ही पहुंचते।

—उपहार की बात छोड़ो। पार्वती याने मास्टरजी की पत्नी?

—हां जी, वही पार्वती।

—तो मैं रमानाथ मास्टरजी से पूछ लूंगा।

चाय के बाद नहा-धोकर मैं रमानाथ मास्टर से मिलने निकला। हैदराबाद सिटी के एनिमेशन स्टूडियो में रेकॉर्डस्ट रहता है। उन्हें अपने काम पर कई स्वदेशी और विदेशी पुरस्कार भी प्राप्त हुए हैं। मेरी शादी होने पर पत्नी को साथ लेके हैदराबाद आने का फैसला बताने पर अल्ताफ भाई ने ही मेरे लिए घर का प्रबन्ध करवाया था। हैदराबाद में अभिरामी भी नई-नई आई है। इसलिए निजामों की इस नगरी के रीति-रिवाज़ों से हम बिल्कुल अपरिचित रहते थे। अब कम्पनी के निकट एक घर मिल गया है। यह भी अल्ताफ भाई की सिफारिश पर मिला है। महीनों के अन्दर कम्पनी क्वार्टर खाली होने पर यहां से शिफ्ट करना है। कम्पनी क्वार्टर दिलाने में मुझे अल्ताफ भाई की मदद की जरूरत है। इसलिए उन्हें खुश रखना मेरे लिए अत्यन्त जरूरी है। इसके लिए झूलैरात में मुझे जाना ही चाहिए।

रमानाथ मास्टरजी घर पर ही थे। मेरे पहुंचते ही मास्टरजी बाहर आए। देखने से ही पता चला कि मास्टजी पूजा-पाठ की तैयारियों में है। एक ब्राहम्ण होते हुए भी पूजा-पाठ के वक्त के बारे में सोचे बिना एक-दूसरे ब्राहम्ण के घर आकर उनकी पूजा में व्यवधान डालना मुझे भी अनुचित लगा। बाद में आने की सूचना देकर बाहर निकलना ही मुझे अच्छा लगा उस वक्त।

मैं समय काटने के विचार से मूसी नदी के ऊपर के पुल पर पहुंच गया। वही जगह मैंने क्यों चुन ली? पता नहीं मुझे। सांझ होने पर स्थानीय लोग उस पुल पर या उसके आस-पास भी जाते नहीं। फिर भी घूमने के लिए वही जगह मैंने चुन ली। मूसी के दाहिने किनारे शमशान था। कभी भी पानी न रहने वाले नदी-हिस्सा ही शमशान बना दिया गया है। मेरे यहां, केरल में,

निला नदी की बालुकाओं को सूखे के वक्त बगीचा बनाकर वहां के लोग तरकारियों की खेती करते। लेकिन यहां बगीचे के बदले शमशान, मुझे अचरज हुआ। यहां रात के वक्त हर रोज़ दो-तीन चिताएं भी जलती नज़र आती है। नदी के बाएं किनारे सालारजंग अजायबघर स्थित है। पुल से निकलने पर ऊंची-ऊंची इमारतों की पंक्तियां। हैदराबाद की प्राचीन गरिमा इन इमारतों में पाई जाती है। लेकिन अक्सर इमारतें इस वक्त दूकानों में बदल चुकी हैं। आजकल इन इमारतों में लाखों का कारोबार चलता है। चलते-चलते चारमीनार के सामने पहुंचते मैं रुक गया। चारों मीनारों में चार बड़ी-बड़ी घडियां। चारों में एक ही समय। पुरानी ये घडियां बरसों पूर्व विलायत से लाई हुई हैं। अब भी ये घडिया ठीक तरह से चलती हैं। हैदराबाद का समय-प्रहरी आज भी इन घडियों के रूप में खड़ा है। चारों घडियों में आठ बजने पर मैं रमानाथ मास्टर के घर की ओर लौटा।

मास्टरजी के घर पहुंचने पर पता चला कि वे मेरी राह देख रहे थे। घर पर अभिरामी भी है। सांझ के बाद मेरे घर आने में देरी हो जाती तो अभिरामी अक्सर मास्टरजी के घर जाया करती थी। घर आते हुए बीच में उसे अपने साथ लाता। आज भी बात इस प्रकार की रहती। अभिरामी का भी मास्टरजी के घर में दिखाई पड़ना आज मेरे लिए सुविधाजनक जरूर महसूस हुआ। मास्टरजी से जमकर बातें करने का मौका है। जब तक बातों से निवृत्त होकर मैं उठता तब तक पार्वती भाभी से अभिरामी इधर-उधर की या घर की बातें करती रहती। इसलिए मास्टरजी के निकट बैठते ही मैंने पूछा—

—झूलैरात का पर्व क्या है, मास्टरजी?

—क्यों इस वक्त एक ऐसा प्रश्न? कुछ कार्यक्रम बनाया है?

मैं मज़ाक करने के मूड में न था। इसलिए संक्षेप में अल्ताफ भाई के निमन्त्रण का जिक्र करते हुए पूछा—

—झूलैरात पर्व की जानकारी मैं नहीं रखता। इसलिए पूछता हूं।

—उतनी-सी बात है? और पास बैठो भाई। चाय-वाय लेंगे?

—नहीं मास्टरजी। यह चाय का वक्त नहीं है।

—बच्चों के जन्म लेने के बाद पहली बार रात के वक्त बच्चों को झूले में लिटाने का पर्व है। जन्म के ठीक पैंतालीस दिन बाद यह पर्व मनाया जाता है। तब तक बच्चा मां के साथ मां के बिस्तर पर ही सोता है। इन दिनों में पिता को अलग कमरे में सोना पड़ता। झूलैरात नाम के अनुरूप रात के वक्त ही मनाए जाने वाला पर्व रहता। इस पर्व पर बच्चे को गुडियों से लेकर गहने तक उपहार के रूप में देने की प्रथा भी रहती। मेहमानों को प्रीतिभोज देना भी इस पर्व का मुख्य हिस्सा है।

कहते-कहते मास्टरजी हंसने लगे।

मैं कुछ समझा नहीं। हंसाने लायक क्या रहती इन बातों में? मैं उलझन में पड़ गया जरूर। मेरी ओर से कोई मूर्खता हुई?

चारों ओर देख लेने के बाद धीमी आवाज़ में मास्टरजी बोलने लगे—यही रात बच्चे के मां-बाप की सुहागरात भी है। अल्ताफ भाई की इस बार नवीं सुहागरात है।

'नवीं सुहागरात' सुनते मुझे भी हंसी आ गई।

मैं मास्टरजी से बिदा लेकर बिना विलम्ब घर को रवाना हुआ।रास्ते में बातों के बीच नवीं सुहागरात का उल्लेख करते अभिरामी भी हंस पड़ी।

अगले दिन स्टूडियो को निकलते वक्त अभिरामी ने स्मरण कराया कि आज शाम को अल्ताफ भाई के यहां जाना है, घर आते वक्त कोई-न-कोई सुन्दर गुडिया लेकर ही आना। 'हां' करके मैं घर से निकला। उस दिन स्टूडियो में अल्ताफ भाई अनुपस्थित होने के कारण उनका भी काम मेरे कन्धे पर पड़ा। किसी-न-किसी प्रकार काम निपटाकर संध्या होते-होते मैं स्टूडियो से निकला। चार सौ रुपयों की एक आकर्षक गुडिया लेकर मैं घर की ओर चलने लगा। चारमीनार से होकर मुझे जाना था।

चारमीनार से दाहिने मुड़ने पर लाड बाजार है। चूडियों का बाजार। एशिया भर में चूडियों का सबसे बड़ा बाज़ार। हर रोज़ करोड़ों चूडियां यहां बिक जाती हैं। हैदराबादी चूडियों की विशेष प्रसिद्धि भी रहती है। लाड बाजार की जमीन पर रंग-बिरंगी-चूडियों से होकर गिरने वाली प्रकाश किरण विशेष दर्शनीय रहती। नगरपालिका के निओन लैम्पों से आती

रोशनी रंगीन चूडियों पर पड़ने से दृश्य और भी मनमोहक बनता। अभिरामी कांचकी चूडियां ज्यादा पसन्द करती है। इसलिए दो-तीन रंगों की चूडियां उसके लिए भी खरीद लीं। इस रास्ते से होकर चलने से ही चूडिया खरीद सका। चूडियां देखते ही खुश होने वाली पत्नी की कल्पना करते मुझे भी बड़ी खुशी हुई। बाज़ार से आगे बढ़ने पर बांई ओर के स्कूल के सामने वाली गली में मेरा घर है।

अभिरामी तैयार होकर झूलैरात में जाने के लिए मेरा इन्तजार कर रही थी। नई चूडियां दिखाते ही वह खिल उठी। उपहार के बारे में पूछना तक वह भूल गई। चूडियां निकालकर एक बार देख लेने के बाद अभिरामी अपनी कलाइयों में पहनने लगी। सारी चूडियां पहन लेने के बाद उसने कलाइयां मेरी ओर बढ़ाते हुए पूछ लिया—"क्या, फबती हैं?" मुझे जवाब देने का वक्त दिए बिना वह घर के अन्दर चली गई। मुझे मालूम है, अब वह आईने के सामने ही होगी। नए कपड़े, नए आभूषण या यहां तक कि नई चूडियां मिल जाने पर वह पहन लेती है। पहनने पर उसकी सुन्दरता की प्रशंसा दूसरों से सुनने से ज्यादा वह सुन्दरता खुद निहासा पसन्द करती है। कुछ ही क्षणों में बाहर आई अभिरामी का चेहरा उस समय भी खिला हुआ ही रहा।

अभिरामी के बाहर आते ही उपहार की पैकट मैंने उसकी ओर बढ़ा दी। 'सॉरी' कहकर उसनेपैकेट ले ली। "एक गुडिया है।" मैंने कहा। हंसती हुई वह दरवाजा बन्द करने लगी। चाबी मेरी ओर बढ़ाते हुए निकलने का इशारा देते हुए वह आगे निकली। यह अभिरामी की एक विशेष आदत रहती है। अत्यधिक खुश होने पर उसके मुंह से आवाज़ निकलती ही नहीं। हम दोनों अल्ताफ भाई के घर की ओर निकले।

मोस साही बाज़ार से ही हम निकल सकते थे। बाज़ार की कुछ दूकाने अब भी बन्द न हुई हैं। वहां छोटी-छोटी भीड़ जमी हुई है। ये दूकाने वास्तव में साहूकारों के कार्यालय हैं। एक दिन का हिसाब चुकाने के बाद दूसरे दिन के व्यापार चलाने का कर्ज लेने मामूली दूकानदार इस वक्त ही साहूकारों

के ऑफिस पहुंच सकते थे। कर्ज देना और उस पर ब्याज वसूल करना ही उस बाज़ार का व्यापार है, रात का व्यापार है।

मोस साही बाज़ार फल-केलों का बाजार है। फल-केले की दूकाने सांझ होने के पहले ही बन्द हुई हैं। उन दूकानों के सामने केले के छिलके फैले पड़े हैं। उन पर चलने से फिसलने की पूरी सम्भावना है। फिर भी रास्ते में खूब रोशनी रहने से सम्भलकर चलना आसान था। रात के वक्त इस रास्ते से गुजरने में एक और खतरा भी रहता है। केले के छिलकों की तलाश में घूमने वाले बैलों के झुण्ड से बचकर निकलना आसान नहीं। लेकिन इस वक्त यहां लोगों की भीड़ बनी रहती। इसलिए खतरे की सम्भावना रहती नहीं।

अल्ताफ भाई का घर तो घर नहीं; आलिशान बंगला रहा। उसे देखकर मैं दंग रह गया। जीवन भर ऐसे बंगले में घुसने का मौका मुझे पहली बार मिला है। अब बैठक में सजा हुआ एक पालना, काठ का बना हुआ, रख दिया गया है। पालने में सफेद रंग के रेशमी कपड़ों में लिपटी एक सुकोमल बच्ची सोई पड़ी हैं। दोनों हाथों में सोने के रंग की छोटी-छोटी दो चूडियां। कपोलों पर दो छोटे-छोटे काले दाग। आज के पर्व का मुख्य आकर्षण केन्द्र मैं हूं, इसकी जानकारी रखे बिना बच्ची उस शोर गुल में भी गहरी नींद में पड़ी हुई है। बच्ची को देख लेने के बाद मैं बाहर शामियाने में आ गया। वहां मेहमानों को बैठने का पूरा इन्तज़ाम रहता है। अल्ताफभाई की बीवी आकर अभिरामी को अन्दर अन्य औरतों की ओर ले गई।

अल्ताफ भाई मेहमानों के बीच अत्यन्त व्यस्त रहते हुए भी मुझे देखते ही मेरे निकट आ गए। कुशल पूछने के बाद मुझे बिठाते किसी और के बुलाने के कारण उन्हें जल्द–ही-जल्दी उस ओर निकलना पड़ा। रईसों की वेशभूषा में अल्ताफ भाई झूलैरात के समारोह में चार चांद लगा देने में कोई कसर नहीं रखते। दुल्हे की वेशभूषा में जब अल्ताफ भाई खूब चमकते थे तो उनकी बीवी भी कुछ पीछे नहीं रहती।

शामियानेमें पहुंचतेही रमानाथ मास्टर पर नज़र पड़ गई। भोजन का सिलसिला चल रहा था। इसलिए शामियानेमें भीड़बहुत कम थी। मास्टरजी ने आसानी से मुझे देख लिया। मुझे देखतेंहीमास्टरजी हाथ बढ़ाते

हुए मेरी ओर निकल आए। भोजन की महक चारों ओर वातावरण में फैल गई थी। लेकिन मास्टरजी के मेरे पास पहुंचते ही वातावरण में एक नई महक फैल गई। मुझे जल्द ही पता लग गया, मास्टरजी विस्की पीकर आये हैं मेरे पास। पूजा-पाठ एवं व्रत-नियम रखने वाला एक शुद्ध ब्राह्मण का विस्की पी लेना मुझे असाधारण लगा। मेरा हाथ पकड़कर मास्टरजी आगे बढ़ने लगे। शामियाने के एक कोने में स्टूडियो मे मेरे साथ काम करने वाले कुछ लोग दीख पड़े। लेकिन उनसे मिलने का मौका दिए बिना ही मास्टरजी मुझे घसीट कर ले जा रहे थे।

कोने की एक मेज़ के सामने हम ठहर गए। मास्टरजी कुर्सी पर मुझे बिठाते हुए कहने लगे--"जॉक ओनियल्स विस्की के साथ ठण्डा मिरिंडा अच्छा है।" सावधान होकर एक गिलास में विस्की में मिरिंडा मिलाकर गिलास मेरी ओर सरका दिया।

मुझे मालूम हुआ कि मास्टरजी पूरे नशे में हैं। नहीं तो वे ऐसा व्यवहार कभी कर न पाएंगे। शराब से मेरी सख्त रफरत है; शराब पीने वालों पर भी। अब यहां नफरत प्रकट करने से बातें बिगड़ जाएंगी। मुझे होशियारी से काम लेना है। इसलिए मैंने सहमी हुई आवाज़ में कह दिया--"माफ करना मास्टरजी, आजकल मैं विस्की लेता नहीं। दवा लेने के कारण शराब की सख्त मनाही है कुछ हफ्तों से।"

"यह शराब नहीं। कीमती विस्की है। यह सब प्रकार की बीमारियों की दवा रहती है। मुझे देखों कभी-कभी विस्की पीने के कारण किसी भी बीमारी का असर मुझ पर नहीं पड़ेगा। स्वास्थ्य भी, अच्छा भी हूं।"

मास्टरजी की आवाज कुछ लड़खड़ाने लगी है। मुझे मालूम हुआ कि उन्हें नशा और चढ़ चुका है। मास्टरजी को फिर कुर्सी पर बिठाया तो फिर वे बोलने लगे—"तुम जानते नहीं इस बोतल का दाम। एक बोतल के लिए दो हज़ार से ज्यादा लगता है। हम-तुम इसे खरीद नहीं सकते। इसलिए अब जमकर पीता।"

पूजा-पाठ में पूरी निष्ठा रखने वाला जनेऊधारी एक ब्राह्मण मेरे सामने कुर्सी से निकलकर नीचे ज़मीन पर बैठ गया, फिर लेट गया। मैंने

घड़ी देख ली। ग्यारह बजने को हैं। मास्टरजी को उसी हालत में छोड़कर जाना मुझे अनुचित लगा। मास्टरजी को जगाने के लिए मैं झुकने वाला ही था कि बाहर भारी शोरगुल मचने लगा। बाहर कहीं से गोलियां निकलने की आवाज़ और लोगों के चीखने की आवाज़ भी सुनाई पड़ी। बतियां एकदम बुझ गईं। पूरी हौसिंग कॉलोनी अन्धेरे में डूब गई। उस अन्धकार में फिर एक बार गोलियां बरसने की आवाज़ सुनाई पड़ी। गोलियां कहां लगती हैं, कौन गिर जाता इसका कोई पता नहीं मिलता। लोगों के भागने और चीत्कार की आवाज़ से पता चला कि गोलियां कहीं लग गई हैं। पूरा वातावरण दहशत से कम्पित हो गया। एक क्षण के लिए मैं स्तंभित-सा खड़ा हो गया। अब फिर गोलियां निकलने की आवाज़ सुनाई पड़ी तो मेरे सामने से होकर लोग घर के भीतर भागते नज़र आए। यहां इस प्रकार खड़े रहने में खतरा है, सोचकर मैं मास्टरजी को जगाने के बदले उन्हें वहां ज़मीन पर छोड़ अन्दर की ओर भाग गया। अभिरामी को गोलियों से बचाना है और खुद को बचना भी है। मैं तूफानी रफ्तार से घर के अन्दर घुस गया। किवाड़ बन्द करके ही मैं आगे बढ़ा।

कमरे में अन्धेरा ही अन्धेरा है। कुछ भी नहीं दीख पड़ता। यह घर मेरे लिए, अपरिचित रहने के कारण उस अन्धकार में आगे बढ़ना नामुमकिन रहा। फिर भी मैं अभिरामी का नाम ज़ोर से पुकारते दौड़ने लगा। कहीं वह मुझे सुनती तो जरूर जवाब देगी। अचानक दीवार बीच में आने के कारण मैं रूक गया। अन्दर के किसी कमरे से स्त्रियों के चीखने की आवाज़ सुनाई पड़ रही थी। उस आवाज़ को लक्ष्य बनाकर अत्यन्त सावधान होकर आगे बढ़ने लगा। उस वक्त भी बाहर गोलियां निकलने की आवाज़ के साथ-साथ आक्रोश और चीत्कार की आवाज़ें भी सुनाई पड़ती थी। बाहर भीषण हत्याकाण्ड चल रहा है, मैंने सोचा। अभिरामी के पास किसी-न-किसी प्रकार से मुझे पहुंचना ही है। मैं फिर आगे ही बढ़ा। मैं बीच में किसी व्यक्ति से टकराने वाला ही था, लेकिन बाल-बाल बच गया। अन्धेरे में उस व्यक्ति को मैं ठीक पहचान नहीं पाया। मैं आगे बढ़ा। सारे-के-सारे कमरों के किवाड़ अन्दर से बन्द देख मन कुछ शान्त हुआ। अभिरामी खतरे के बाहर, हैं; अब

मुझे गोलियों से कहीं छिपना है। इस समय भी बाहर गोलियों की आवाज़ सुनाई पड़ रही थी।

अचानक किसी के चलने की आहट मेरे कानों मे पड़ गई। मैं डर के मारे खिड़की के पर्दे के पीछे छिप गया। दो-तीन मिनट के इन्तज़ार के बाद भी कमरे में किसी को नहीं दीख पड़ा। अब चलने की आहट भी सुनाई नहीं पड़ती। लेकिन मुझे लगा कि कमरे में या बाहर कोई है और वह किसी को ढूँढ रहा है। गोलियों की आवाज़ अब भी बीच-बीच में सुनाई पड़ती। मैं खिड़की के पर्दे से बाहर निकले बिना कमरे के अन्दर किसी दूसरे को ढूँढने लगा। दरवाज़ा खोलने की आवाज़ के इन्तज़ार में मैं पर्दे के पीछे ही खड़ा रहा। कमरे में अन्धेरे के साथ समय भी थम गया है, मुझे लगा। अचानक किसी बच्चे के रोने की आवाज़ कानों में पड़ी। आवाज़ उसी कमरे में ही है जहां मैं छिपकर खड़ा हूं। मेरा दिल बैठ गया। बच्चे का वह रुदन मेरे लिए खतरनाक बन जाएगा। गोली चलाने वालों का ध्यान इस कमरे पर पड़ जाएगा। मैं सावधान होकर पर्दे से बाहर आया। अन्धेरे के कारण कमरे के अन्दर कुछ भी दिखाई नहीं पड़ता था। लेकिन रुदन की आवाज़ को लक्ष्य बनाकर मैं आगे बढ़ा। अचानक मेरे कान को छूते हुए एक गोली पीछे से निकल पड़ी। मैं सिहर गया। रोने की आवाज़ कुछ ज़ोर की बढ़ गई और एकदम रुक भी गई। मैं जल्दी ही नीचे फर्श पर लेट गया। कितना समय वहां उसी स्थिति में पड़ा रहा, पता नहीं।

आसपास किसी के चलने की आहट सुनी तो मैं फिर चौकन्ना हो गया। शख्स से पता चला कि एक औरत है और दूसरा आदमी है। दोनों दबी आवाज़ में आपस में कुछ बोल रहे थे। मुझे लगा, दोनों कुछ ढूंढ रहे हैं। एक बार फिर मेरा खून जम गया जब दोनों मेरे नज़दीक पहुंच गए। उनकी आवाज़ों से मैं पहचान सका कि लोग अल्ताफ भाई और और उनकी बीवी हैं। दोनों अपनी बच्ची को ढूँढ रहे हैं। जबरदस्त मुझे बच्चे के रोने की आवाज़ याद आई। गोलियों की बौछार शुरू होते ही मां-बाप बचने की बेचैनी में बच्ची को वहीं झूले में छोड़कर दौड़ निकले थे। मेरे कानों को छूते निकली गोली और रुदन का रुक जाना याद आते ही मेरा दिल कांप उठा।

अब आधे घण्टे से गोली की कोई आवाज़ सुनाई नहीं पड़ती। गोलीबारी समाप्त हो चुकी सोचकर मैं बाहर निकला। अचानक कमरे में एक चीख सुनाई पड़ी। चीख के साथ घर भर की बतियां भी जल गई। मैंने देख लिया कि झूले में चित्त पड़ी बच्ची की कनपटी से अब भी खून निकल रहा है और अल्ताफ भाई की बीवी के दोनों हाथ खून से सने हुए हैं। बेहोश होकर गिरने वाली बीवी को अल्ताफ भाई ने थाम लिया। कमरे में चीख सुनने पर और रोशनी फैलने पर सारे दरवाज़े खुल गए। अन्दर छिपे सबके सब बाहर आए। बाहर आए लोगों की समझ में बातें ठीक तरह से आने में कुछ देरी हुई। उन लोगों के बीच अभिरामी और मास्टरजी की पत्नी को देखकर ये दोनों सही सलामत हैं समझने में मुझे कोई देरी नहीं हुई।

मुझे अचानक मास्टरजी याद आए। मैं फौरन बाहर निकला। आंगन में पुलिस की चार-पांच गाडियां खड़ी हैं। पुलिस आंगन में इधर-उधर पड़ी लाशों की ओर बढ़ रही है। पुलिस के चार ऊँचे-ऊँचे अफसर घर के अन्दर घुस गए। प्रेस वालों की भी भीड़ जम गई है। उनके बीच से मैं लाशों की ओर बढ़ा। एक-एक लाश का निरीक्षण करते मैं आगे बढ़ा। मास्टरजी कहीं नहीं दीख पड़े। एक ओर घायलों को एबुलेंस में लिटा दे रहे थे। मास्टरजी उधर एंबुलेंस में होंगे, सोचकर मैं आगे बढ़ा। हां, मेरा विचार सही निकला। दो पुलिसवाले मास्टरजी को स्ट्रेचरमें लिटा एम्बुलेंस की ओर ले आ रहे हैं। पूछने पर एक ने बता दिया कि बूढ़ा घायल तो नहीं, मगर बेहोश है। कहते समय पुलिस वाला अपनी हंसी मुझसे छिपा नहीं पाया।

दूसरे दिन शाम तक नौ लोगों के हत्यारों का कुछ पता नहीं चला। अखबारों में आतंकवादी ग्रुपों को जिम्मेदार ठहराने की ज़बरदस्त कोशिशें नज़र आई। लेकिन प्रेसवालों के पास कोई सबूत नहीं, सिर्फ अनुमान ही हैं।

□□□

14

पिता

--महीप सिंह

पिताजी नहीं रहे। उनकी अंत्येष्टि हो गई, शांति-पाठ हो गया। मां के साथ ही घर पर उनका चित्र भी लटक गया। मां तीन महीने पहले चली गई थी। पिछले कुछ समय से पिताजी का जैसा स्वास्थ्य चल रहा था, उसके देखते हमें ऐसा लगता था कि पिताजी अब हमारे बीच अधिक समय तक नहीं रहेंगे। मां उनसे पहले चली जाएगी, ऐसा किसी ने नहीं सोचा था।

पिताजी के बारे में सोचती हूं। कैसा दबदबा था उनका। सूर्यभानु त्रिपाठी का नाम सुनकर कितनों की घिघी बंध जाती थी। कितने गांवों को समेटे हुए उनकी जमींदारी थी। जमींदार तो बहुत होते हैं, किंतु उन जैसा तो विरला ही होता है।

इस समय हम उनकी तीन संतानें हैं—दो बहनें और एक भाई। उनकी इतनी ही संताने और थी। एक बहन और दो भाई। बचपन से हमसे कब और कैसे बिछुड़ गए, मुझे याद नहीं। मुझे इतना याद है कि हम तीनों ही उनसे बहुत डरते थे। उनसे खुलकर बात करने का हम में साहस नहीं था। उन्हें देखते ही हम दुबक जाते थे। ऐसी सहम मेरे मन में सारे जीवन भर रही।

जब जमींदारों का रोब-दाब कुछ कम होने लगा तो उनके चेहरे की तनी हुई मूछें कुछ और कस गईं। जिन लोगों को वे सदा अपनी रियाया समझते थे, जिन लोगों को उनके सामने ज़मीन पर बैठने की भी हिम्मत बटोरनी पड़ती थी, अब वे चुनाव लड़ते थे, अपनी जय-जयकार करवाते थे, गले में मालाएं पहनते थे और उन्हीं के सामने कुर्सी पर बैठते थे। उनके मुंह से अनायास निकलता था-साले...दो कौड़ी के लोग...जिन्हें उठने-बैठने का शऊर नहीं, अब ऊंट की तरह मुंह उठाए जुगाली करते फिरते हैं। दो कौड़ी का आदमी सदा ही पिताजी का तकिया कलाम रहा। जिस किसी पर उन्हें गुस्सा आता, वे उसे इन्हीं शब्दों से याद करते थे। एक दिन ऐसा ही एक

आदमी उनके पास आया। परमेश्वरी लाल कई साल पहले उनका एक मामूली-सा कारिंदा था। जब भी सामने आता था, खड़े-खड़े उनसे आदेश लेता था और चला जाता था। मैं उस समय दस-बारह बरस की रही हूंगी।

परमेश्वरी जब बाहर अपना चमरौधा उतार कर पिताजी की बैठक में घुसातो उन्होंने उसे बड़ा घूरकर देखा। परमेश्वरी ने गांधी टोपी पहन रखी थी। उनके नथुने फड़कने लगे थे।

अच्छा... तुझे नेतागिरी का शौक चर्राया है?

नहीं पंडित जी...वह बहुत घबराई आवाज में बोला, लोग कहते हैं, यह गांधी बाबा का हुकम है..।

पहले मेरा हुकम सुन...। उतार यह टोपी...जा बैठक से बाहर खूंटी पर टांगदे। परमेश्वरी ने उनके सामने टोपी नहीं उतारी और बैठक से बाहर आ गया। फिर कई सालों तक उसका कुछ पता नहीं लगा था।

इस बार जब वह आया तो उसके शरीर पर लकलकाता सफेद कुर्ता था। नीचे संकरी मोहरी का पाजामा था और सिर पर टोपी बड़ी नुकीली और मांड लगी थी।

उस दिन परमेश्वरी उनके पास कई घंटों बैठे रहा। पिताजी राजनीति में प्रवेश कर गए। जीवन की अंतिम सांस तक वे उसी क्षेत्र में जूझते रहे। पहले उन्होंने आजाद उम्मीदवार के रूप में विधान सभा का चुनाव लड़ा, लेकिन उसमें बुरी तरह हार गए। लाखों रुपए खर्च हो गए। परमेश्वरी उनका सबसे बड़ा सहायक था। सारे चुनाव की व्यवस्था उसी के हाथ में थी। प्रचार कार्य पर बेहिसाब धन खर्च हुआ। उनके मुकाबले में एक स्कूल टीचर जीत गया...। दो कौड़ी का परमेश्वरी उनके कंधे पर बंदूक रखकर चला गया और कई लाख रुपए डकार गया।

इस हारे हुए चुनाव से भी उन्हें एक लाभ हुआ। उनका परिचय कुछ पार्टियों के बड़े नेताओं से हो गया। उन्होंने लखनऊ में एक कोठी खरीद ली। हमारा सारा परिवार वहीं आ गया। लखनऊ आकर मैंने बी.ए. में एडमिशन लिया। छोटी बहन मीनू दसवीं पास करके ग्यारहवीं में आ गई और भाई उदय ने नौंवी में दाखिला ले लिया।

एक दिन पिताजी ने मां के सामने ही हम तीनों को बिठाया और बोले- देखो...अपना कस्बा लालगंज छोड़कर हम बड़े शहर में आगए हैं। वहां इंटरमीडिएट कॉलेज था। मैंने सोचा था, तुम सबको दसवीं-बारहवीं तक पढ़ा दूंगा। घर गिरस्ती करने के लिए इतना बहुत है। उदय के बारे में मैंने सोचा था कि इसे ग्रेजुएशन करा दूंगा। लेकिन अब तुम लोग यहा आ गए हो।

अमिता बी.ए. करना चाहती है। मैंने इसकी अनुमति दे दी है। पर तुम लोगों को शहर की हवा लगे,ऐसा मैं बिलकुल नहींचाहता। सीधे-सीधे पढ़नेके लिए जाओ और घर वापस आजाओ। बेकार का घूमना-फिरना और मटरगश्ती मुझे बिलकुल पसंद नहीं। जिस दिन मुझे ऐसा महसूस होगा कि मेरी अवज्ञा हो रही है, उसी दिन तुम्हारी पढ़ाई-लिखाई खत्म हो जाएगी।... इस बात को भूलना मत।

पिताजी का यह आदेश हम सब लोग उस कड़वी दवा की तरह पी गए, जिसकी हमें आदत थी। वे इस प्रकार खुले शब्दों में न भी कहते तो भी हम वही करते, जो वे चाहते थे। मुझे लगता था, पिताजी की आंखें सदा मेरी पड़ताल करती रहती हैं। वे देखती रहती हैं कि मैं दिन पर दिन कितनी बड़ी होती जा रही हूं। मेरा बड़ा होते जाना जैसे मेरे चारों ओर किसी घने कांटेदार जंगल का बड़ा होते जाना है, जिसमें मुझे हर कदम को बहुत संभाल-संभालकर रखना है।

मैं देख रही थी, पिताजी की राजनीतिक व्यस्तताएं हर दिन बढ़ती जा रही हैं। लालगंज में सिर्फ एक परमेश्वरी था। लखनऊ में कितने ही परमेश्वरी पिताजी को घेरे रहते थे। प्रभुदयाल कह रहा था—त्रिपाठी जी, राजनीति की सड़क बड़ी ऊबड़-खाबड़ है। यह तो गांव की कच्ची सड़क से भी खराब होती है। इस पर नुकीले पत्थर होते हैं जो चुभते हैं और कभी-कभी लहूलुहान भी कर देते हैं।

पिताजी मुस्कराए थे—प्रभुदयाल, मैं गांव की कच्ची वाली सड़क छोड़ आया हूं। अब मुझे इसी सड़क पर चलना है...यह कितनी भी ऊबड़-खाबड़ हो और नुकीले पत्थरों वाली क्यों न हो। तुम्हारा काम दोहरा है। मैं एक

खानदानी जमींदार हूं, नुकीले पत्थरों को ठोकर मार कर अपना रास्ता बनाने वाला। इस काम के लिए सोने की जितनी भी सुरमेदानियों और सलाइयों की जरूरत पड़ेगी, मैं प्रबंध कर दूंगा।

प्रभुदयाल की आंखों की चमक बढ़ गई थी। वह बड़ी विनम्रता से बोला-दूसरा काम त्रिपाठी जी...

दूसरा काम इससे ज्यादा महत्वपूर्ण है। वे कहने लगे-देखों, अब मुझमें इतना धीरज नहीं है कि मैं इस क्षेत्र में ए.बी.सी.डी. के पाठ के साथ प्रवेश करूं। जमींदारी चले जाने के दुर्दिन मुझे न देखने पड़ते तो मैं इस रास्ते पर थूकता भी नहीं। अब वो दिन नहीं रहे। हम जानते है कि अब वैसे दिन वापस आने वाले नहीं हैं। अब अगर दोबारा हमारा रोब-दाब थोड़ा-बहुत दोबारा कायम हो सकता है तो वह राजनीति के रास्ते पर चलकर ही हो सकता है। प्रभुदयाल, यह काम तुम्हें करना है। किसी पार्टी से मेरा रत्ती भर भी मोह नहीं है। सभी लोकतंत्र और आम जनता की सेवा और भलाई की बातें करती हैं। लोकतंत्र...मतलब...अनपढ़ों, गंवारों और मूर्खों का राज। मुझे इस शब्द से नफरत है। पर क्या करूं...? राजनीति में रहना है तो इन्हीं शब्दों की डोर पकड़ कर चलना पड़ेगा।

प्रभुदयाल टकटकी लगाए उन्हें देख रहा था। उनकी आंखों में सुर्खी और बेबसी किस तरह घुल-मिल गई होगी, मैं इसका अनुमान लगा सकती हूं।

उनके स्वर में व्यंग्य उभर आया—तुम तो रोटी ही इस बात की खाते हो। ऐसा करो, मेरे बारे में इन पार्टियों के नेताओं से बात करो।

प्रभुदयाल ने खूब जांच-पड़ताल की। प्रदेश की सभी पार्टियों की नब्ज टटोली। अंत में उसने उन्हें किसान-मजदूर लोक पार्टी के टिकट पर विधानसभा का चुनाव लड़वा दिया। ऐसी पिछड़ी जाति के लोगों को पिताजी ने कभी अपने पास फटकने भी नहीं दिया था। इस बार वे इन्हीं लोगों के दरवाजे पर जाकर हाथ जोड़कर वोट देने के लिए विनती करते घूमे थे।

उस चुनाव में पिताजी जीत गए थे। उनके मुकाबले में उसी जाति का उम्मीदवार केवल पांच सौ मतों से हार गया था। हर लड़की के विवाह पर एक सौ इक्कीस रुपए नेग देने का गुर काम कर गया था।

राजनीति की ऊबड़-खाबड़ सड़क पर पिताजी की यह पहली सफलता थी। उनके पैर लहूलुहान जरूर हुए थे, किंतु चुनाव में जीत के संतोष ने उनके चेहरे पर जो दमक भर दी थी, उसमें उनके पैरों के लहूलुहान हो जाने का कोई दखल नहीं था।

विधानसभा में उस बार किसी एक पार्टी को स्पष्ट बहुमत नहीं मिला था। पिताजी राज्य मंत्री बन गए। लोग उन्हें बधाइयां दे रहे थे। लेकिन एक बात पिताजी को अंदर ही अंदर मथ रही थी। उनके ऊपर केबिनेट स्तर का जो मंत्री था, वह अनुसूचित जाति का था, मुझे...सूर्यभानु त्रिपाठी को भगवान दीन के मातहत काम करना पड़ेगा, यह सोचकर उनके चौड़े माथे पर नीली नसें उभर आती थीं। उन्होंने बड़ी कोशिश की कि उन्हें किसी विभाग का स्वतंत्र प्रभार ही मिल जाए, किंतु ऐसा नहीं हुआ।

यह उनके अहं को बहुत बड़ी ठेस थी।

मुझे मालूम नहीं कि पिताजी को यह कैसे पता लग गया कि मैं कविताएं लिखने लगी हूं।

उन्होंने मां से पूछा था—सुना है अमिता को कविता लिखने का शौक चर्राया है?

मैं क्या जानूं। मां उनके किसी भी प्रश्न का सीधा उत्तर नहीं देती थी। वह क्या करती है, इसकी जानकारी रखना तुम्हारा काम नहीं?

मैं पास के कमरेमें पढ़ रही थी। उनकी कड़कती आवाज वहां तक पहुंच गई थी। मैं सहमती हुई उनके सामने आ खड़ी हुई।

सुना है तुम कविताएं लिखती हो?

उनका स्वर ऐसा था कि मेरे पैर कांपने लगे।

जी...बस ऐसे ही,

ऐसे ही क्या?

लाओ मुझे दिखाओ।

जी... उसमें दिखलाने लायक कुछ नहीं है। बस ऐसे ही..मन में कुछ आया तो लिख दिया।

तुम्हें कविता लिखने का शौक है?

मैं निर्णय नहीं कर पाई कि इसका उत्तर हां में दूं या ना में...जी...थोड़ा शौक तो है।

सुनो अमिता, कविता लिखने, साहित्य की रचना करने के शौक को मैं बुरा नहीं मानता। लेकिन हमारे देश में ये शौक बैठे-ठाले लोगों के हैं। जिसे कोई काम-धाम नहीं, वो कविता लिखने लग जाता है। कविता लिखने-विखने का काम अपनी ससुराल जाकर करना...यदि उन्हें पसंद हो तो..?

एक फुहार थी, जो खिड़की खोलकर अंदर आ गई थी। मेरे भीगने से पहले ही वह बंद हो गई। जिस कॉपी में कुछ लिखा था, उसे मैंने सहेज कर रख दिया।

फिर समय-चक्र तेजी से घूमने लगा।

पिताजी राजनीति में धंसते चले गए। एक-दो बार वे संसद के सदस्य भी चुने गए। पर किसी भी पार्टी में वे ज्यादा समय तक टिकते नहीं थे। पार्टी के दूसरे नेताओं से उनका झगड़ा हो जाता था।

बी.ए. पास करने के बाद पिताजी ने मेरे विवाह की तैयारी शुरू कर दी। मैंने कहा—मैं एम.ए. करना चाहती हूं। वे बोले-ससुराल जाकर करना।

पुनीत वाजपेयी के पिता पुराने आई.सी.एस. अफसर थे। मैंने जमींदारी वाले माहौल में आंखें खोली थीं, जहां हमारी डयोढ़ी के आगे लोगों की भीड़ लगी रहती थी। दूसरी बार मेरी आंखें खुलीं तो मैंने देखा, मैं अफसरों के घर में हूं।

जब मैंने पुनीत से कहा कि मैं एम.ए. करना चाहती हूं तो उन्होंने बड़ी खुशी जाहिर की और सास-ससुर ने भी कोई एतराज नहीं किया। मैंने इतिहास में एम.ए. कर लिया और एक कॉलेज में लेक्चरर हो गई। पुनीत

का तबादला होता रहता था। मैं उनके साथ जहां कहीं भी गई, मुझे नौकरी मिलने में कोई कठिनाई नहीं हुई।

एकाएक मुझे महसूस हुआ, बरसों पहले मुझे एक घुमावदार हवा के झोंके ने घेरा था। मुझे अपनी नस-नस में कुछ स्पंदन महसूस हुआ था। अपने आसपास मैंने कितने बिंब उभरते महसूस किए थे। एक सोंधी फुहार ने मुझे थोड़ा-सा भिगोया था। वैसा ही कुछ फिर से लगने लगा। मैंने अपनी सहेजी हुई कॉपी निकाल ली। पुरानी चीजों को पढ़ा। ऐसा लगा, जैसे बरसों से बिछड़ी सहेलियों ने मुझे घेर लिया है। बीच में चार-पांच साल का अंतराल था। उस समय कॉलेज में पढ़ने वाली लड़की का कुंवारा एहसास था, इस समय मुझमें एक अफसर की पत्नी और एक वर्ष के शिशु की मां होने की तृप्ति थी। किंतु एक बात मन को लगातार टीसती थी। कुछ है जो मेरे पास नहीं है...कुछ ऐसा है जो मुझे बार-बार अकेला कर देता है..।

पल में माशा...पल में तोला वालीबात पुनीत पर पूरी तरह लागू होती थी। शायद यह सब कुछ कविता के संसार मे वापस ले जाने के लिए काफी था।

एक दिन मुझे पता लगा, प्रभुदयाल पिताजी को अच्छी-खासी चपत लगा कर उनसे दूर हो गया है। मैं पिताजी से मिलने गई तो उन्हें देखकर धक से रह गई। वे एकदम बूढ़े दिखने लगे थे। चेहरे पर वह रोबदाब नहीं था। प्रभुदयाल ने तो उन्हें पूरी तरह तोड़ दिया था।

वह तो बहुत ही बदमाश निकला...एकदम हरामखोर...।

मैंने पूछा—वह तो आपका बड़ा खैरख्वाह था, वह विश्वासपात्र...।

बिटिया...राजनीति बिलकुल कमीनों का खेल है। इसमें कोई किसी का न खैरख्वाह होता है, न विश्वासपात्र। वे बड़ी थरथराती आवाज में बोल रहे थे—इस दुनिया के लोगों की जाति बिच्छू की होती है। दस-बारह बिच्छू मिलकर यदि एक राजनीति दल बना लें तो बताओ क्या होगा? सब साथ-साथ चलेंगे। लगेगा कि सब बड़े शरीफ हैं और एक-दसरे के साथ पूरा सहयोग करते हुए चल रहे हैं। लेकिन सब एक-दूसरे को कनखियों से ताड़ते रहेंगे, एक-दूसरे से शंकित रहेंगे, अपने डंक निकाले रहेंगे और इस बात की

ताक में रहेंगे कि दूसरे का डंक उन्हें लगे, इससे पहले वहीं उसको डंक मार दें।

फिर वे प्रभुदयाल की बात सुनाने लगे—मुझसे बोला, मुझे जन कांग्रेस के पार्लियामेंटी बोर्ड के चेयरमैन का संकेत मिला हैं। वे आपको लोकसभा का टिकट दे सकते हैं। मौका अच्छा है। यदि आप चुन लिए गए तो केंद्र में मंत्री बन जाना पक्का है।

मैंने पूछा—लालगंज संसदीय क्षेत्र का टिकट मुझे दिलवा सकतेहो?

वह बोला—यह मेरे बाएं हाथ का खेल है।

मैंने पूछा—मुझे क्या करना होगा?

वह बोला-कम से कम दस लाख पार्टी फंड के लिए और पांच लाख चेयरमैन के अपने चुनाव फंड के लिए। मैंने प्रभुदयाल के जरिए ऐसे काम इससे पहले कई बार किए थे। वह तो इस क्षेत्र का दलाल है। मैं उसे दलाली भी देता था। पर इस बार तो वह पूरी रकम डकार गया। टिकट किसी और को मिल गया और मैं टापता रह गया।

मैंने क्षुब्ध होकर कहा—पिताजी, आप ऐसी राजनीति को छोड़ क्यों नहीं देते जिसमें इतनी गंदगी भरी हुई है।

वे बड़े उदास स्वर में बोले थे—बिटिया, यही तो मुश्किल है। इस कीचड़ में जो एक बार फंस जाता है, वह लाख चाहने पर भी निकल नहीं पाता। अब तो जीना यहां...मरना यहां।

पिताजी जीवन भर इसी कीचड़ में जीते-मरते रहे। जिए कम, मरे ज्यादा।

मेरी कविताओं की एक कॉपी पूरी भर गई थी। दूसरी कॉपी में भी मैं कुछ कविताएं लिख चुकी थी। कविता लिख कर मुझे अच्छा लगता था। जिस दिन कोई कविता लिख लेती, मन बड़ा हल्का-हल्का महसूस करता, जैसे मैं पूरी तरह भारहीन हो गई हूं। बहुंत मन करता था कि ये कविताएं किसी को सुनाऊं पर किसे?

एक दिन सुमंगल से भेंट हो गई, किसी के विवाह के स्वागत-समारोह में। पता लगा, पत्रकार है और किसी दैनिक पत्र में उपसंपादक है।

समारोह के हंसी-ठट्ठे के बीच पुनीत ने कहा था—मेरी बीवी को भी कविताएं लिखने का शौक है। लेकिन लिख-लिखकर जमा करती रहती है। उन्हें हवा नहीं लगने देती।

सुमंगल ने कहा था—कविताएं होतीही मासूम चिडियों की तरह हैं, पर उन्हें कैद करके नहीं रखना चाहिए। उन्हें थोड़ी-सी हवा लगनी चाहिए। इन्हें खुला छोडिए और देखिए ये उड़-उड़ कर किस तरह से आपके पास वापस आती हैं।

सुमंगल ने मुझे वह संसार दिखाया, जिससे एक बार पिताजी ने बड़ी चिढ़ जताई थी।

पिताजी दो चुनावों में लगातार हारे और दो बार दिल के दौरे से जूझे। अलग चुनाव लड़ने से पहले उन्हें फिर से दौरा पड़ा था। उन्हीं दिनों मेरा पहला कविता-संग्रह प्रकाशित हुआ था। मैं उन्हें अस्पताल में देखने गई तो अपने साथ उसकी एक प्रति भी लेती गई। संग्रह मैंने उन्हें समर्पित किया था। कवर पर मेरा नाम देखकर उन्होंने मेरी ओर देखा था। मैंने आज तक उनकी ऐसी आंखें नहीं देखी थीं। क्या था उनमें? गुस्सा? असंतोष? स्नेह? करुणा? मैं कुछ नहीं समझ पाई थी फिर वे पन्ने उलटने लगे। समर्पण-पृष्ठ पर आकर वे रुक गए थे। आगे के पृष्ठ उन्होंने नहीं पलटे थे। उनकी आंखों पर लगा चश्मा एकदम धुंधला गया था। खुली पुस्तक उनकी छाती पर रखी थी। वे चश्मा उतार कर अपनी आंखें पोंछ रहे थे और चश्मा भी।

□□□

15

आउट साइडर

--मालती जोशी

स्टेशन से लौटते हुए रात के बारह बज गए थे। नए जोड़े के हनीमून पर रवाना होते ही शादी का कार्यक्रम एक तरह से सम्पन्न हो गया था। नीलम थकान से निढाल हो रही थी। पर सब कुछ ठीक से निपट जाने से, मन एकदम हल्का हो आया था। अब वह निश्चित होकर बिस्तर में दुबक जाना चाहती थी।

पर जनता का इरादा कुछ और ही था। बच्चों को जबर्दस्ती सोने के लिए भेजकर, सबके सब ड्राइंग रूप में ही जम गए थे। 'थोड़ी देर बैठ लो न दीदी' पूनम ने कहा—'पिछले दिनों इतनी भागमभाग मची रही कि फुरसत से बैठकर दो बातें भी न हो पाई।'

पम्मी ठीक ही कह रही थी। घर की इस आखिरी शादी में, पूरा परिवार इकट्ठा हो गया था। सुदीप तो इतनी दूर कनाडा से आया था। पर कुशलक्षेम पूछने के अतिरिक्त उससे भी ज्यादा बात करनेका वक्त नहीं मिल पाया था। पूरे वक्त आपाधापी ही मची रही। अब जाकर थोड़ी फुरसत मिली है, तो इन लोगों के जाने की घड़ी भी पास आ गई है। पूनम चार दिन बाद अपने ससुराल चली जाएगी। सुदीप भी अपने ससुराल वालों से मिलना चाहेगा। भला इतनी दूर बार-बार आना कहां होता है। शादी के बाद, पहली बार तो जाना हुआ है। सुषमा भी तो अपनों से मिलने के लिए कुलबुला रही होगी।

सोने का प्रोग्राम मुल्तवी कर नीलम अपनी प्रिय कुर्सी पर बैठ गई। एक सुमीत को छोड़कर उसका पूरा परिवार उसके सामने था। सुदीप-सुजीत दोनों भाई उनकी बहुएं—सुषमा और अलका—बहन पूनम और उसके पति नरेश। अपने इसी परिवार के लिए, वह पिछले पच्चीस वर्षों से खटती आ रही थी। आज छोटे की शादी के साथ उसकी सारी जिम्मेदारियां पूरी हो गई थीं। वह अपने आपको बहुत हल्का और कृतार्थ अनुभव कर रही थी।

'तुम सब लोग आ गए। बड़ा अच्छा लगा। शादी में रौनक हो गई।' उसने भावविभोर होकर कहा।

'दीदी, हम लोगों को तो खैर आना ही था पर, असली रौनक तो बड़े भैया के आने से हुई है।' पम्मी बोली—'पिछली दोनों शादियों में वे नहीं थे, तो बहुत बुरा लगा था।'

'इस बार तो उसे आना ही था। घर की आखिरी शादी जो थी,' नीलम ने कहा—'अरे इसके लिए तो समधीजी से भी लड़ गई थी। साफ कह दिया कि भाई साहब, जब तक बड़े का प्रोग्राम नहीं आता,मैं शादी की तारीख तय नहीं कर सकती। घर की आखिरी शादी है। सबका होना निहायत जरूरी है।'

'दीदी, तुमने मेरी छुट्टी का इंतजार किया, सचमुच बड़ा अच्छा किया,पर बार-बार यह आखिरी शादी का जुमला क्यों रट रही हों।'

'दीपू, मेरा मतलब इस जनरेशन की शादियों से था। तुम्हारी प्रिया तो अभी बहुत छोटी है।'

'मैं प्रिया की शादी की बात नहीं कर रहा।'

'तो?'

'दरअसल हम लोग...' कहते-कहते सुदीप चुप हो गया। सहारे के लिए उसने सुजीत और पूनम की ओर देखा। सुजीत ने तो संकोच से आंखें झुका लीं। पर पूनम तो हमेशा से बोल्ड रही है। झट बोल उठी—'दीदी, बड़े भैया का मतलब है, कि अब आपकी सारी जिम्मेदारियां समाप्त हो गई हैं। अब आपको भी सेटल हो जाना चाहिए।'

'बट आय एम क्वाइट वेल सेटल्ड।'

'उनका मतलब है, अब आपको भी शादी कर लेनी चाहिए।'

'पम्मी तुम पागल तो नहीं हो गई?' नीलम ने बहन को बुरी तरह डपट दिया। उसे सचमुच गुस्सा आ रहा था। भला यह भी कोई बात हुई। सामने घर के दामाद बैठे हैं, बहुएं बैठी हैं, उनके सामने इस तरह की बचकानी

बातें कहनी चाहिए भला? यह तो अच्छा हुआ, जो सुमीत और नेहा चले गए हैं। नहीं तो वह नई लड़की, अपने मन में क्या सोचती, छी:।

अभी वह अपनी शर्म से उबर भी न पाई थी कि नरेश बोल उठे—'दीदी, पम्मी ठीक कह रही है। यह सिर्फ उसके या बड़े भैया के मन की बात नहीं है। हम सबकी यही इच्छा है। इस घर के लिए आपने इतना कुछ किया है। एक तरह से अपनी पूरी जिंदगी ही होम कर दी है। इसलिए सब चाहते हैं, कि अब आप भी इत्मीनान की, आराम की जिंदगी बसर करें। आप नहीं जानती, कि अपनी गृहस्थी में रच-बस जाने के बाद भी, इन सबके मन में एक अपराध-बोध पलता रहता है। एक कांटा-सा हरदम चुभता रहता है। पम्मी तो पता नहीं कितनी बार कहती है, कि काश दीदी का भी घर बस जाता तो मैं जी जाती।'

अब घर के दामाद को डांटा तो नहीं जा सकता, इसलिए फीकी हंसी हंसकर नीलम ने कहा—'मैं तुम लोगों की भावना समझती हूं नरेश। पर घर बसाने की भी एक उम्र होती है।'

'होती क्यों नहीं, जरूर होती है। और आप अभी भी उस उम्र के दायरे में ही हैं। वो तो शुरू से आप सबकी गार्जीयन बनी रहीं, इसलिए अपने आपको बुजुर्ग समझने लगी हैं। नहीं तो पैंतालीस, भला कोई उम्र होती है। आप चाहें तो अब भी आपके लिए दर्जनों प्रस्ताव आ सकते हैं।'

नीलम ने कोई जवाब नहीं दिया। ऐसी बचकानी बातों को कोई जवाब भी क्या दे। उसने तो उसे महज मजाक समझा पर वे लोग सचमुच दर्जन भर प्रस्ताव बटोर लाए थे। लगा कि छोटे की शादी का तो बहाना था। वे लोग शायद इसी अभियान के लिए इकट्ठा हुए थे। उन लोगों की गुपचुप खिचड़ी पकती रही और उसे कानोंकान खबर तक न हुई। उसे तो तब पता चला जब एक लम्बी-चौड़ी लिस्ट उसे थमा दी गई।

फिर भी उसने इस बात को गम्भीरता से नहीं लिया। केवल मनोरंजन के लिए वह पूरा ब्यौरा पढ़ गई थी। उसे हंसी भी आई थी और आश्चर्य भी हुआ था, कि लोग कैसी-कैसी विपरीत परिस्थितियों में भी शादी का शौक पालते हैं।

उसे फुरसत से विचार करने के लिए कहा गया था। पर सुदीप और सुषमा दूसरे ही दिन, उसके कमरे में आ धमके। उन्हें शायद सबसे ज्यादा जल्दी थी। कनाडा जाने से पहले, वे सब कुछ तय करके जाना चाहते थे। उनके पीछे-पीछे सुजीत भी आ पहुंचा। लगा, कि दोनों भाई दल बांधकर उस पर हमला करना चाहते हैं।

थोड़ी देर इधर-उधर की बातें होती रही।फिर सुदीप ने एकाएक पूछ लिया—'दीदी तुम्हें वह लखनऊ वाला प्रपोजल कैसा लगा?'

'कौन-सा? वो अवस्थी जी वाला? ना बाबा, शादी के तुरंत बाद नानी बनने का अपना कोई इरादा नहीं है।'

'तो बरेली वालों को देख लेते हैं', सुषमा ने सुझाव दिया—'उनके दो बेटे ही हैं शायद। वे भी अभी छोटे हैं।'

'और उन बेटों को भी वे होस्टल में रखने को तैयार हैं।' सुदीप ने जानकारी दी।

'इसी को कहते हैं हिप्पो क्रैसी। इधर तो यह प्रचारित करेंगे, कि हम सिर्फ बच्चों की खातिर शादी कर रहे हैं और फिर उन्हीं बच्चों को होटल में ठूंसने को भी तैयार हो जाएंगे। ऐसे दो मुंहे लोगों से मुझे सख्त नफरत है।'

'जाने दो बरेली वालों को, गोली मारो;' सुजीत बोला—'मुझे तो नरेश के जीजाजी वाला प्रस्ताव बहुत अच्छा लगा है। एक तो महाशय डिप्टी कलेक्टर हैं। दूसरे थोड़ा-बहुत लिखने-पढ़ने का शौक भी रखते हैं। ही विल बी ए पर फेक्ट कम्पेनियम।'

'उन्हीं की बात कर रहे तो न, जिनकी लड़की ने आत्महत्या की धमकी दी है? अरे क्यों मेरे सिर हत्या थोपना चाहते हो?'

'अरे इन धमकियों से कुछ नहीं होता दीदी। पम्मी की सास ने भी तो कहा था, कि अगर ये शादी हुई, तो मैं मिट्टी का तेल छिड़क लूँगी। पर क्या हुआ, कुछ नहीं। दो-चार साल मुंह फुलाए रहीं, अब सब ठीक चल रहा है।'

'जीतू किसी दिन फुरसत मिले, तो पम्मी से पूछना, ये दो-चार साल उसने कैसे कांटे हैं। एक तो वह शुरू से ही दिलेर है, फिर प्यार का जोश भी

था। इसलिए सब कुछ हंसते-हंसते झेल गई। वैसे भी कच्ची उम्र में सहना आसान होता है। पर इस उम्र में इतना तनाव मैं नहीं झेल पाऊंगी। बीस साल की उम्र से मैदान में खड़ी हूं। परिस्थितियों से लड़ते-लड़ते तंग आ गई हूं। थक कर चूर हो गई हूं। अब जाकर थोड़ा सुस्ताने की मोहलत मिली है। मैं इस मोहलत को भरपूर एनजॉय करना चाहती हूं। यह मत समझना, कि मैं तुम्हारी भावनाओं को समझती नहीं हूं। समझती भी हूं और कद्र भी करती हूं। पर मेरे लिए इतनी सोच-विचार करने की सचमुच जरूरत नहीं है। अब मैं सिर्फ शांति चाहती हूँ। शांति और आराम, बस। इससे ज्यादा कुछ नहीं। थैंक्स ऑल द सेम।'

तीनों अपना-सा मुँह लिये उठ गए। कमरे से बाहर दो-चार कदम ही गए होंगे, कि सुषमा बोल पड़ी—'मुझे मालूम था वे मना कर देंगी! इतने दिनों तक इस घर में बॉसिंग करती रही हैं। ससुराल में धौंस-डपट सहना उनके बस का थोड़े ही है।'

'क्या बात करती हो भाभी! अब इस उम्र में उनसे धौंस-डपट कौन करेगा?'

क्या? मतलब

'तुम नहीं जानती, इन लोगों के मन पर खासकर सुजीत और अलका के मन पर, कैसा भार-सा बना रहता है। अलका कहती है, हम तो जिंदगी को कभी ठीक से एनजॉय नहीं कर पाते। एक अनब्याही ननद का साया हमेशा हमारी खुशियों पर मंडराता रहता है।'

'सो सैड' नीलम ने हंसकर कहा—'भई अपनी अलका रानी को समझा देना, कि मेरे लिए इतना परेशान होने की जरूरत नहीं है। मैंने जिंदगी की किताब से वे पेज बहुत पहले फाड़कर फेंक दिए थे, जिन पर शादी की इबारत लिखी हुई थी।'

'दीदी, क्या वे पेज फिर से जोड़े नहीं जा सकते?'

'पम्मी, तुम नहीं जानती, अरमानों को दफन करना कितना असहनीय होता है। उन्हें वापस जिलाना तो शायद और भी पीड़ा देगा। और मुझे डर

है, कि अगर मुझे मजबूर किया गया, तो मैं सपनों के टूटे हुए सिरे को वहीं से उठाना चाहूंगी, जहां छोड़ा था।'

'मैं समझी नहीं दीदी।'

पम्मी मेरी उम्र चाहे जो भी रही हो, मेरे सपने अभी भी किशोर हैं। मेरे भाई लोग, जैसे एन्टीक पीसेस मेरे सामने परोस रहे हैं, उनसे इनका कोई मेल नहीं है।

'दीदी ट्राय टू बी प्रैक्टिकल। अगर तुम्हारी समय से शादी हो गई होती, तो हमारे जीजाजी भी आज, उम्र के इस दौर में होते।'

'समय से शादी नहीं हुई, यही तो परेशानी है पम्मी। पति-पत्नी साथ-साथ बुढ़ाते हैं तो कोई फर्क नहीं पड़ता। उस लम्बी यात्रा में इतनी सारी चीजें जिंदगी से जुड़ जाती हैं, कि उम्र का अहसास पीछे छूट जाता है।'

'तुम्हारी बातें तो मेरी समझ से बाहर होती जा रही है।'

'तो समझने की कोई जरूरत भी नहीं है। इसे एक मजाक समझकर भूल जाओ। मैंने भी तो तुम्हारे प्रस्तावों को मजाक से ज्यादा कुछ नहीं समझा। दरअसल, अब शादी की बात ही मन से उतर गई है। तुम लोगों ने यह विचार फिर से जगा दिया है, तो सोचूंगी। कोई सही आदमी मिला तो बता दूंगी। पर अब इस उम्र में मैं कोई रिश्ता, जबरदस्ती नहीं ओढ़ सकती। सॉरी।'

'एक बात और थी दीदी।'

'अब क्या रह गया?'

'तुमने इस घर को लाख अपने खून से सींचा हो। पर यह घर कभी तुम्हारा अपना नहीं हो सकता। तुम यहां हमेशा आउट साइडर ही रहोगी।'

'क्या बात करती हो?'

'मैं सच कह रही हूं। अभी तो तुम्हारे पास अपनी नौकरी है, इसलिए कोई फर्क नहीं पड़ता, पर कल को जब रिटायर हो जाओगी, तो तुम्हारी हैसियत, इस घर में एक फालतू सामान की-सी रह जाएगी। तब तुम्हें मेरी बात याद आएगी।'

नीलम कहने को हुई, कि जिस दिन ऐसा होगा, मैं तुम्हारे यहां चली आऊँगी पर नहीं कहा। यह प्रस्ताव तो पूनम को खुद देना चाहिए था। नहीं दिया तो बुरा भी लगा, पर चुप लगा गई। अब इससे क्या कहें। वह बेचारी तो खुद ससुराल के आतंक से त्रस्त है। कहना होगा, तो सुदीप से कहेगी। खुद तो इंजीनियर बनते ही शादी कर ली और विदेश चला गया। दुबारा पलटकर भी नहीं देखा। तब का गया अब आया है। वहीं बैठकर दीदी का खयाल नहीं आया। अब जब सारी जिम्मेदारियां खत्म हो गई हैं, तो दीदी की शादी का शौक सवार हुआ है।

लेकिन सुदीप से भी वह कुछ नहीं कहेगी। अपने भाई-बहनों पर उसकी अपार ममता है। शिकायत कभी अगर थी, तो वह अम्मा से थी। मां होकर भी उन्होंने बहुत पक्षपात किया। कमाने का भार बड़ी बेटी के कंधों पर डालकर वे बाकी बच्चों का लालन-पालन करती रहीं। उम्र नीलम की मुट्ठी में से, रेत की तरह फिसलती रही और अम्मा जानकर अनजान बनी रहीं।

पिता की आकस्मिक मृत्यु के बाद, जब उसने घर की बागडोर सँभाली थी, तब यह नहीं सोचा था कि अब यही उसकी नियति होगी। मन में एक क्षीण आशा थी कि कल को भाई जब किसी लायक हो जाएंगे, तो वह अपनी जिंदगी जी सकेगी। पर वह आशा दुराशा ही साबित हुई।

दीपू के इंजीनियर होते ही उसके लिए रिश्ते आने लगे, अम्मा एकाएक बहू का चेहरा देखने के लिए व्यग्र हो उठी। शादी के बाद, जब दीपू के साले ने उसे कनाडा बुला लिया, तो उससे ज्यादा खुशी अम्मा को हुई। घर में एक अनव्याही लड़की बैठी है और उसकी शादी बेहद जरूरी है, इस तथ्य से अम्मा ने जैसे आंखें ही मूँद ली थी।

अगर वे जानती कि बेटे को हमेशा के लिए विदा कर रही हैं, तो शायद अम्मा इतनी उत्साहित न होती। अपने अंतिम दिनों में, वे बेटे को देखने के लिए तरस गई थीं। चित्रों से अब उनका मन नहीं भरता था। पर नीलम की हर चिट्ठी का सुदीप यही जवाब देना, कि दीदी इतनी जल्दीइतने सारे रुपए का जुगाड़ करना बहुत कठिन है। और मैं बार-बार सुषमा के भाई के आगे हाथ फैलाना नहीं चाहता। बेचारी अम्मा, मरने के बाद भी, उन्हें बड़े

बेटे का न कंधा नसीब हुआ, न तर्पण। उन दिनों प्रिया होने वाली थी और सुदीप का वहां होना बेहद जरूरी था। और फिर एक बार इमरजेंसी बीत गई, तो उसका आना टलता ही चला गया।

सुजीत बी. कॉम करके बैंक में लग गय था। पर उसका सामर्थ्य इतना नहीं था, कि वह पूनम की शादी भी करता और सुमीत की मेडिकल की पढ़ाई का खर्च भी उठाता। इसलिए नीलम को मोर्चे पर डटे रहना पड़ा। पूनम की शादी का तो अच्छा-खासा नाटक ही हो गया था। बड़ी कठिनाई से उन लोगों का मुँह बंद किया जा सका। फिर अच्छी-सी लड़की देखकर उसने सुजीत की शादी भी कर दी। पूनम के जाने के बाद घर एकदम सूना हो गया था। अलका ने आकर उस सूनेपन को भर दिया। सुमीत की शादी के लिए उसे सिर नहीं खपाना पड़ा। उसने खुद ही तय कर ली थी। घर की यह आखिरी शादी भी बड़ी धूमधाम से सम्पन्न हुई। अपने सारे कर्तव्यों से निवृत होकर, कितनी खुश थी नीलम। पर इस बेवक्त की शहनाई ने, सब गुड़ गोबर कर दिया।

गनीमत यह हुई, कि उसकी शादी का प्रसंग जिस तेजी के साथ उठा था, उतनी ही जल्दी दब गया। पम्मी के चले जाने के बाद तो किसी ने चर्चा तक नहीं की। जिंदगी फिर से अपने ढर्रे पर चलने लगी थी। लोग अपने में मसरुफ हो गए थे। सुमीत और नेहा गोआ से लौट आए थे। और अब सुदीप का सामान बंध रहा था।

उसने शादी के लिए पंद्रह दिन की छुट्टी ले रखी थी पर उसका मन हुआ, कुछ दिन और बढ़ा ले, ताकि ज्यादा से ज्यादा समय दीपू के साथ बिता सके। उस दिन ज्वाइन करने के लिए एप्लीकेशन की ओर देखा भी नहीं। बोलीं—'आज तुम नहीं आती, तो घर पर संदेशा भेजने वाली थी।'

'क्यों? कोई जरूरी काम था?'

'हां, ट्रांसफर ऑर्डर आया है। ट्रांसफर और प्रमोशन एक साथ। प्रिंसीपल बनकर जा रही हो।'

'कहां?'

'खैर, जगह तो बहुत दूर बस्तर में हैं, पर सुनते हैं बड़ी शांत जगह है। कॉलेज भी नया-नया है, तो ज्यादा समस्याएं भी नहीं होंगी।'

'लेकिन मैडम...'

'अरे भई...अब क्या पेरशानी है? अब तो तुम्हारी सारी जवाबदारियां खत्म हो गई हैं। और भगवान की दया से, यू आर ए फ्री बर्ड नाऊ। तुम्हें तो अब ऐसे चैलेंज खुशी-खुशी स्वीकार कर लेने चाहिए। बल्कि आगे बढ़कर लेना चाहिए।'

'सो तो ठीक है मैडम, पर मुझे नहीं लगता कि मेरे भाई लोग मुझे इतनी दूर जाने देंगे।'

'देख लो, पर मुझे लगता है बार-बार प्रमोशन, रिफ्यूज करना ठीक नहीं है। मेरे खयाल से यह तीसरी बार हो रहा है।'

मैडम फिर अपनी फाइलों में व्यस्त हो गई थीं। छुट्टी की एप्लीकेशन उनके सामने सरकाकर वह लौट आई। घर आते हुए रास्ते में उसने ढेर सारी खरीददारी की। सुदीप के लिए खादी का सूट और कुरते-पजामे, सुषमा के लिए कोसा और चंदेरी साडियां और प्रिया के लिए सब प्रांतों की गुडियों का पूरा सेट। साथ ही प्रिया के मनपसंद रसगुल्ले भी।

घर पहुंचकर अपने कमरे में जाने के बजाय,वह सीधे दीपू के कमरे की ओर ही चली गई, परंतु पैर दरवाजे में ही ठिठक गए। भीतर देवरानी-जिठानी का प्रेमालाप चल रहा था। अलका कह रही थी—'आप तो लकी हैं जिज्जी। फुर्र से उड़ जाएंगी। ये नेहा भी चार दिन बाद छोटू के साथ बंगलौर चली जाएगी। उम्र कैद तो हम लिखाकर लाए हैं, सो भुगतेंगे।'

'क्या करें भई, हमने तो बहुत कोशिश की। पर वे टस से मस नहीं हुई। अब यही समझ तो कि वे हमारी ननद नहीं, सास हैं। और उन्हें हमेशा हमारे साथ ही रहना है।'

नीलम तो जैसे काठ हो आई। उसे अपने कानों पर विश्वास ही नहीं हुआ। उसके आगे-पीछे डोलने वाली, उससे मिसरी घुले स्वर में बात करने वाली अलका, उससे क्या सचमुच इतना ऊब गई है, कि उसका साथ उसे

उम्र कैद-सा लगने लगा है। और अलका को उस कैद से रिहाई दिलाने के लिए ही शायद उसकी शादी का प्रपंच रचा जा रहा है। वाह!

इसके बाद वहां खड़े रहना या उन लोगों से सामना करना, उसके लिए सम्भव नहीं था। वह दबे पांव कमरेमें लौट आई। इतनी देर तक हाथ में थामा हुआ सारा सामान, उसने पलंग पर पटक दिया। अब उसे अहसास हुआ कि उसके हाथ दर्द कर रहे थे। पर यह बोझ तो कुछ भी नहीं था। इससे दस गुना बोझ तो उसके मन पर था। उसे वह कहां रखती? उस दर्द से निजात पाना क्या सम्भव था?

रात खाने की मेज कर रसगुल्लों का एक बड़ा-सा डोंगा सजा हुआ था। उसने शाही अंदाज में ऐलान किया—'ये मेरे प्रमोशन की मिठाई है। प्रिंसीपल बनकर जा रही हूं।'

'अरे वाह! कहां?'

'जगह तो खैर बहुत दूर बस्तर में है। आजकल हर कहीं तो कॉलेज खुल गए हैं। पर सुनते हैं जगह बड़ी शांत है। मुझे तो इस समय सबसे ज्यादा शांति की ही जरूरत है। इस आपाधापी से तंग आ गई हूं। फिर बार-बार प्रमोशन ठुकराना अच्छा भी नहीं लगता। पहले तो खैर मजबूरी थी। अब तो कोई बहाना भी नहीं रहा।'

इस बात पर सभी एकमत थे। रात बिस्तर में लेटी हुई वह दिन भर की घटनाओं का मन ही मन जायजा ले रही थी। दोपहर में उसने प्रिंसीपल मैडम से कितने गर्व के साथ कहा था—'मैडम, मेरे भाई लोग मुझे इतनी दूर नहीं जाने देंगे।'

पर कहां। किसी ने भी तो प्रतिवाद नहीं किया। पम्मी ठीक ही कह रही थी। बल्कि उसने तो रिटायरमेंट के बाद की बात कही थी। पर नीलम को लग रहा था, कि घर में उसकी हैसियत अभी से किसी फालतू सामान की-सी हो गई है।

□□□

16

अन्धे मोड़ से आगे

--राजी सेठ

काम करते-करते अक्सर, अचानक उसे अपनी पीठ पर एक कीड़ा रेंगता, सरसराता-सा लगता है...और जैसे सारे शरीर पर पानी के भरे लिसलिसे फफोले उग आते हैं।

ऐसा ही था, तो इस नये जीवन की शुरुआत उसने क्यों की? सुरजीत को पीछे छोड़कर क्यों चली आयी? कामों में कोई अन्तर नहीं...वही एक बंधी-बंधायी गृहस्थी को दिन भर अपना थोड़ा-थोड़ा भाग सौंपते रहना... शाम तक राह देखना, प्रतीक्षा करना और समय के बचे हुए भाग को दूसरे के उपयोग के लिए छोड़ देना।

सुरजीत भी ऐसा कि अवरोध नहीं, विरोधनहीं, अधिकार-प्रदर्शन नहीं। साफ कह दिया, 'न रहना हो, न रहो, तुम्हारे बिना मर नहीं जाऊंगा।'

मिश्रा (बॉस) ने कहा था, 'घुन्ना है। बाद में उत्पात मचायेगा, तलाक नहीं देगा।' परन्तु वह घड़ी अधबनी रह गयी। उसने जितना शोर मचाया, जितने आरोप लगाये, सुरजीत सह गया। फैसले के दिन एकपक्षीय निर्णय हुआ। न वह आया, न कोई तनाव, न कोई आहट उस दिशा से आयी। लगा कि जो कुछ हुआ है, उसकी अपनी ओर से उसके अपने लिए हुआ है। उसका सुरजीत से वैसे भी कोई सम्बन्ध नहीं था।

मामला इतना ही एकतरफा था तो इस खींचतान की आवश्यकता ही क्या थी आखिर?

सुरजीत की अलिप्त उदासीनता को समझते हुए वह वैसे भी तलाक के लिए शायद इतना आग्रह न रखती, परन्तु मिश्रा हठ करता रहा था— सुरक्षा जरूरी है। कानूनी सुरक्षा। वैध अधिकार। वह भविष्य में कभी

सुरजीत का हस्तक्षेप बरदाश्त करना नहीं चाहेगा। डेस्पिकेबल क्रीचर! नीच जानवर।

यहां आकर अक्सर लगने लगा है कि वह यहां क्यों हैं? किस लिए उसने इस प्रकार की जीवन-व्यवस्था को चुन लिया है?

अन्तर इतना ही है, वहां अपने हाथ से रोटी पकाती, सफाई करती, कपड़े धोती थी, यहां नौकरों से करवाती है। सुरजीत में एक प्रकार की आदतें थीं तो मिश्रा में दूसरे प्रकार की। वह रोटी खाते समय चप्प-चप्प करता था, यह सोते समय खर्राटे लेता है। वह लाल जूते पसन्द करता था, यह काले। उसे दूध भाता था इसे कॉफी। वह देसी पीता था, यह विलायती। वह एक प्रकार के प्रसंगसे देह तक पहुंचता था तो यह दूसरे प्रकार के।

रात को बत्ती बुझ जाने पर, मिश्रा के घर डनलप के आरामदेह स्पर्श के अति यथार्थ होने पर भी सुरजीत के घर खरखरी खाट पर दरी बिछाकर सोने के सुख में उसे कोई अन्तर नहीं लगता। अंधेरा होते ही वह कमरे के लील लेने वाले वैभव से विच्छिन्न हो जाती है, उसका हिस्सा नहीं रहती।

आधी रात गये, जब कभी मिश्रा खर्राटे त्यागकर जाग उठता है और एक बदहवास उतावली में उसे टटोलता हुआ, भारी-सी देह लिये उसके बिस्तर की दिशा में लुढ़कने लगता था, तो वह उसे मिश्रा नहीं लगता। वही लगता है, जो वह सुरजीत के लिए कहता है—डेस्पिकेबल क्रीचर।

ऑफिस में उसके सामने बैठे जो कुछ सूट, टाई, चमचमाते बूटों और सिगार के साथ एकतान होती, उसकी आभिजात्य शिष्टता से रचा जाकर प्रलोभन का एक अचूक हथियार बनता था, घर आकर एकदम निर्वस्त्र हो जाता है। एक ढीली लिजलिजी सचाई का उबाऊ स्वाद बाकी रह जाता है।

शुरू-शुरू में वह सोचती थी, क्या उसका मोह मात्र सूट-बूट-टाई और बाहरी शालीनताओं से ही था? उससे रहित हो जाने पर वह मिश्रा को वैसा क्यों नहीं देख पाती, जैसा ऑफिस में उसके सामने बैठे देख पाती थी? पैरों के नीचे की धरती अब उतनी क्यों नहीं डोलती, जितनी तब डोलती थी? इतनी कि सुरजीत के पास घर लौटकर जाने की इच्छा ही नहीं होती थी।

शायद इतना बड़ा निर्णन हो पाता, यदि सुरजीत कुछ बाधा देता या मिश्रा ही इतनी शह न देता। रोज-रोज उसके मन को एक बेहतर जीवन की लालसा और देह को नयी आँच से सेंक न देता। उसी ने तरह-तरह से समझाया था कि सुरजीत के साथ या किसी के भी साथ (अपनी ईमानदारी जताने को वह अवश्य जोड़ता था) अनिच्छा से रहना अत्याचार को प्रश्रय देना है।

सुरजीत के साथ रहना अनिच्छा का है, यह कैसे समझ लिया गया? न लगता यदि सुरजीत विरोध, अवरोध, विद्रोह, प्रतिरोध करता। एक सुविधा-सहूलियत भरी मुक्ति उसे देकर वह अपनी राह चलता बना।

यह मुक्ति इतनी सुविधाजनक न होती तो शायद उसे मिश्रा को पाना कुछ लगता, उपलब्धि का सुख होता। मिश्रा ने चाहा, पा लिया। सुरजीत ने नहीं चाहा, छोड़ दिया। उसकी अपनी चाह का धरातल कौन-सा था फिर?

ये प्रश्न इधर परेशान करने लगे हैं। ऐसा कोई एहसास इससे पहले उसे न था। घर का काम करते-करते अचानक उसे उस घर का शतांश मात्र होने की यातना घेर लेती है।

अचानक लगने लगता है कि उस घर का अधिकांश हिस्सा मिश्रा की मरी हुई पत्नी की स्मृति में सदा बन्द रहने वाली अलमारियों और बक्सों में बन्द है। उस घर का अधिकांश व्यतीत है, अतीत है, इतिहास है और मिश्रा का झुर्रियों भरा शरीर उसके शेष हो जाने का साक्षी है। उस दफनशुदा अतीत—इस घर के अधिकांश—से उसका अपना कोई सम्बन्ध नहीं, पर यह बात उसे मिश्रा की रसोई में काम करते ही महसूस होती है, डिक्टेशन लेते ऑफिस में महसूस नहीं होती थी।

यहां महसूस होती है, क्योंकि उसके जीवन में हर रसोई के साथ एक रसोई सुरजीत की जुड़ी है। मिश्रा दफ्तर में होता है तो सुरजीत नहीं लगता, घर होता है तो सुरजीत हो जाता है।

मिश्रा और सुरजीत, दोनों एक हो जाते हैं, तो उसे सुरजीत ही अच्छा लगताहै। उसकी बांहों पर चिपका हुआ कोई झुर्रीदार अतीत नहीं है। क्या हुआ यदि उसके हाथ एकदमसीधे उसके गालों पर वार करतेथे। वह

गालियां देता था, मारता था, आये दिन गुस्से में सारे बर्तन पटक देता था। जिद चढ़ जाये, तो मां के घर जाने नहीं देता था और रुलाई आती हो तो उस क्षण को अपने आधिपत्य की हिंसा से तोड़-फोड़कर मन के चिथड़े-चिथड़े कर देता था।

थकी, आहत, अकुलाई ऑफिस पहुंचती थी तो मिश्रा मरहम लगाने बैठ जाता था। पतले गुलाबी नक्काशीदार प्यालों में पड़ी गरम चाय से घाव सेंकता था। संकोच से चाय पीकर उठो और डिक्टेशन के लिए कलम हाथ में लेते ही मिश्रा की भिंचती जाती मुट्ठी में उसकी अंगुलियों में फंसे सस्ते चांदी के छल्ले एक दर्दीले दबाव से एक नन्ही-सी चीख को जन्म दे देते थे। वह हाथ छोड़कर पैर से पैर छूने लगता था, 'मैं तुम्हारी जरूरतें समझता हूं।'

'कैसी जरूरतें?' कहने-पूछने का कोई रिश्ता उसका मिश्रा से नहीं था। आंखें झुकाकर चुप बैठी रहती थी वह।

वह आग्रह करके उसे अपने पास वाली कुर्सी पर बिठा लेता था। सामने से हट जाने पर सामना करने की विवशता समाप्त होना उसे अच्छा लगता था। तब नहीं सोच पाती थी कि वह किस सामने से डरती है। मिश्रा से अपना सामना या अपने से अपना सामना, जो मिश्रा की आंखों के अक्स में उसे साफ दिखता था।

पास बिठाकर वह धीरे-से उसके कन्धों पर हाथ रख देता था। कोई उत्तेजना उसके भीतर नहीं जागती थी, केवल एक प्रकार की कुण्ठित चुप्पी, जिसमें 'न' कहने की एक बचाव-भरी मनाही हो।

मिश्रा के हाथ अधिक स्वतन्त्रता लेने लगते थे। थोड़ी देर बाद एक भावुकता से भरकर वह कहता था, 'चलो, आज शाम बाहर चलते हैं...ठीक?'

'हां-न' में डोलते मौन का वह अपने पक्ष में अनुवाद कर लेता था, 'तो फिर अभी सुरजीत को फोन कर दो। शाम को करना ठीक नहीं।'

सुरजीत को फोन? सुरजीत कोई मिश्रा नहीं था, जिसकी टेबुल पर दो-तीन फोन हों। टेक्निकल सेक्शन की वर्कशाप से उसे ढुंढ़वाना पड़ता था,

जहां से वह अपने कालेमैले हाथ लिये झल्लाता हुआ सुपरवाइजर की टेबुल पर आता था और खीझकर कहता था, 'क्या जरा-जरा-सी बात पर हैरान करती हो। जल्दी नहीं आ सकती, तो मैं कर भी क्या सकता हूं।'

शुरू-शुरू पे इस खीझ को सह जाती थी वह। बाद में टाल जाती थी। मिश्रा के कहने पर कहती थी कि सुरजीत को फोन करना जरूरी नहीं है। मिश्रा निश्चिन्त हो गया था। जरूरी'से कम जरूरी होते-होते सुरजीत गैर-जरूरी हो गया था।

देर-सवेर घर आने लगी थी वह। सुरजीत पहले ही दूसरे-तीसरे एकाध रात घर से गायब रहा करता था, अब लम्बा बाहर रहने लगा। तारु से पूछने पर उसने कैसी चुटकी ली थी, 'जेब के पैसे रोज़ नहीं गिनती हो। बड़ी भोली हो भाभी।'

मिश्रा ने उकसाया था कि वह साफ कह दे कि उसे साथ नहीं रहना है। सुरजीत बोला, 'नहीं रहना, न रहो, जाओ। तुम समझती हो तुम्हारे बिना मर जाऊंगा।'

कोई उत्तेजना नहीं। क्रोध, मार-पीट, गाली-गलौज कुछ नहीं। करता तो उसका हक दिखता। उसने एकदम मुक्तिदे दी थी, जिससे उसे महसूस हुआ था कि यह तो पहले ही सड़क पर खड़ी थी। घर में होती तो उसके जाने से घर की दीवारें जरूर थरथरतीं।

इस तरह मिश्राके पास चले आने में उसे कुछ विशेष खुशी नहीं हुई थी। डिक्टेशन लेते उसे बार-बार लगता कि सुरजीत का फोन आयेगा, परन्तु घण्टियां दिमाग में बजती थीं, बाहर सन्नाटा पसरा रहता था।

मिश्रा जल्दी ही उसे लेकर बम्बई चला गया था। सुरजीत के एहसास को वह न केवल वहीं छोड़ गया था, कितने ही नये एहसासों के खोल उसने उस पर चढ़ा दिये थे। वह दबती गयी थी वैसे ही जैसे सीने पर चढ़ती आती लहर पर लहर के नीचे सागर तट की रेती में चिपका पड़ा सीप-शंख का कोई टुकड़ा, जिसका पानी से भीगते रहने पर भी पानी से कोई सम्बन्ध न बनता हो। कितनी विचित्र बात थी। बम्बई में उसने पहली बार समुद्र देखा

था, और लहरों के विवेकहीन आवेग के नीचे दबते जाने की घुटन का एहसास भी उसके मन में साथ-ही-साथ पहली बार जागा था।

मिश्रा ने उसे एक बड़े होटल में ठहराया था। कीमती कपड़े दिलाये थे, घुमाया था, पिक्चरें दिखायी थीं, और...और पतले जालीदार गाउन में उसे देखा, पाया था, इतना कि वह डूबते-डूबते भी कांप-कांप जाती थी क्योंकि हर बार मिश्रा के चेहरे पर श्रान्त होकर बैठ गयीं झुर्रियों में एक बदचलन अतीत का गहरा उदास कर देने वाला गिलगिला एहसास उसके मन में चिपका रह जाता था। समुद्र से विच्छिन्न हो गयी निस्संग लहर की-सी यातना मन में सुदूर कहीं साथ-साथ चलती रहती थी।

मिश्रा वापस आया, तो आग्रह करने लगा, कानूनी तलाक हर हालत में जरूरी है। उसने भी हामी भरी—जरूरी है। क्योंकि कानूनी तौर पर ज्ञात होना चाहिए कि वह किसकी है। उन्होंने नोटिस भिजवाया—सुरजीत शराबी है, कवाबी है, क्रूर है, मारता है, व्यभिचारी है, औरत की कमाई खाता है।

मशीनों को कोलाहल का रोज सामना करने वाले दबंग सुरजीत के लिए ऐसा कोलाहल परेशान करने वाला नहीं था। वह नोटिस फाड़ देता है, थूक देता है और कहता है—'तुम भाड़ में जाओ और साथ में तुम्हारा बॉस।'

जज सक्सेना से मिश्रा की गहरी दोस्ती है। जिस परिधान में उसे अपना होना बहुत असुविधाजनक लगता है, उसे ही पहनाकर, सामने बिठाकर एक अनुभवी निरुद्वेगता से मिश्रा सक्सेना से अपील करता है, 'भई! जरा जल्दी केस कराओ! तुम तो जानते हो, उस साले सुरजीत ने नाक में दम कर रखा है।'

सुरजीत का मिश्रा से कितना-सा वास्ता है कि वह उसकी नाक में दम कर सके। कर सकने का कारण होने पर भी, दबंग, साहसी होने पर भी उसने मिश्रा के मुंहपर थूक दिया है।

तलाक की डिक्री चाहेकितनी सुविधा से मिली, मिश्रा का हथियार बन गयी। बार-बार यहां-तहां चुटकी काटते, पास घसीटते कहता है, तुम्हें कितनी मुश्किल से पाया है, डार्लिंग।

काश! यह मुश्किल एक सचाई होती। सुरजीत ने उसे मुश्किल से छोड़ा होता और मिश्रा ने उसे मुश्किल से पाया होता तो वह अपने को कहीं तानकर रख सकती। एक निष्ठाहीन आह्वान की पुकार के सम्मुख हथियार डाल देने के व्यक्तित्वहीन अनौचित्य के सम्मुख यों न झुकती-टूटती। लड़ना, लड़ते रहना या लड़ाई जारी रखना—अपने कुछ होने की पहचान के साथ जुड़ा तो होता।

यह दर्द इधर कुछ ज्यादा होने लग गया है। ऑफिस की नौकरी छोड़कर मिश्रा के घर अलमारियों में बन्द अतीत का सामना करती वह जब से अकेली रहती है और उसके वर्तमान में अपने को पूरी तरह डुबो नहीं पाती है—तब से।

मिश्रा की उसके प्रति चाह जो पहले होटलों, रेस्तरांओं, ऑफिस के कक्षोंके अवरोध से सेंकी जाकर एक उद्दाम आवेग में उसके शरीर की हदों से टकराकर चूर-चूर होती थी और उसे सराबोर विस्मृति से भर देती थी, मांसाहारी स्वाद की तृष्णा का निष्प्राण अभ्यास बनकर रह गयी है। व्हिस्की के एक पेग की तरह मिश्रा की आदत का एक भाग बन जाने का एहसास उसे जब-तब दंशित करता है।

मिश्रा के कपड़े संवारते, उसके लिए रच-रचकर रसोई बनाते...अक्सर एक लम्बा, लम्बोतरा कीड़ा उसे अपनी पीठ पर रेंगता, सरसराता लगता है...

यह सब वह यदि सुरजीत के लिए ही करती रहती?

यह सब वह यदि सुरजीत के लिए अब भी करे तो?

उसका जी चाहा, आज ही सांझ ढले, वह सुरजीत के उमस भरे घर में अचानक जा बैठे और बुरादे की अँगीठी की लपलप करती धुआंस भरी लौ पर चाय का पानी रखकर सुरजीत की प्रतीक्षा करे। कुछ क्षण तक वह अपने आपको घुटनों पर सिर रखे दरवाजे की आहट के प्रति चौकन्ना-सजग देखती रही। सुरजीत आये और...

अधिक सोचने से वह डरी। प्रत्यागमन का सुख? सुरजीत के लिए? नहीं। नहीं। सुरजीत कभी पीछे लौटकर नहीं देखता। न अतीत, न भविष्य।

कुछ उसे धमका नहीं सकते। मुँह उठाकर सबसे बेलाग चलता है। उसके पिता के मरने पर दिन-रात आंखों पर बैठे सैलाब को उसने कैसी निर्दयता से झिड़क दिया था, कह दिया था, 'जाओ, कुछ दिन और मां के पास रह आओ। जब जी ठण्डा हो जायेतो आ जाना।'

'अगर तुम्हारे बापू होते तो?'

'मेरे बापू की बात छोड़', वह अधबीच गरजा था और दांत पीसता बाहर निकल गया था। भरी जवानी में सारे उत्तरदायित्व उसकी मां पर छोड़कर चरस-गांजे में धुत्त पड़े रहने वाले लम्पट साधुओं के गिरोह में खो जाने वाले बापू को उसने कभी सहानुभूति से न देखा था। उसकी मां ने मशीन चला-चलाकर उसे जितने के योग्य बनाया था, उसे शरीर का नंगापन ढकने वाली अपरिहार्य पोशाक की तरह चिपकाकर वह सारे संसार के विरुद्ध एक बेलाग आत्मरक्षात्मक तेवर में तना खड़ा रहता था। सीधा देखता था, सीधा सोचता था। हर रिश्ते में दो टूक सफाई उसे पसन्द थी—या इधर या उधर, बीच में कुछ नहीं। बीच होने की यातना कुछ नहीं। और उसके बीच?

उसके और सुरजीत के बीच डेढ़ साल की इस अवधि में घट चुका मीलों लम्बा इतिहास है...

मिश्रा की ओर से बढ़ते आते सैलाब के सम्मुख चकनाचूर होती जाती अपनी सामर्थ्य के समर्पण का इतिहास है...एक कानूनी तलाक की विधि बद्ध दूरी है...

पेट में पलते मिश्रा के अंश का कुलबुलाता अति-यथार्थ बन्धन है...सुरजीत की नितान्त अपेक्षाविहीन बेआवाज तटस्थता की ठण्डक है। यहां से कोई रास्ता वापस नहीं जाता।

यहां से कोई रास्ता आगे भी नहीं जाता। आगे...सामने...उसके भविष्य के कब्रिस्तान की शुरू हो चुकी सीमा है—मिश्रा के अन्दर दफन हो चुके कितने अतीतों की तरह बेजान होते जाते उसके भविष्य की। यहां से भी कोई रास्ता कहीं आगे नहीं ले जाता।

पैर हैं तो पैरों के साथ जुड़ी हुई है चलते रहने की एक अपरिहार्य विवशता। आगे-पीछे बन्द रास्ते...अन्धे मोड़—वक्र, अबूझ, असमाप्त...

पता नहीं, अपने को किस अपेक्षा से इतना तोड़ती-बांधती आयी है। और अपेक्षाएं?...जैसे साबुन के बुलबुले—आकर्षक, रंगीन, मोहक, पर क्षणजीवी। उनके पीछे दौड़ते जाकर, अपने भीतर के सच के लिए संघर्ष करते रहने की चुनौती भी जाने कहां खो चुकी है। अब अन्धे मोड़ हैं दोनों तरफ, और घूरता हुआ भौचक्का वर्तमान।

अधलगे बटन सहित मिश्रा की कमीज उसने घबराकर एक तरफ रख दी और उदग्नि बेडरूप में घुसी।

दोपहर की इस तपन में कमरे के बन्द, ठण्डे, अंधेरे वातावरण का पहला स्पर्श उसे खूब भला लगा। लेटने जाकर उसके हाथ एयरकण्डीशनर के बटन तक गये, फिर न जाने क्या सोचकर उसने कभी न खुलने वाले खूब भारी-भारी परदे एक तरफ खींच दिये और पिछले सहन में खुलता कमरे का दरवाजा और खिड़कियां खटाक से खोल डाली।

एक लाबे भरा झोंका और ढेर-सी चिलचिलाती रोशनी राह पाकर उस अपरिचित कक्ष में घुस बैठी।

पता नहीं, उसे उस वातानुकूलित कमरे के जड़ अनुशान को भंग कर डालने में क्यों इतनी अधिक खुशी हुई। पीडित, बोझिल क्षणों में भूले से किसी सुख के अचानक आ पड़ने से एकाएक रो देने जैसी।

उस छोटे-से क्षण में ही जैसे उसने सब देख लिया, साफ देख लिया—मिश्रा से परे। सुरजीत से अलग। एक। अकेला। अपना। स्वतन्त्र। मनोनीत क्षण। रो पड़ने जैसा आ हलाद दे डालने वाला। कमरे के निर्जीव अतीत और कृत्रिम भविष्य को खण्डित कर देने वाला। आत्मविश्वास के ताप और उजास से भरा।

इतने सघन अंधेरेमें यों स्तब्ध खड़ी न होती तो शायद इस क्षण-बिन्दु से आगे को खिंचती जाती दिशा-रेख को वह इतना स्पष्ट देख ही न पाती।

उसे लगा, वह जा सकेगी—सुरजीत की मन की और मिश्रा की तन की हिंसाओं से परे—बेबाक, बेलाग, अकेली।

एक नया-सा स्फुरण उसने अपने भीतर महसूस किया और कुछ वैसी ही लपक से उठी जैसे पेट्रोल के कुण्ड से भभककर कोई शिखा उठती हो। पैरों में चप्पल पहनी और डॉ. करुण अग्निहोत्री के क्लिनिक के सामने जा खड़ी हुई। जब नौकरी करती थी तो एक बार अपनी सहकर्मिणी के साथ यहां आयी थी।

'आय वाण्ट योर हेल्प, डॉक्टर।' बेझिझक, निर्भीक प्रस्ताव।

डॉक्टर अग्निहोत्री ने उसे नीचे से ऊपर तक घूरा, फिर सामने की अलमारी से फार्म निकालकर उसकी ओर बढ़ाया।

'इसे रहने दीजिए। यह किसी की जिम्मेवारी नहीं है।' अकम्प स्वर में उसने डॉक्टर अग्निहोत्री की आंखों में सीधे देखते हुए कहा।

'यू मीन, यह...'

'जी हां, यह रेप का केस है।'

□□□

17

खो चुके दिन

--विजय सहगल

छावनी के उस पुराने बंगले को देखकर जैसे मेरे कदम थम से गये थे। किसी जमाने में उस बंगलेमें एक अलग किस्म की दुनिया बसती थी। स्कूल वालों ने उसका आधा हिस्सा बूढ़े टीचर टंडन साहेब के लिए रख छोड़ा था जबकि उसका दूसरा हिस्सा स्कूल की सबसे खूबसूरत टीचर सरिता सभरवाल के नाम अलाट था। कहांसाइंस पढ़ाने वाले बूढ़े खूसट टंडन और कहां अंग्रेजी की टीचर तेज़-तर्रार और चटपटी सरिता।

स्कूल वाले भी अजीब हैं बैचलर स्टाफ के लिए पहाड़ी की दूसरी छोर पर बनी एक सुनसान-सी कोठी रखी गयी है। सुनते हैं शिमला की पहाडियों में बसी यह छावनी किसी जमाने में अंग्रेज फौजियों की आरामगाह हुआ करती थी। उन्हीं अंग्रेजों के पुराने बंगले कभी स्कूल वालो ने मिट्टी के भाव खरीदे थे ताकि पब्लिक स्कूल चलाया जा सके और उनके जरिये अंग्रेजियत बेची जा सके।

ऊंचे चीड़ के पेड़ों से घिरा वह सुनसान सा इलाका स्कूल के माफिक भी था। एक तरु पृष्ठभूमि से झांकती बर्फ से लदी पहाडियां और दूसरी ओर साफ नज़र आते मैदानी इलाके और सांप सी रेंगती सड़कें।

डिनर के समय डाइनिंग हाल में बच्चों के साथ डिनर करना और उससे पहले एक साथ प्रेयर करना उस स्कूल का आम रिवाज़ था। मुझे आज तक याद है डाइनिंग हाल से निकलते ही हिस्ट्री टीचर गुरमीत की पहली फरमाइश यही हुआ करती थी—क्यों ना टंडन साहेब के यहां कॉफी पी कर चला जाये। टंडन और सरिता डाइनिंग हाल से अक्सर इकट्ठे ही लौटा करते थे।

मगर एक बात की तारीफ है टंडन साहेब ने कभी हमें देख कर त्योरियां नहीं चढ़ायीं। उनकी उम्र के रिटायर शुदा बूढ़ों को भी तो आखिर

कोई व्यक्ति चाहिए कुछ सुनने सुनाने के लिए। पहले कहीं सरकारी स्कूल में हैडमास्टर रहे थे। रिटायरमेंट के बाद यहां साइंस टीचर हो गये थे। जेब खर्च के नाम पर थोड़ा सा वेतन और लाजिंग बोर्डिंग फ्री। इस उम्र में और चाहिए भी क्या? घर-बार उन्होंने त्याग दिया था।

उस दिन उन्होंने गुरमीत को अच्छी खासी सुनादी थी—अरे मेरी भी पूरी उम्र तुम जैसों में कटी है, तुम्हें टंडन की काफी नहीं, कुछ और चीज यहां खेंच लायी है—स्टिल यू आर वेलकम। उनका इशारा कोठी के बीचों-बीच मजबूती से बंद दरवाजे की तरफ था जिसके उस पार सरिता की दुनिया थी। कभी-कभार कैंपस की कुछ दूसरी टीचरें वहां चली आती थीं।कुछ तो अपने पतियों के साथ।

हम सब यही कहा करते थे कि बुढ़ापे में भी कोई हंसमुख और जवान-दिल आदमी हो तो उसे टंडन जैसा ही होना चाहिए।

कॉफी की चुस्कियां लेते-लेते टंडन हैडमास्टरी के पुराने अनुभव सुनाते और हममें से दो एक टीचर बीच के दरवाजे की तरफ इशारा करते हुए कान ही कान बुदबुदाते— "साला यह कौन-सा किसी मुगल फोर्ट का गेट है जिसे खोलना मुश्किल होता होगा।" उनके लिए 'गेट' का भी एक खास मतलब था। कोई कहता--"अरे टंडन कभी-कभार तो दरवाजा खोलता ही होगा।" उसी तरह मैथ टीचर रवि भी अंदाज़े लगाता रहता—'गुरु कहीं तो दरवाज़ों में पीप होल बना रखा होगा, इस बूढ़े खूसट ने सरिता को वन पीस में देखने के लिए।'

पी.टी. मास्टर फिलिप्स को स्कूल के डिस्पिलिन का बड़ा ख्याल रहता था। वह इस बात से कतई सहमत न होता था। उसकी बस एक ही दलील रहती थी—'अरे तुम फालतू में ही टंडन जैसे शरीफ और बुजुर्ग आदमी के पीछे पड़े रहते हो। इस खूसट से हो भी क्या सकता है...काहे को उल्टा-सीधा सोच कर पाप मोल लेते हो। टंडन हमारे बाप की उम्र का है और स्कूल का सबसे इज्ज़तदार टीचर भी तो है। उसे तो सरिता का गार्जियन मानना चाहिए।' फिलिप्स का यह प्रवचन सुनाकर एक बार तो

फिकरेबाज़ी थम जाती मगर सरिता की खूबसूरती और सी-थ्रू पोशाक का जुगराफिया खूब बयान किया जाता।

एक बार तो प्रिंसिपल को बकायदा शिकायत हो गयी थी—ये बैचलर देर रात तक टंडन के यहां जमे रहते हैं जैसे यह स्टाफ बंगला न हो कर कोई क्लब हो। हम भी समझ गये थे शिकायत सरिता के बिना और किसने की होगी। वैसे भी उसकी प्रिंसिपल से खूब छनती है। सरिता अभी अविवाहित ही है। एम.ए.बी.एड. है...जाने कब शादी करेगी। कभी-कभी वीकएंड पर कहीं मैदानी इलाकों से उसके कुछ फैमिली फ्रेंड जरूर आते हैं। कौन जाने फैमिली फ्रेंड रहते होंगे या कुछ और।

बरसों बाद एक बटालियन के रेजिंग डे के सिलसिले में वहां जाना हुआ है। पुराना पब्लिक स्कूल चंद इमारतों में सिमटकर रह गया है। बाकी इमारतें मिलट्री के पास चली गयी हैं। छावनी-बोर्डों का कानून भी अलग ही है। जब चाहे फौज़ी काम के लिए कोई नयी-पुरानी इमारत हस्तगत की जा सकती है।

आज उसी बंगले में जिसमें टंडन और सरिता मैडम आबाद थीं कोई फटीचर-सा सूबेदार मेजर रहता है। चारों ओर बेतरतीब-सी कुछ क्यारियां उग आयी हैं। बंगले का हाल भी कोई ज्यादा अच्छा नहीं है।

तबियत तो हुई कि एक बार फिर उस बंगले को भीतर से झांक आऊं। उस बैठक को देख आऊं जहां हमारे कॉफी सैशन जमते थे। फिर यह सोच कर कि वह पुराने लोग कहां से लाऊंगा जो बरसात के बादलों की तरह कब के छंट चुके हैं। जाने उनमें से कौन कहां है। मैं कुछ रुकता हूं। मेरा एस्कार्टिंक अफसर यकायक मुझे पूछता—'साहब कुछ चाहिए क्या?' अब उसे क्या जवाब दूं। उस बिचारे को क्या मालूम कि मेरी भी कभी वहां जड़े रही हैं।

स्कूल के सामने वाले ऊंचे टीलेपरजहां कभी एक खण्डहर-सी दिखाई देनेवाली इमारत नज़र आती थी आज अच्छा-खासा आफिसर मैस उभर आया है। बटालियन रेजिंग डे की वजह से वहां दो दिन से खाना-पीना चलता रहा है। मैं इसी मैस के वी.आई.पी. सैट में ठहरा हूं। मिलिट्री में आप

भले ही सिविलियन अधिकारी ही क्यों न हों, ये फौजी आपको पूरी इज्जत बख्शतेहैं। फिर रेजिंग डे हो तो फिर कहने ही क्या? सांझ उतरनेपर काकटेल पार्टी के वक्त आपकी सेहत व खुशहाली के लिए रम या व्हिस्की के जाम के साथ 'चीयर्ज़' करना नहीं भूलते। इस पारिवारिक भीड़ में कई खूबसूरत चेहरे भी दिखाई देते—एकदम तरोताज़ा। रेजिमेंटल बैंड का संगीत सो अलग।

आफिसर मैस से तनिक हट कर कुछ पगडंडियां नीचे जंगल की तरफ उतर जाती हैं। शाम को नहा-धो कर टहलने निकला हूं। मुझे तलाश है चीड़ के पेड़ों की झुरमुट से घिरी उस चट्टान की जिसके साये में मैं और गुरमीत अक्सर घंटों तक बैठे रह कर दुनिया भर का दर्शन बांचा करते थे। गुरमीत की भी बैचलर अकोमेडेशन मिली थी।

इसी चट्टान के ठीक नीचे एक छोटी-सी सड़क स्कूल के चौराहे से घूमते हुए आती थी। मुझे याद है इसी सड़क पर मेरी कई बार सरिता से मुलाकात हुई थी। हमारे बीच अनायास एक चाहत पैदा हुई थी।

क्लीन शेव गुरमीत जिसे मैं प्यार में गुरी कहा करता था, ने भी इस राज़ को सदा सम्भाले रहने दिया है। शायद वह बिचारा सोचता होगा कि यह राज़ सामने आने के बाद मेरे रिश्ते की बात कच्ची रह जायेगी।

वह जानता था कि घरवाले कहीं मंडी गोबिंद गढ़ में मेरी किसी लड़की के लिए बात चला रहे थे। लड़की वालों ने उन्हें यह सुना कर लालच जो दिया था 'लड़की होनहार है, ज्यादा न भी पढ़ी हुई हो उसके मां-बाप का लोहे का लाखों का कारोबार है। गाड़ी है, हवेली है।' जैसे मेरी शादी लाखों के कारोबार से की जानी हो।

मेरी बाजुओं में सिमटी सरिता भी इस प्रोपोज़ल पर जी भर कर हंसी थी। साथ ही उसने मुझे उलाहना भी दिया था—'प्यार मुझसे करोगे और शादी किसी दूसरी से। सोच लो हमारे यहां तो कोई लोहे-वोहे का कारोबार नहीं है।'

काफ़ी दूर तक निकल जाने के बावजूद न तो वह चट्टान नज़र आयी और न ही सड़क। लगता है ऑफिसर मैस के बनते वक्त इधर-उधर गिराये

गये मलबे में वह चट्टान व सड़क दब कर रह गयी है। फिर मैंने यह भी तो देखा है कि ज्यों-ज्यों छावनी पसरी है कस्बे की आबादी सीमित होकर रह गयी है। बहुत से परिवार तो वैसे ही उस कस्बे को छोड़ गये हैं और जो कुछ बचे हैं उनकी नयी पीढियां महानगरों में जा बसी हैं। उन्हें तो बस गर्मियों में अपने पहाड़ी घर की या बूढ़े हो रहे मां-बाप की याद आती है। रही सही कसर ने पूरी कर दी थी। उस पहाड़ी मुकाम को हाईवे से अलग कर दिया गया था। कमांडेंट ने इस बारे में स्पष्टीकरण दिया था जिस तरह की हमारी एस्टैबलिशमैंट है हमें कुछ एकांत चाहिए ही।

बहुत चाह कर भी सरिता और मैं प्रणयसूत्र में नहीं बंध सके थे। उसके अलावा हमारे बीच सब कुछ हो गुज़रा था जो शादीशुदा लोगों के बीच हो गुज़रता है। वह स्टेट्स में किसी नानरेजिडेंट इंडियन के साथ घर बसा कर यू. एस. चली गयी थी। कहां मैं फौज का सिविलियन गज़टेड आफिसर और कहां करोड़ों में खेलने वाला वह एन. आर. आई.।

एक बार गुरी ने जरूर ख़बर दी थी कि न्यूजर्सी में सरिता जो अब सरु धवन हो गयी है, कहीं उसे टकरायी थी। सरु काफी मालदार हो गयी है।

गुरी ने तो शुरू में ही मास्टरी वस्टरी छोड़ कर एक्सपोर्ट-इंपोर्ट का कोई धंधा शुरू किया था। कुछ समय से तो उसके कुछ ऐसे लोगों से भी तालुक होने की ख़बरे मिलने लगी थीं जो देश को बांटने पर तुले हुए हैं। नहीं! गुरी तो कभी भी ऐसा नहीं था वह तो पूरा नेशनलिस्ट था।

जी बहुत चाहता है कि दो-एक रोज़ वहां और रूक जाऊं। मगर मिलट्री के नियम भी तो कुछ अलग तरह के होते हैं। एक बार मूवमेंट आर्डर हो गये तो मुड़कर क्या देखना।

बटालियन वालों ने लौटते वक्त एक अच्छा सा मोमैंटो दिया है जिस पर फौज का निशान अंकित है। मैं उस मोमैंटो और उस पहाड़ी मुकाम की याद को संजोये हुए ऐसे लौटता हूं जैसे कहीं एक बार फिर मैंने अपने अतीत का रिप्ले देख लिया हो।

बच्चे खुश हैं। मैं पहाड़ से लौट आया हूं।वे अक्सर मुझसे बहस करते हैं कि आपको ऐसे वीरान हिल-स्टेशन पर जाकर भला क्या मिलता है?

हमारा बस चले तो हम एक दिन के लिए भी न जायें। आलट्रैश। वही पुराने टूटे-फूटे बंगले। वही चीड़ के सांय-सायं करते पेड़ और वही पहाड़ी के इर्द-गिर्द बिखरे कच्चे पहाड़ी मकान।

अब उन्हें कौन बताये कि जिस मुकाम पर जिंदगी का एक बड़ा हिस्सा कटा हो उससे भला कैसे कट कर रहा जा सकता है? फिर मैं तो ड्यूटी के नाम पर ही तो पहाड़ जाता हूं।

दिव्या भी खुश है कि मैं लौट आया हूं। वह मेरी पत्नी जरूर है, लेकिन आज तक सरिता को अपनी सौत मानती है। मुझसे कुरेद-कुरेद कर पूछती है गये थे उस मुए हिल-स्टेशन पर। क्या मिल गया वहां जाकर? रेजिंग डे तो एक बहाना था और कुछ नहीं तो सरिता वाले पुराने बंगले की खुशबू तो मिल ही गयी होगी। अच्छा होता उसी कलमुंही के साथ घर बसा लेते। मैं भी बचती इस तंगहाली की जिंदगी से। वह यह भी कहती है—यह भी क्या मर्दानगी हुई कि प्रेम का ढोंग सरिता से किया और शादी मुझ से। अब उसे कौन बताये सरिता से शादी के ख्वाब लेना एक अलग बात है जबकि उसके लिए एन.आर.आई. बन जाना दूसरी बात है।

दिव्या को भी कई बार उस पहाड़ी मुकाम पर जाने के लिए कहा है। लेकिन वह कभी राज़ी नहीं होती अरे कहीं जाना है तो नैनीताल या श्रीनगर चलो—किस नामुराद जगह का नाम ले लिया। धीरे-धीरे कुछ दिन के बाद दिव्या का गुस्सा अपने आप ठंडा होता है।

उस दिन अचानक सरिता का एयर मेल लिफ़ाफा पाकर मैं चौंक गया था। मैं तो समझा था कि स्टेट्स जाकर उसने सब कुछ भुला दिया होगा। उसने लिखा कि वह और उसके पति छुट्टी पर महीने भर के लिए भारत आ रहे हैं। एक हफ्ता हमारे यहां भी ठहरेंगे। बाद में अपने पुश्तैनी गांव जायेंगे। उसकी दिव्या से भी मिलने की तमन्ना है। उसके और बच्चों के लिए ढेर सारी चीज़ें ला रही है—इंपोरटेड साडियां, वी.सी.पी. और न जाने क्या-क्या। मेरे लिए तो वह जैसे खुद ही आ रही हो।

दिव्या के चेहरे पर आंखें गड़ाये हुए मैं भी जैसे एक बार फिर कल्पना में उसी पहाड़ी मुकाम पर पहुंच गया हूं जहां मेरे और सरिता की जिंदगी के

कई हसीन लम्हे गुज़रे थे। बाद में हमारी जिंदगी के रास्ते जुदा हो गये तो क्या हुआ। सरिता को तो मैं आज भी अपनी मानता हूं। दिव्या मेरी बीवी जरूर है लेकिन कुछ अतरंग क्षणों में मैं उसमें भी सरिता को ही खोजता हूं।

मैंने दिव्या से सलाह मशविरा किये बिना सरिता को पत्र लिख दिया है जब चाहे चली आये। मुझे और दिव्या को उसका इंतज़ार रहेगा। मुझे पूरा यकीन है कि दिव्या सरिता द्वारा गिफ्ट के तौर पर लाये गये इंपोर्टेड सामान को देखकर उसके बारे में अपनी राय बदल देगी।

मैंने सरिता को यह भी लिखा है कि हम एक बार फिर उसी पहाड़ी मुकाम पर कुछ छुट्टियां गुज़ारना चाहेंगे जहां आज भी हमारा पुराना स्कूल मौजूद है। हम टीचर थे तो क्या हुआ। वहां मैं हर साल बटालियन रेजिंग डे के मौके पर जाता हूं और पुरानी पड़ चुकी छावनी में खुद को तलाश करता हूं। मुझे पूरा यकीन है सरिता भी उन क्षणों को फिर से जीना चाहेगी एक बार...।

□□□

18

देवता नहीं है

--सुदर्शन वशिष्ठ

परेशान हो गए देऊ पड़ासर।

वह सिर पर हाथ रखे पूरे जोर से चिल्लाया: "देऊआ पड़ासरा... तैं बुरी कित्ती।"

उसके रूंधे गले से कुछ वैसी ही आवाज निकली जैसे चित्ता का उलटा फेराले कर बेटी को दाग देने के बाद सिर पर हाथ रखे पूरे जोर से चिल्लाया था:

"हाय बो! मेरिये बेटडिए!!"

उसकी आवाज शिखरों से टकराती हुई गहरी घाटियों में विलीन हो गई। जैसे बेटी को दी अंतिम करुणा हांक अम्बर में खो गई थी। चीख में गहरी संवेदना के साथ आक्रोश भी था। उसकी मुद्रा एक सजायाफ़ता फरियादी की तरह थी, एक सवाली की तरह थी। उसकी चीख ही नहीं,पूरी कमजोर काया एक सवालिया निशान की तरह थी, टांगों से सीधी, धड़ से घुंडीदार, मुड़ी तुड़ी। कपड़े भी वैसे ही, पुरानी काली पड़ी ऊनी सुथ्थण, पैबंदों भरा कोट।

चीख सुन सहम गये देऊ पड़ासर... यह क्या हुआ!

देवता का रथ एकबारगी हिला। रथ के ऊपर शोभायमान चांदी के छत्र झन्न! झन्न!! बज उठे। और रथ एकाएक तेज़ी से दौड़ता हुआ, भीड़ को चीरता दूर निकल गया।

रथ के चारों ओर एकत्रित जनसमुदाय अवाक्! सभी ग्रामीण अपने-अपने मन में कोई न कोई प्रश्न 'पूछ' डालने के लिए पहाड़ की तलहटियों में बसे गांवों से इकट्ठा हुए थे। आज पूछ का दिन था। देवता के पुजारी, गूर, और दूसरे कारिंदे ठगे से खामोश खड़े रह गये।

देवता पराशर की फागली में प्रात: ही देवता का रथ सजा कर देवता की सौह अर्थात् प्रांगण में लाया गया था। रथ में देवता के मोहरे सजाने और रंग गिरंगे कपड़े लगाने से देवता एकदम जीवंत हो गया था। अट्ठारह सोने के मोहरे देवता के कुर्सीनुमा रथ में एक-एक कर सजाए गये।

पहाड़ की सब से ऊंची चोटी पर सौ वर्ष की उम्र से कहीं ज्यादा बूढ़े देवदारूओं से घिरा देवता का स्थान। यहां से नीचे आसपास के बीस पचीस गांवों में देऊ पड़ासर का शासन। पुजारी, गूर, कारदार, बजंतरियों समेत एकावन कारिंदे। चोटी पर और चारों ओर के पहाड़ों पर ताजा सफेद बर्फ गिरी थी। प्रांगण में बर्फ की हलकी परत छाई हुई थी जेसे देवता के आगमन के लिए सफेद चादर बिछाई गई हो। फागुन में, फागली के मेले में हर साल ऐसा ही होता है। उधर देवता का उच्छव आता है और इधर देवता के निकलने की रात बर्फ गिरती है। देवता बर्फ के साथ आते हैं और यह आने वाले साल के लिए अच्छी निशानी है।

फागुन में देवता स्वर्गसे लौटते हैं। इससे पहले माघ मास में वादी के सब देवता मंदिर सूना छोड़ स्वर्ग गए होते हैं। वहां इन दिनों ये कई युद्ध लड़ते हैं जिनमें देवता सेनापति होता है। इस बीच देवता का कोई उच्छव नहीं होता। जब देवता ही थान में नहीं है तो उच्छव कैसा। देवता की अनुपस्थिति में भूत-प्रेत, डायनों और शैतानी ताकतों का राज हो जाता है।

फागुन में देवता धरती पर वापिस लौटते हैं। धरती पर आने पर वे अपनी स्वर्ग की यात्रा, वहां किए पराक्रम के किस्से प्रजा को सुनातेहैं और आगामी वर्ष के लिए भविष्यवाणियां करते हैं। क्या अच्छी बर्फ गिरेगी, अच्छी बारिश होगी, अच्छी फसल होगी, सुख शान्ति रहेगी या दैवी प्रकोप होंगे, प्रजा में अनाचार, व्यभिचार बढ़ेगा, बाड़ ही खेत को खाएगा या रक्षा करेगा आदि। ग्रामीण भी अपना व्यक्तिगत भविष्य जानने के लिए आज संक्रान्ति के दिन मेले में आ जाते। देवता से अपने सुख-दुख के बारे में बात करते।

क्या सच मैं ही लौट आए हैं देऊ पड़ासर...कभी-कभी आशंका होती चेपाराम को।

पुजारी ने देवता के रथ में सजे अट्ठारह मोहरों को धूपित किया। बड़े धड़छ में अंगारों के बीच बेठल की पत्तियां डालीं और देवता के आगे, ऊपर से नीचे घूमा कर धूपित किया। देवता के रथ के सामने तीन गूर बर्फीली जमीन कर पालथी मार बैठ गए। उन्होंने पूछ देने के लिए अपनी हथेलियों में चावल के दाने लिए ही थे कि कहीं से चेपाराम बड़बड़ाता हुआ आया और देवता से दूर, किंतु ठीक सामने खड़ा हो गया। देवता को एकटक देखता हुआ बुदबुदाता रहा। देर तक बुदबुदाते हुए उसकी देवता से बहस जारी रही। जैसे वह कुछ पूछ रहा था। और देवता उसे उत्तर दे रहा था। फिर एकाएक ऊंचे स्वर में बोलता हुआ वह देवता से लड़ाई करने लगा। कभी-कभी तैश में आकर देवता को फटकारा भी। अंत में बर्फ में घुटनों के बल बैठ कर जोर से चीखा: "देऊआ पड़ासरा...तैं बुरी कित्ती।"

उसकी आंखें अंगारे सी लाल थीं। लोगों ने सोचा, रात ज्यादा लुगड़ी पी ली है, जिस का असर अभी भी नहीं गया। अभी भी यह बहका हुआ है। वैसे लुगड़ी की बू सब के मुंह, शरीरों से आ रही थी। रात सब के घरों में दाल वाली बेड़वां रोटियां तली गई थीं और सब को कोतली में लुगड़ी परोसी गई थी। कुछ अच्छे घरों में जौ की शराब भी बनाई गई थी, बड़े घरों में अंगूरी निकाली गई थी।

वह देवता के प्रति आक्रामक हो गया। देवता के कारिंदे उसे टालना चाह रहे थे। वह टस से मस नहीं हो रहा था। दूर से ही उसका देवता से संवाद जारी था। जब वह देवता के करीब आने को बेकाबू होने लगा और जोर से चीखा, तभी देवता के ढोल नगाड़े बज उठे। शहनाई गूंजी, रणसिंगा बजा। उसकी आवाज नगाड़ों के शोर में डूब गई। देवता को उठाने वाले युवक एकदम हरकत में आ गए। उन्होंने फुर्ती से रथ को उठाया। देऊ पराशर ने वहीं रुके रहने के लिए भार डाला। पूरी शक्ति लगाई देऊ पड़ासर ने। या तो देऊ पड़ासर शक्तिहीन हो गए थे या उन्हें उठाने वाले छोकरे ज्यादा ताकतवर हो गए थे। उन्होंने विपरीत दिशा में जोर लगाया। देवता के छत्र झन्न! झन्न!! झन्न!!! से बज उठे और रथ जैसे दोड़ता हुआ दूर निकल गया और मेले का चक्कर लगाने लगा।

वह ठगा सा वहीं जम गया...देवता दोबारा यहीं आएगा। लोगों को पूछ तो देगा ही। अंत में ही सही, वह भी सवाल करेगा। पहले तो ठाकुरों की बारी आएगी। फिर प्रधान। फिर गांव के दूसरे मोहतबर लोग। उन लोगों की बारी तो अंत में आएगी। वे एक सीमा तक ही देवता के करीब जा सकते हैं। हालांकि उनका बाजा हमेशा देवता के साथ रहता है। बाजे के बिना देवता गर्माता नहीं। वे आवाहन की धुन बजाते रहते हैं देर तक। तब कहीं जा कर देवता गर्माता है और गूर में प्रवेश करता है। नहींतो गूर ठण्डे हो पड़े रहते हैं। कई बार उनकी सांसे फूल जाती है, हाथ ढोल पीटते-पीटते थक जाते हैं। देवता में जीव नहीं आता। गूर आंखें बंद किए निश्चल बैठे रहते हैं। जब देवता गर्माता है, तभी गूर कांपते हैं।

वह वहां बैठा रोने लगा। उसका शरीर थर-थर कांप उठा। अब उसे ठण्ड भी लगने लगी थी। पैर एकदम बर्फ हो गए। वह नगाड़े की तरह चोट पड़ते ही अंदर के खोखलेपन में गहरेतक कांप गया। नगाड़े की तरह उसका बाहरी चमड़ा पतला पड़ गया था।

उसे अपनी बेटी की कोमल देह दिखने लगी जो व्यास के बर्फीले पानी में फूल गई थी। जब तीसरे दिन किसी ने उसे व्यास के किनारे लगा देखा तो हेस्सियों के पूरे गांव में हाहाकार मच गया। पत्नी तो सुन कर बेहोश हो गई और दरिया तक जा ही नहीं पाई। हौंसला रखा चेपाराम ने और अपने साथियों सहित व्यास के किनारे जा पहुंचा।

सभी मरद व्यास के किनारे पहुंचे तो परेशान हो गए। उमा की देह दरिया के किनारे आ लगी थी। जैसे दरिया ने जोर से धक्का मार उसे बाहर निकाल फैंका था। चेपाराम ने झट से अपने फटे कोट से उमा की देह ढक दी। उसके शरीर पर नीले निशान थे, जैसे किसी ने मारा काटा हो। फूल सा चेहरा फूल कर बिगड़ गया था।

वह सिर पर हाथ रखे वहां बैठा जैसे चेतना शून्य हो गया था। मन ही मन तुरंत ही वहीं व्यास के किनारे उसे अग्नि देनेकी ठान ली थी कि किसी ने पुलिस को खबर कर दी।

बस फिर क्या था। घण्टे भर में पुलिस के दो सिपाही वहां आ धमके। उल्टे मंजे पर डाल उसे पहले पुलिस स्टेशन, फिर अस्पताल ले जाया गया।

इस सारी कार्यवाई में वह ठाकुर के लड़कों को पहचानना नहीं भूला जो पुलिस, अस्पताल में आसपास मंडराते रहे। बड़ा लड़का अब की बार एमएलए हो गया था। अफसर लोग खुद आगे आ कर एमएलए को सलाम बजाते हुए गुफ्तगू कर रहे थे और मिनट-मिनट की खबर दे रहे थे। एमएलए और छोटे सरकार बार-बार आ कर उसे दिलासा भी देते:

"तू चिंता न कर चेपाराम! सब ठीक हो जाएगा। हम सब सम्भाल लेंगे।"

मेडिकल रपट में मौत पानी में डूबने से बताई गई।...शायद पैर फिसल गया होगा। उसके शरीर और मन में लगे चोट के निशानों का कोई जिक्र नहीं हुआ। ...अरे। वह तो सदा व्यास की लहरों से खेलती थी... वह पानी में क्या गिरेगी, वह तो कईयों को पार लगा दे, इतनी शक्ति थी उसमें, चिल्लाया चेपाराम।

"रहने दे चेपाराम! अपनी इज्जत अपने पास ही रहने दे। ऐसे समय कुछ न बोल...दरबार और सरकार से टक्कर लेना आसान नहीं।" प्रधान ने समझाया। पुलिस स्टेशन से वापसी पर ठाकुर के छोटे सरकार ने दस हजार डाल दिए चेपाराम की जेब में...रख ले अब निपटारा तो करना ही होगा पुलिस, कोर्ट कचहरी से हम निपट लेंगे।

पुलिस, अस्पताल, पूछताछ, कब गई थी, कहां गई थी, क्यों गई थी, क्या घर में झगड़ा हुआ... आदि। सभी अजीब से मुसकान के साथ बार-बार सवाल करते। पूरा दिन लग गया... उसकी मिट्टी खराब कर दी हरामजादों ने...वापसी पर शाम हो गई। सूरज की किरणें पहाड़ की चोटी को छू रही थीं जब वहां शोक धुन बजी। गांव की औरतों ने वहीं पर्दा कर अंतिम स्नान कराया। व्यास के किनारे दाग देते हुए सिर पर हाथ रखे वह जोर से चिल्लाया था: "हाय बो! मेरिए बेटड़िये!!"

उसकी आवाज पार की पहाड़ी से टकराती हुई दूर तक गूंजती विलीन हो गई।

चिता में देवदार के हरे पत्ते तिड़-तिड़ कर जलने लगे। उसकी आंखों के सामने उमा व्यास के किनारे लहरों की तरह उछलती कूदती दिखाई देने लगी। इसी साल उसका ब्याह करने जा रहा था। झर-झर आंसू बह निकले चेपाराम की आंखों से। पलभर को लगा, व्यास का पानी उसी की आंखों से बह रहा है लगातार...लगातार।

चेपाराम की घरवाली बड़े ठाकुर की हवेली में काम करती थी। ब्याह के पहले दिन से ही वह वहांजाने लगी। सभी वहांजाती थीं, कामकाज के सिलसिले में, कोई नई या अनोखी बात नहीं थी। पुराने समय में तो इलाके में जिस भी आदमी का ब्याह होता, उसकी घरवाली को पहली रात ठाकुर के हवेली में बितानी होती। यही रीत थी। पिछले पचासेक बरसों तक यह रीत कायम रही। धीरे-धीरे समय बदला। ठाकुर-ठाकुर नहींरहे। लोग स्वतन्त्र होते गये। उन्होंने विद्रोह भी किया। किंतु उस जैसे निचले सबके के लोग खुलेआम विद्रोही नहीं हो पाए। चोरी छिपे यह सिलसिला चला रहा। फिर भी बड़े ठाकुर भले आदमी थे। निर्दयी नहीं थे। उन लोगों के नाम जमीनें करते रहे। कुछ जमीनें देवता से मिली जो मुजारा कानून के तहत उनके नाम हुई। चेपाराम की घरवाली उसकी ही घरवाली बनी रही। वह बेटी उमा को भी कामकाज के लिए हवेली ले जाने लगी। दोनों मां बेटी कामकाज के बाद वापिस लौट आतीं थी। किंतु चार दिन-दिन पहले जब मां वापिस आई तो बेटी नहीं लौटी। एमएलए साहिब और छोटे सरकार ने उसे काम के बहानेरोक लिया। चेपाराम ने पूछा तो मां ने टाल दिया। और तीसरे दिन दरिया ने उसे बाहर निकाल फैंका।

एकाएक उठ खड़ा हुआ चेपाराम और पुन: जो चिल्लाया: "देऊआ पड़ासरा!"

देवता वहां नहीं था। देवता का रथ अब एमएलए की अगुआई के लिए मेले के गेट पर खड़ा था।

लगभग एक घण्टे बाद देवता का रथ पूरे जुलूस के साथ आ गया और पुन: वहीं रख दिया गया। सभी लोग आसपास बैठ गए। एमएलए, उसका छोटा भाई, प्रधान और गांव के मोहतबर लोग।

पुजारी ने मन्त्रोच्चारण के साथ देवता की पूजा की। एमएलए और दूसरे खास-खास लोगों से पूजा करवाई। गूरों ने अपने-अपने धड़छों में ताजा धूप डाल देवता को धूपित किया। ढोल नगाड़े बज उठे।

रथ में सजे मोहरों से निकल देऊ गूर के शरीर में घुसने को आतुर हुआ। अचानक एक गूर का शरीर ऐंठने लगा। वह थर-थर कांपने लगा। उसका अंग-अंग थरथरा उठा। आंखें बाहर को निकल आईं। हाथों में पकड़े धड़छ से आग के अंगारे उसके नंगे पांवों पर गिरने लगे। गूर ने दांत दबा आंखें भींच लीं। धीरे-धीरे वह शांत हो गया। इसी तरह दूसरे और तीसरे गूरों में भी एक बार कंपकंपी आई और शांत हुई।

इसके बाद वरिष्ठ गूर ने अपने हाथ में चावल लिए और पूछ का सिलसिला आरम्भ हुआ। वह सबके हाथ में चावल के दाने देने लगा। सब से पहले एमएलए को चावल दिए गए। गिनती करने के बाद चावल फैंक दिए गए। ऐसा तीन बार हुआ। चौथी बार चावल की सही संख्या आने पर एमएलए को मुट्ठी बंद करने को कहा। गूर ने अब बोलना शुरू किया:

"शासन में सुख शान्ति रहेगा... अच्छी फसल होगी... आपका ओहदा बढ़ेगा।" कुछ ऐसी ही बातें छोटे सरकार और प्रधान को बताई गई।

एक-एक करके सभी गांव वाले पूछ ले चुके। एक बार फिर बाजा बज उठा।

अब 'गूर खेल' की बारी आई। सभी गूरों ने अपने चोगे उतार कर कमर में लपेट लिए। हाथों से धड़छ लिए गूरों ने सभी दिशाओं में नमन किया और नृत्य करने लगे। इसके बाद संगल और फिर कटार ले कर नृत्य हुआ। लोहे के संगलों को अपनी पीठ पर मारते हुए वे नाच रहे थे। इस बीच देवता का बाजा एक खास धुन में बजता रहा।

चेपाराम घर से अपना इकलौटा मेमना, जो बेटी ने पाला था, देवता को चढ़ाने के लिए ले आया था। मेमने को घरवाली से छीन कर अपने कोट में छिपा रखा था। मेमना बार-बार छोटा सा मुंह बाहर निकालता और में में करता, वह उसे भीतर ठूंस देता।

उस ने प्रधान से गुहार की कि उसकी भी पूछ लगवाए। प्रधान ने तर्क दिया : "भैया! जब तुम्हारे साथ हादसा हुआ, देवता तो यहां था ही नहीं। तूझे पता है वह स्वर्ग गया हुआ था। यदि देवता यहां होता तो उसे छूत नहीं लग जाती। फिर भी छोटे सरकार ने बरसात में होने वाले काहिका यज्ञ करवाने का सारा खर्चा उठाने का वादा किया है। उसमें प्रायाश्चित भी करेंगे... तू सब्र कर। अपने कुल की मर्यादा मत तोड़। तुझे कहीं डण्ड न देना पड़ जाए।"

ज्ञात है चेपाराम को जब गांव में शराब के नशे में एक लड़के से खून हो गया था तो गवाहों के अभाव में वह कचहरी से बरी हो गया। किंतु देवता को पता था कि खून हुआ है अत: देवता को छूत लग गई थी जो प्रायश्चित के यज्ञ काहिका में छिदरा करने पर ही दूर हो पाई। उसकी बारी ऐसा क्यों नहीं हो रहा।

देवता के कृत्य पूरे होने को आए। उसकी पूछ की बारी नहीं आई।

देवता के थान के पीछे मोटे-मोटे चर्बी से भरे भेड़े और बकरे काटे जा रहे थे। लोग पहले देवता के नाम का पानी छिड़कते। जब भेड़ा पानी झाड़ने के लिए पूरी ऊन को झाड़ता, उसी क्षण उसकी गर्दन धड़ से अलग कर दी जाती। आज के भोज के लिए इन्हें पकाना तो था ही, लोग देवता को चढ़ा कर पुण्य फल लेना भी नहीं भूल रहे थे।

वह एकाएक गया और दूसरे ही क्षण लगभग दौड़ता हुआ वापिस आ गया। उसने दूर से हांक लगाई:

"देऊआ! मेरी भी सुण... एह न्यां नी हूआ!"

चेपाराम ने फुर्ती से मेमने की गर्दन से निकला गरम-गरम खून वरिष्ठ गूर के मुंह में लगा दिया। किसी को उसे रोकने की हिम्मत नहीं हुई। अपने एकमात्र मेमनेका गरम-गरम कलेजा देवता के सामने पत्थर पर रख दिया। कलेजे में तड़पन थी और गरम-गरम भाप निकल रही थी।

उसकी हांक में इतना दम था कि वरिष्ठ गूर सहम गया। वह दूर खड़ा जैसे ललकार रहा था। गूर उसके उग्र रूप और तड़पते कलेजे को देख सहम गया। जैसे अपना ही कलेजा निकाल पत्थर पर धर दिया था चेपाराम ने।

वरिष्ठ गूर का बदन थरथर कांपा। उसकी आंखें जैसे बाहर को निकल आई। अपने लम्बे केश खोल दिए और तेजी से सिर घुमाने लगा। चेपाराम की सवालिया निशान बनी देह टेढ़ी हुई जा रही थी। उसकी कमजोर काया में भी जैसे देवता आ गया था। एमएलए और छोटे सरकार के चेहरे मुरझा गए। उनकी लाल डोरे वाली और गहरी आंखों में इस समय रौब नहीं था, एक विनय और बेचारगी का भाव था। वे एकदम खामोश हो गूर को देखने लगे।

गूर के मुंह से झाग निकला, फुसफुसाहट हुई। कोशिश करने पर भी वह कुछ स्पष्ट नहीं बोल पाया। उसकी आंखों से टप-टप पानी झरने लगा। मुख से कुछ नहीं बोल पाया गूर और एक बार जो से कांप कर धीरे-धीरे वहीं ढेर हो गया। बाजा बंद। लोग किंकर्त्तव्यविमूढ़।

हैरान और परेशान हो गए देऊ पड़ासर। छत्र बज उठे : झन्न! झन्न!! झन्न!!

पत्थर पर नरम-नरम और गरम-गरम, नन्हा सा कलेजा, अभी भी रह रह कर कांप रहा था।

□□□

19

पीले पत्ते

--सुधा अरोड़ा

टक...टक...और एक पीला पत्ता टूटा। फिर एक और। फिर एक और।

जनवरी महीने की उस सुबह में उगते सूरज की लाली थी। हरे भरे दरख्तों और अपने कद के हरे पौधों के बीच उनकी उंगलियां बड़े एहतियात से सूखे हुए पीले पत्ते ढूंढ लेतीं और उन पत्तों को बड़े प्यार से समेट कर अपने बाएं हाथ में फंसी थैली में डाल देतीं।

पिछले एक साल से मैं उन्हें लगभग रोज देख रही थी। सफेद स्याह रंग के बेतरतीब से बिखरे बालों के बीच लुनाई लिए चेहरे पर खोयी-खोयी सी आंखें जैसे ढूंढ कुछ और रही हों और अचानक पीले पत्तों पर अटक गई हों। उन्हें जरा सा ठिठक कर मैं देखती, मुस्कुराती और आगे बढ़ लेती।

बगीचे से होंठों को सिकोड़ता हुआ मुझे इशारे से बताना चाहता कि बुढिया का दिमाग खराब है, उनके लिए रुककर अपना समय बर्बाद न करें। उसकी यह हरकत दिल में टीस सी पैदा करती। मैं हर बार उसे हाथ दिखा कर 'बस!' का इशारा करती और फिर आंखें तरेर कर वॉमैन को देखती जैसे अपनी नाराज़गी उस पर जाहिर हो जाने देना चाहती हूं—मुझे पता है, बताने की जरूरत नहीं। पर न वॉचमैन की टेढ़ी मुस्कुराहट थमती, न बच्चों का फिसफिसा कर हंसना—हं, हं, उधर नई जाना, वो न पगली अम्मा है।

पगली अम्मा! न किसी राह चलते को रोकतीं, न कुछ बोलती, न किसी भी क्रियाकलाप में दखल देतीं। बस, पार्क में स्लाइड पर फिसलते, खिलखिलाते बच्चों को हसरत भरी निगाहों से ताकती रहती या उनकी उंगलियां हरे पौधों में से ढूंढ-ढूंढ कर पीले पत्ते तोड़ती रहती, फिर भी उस पार्क के जमावड़े के बीच उनका नाम पड़ गया था—पगली अम्मा!

कुछ दिन बीते। एक दिन देखा—वह अकेली नहीं है। उनके साथ एक आया भी थी। शायद उनके घर के लोगों को समझ आ गया था कि वह नीचे

के पार्क में अकेले भेजी जाने वाली हालत में नहीं हैं। मैं दोनों को देखकर ठिठकी। उन्होंने मेरी ओर अपनी निगाह टिकाई तो मैंने कहा--"नमस्ते दीदी।" अब उन्होंने कुछ साहस कर मेरी ओर अनचीन्ही निगाह से देखा, फिर बहुत धीमे से उनके होंठ हल्के से मुस्कुराने के अंदाज में खिंचे।

आया उनका हाथ पकड़ कर उन्हें चलाने की कोशिश कर रही थी और वे बेंच पर बैठना चाह रही थीं।

"नाम क्या है आपका, दीदी?" धीरे-धीरे स्पष्ट उच्चारते हुए मैंने रुककर पूछा जैसे उनकी पीठ को अपने सवाल से थपथपा रही होऊं।

उन्होंने आया की ओर देखा, फिर मेरी ओर। फिर वही मुस्कान जो बरसों से जैसे होठों पर जम गई थी। जैसे वह मुस्कान ही उनका नाम हो। बोली कुछ नहीं।

अगले दिन, फिर उसके अगले दिन मैंने तीसरी बार पूछा--"आपका नाम क्या है, दीदी?"

इस बार होंठ ऐसे धीरे-धीरे खुले जैसे बरसों बाद खुले हों। बोलीं--"मंदा...किनी..."। मीठी, खनक भरी आवाज।

आया ने भौंचक होकर मेरी ओर देखा।

फिर एक दिन पार्क गई तो मंदाकिनी दीदी आम के पेड़ के पास खड़ी थी। दूर से ही मुझे देखकर उनके चेहरे पर मुस्कान आई। पेड़ से कुछ पत्ते तोड़ कर बेंच पर बैठ गयी। मुझे पास आकर बैठने का इशारा किया। आगे घूमनेके लिए जाने ही नहीं दिया। मेरेकुरते पर हाथ फिराती रहीं जैसे कुरते के रंग और डिजाइन की सराहना कर रही हों।

फिर बोलीं--"साड़ी!" मैं उनकी ओर देखती रही कि आगे कुछ और बोलें।

मेरे चुप रहने पर अपनी साड़ी का पल्ला उठाकर दिखाया और बोली--"साडी..."

इस बार लगा जैसे मेरी पोशाक उन्हें अखर रही थी। मैं पार्क में सैर करने के इरादे से आई थी।

मैंने कहा--"साड़ी पहनकर वॉक नहीं की जाती, इसलिए नहीं पहनती।"

सैर को देर हो रही थी। मैंने उनकी इजाजत लेने के अंदाज में पूछा-- "मैं दो चक्कर काट कर आऊं?" तो उन्होंने मेरा हाथ कसकर पकड़ लिया। उनके हाथ में आम के पेड़ के तीन पत्ते थे, उन्हें बेंच के किनारे रख दिया और मेरे हाथों पर अपनी पकड़ और कस ली। कुछ देर बैठी रही। जैसेही पकड़ थोड़ी ढीली हुई, मैंने कहा--"मंदा दी, आप बैठिए, मैं अभी थोड़ा सा घूमकर आई।"

मैंने साथ लगे गार्डेन में ही चार चक्कर काटे और जब लौटी तब तक धूप दूसरी बेंच पर आ चुकी थी।

वे वहीं बैठी मेरा इंतजार कर रही थीं। मैं उनका हाथ पकड़कर उन्हें दूसरी बेंच पर ले गई जहां धूप थी। ठंडी हवा की सिहरन में सुबह की हल्की हल्की धूप राहत पहुंचा रही थी। उठते समय आम के वे तीन पत्ते अपने हाथ में उठाकर लाना वह नहीं भूली। अचानक मेरी ओर देखकर वे बड़े मनोयोग से आम के एक पत्ते को दोनों उंगलियों से छीलने लग गई। पत्ते के बीच की डंडी को नाखूनों से तराश-तराश कर साफ किया। फिर डंडी के छोटे-छोटे दो टुकड़ों किए। डंडी के साथ अपने नाखूनों से जैसे कसीदाकारी कर रही हों। मैं समझ नहीं पाई वे क्या कर रही हैं। उन्होंने वह डंडी हाथ में ऐसे एहतियात से ली जैसे कोई फूल की पंखुरी हो। फिर उंगलियों से उसके खुरदुरे सिरों को बेहद बारीकी से मुलायम किया और मेरी ओर देखने लगीं। मैं अनुमान नहीं लगा पा रही थी कि अब वे क्या कहेंगी।

तभी उन्होंने मेरे कानों की ओर इशारा किया। ओह! मेरे कानों में छेद थे पर मैंने कुछ पहन नहीं रखा था। मेरे कान में पहना दी वे दोनों डंडियां। उसी एहतियात के साथ जिस एहतियात से पीले पत्ते तोड़ती और उनके बस में होता तो वहां हरे पत्ते टांग देती। सोना और हीरा भी क्या सकून देगा जो प्यार से छीली हुई उन दो डंडियों ने दिया। कान का छेद खाली दिखाई दे रहा था न उन्हें। मेरा जी भर आया। अपनी मां याद आई। बस, कान खाली देखे नहीं कि बालियां पहना दी—कान के छेद बंद हो जाएंगे,

चल पहन ले। और हाथ की कलाई सूनी देखी नहीं कि कस कर डांट लगा दी—क्या कलाइयों को नंगा-बुच्चा कर रखा है, चल, दो कड़े डाल ले।

मां के चेहरे को बंद आंखों में समेटते हुए मैंने धूप की ओर पीठ कर प्राणायाम शुरू कर दिया। बीच में आंखें खोली तो देखा, वह भी मेरी नकल में अंगूठा और तर्जनी जोड़कर सुखासन मुद्रा में बैठी हैं। पर लंबा ओ—म् वे बोल नहीं पाईं। उनकी सांसे बीच-बीच में बार-बार टूटती रहीं। पर कोशिश उन्होंने नहीं छोड़ी।

थोड़ी देर प्राणायाम करने के बाद फिर बोली—'मंदिर?'

मैंने सुना तो। पर कुछ कहा नहीं।

फिर दुबारा प्रश्नवाचक मुद्रा में—'मंदिर?'

इस बार मैंने कहा—'मंदिर मैं नहीं जाती। मंदिर यहां है, मेरे भीतर।'

फिर मैंने उनका कंधा छुआ—'आपके भीतर भी है।'

उन्होंने बड़ी मासूमियत से मुस्कुराकर सिर हिलाया।

तभी मुझे कुछ छींकें आ गई। कपाल भाति क्रिया करने से कभी-कभी आ ही जाती हैं।

वे देखती रहीं, फिर बोली—'दूध।'

मैंने कहा—'दूध पीना चाहिए।'

बोली—'गरम।'

मैंने कहा—'गरम दूध?'

उन्होंने सिर हिलाया।

बोली—'केला।'

मैंने कहा—'हां, खाती हूं एक केला रोज।'

बोली—'दूध।'

हर बार एक शब्द बोल कर कस कर होंठ भींच लेती जैसे किसी बच्चे को क्लास में चुप रहने की सजा मिली हो पर एक शब्द बोलने के बाद झट उसे अपनी सजा याद आ जाती हो।

मैंने कहा—'अच्छा, दूध-केला खाना चाहिए।'

बोली—'काटकर।'

और हाथ से छोटे-छोटे टुकड़े का इशारा किया।

मैंने कहा—'अच्छा, खाऊंगी दूध में केला डालकर।'

बोली—'गरम।'

मैंने हंसकर कहा—'ठीक है दीदी, केले को काटकर गरम दूध में डालकर रोज खाऊंगी।'

अब उन्होंने मेरी बांह सहलाते हुए बहुत धीरे-धीरे अपना सिर मेरे कंधे पर टिका दिया। तृप्त भाव से। जैसे कोई छोटा सा बच्चा अपनी मां के कंधे पर प्यार से तब सिर टिका देता है, जब मां उसकी तुतलाती जबान में बोली गई आधी अधूरी बात को पूरा समझ लेती है।

मैंने अपने कंधे पर टिके उनके सिर को हौले से थपथपाया।

सुबह-सुबह के पत्तों की नमी मन में उतरने लगी। इन्हें लोग पगली अम्मा कहते हैं। प्यार के लिए बेतरह तरसी हुई औरत हैं यह तो। क्या पता कब कैसे इनकी जिन्दगी की गाड़ी पटरी पर से उतर गयी।

अगले दिन भी यही हुआ। खुद तो वे सैर करती नहीं थी। मुझे भी पकड़ कर बेंच पर बिठा लेती। बड़ी मुश्किल से उन्हें बहला फुसला कर मैं बगीचे के तीन या चार चक्कर लगा लेती, फिर उनके पास आकर प्रणायाम करने के लिए बैठ जाती।

थोड़ी देर मेरे साथ-साथ बैठे-बैठे वह भी व्यायाम करती रहतीं। मैं जैसे-जैसे बांहें सीधी कर मुट्ठी बांधकर कभी कलाई से, कभी कुहनी से उन्हें गोल-गोल घुमाऊं, वैसेही वे भी घुमाएं। लेकिन लंबा ओ---म करने में उनकी सांस बार-बार टूट जाती। मेरी तरह लंबी एकसार सांस नहीं ले पाती तो परेशान हो जाती। तब वह खोयी-खोयी सी आंखों से शून्य में

देखने लगती। उस दिन उनकी हताश पड़ी हथेली को अपनी हथेली से ढकते हुए मैंने कहा—कोई बात नहीं, मंदा दी, धीरे-धीरे आ जाएगा।

हूं....उन्होंने जबरन हल्का सा मुस्कुराने की कोशिश की।

प्राणायाम समाप्त हुआ तो मेरे कुरतेपर हाथ फिराने लगी और नाक सिकोड़ते हुए बोली—"देना।"

"देना? क्या? किसको?" मैंने पूछा।

बोली--"साड़ी।"

मैं हंस दी--"अच्छा, मैं साड़ी पहनूं और यह किसी को दे दूं।"

इस बार बड़ी सी मुस्कराहट उनके चेहरे पर फैली कि मैंने उनकी बात समझ ली। मुझे एकाएक अपनी एक सहेली याद आई। एक दुर्घटना में पति की मौत के बाद मानसिक संतुलन खो बैठी थी। अपनी सारी महंगी पोशाकें दरियादिली से लुटाती, खिड़की से बाहर फेंक देती और खुद चिथड़े पहनती।

मंदाकिनी दीदी रोज मिलती इसी तरह पार्क में। बस, एक शब्द बोलना। या फिर मुख मुद्रा से, संकेतों से समझा देना। एक दिन जब पीले पत्ते तोड़ने में बिझी थी, उनकी आया ने बताया--"दो साल से काम कर रही हूं इनके साथ। कभी इनको बोलते नहीं सुना। अब आपके साथ मुंह खोलने लगी है। इनकी आवाज सुनी ही नहीं पहले। कितना मीठा बोलती हैं। पहले अकेले यहां आया करती थीं, फिर एक दिन एक बच्चे की मां शिकायत लेकर पहुंची कि उसके बच्चे की शर्ट उतार कर फाड़ डाली। इसलिए अब आधे घंटे के लिए मैं साथ आती हूं।"

तब तक मंदा दी पीले पत्ते झोले में बटोर कर ले आई थीं। बैठते ही मेरी हथेली हाथों में ली, बोली--"काटना।"

मैं समझ नहीं पाई।

ओह, नाखूनों की ओर ध्यान गया। बढ़ गए हैं, काट लेना।

मैंने कहा--"अच्छा, काट लूंगी।"

बोली--"मंगल....उं हूं....।"

अच्छा, मंगल को नहीं काटना।

बोली--"शनि...उं हूं...।"

मैंने आज्ञाकारी बच्चे की तरह सिर हिलाया--"शनि को भी नहीं काटूंगी।"

पर मैंने मुंह बना कर समझा दिया--"क्या फर्क पड़ता है। मुहूर्त, बेला क्या देखना। आज ही काट लूंगी।"

वे मुस्कुरा दीं। ऐसी सात्विक मुस्कान और आंखों में जुगनू सी चमक।

मंदा दी को याद करते-करते, नाखून तो दूसरे दिन काट लिए थे, पर पार्क में आने की फुर्सत नहीं मिली। अहमदाबाद से,दो दिन के लिए, एक मित्र आई हुई थी। पार्क के अन्दर से हमारे ऑफिस की ओर जाने का एक शॉर्टकट है। उसको लेकर ऑफिस जा रही थी कि रास्ते में देखा—मंदा दी बैठी है। आया ने उनका हाथ ऐसे थाम रखा है जैसे हाथ छोड़ते ही वे उठकर भाग लेंगी।

जैसे ही मंदा दी ने मुझे देखा, वे मुस्कुरायी। मैंने उनसे अपनी मित्र का परिचय कराया--"यह मेरी फ्रेंड है।" मंदा दी ने आया की हथेली के नीचे से अपना हाथ खींचकर, दोनों बांहे बढ़ाकर मेरे गले में डाली और मेरा चेहरा अपने चेहसे से सटाकर, उससे मेरा परिचय करवाते हुए अटक-अटक कर ऐसे बोली जैसे कोई बच्चा पहली बार पूरा वाक्य बोलना सीख रहा है--"ये...मेरी...फ्रेंड...है।" मैं भौंचक ताकती रह गई उन्हें। मंदा दी की "फ्रेंड" होनेकी फुहारों ने मन को भीतर तक भिगो दिया था। गले से बांहे वे हटा नहीं रही थी। बड़ी मुश्किल से बांहें छुड़ायी—आज जरा काम है, दीदी। फिर फुर्सत से बैठूंगी।

"आना!" मंदा दी की आंखों में छाया घिर आई और वे फिर वाक्य से शब्द में सिमट गई।

मौसम बदल रहा था। ठंड गहरा रही थी।

मुझे मौसमी बुखार हो गया। एक सप्ताह मैं पार्क में जा नहीं पाई।

सात दिनों के बाद जब गई तो मंदा दी ऐसे उमग कर मिली जैसे पता नहीं कब की बिछड़ी मिली है। कस कर हथेली थाम ली, बोली कुछ नहीं, इशारे से पूछा—क्यों नहीं आई? क्या हुआ था?

मैंने कहा--"बुखार हो गया था मंदा दी।"

उन्होंने सुनकर मेरे माथे पर, सिर पर हाथ फेरा, मेरा कंधा सहलाया। माथा छू कर देखा। सिर हिलाया—अब बुखार नहीं है। मुस्कुरायीं। सारी क्रियाऐं एकदम स्लो मोशन में।

फिर बोली--"घर!"

मैंने सोचा, मुझे घर जाकर आराम करने को कह रही हैं।

मैंने कहा--"नहीं, आज मैं ठीक हूं। इसीलिए थोड़ा घूमने के लिए चली आई। बाद में घर जाकर आराम करूंगी।"

बोलीं--"उं...हूं...घर!"

अब उनकी आया ने समझाया कि मम्मी रोज आपको ढूंढती थी। उस गेट की ओर मुझे खींचकर ले जाती थीं—जहां से आप निकल कर आती हैं। पर हमें, न आपका नाम मालूम, न फ्लैट नम्बर। कहां जाते?

अब आपको अपने घर ले जाना चाहती हैं।

तब तक मंदा दी ने फिर से दोहराया--"घर!"

मैंने कहा--"आपके घर? ऐसे मुझे अपने घर ले जाएंगी तो कोई बुरा तो नहीं मानेगा?"

वे चुपचाप आया की ओर जवाब देने के लिए देखने लगी।

उनकी आया ने कहा--"नहीं, मम्मी ची मुल्गी आहे घर मध्ये, बुरा कायको मानेगी।"

मैंने बड़े संकोच के साथ उनके घर जाने के लिए कदम बढ़ाए।

सोचा—चलो, ठीक है, बेटी से ही बात करुंगी, पूछूंगी कि इतनी खूबसूरत, संभ्रांत, सलीकेदार और स्नेहिल-मंदा दी ऐसी स्थिति में आखिर

क्यों और कैसे पहुंच गई। मुस्कान चेहरेपर जम कर बैठ गई है, फिर भी होंठ जैसे बोलने को खुलते ही नहीं।

लिफ्ट में चढ़े तो मंदा दी मुस्कुरा रही थी। गर्व से चेहरा दिपदिपा रहा था कि उनकी भी एक सहेली है जिसे वे अपने घर ले जा सकती हैं।

आया ने दसवें माले के फ्लैट के बाहर लगी कॉलबेल पर उंगली रखी। अंदर गायत्री मंत्र बजने लगा। दरवाजा खोलकर एक बेहद खूबसूरत, दुबली सी लड़की, ओट में हो गई। नाइटी पहन रखी थी उसने। कान, गले और कलाइयों में कुछ नहीं। मंदा दी तीस की उम्र में ऐसी ही लगती होंगी। बिल्कुल उनके चेहरे की कार्बन कॉपी। बस, उसके बाल छोटे थे। कटे हुए, पर बिखरे हुए। सुबह से शायद कंघी नहीं की थी।

आया ने मेरी ओर इशारा किया--"यही हैं मम्मी की सहेली जो रोज पार्क में मिलती हैं।"

बस, उसके बाद उसे कुछ कहने की जरूरत नहीं पड़ी। छोटे बालों वाली खूबसूरत लड़की बताने लगी—एक कभी न खत्म होने वाली कहानी। नाम-अन्वेषा। अच्छा नाम है न? मां ने रखा था। पापा तो ऐनी रखना चाहते थे। विद्यासागर कॉलेज से ईको में ऑनर्स किया। उम्र—पैंतीस साल। शादी नहीं की। मन ही नहीं हुआ। नहीं, शादी के खिलाफ नहीं हूं पर ऐसा कोई मिला ही नहीं। एक दोस्त था कॉलेज में। पर सिर्फ दोस्ती। शादी करने का मन नहीं हुआ उससे। किसी से भी शादी करने का मन नहीं हुआ। शादी के बारे में सोचते ही डर लगने लगता था।...पता है, जिन दिनों उससे बहुत दोस्ती थी, मैंने बहुत सारी कविताएं लिखीं। फिल्मों के लिए गाने भी लिखे पर अभिजित दा ने कहा—अन्वेषा, तुम्हारे गाने बहुत रिच हैं, फिल्म में हल्के फुल्के चलते हैं।...अब भी कभी-कभी दो चार लाइने लिख लेती हूं। आप सुनेंगी? लाऊं? अच्छा, आज नहीं, अगली बार।...बच्चों सी मासूमियत लिए मेरे सामने खड़ी वह लड़की लगातार बोले चली जा रही थी और उसकी आंखों की पुतलियां शून्य में इधर से उधर भटक रही थी।

तब तक वह आया एक छोटे से कांच के बर्तन में एक टैबलेट और एक गिलास पानी ले आई। अन्वेषा ने देखा और गोली मुंह में रख पानी के कुछ

घूंट पी लिए, फिर जैसे सूचना देती बोली--"मूड स्टेबलाइजर है आंटी, खानी पड़ती है रोज़।"

मेरे होश फाख्ता हो गए। मैं मुंह बाए देख रही थी। सोच रही थी—इसकी किस बात पर बोलूं। कुछ पूछा ही नहीं था उसने। सिर्फ सूचनाएं। मैं घर की दीवारों पर लगी तस्वीरें देखने लगी।

साइड बोर्ड पर एक गोरे चिट्टे, संभ्रांत और भव्य से दिखते आदमी की तस्वीर लगी थी। आंखे एक पल को वहां टिकी तो अन्वेषा ने बताया—यह मेरे पापा हैं।

मुझे लगा, शायद अब न हों, कि तभी वह बोली—जर्मनी में रहते हैं।

कुछ मिनटों के बाद उस अंतहीन वार्तालाप से शब्दों को पकड़ पाना मेरे लिए संभव नहीं रहा। थोड़ा बहुत जो समझ में आया, वह यह कि जर्मनी में पापा के साथ मॉनिका है जिसे मॉम कहने की हिदायत पापा देते हैं पर क्यों बोलू उसे मॉम? मेरी मां तो यह हैं न! साल में एक बार पापा आते हैं यहां—अकेले। बैंक में पैसे डाल जाते हैं। सब कुछ अच्छा है। हमारे लिए ढेर सारे कपड़े लाते हैं जर्मनी से पर मां उनके दिए कपड़े नहीं पहनती, वह सिर्फ साड़ी पहनती हैं। मां को साड़ी पहनना बहुत पसंद है। मुझे भी हमेशा साड़ी दिखाती रहती हैं यानी नाइटी उतार, साड़ी पहन। अब आप ही बताइए आंटी, भला घर में भी कोई साड़ी पहनता है। यह ड्रेस भी पापा वहीं से लाए थे। मेरे लिए। बहुत प्यार करते हैं मुझे। पर यहां नहीं रह सकते। बहुत बड़ी पोस्ट पर हैं। एम्बैसी में। वहां बहुत काम है न। मम्मी तो दो साल से ऐसे ही चुप हैं। आपने उनको थोड़ा मुंह खोलना और कुछ शब्द बोलना सिखा दिया। सो ग्रेटफुल टू यू, आंटी। थैंक्यू सो मच।

तब तक आया ने मंदा दी के हाथ से थैली ले ली और सारे पीले पत्तों को कूड़े के डिब्बे में उलटनेजा रही थी कि मंदा दी का दायां हाथ फौरन उसे बरजने के लिए उठा-ना। नहीं।

आया ने बेरुखी से कहा--"कल और ले लेना मम्मी। झाड़ में बहुत मिलेंगे सूखे पत्ते।"

आया का खीझ भरा छोटा सा 'हुंह' भी सुनाई दे गया। मंदा दी के चेहरे की मुस्कराहट सिमट गई।

थोड़ी देर बाद मैं उठ खड़ी हुई--"चलूं?"

"चाय पीकर जाइए, आंटी। सॉरी आंटी, मैं अपना ही बोलती रही। चाय को भी नहीं पूछा।" मैंने कहा--"नहीं, फिर कभी।"

"थैंक्यू फॉर कमिंग, लेकिन आंटी, प्लीज कम अगेन, फिर आना। अपनी कविताएं सुनाऊंगी।"

मैंने घूमकर देखा—कौन बोल रहा था—मां या बेटी? आवाज़ में वही मिठास जैसी मंदा दीदी के एक-एक शब्द में होती है। मिश्री की डली घुली हुई। आंखों में वैसा ही कृतज्ञ भाव जैसा मंदा दी की आंखों में होता है। फर्क इतना ही कि मां सिर्फ एक शब्द ही बोल पाती थीं, बेटी पूरे वाक्य बोलती थी और उसे जवाब की अपेक्षा भी नहीं होती थी जैसे अपने आप से बात कर रही हो।

भारी कदमों से नीचे उतर आई।

किससे पूछती किसके बारे में?

मां से बेटी के बारे में या बेटी से मां के बारे में?

गेट से बाहर निकल मैं अपने घर की ओर बढ़ी। उनकी और मेरी सताईस मंजिला इमारत का एक-एक गेट इस पार्क में खुलता था। हवा तेज बहने लगी थी। हरे भरे पौधों से सूखे हुए पीले पत्ते तोड़-तोड़ कर मंदा दी के, अपनी थैली में भर लेने के बावजूद—यहां से वहां तक—पेड़ों के सूखे पत्ते उड़ रहे थे। हवा के झोंके से ऊपर उड़ते, फिर उसी तेजी से नीचे आ जाते।

□□□

20

चिडियों का चम्बा

--सैली बलजीत

रात होते ही सभी अपने घरों में बंद हो जाते हैं। अब लगता है जैसे पूरे गांव को किसी भूत की परछाई ने सूंघ लिया हो। दिन में भी कौन सा चैन रहता है, पूरा दिन भर जान खूंटी पर टंगी रहती है। अब तो लोग रात को अपने घरों के आंगन वाले बल्ब भी नहीं जलाते। सारा गांव शाम ढलते ही अंधेरे में डूब जाता है। न जाने कब कोई अनहोनी घट जाए। कोई वारदात न ही हो, ऐसी मन्नौतियां सभी तो करते हैं रोज। शामो की जान भी तो खूंटी पर टंगी रहती है। बहुत बुरे-बुरे ख्याल आते हैं उसे। इस आंधी से बचने का कोई रास्ता नहीं सूझता उसे। इसी गांव के कई लोग मौत के क्रूर पंजों से नहीं बच पाए। जाने कब वे लोग दनदनाती हुई बन्दूकें लेकर किस घर में आ धमकें...उनके आने का मतलब होता है, पूरे घर के लोगों का क्षण भर ही में लाशों में तब्दील होना। अभी पिछले हफ्ते की तो बात है, चौधरियों की हवेली में वे लोग दनदनाती हुई ए.के. 47 लिए पूरे टब्बर को लाशों में तब्दील करके, बड़े इत्मीनान से निकल गए थे। अपनी धड़धड़ाती मोटर साइकिलों पर। पूरा गांव गूंगा हो गया था। किसी में इतनी हिम्मत नहीं बची थी कि उठकर देखें कि किस घर में नरसंहार हुआ है...कौन जाता है मौत के मुंह में। सवेरे होने पर ही लोग उठकर चौधरियों की हवेली की तरफ आगे गए थे। आंगन में जमीन को ललकारता खून फैला था। उस पर मक्खियां भिनभिना रही थीं। गांव की बुजुर्ग औरतों की आंखें गीली हो गयी थी। लोग हक्के-बक्के रह गए थे। अभी इस काली आंधी को न जाने और कितने घर तबाह करने हैं, कितनी मांगों से सिंदूर पोंछना है, कितनी औरतों को औलाद विहीन करना है, कितने बच्चों को अनाथ करना है, कितनी लड़कियों के सपनों से खिलवाड़ करना है...कितनी लड़कियों की इज्जत मटियामेट करती हैं...।

पुलिस सूरज उगते ही मौके पर पहुंच गई थी। एक साथ कई पुलिसवाले उछलते हुए जीप से उतरे थे। आते ही थानेदार ने डण्डा घुमाते हुए इकट्ठा हुई भीड़ से पूछा था, "किसी ने सुनी थी गोलियों की आवाज...? रात के कितने बजे हुआ था यह?"

"क्या पता कितने बजे थे जी...बस गोलियों की आवाज सुनी थी...मैंने समझा कहीं किसी परिवार का सत्यानाश हो गया समझो...." सरपंच ने उत्तर दिया था।

'उस वक्त कौन निकलता है जी घर से? जान सूली पर टंगी होती है उस वक्त...यह तो गनीमत हुआ कि वे लोग वहीं से चले गए...किसी दूसरे घर में नहीं घुसे....सच्चेपातशाह के कारण दूसरे लोग बच गए...वरना...वे लोग कुछ भी कर सकते हैं...।'

'कितने लोग मरे हैं इस वारदात में...।'

'पूरा टब्बर ही समझो...रह गया है इनका बुढ्डा...जो रात को किसी रिश्तेदार के यहां गया हुआ था...वरना मर गया होता यह भी...।'

'मैं मरे हुए लोगों की गिनती पूछ रहा हूं...।'

'अब गिन लो जी, हमें क्या पता...सारे कमरे अभी कहां देखे हैं...जाने अभी और लोग भी हो सकते हैं.....'

तभी भीतरवाले दो कमरों की तरफ दो-तीन पुलिसवाले तलाशी लेने चले गए थे। कुछ ही क्षणों में वे बाहर आंगन में बिछी खून से सनी लाशों के पास आ गए थे।

'तीन औरतें हैं जी एक कमरे में मरी हुई....और दो छोटे बच्चे हैं जी' एक सिपाही बाहर आते ही बोला था।

'सारे कमरे देख लिए ना? देखना कोई लाश रह न जाए भीतर।' थानेदार ने उन्हें फिर हिदायत दी थी।

'अच्छी तरह देख लिए हैं जी...बाहर आंगनवाली लाशों समेत पूरी आठ लाशें हैं...अच्छी तरह गिन ली हैं....।'

'चलो...ऐसे करो इन्हें उठवाओ अब...पोस्टमार्टम के लिए भी तो ले जाना है....बुलाओ ना पांच-दस गांव वालों को...।'

'अभी बुलाता हूं...।'

'और एक ट्राली का भी प्रबन्ध करना है...सरपंच साब से कह दो...जरा जल्दी निपटा लो...।' वक्त पर पोस्टमार्टम हो जाना चाहिए।

तभी दूरदर्शन की कैमरा टीम आ पहुंची थी। अपनी सरकारी गाड़ी में से उतरते ही, सन्नाटे में डूबे मकान की तरफ अपना कैमरा कर लिया था। कुछेक अखबार वाले भी अपने कंधों पर कैमरे लटकाए हुए वहां आ पहुंचे थे। सभी अपने-अपने काम में मशगूल हो गए थे। देखते ही वहां और कई सरकारी अफसर भी आने शुरू हो गए थे। देखते ही देखते चीलों की तरह वहां और कई लोग भी आ गए थे मंडराते हुए।

जब लाशों को ट्राली में लादा जाने लगा तो पूरा गांव स्तब्ध रह गया था, गांव का एक शख्स भी ऐसा नहीं होगा, जिसकी आंखे आंसुओं से गीली होने से बच गयी हों। कई औरतें तो छाती पीटते हुए रोने लगी थी। इस अनर्थ ने सभी को भीतर तक हिला दिया था। एक जनी बोली थी, 'बेचारा इनका बुढ्डा तो मर गया जिन्दा ही।'

दूसरे ने कहा था, 'जी कर भी क्या करेगा...कम्बख्त इसे भी मार जाते स्यापा खत्म होता।'

'यहां था ही नहीं...रात को...।'

'कहां गया था?'

'अब्बी सवेरे ही आया है...पड़ोसवाला सत्ता तो लेकर आया है उसे। जंडियाला गया हुआ था।'

'बहुत बुरा हुआ यह तो...।'

'इससे बुरा क्या होगा री...पुत्तर, बहुएं पोते-पोतियां सभी खत्म हो गए...एक भी नहीं बचा...।'

'वाहे गुरु...एक नूंह को ही बचा लेता...बेचारे को दो टूक रोटी तो मिलती पकी-पकाई...बस...अब क्या जीएगा...चार दिन और जी लेगा तो क्या होगा...इसे तो 'रब्ब' ने मार दिया है...।'

लोग बुढ्डे को संभाले हुए थे। वह बुक्का फाड़ रोने लगा था। बार-बार अपनी आंखों से चश्मा हटाते हुए, आंसू पौंछते हुए जाने कब वह बेहोश हो गया था। गांव में लगा था, जैसे अनर्थ हुआ हो...लोगों में हा-हाकार मची थी।

लोग लाशों से लदी ट्राली को जाते हुए, मुंह बाएं देखते रहे थे। ट्राली के पीछे-पीछे पुलिस की जीप थी और उसके पीछे दूसरे सरकारी अफसरों की गाडियां।

उस दिन गांव में किसी घर में चूल्हा नहीं जला था। हत्यारों को लोग तौल-तौल कर गालियां निकालने लगे थे, लेकिन हत्यारों की कोई जाति नहीं होती...कोई धर्म नहीं होता...बस मौत का व्यापार करते हैं।

गांव के लोग हैरान थे कि पूरे इलाके में इतने नाके हैं पुलिस के, फिर भी वे लोग अपना काम कर जाते हैं। सरपंच ने उसी दिन सारे गांव के मोतबर लोगों से बातचीत की थी कि 'इन लड़कों' से कैसे निपटा जाए। इस बात से किसी ने भी इन्कार नहीं किया कि वारदातें नहीं होगी। वारदातें कब हो सकती हैं। इसका कोई पक्का नहीं कहा जा सकता।

सरपंच ने साफ बात कर दी थी, 'अब तो एक ही बात सामने आती है कि अपनी रक्षा आप करनी होगी...।'

एक जना बोला था, सरपंच साहब....अगर इतनी पुलिस की चौकियों के बावजूद 'मुंडे' अपना काम कर जाते हैं तो हम किस खेत की मूली हैं।

'तो हिम्मत हार जाओगे?'

'हिम्मत बची भी अब किस में है, बोलो? अब कुछ नहीं हो सकता...मौत के आगे किस का जोर चलता है....।'

'एक बात पूंछू आपसे...फर्ज करों कि 'मुंडे' आपके घर जाएं तो आप अपना बचाव कर पाएंगे...?'

'मैं तो मरते दम तक हिम्मत रखूंगा?'

'सभी ऐसे ही कहते हैं...मौत के आगे तो पसीने छूट जाते हैं सरपंच साहब....कोई और 'प्रबन्द' करवाइए गांव में...।'

'बोलो क्या परबन्द हो सकता हैं...पुलिस फोर्स की बात तो चल रही है ऊपर...आज भी डिप्टी कमिश्नर ने कहा है फोर्स लगाने को...।'

'पर फोर्स लगेगी कब...जब पूरा गांब शमशान हो जाएगा।'

'हिम्मत रखनी पड़ती हैं बरखुरदार...बस एक-दो दिन तक....।'

'मैं तो कहता हूं....चाहे लाख नाके लगा दे सरकार...इनको कौन रोक सकता है....जब 'मुंडे' आते हैं तो...सब 'प्रबन्ध' धरे के धरे रह जाते हैं...।'

'थोड़ा डर तो होता है ना कि गांव में 'नाका' है... थोड़ा फर्क तो पड़ेगा ही...इससे...।'

'अब और लोगों की सोचिए जो जिन्दा हैं...वरना लोगों में घबराहट तो होगी ही...इस वारदात के बाद अगर कोई वारदात हो गयी तो बहुत घर गांव छोड़ जाएंगे...।'

'कहां जाओगे...गांव छोड़कर...शहर में...वहां नहीं 'ये मुंडे' खूनी खेल खेलते...बोल? अब शहर कौन से खतरे से खाली रह गए हैं...सुनते नहीं रोज किसी बाग में...किसी सिनेमा हाल में...चलती बसों में....बाजारों की भीड़ में...ये लोग गोलियां नहीं बरसाते? अब तो चलती हुई बसों में से उतार-उतार कर मारने लगे हैं लोगों को...कहां जाओगे मौत से भाग कर?'

'जहां किस्मत ले जाएगी...दो 'टूक' खाने हैं...कहीं भी जाकर खा लेंगे...और जिंदगी तो बच जाएगी ना...।'

'सयानी बात करते हैं पुत्रा...अभी ठण्डे दिमाग से सोचना...पुरखों की जमीन का मोह तोड़ कर जा रहे हो...मोह भला ऐसे कभी टूटता है?' सरपंच की आंखों में आंसू आ गए थे।...'पुत्रा...गांव में पुलिस का 'नाका' तो लगता ही है...दो-एक दिन की बात है बस...।'

सभी आंखों में खौफ लिए हुए अपने घरों की तरफ हो लिए थे इस भयानक वारदात ने सभी को भीतर तक हिला के रख दिया था।

शामो भी इसी गांव में रहती है अपनी तीन बेटियों के साथ, वह तो बहुत ही ज्यादा घबराई हुई थी। इस वारदात से। अब तो वह पूरी रात जागते हुए काटती है। उसकी आंखों की नींद गायब हो गयी है। उसके सामने उसकी तीनों बेटियों का चेहरा हर वक्त उभरा रहता है। फिर सभी बहनें खूब ऊंची-लम्बी निकली हैं, अपने बाप की तरह। उनका बापू फौज में हवलदार है, उसके पत्र भी आते है कि इस माहौल में से सभी लोग बचे रहे, हर पत्र में मन्नौतियां और आशीष लिखी होती है। शामो अक्सर पूछती रहती है अपनी बेटियों से, 'तेरे बापू ने क्या लिखा है खत में...आने के बारे में कुछ लिखा कि नहीं?'

'मां, बस इतना लिखा है कि प्रीतों के ब्याह के पहले आ जाएगा।' छोटी बेटी ने खत बांचते हुए कहा था।

'मुई आगे पढ़ तो—रुपयों का क्या बना, कुछ लिखा है...पता नहीं उसे कि शादी ब्याहों में अब लाखों खर्च होने लगे हैं...।'

'क्यों घबराती हो मां...बापू ने लिखा है—जल्दी ही ड्राफ्ट बना कर भेज रहा है...किसी तरह की चिंता नहीं करनी...।'

'इस माहौल में जान के लाले पड़े हुए हैं और तेरा बापू कहता है कि चिंता न करें हम लोग...से क्या पता, इधर कैसे कट रही है...।'

'मां थोड़े दिन तो रह गए हैं...बापू आ गए तो सब ठीक हो जाएगा...।'

'मरजानी...ब्याह तो हो ही जाएगा...इस गोलियोंवाले माहौल से डर लगता है—पता नहीं कब क्या हो जाए...वाहेगुरु...तेरा ही आसरा है...रहम करना...।' शामो खुदा का नाम लेते हुए बिस्तर पर पसर गयी थी।

छोटी बेटी उसके साथ ही सोती है, आठवीं में तो पढ़ती है अभी। उससे बड़ी दसवीं में है और सबसे बड़ी वाली को दसवीं पास किए हुए चार साल हो गए हैं। जो आगे नहीं पढ़ाया उसने...लड़कियों ने फिर पढ़कर करना भी क्या होता है। इसीलिए उसने उसे सिलाई का कोर्स करवा दिया था, अपने ही गांव में। अब तो वह खूब बढिया जनाना कपड़े भी सीने लगी है, आस-पड़ोस वाले लोगों की बीवियों, लड़कियों, बच्चों के। वह सो उसके कद-

काठी को देखकर खुद हैरान हो जाती है। पूरी जवान निकली है। अगले हफ्ते इसकी शादी हो रही है। शामो सोचती है दो-तीन दिन तक तो प्रीतो का बापू आ ही जाएगा...फौज में फिर छुट्टी कौन सी आसानी से मिल जाती है।

वह अभी सोई कहां है। आंखों में बेटियां समाई हुई हैं। उसकी नींद तो उसी दिन से उड़ गयी थी, जब छोटी भी जवानी की दहलीज पर आ खड़ी हुई थी। वह मन ही मन तरकीबें बनाने लगी हैं...लड़कियां इतनी जल्दी कैसे बड़ी हो जाती हैं...उसने देखा था, उससे कसके चिपट कर सोई बेटी, सो गई थी। दूसरी बेटियां भी खुसर-फुसुर करते-करते सो गयी प्रतीत हुई थी। उसने इत्मीनान की सांस ली थी। पूरा गांव उसी सन्नाटे में डूबा था। गली में बस कुत्ते ही भौंकते हुए फिरते हैं।

तभी वह हड़बड़ी में उठ बैठी...उसने महसूस किया, जैसे बाहर दरवाजा खटखटा रहा है कोई। वह डर से कांप गई। तभी उसे ऐसा लगा कि एक साथ कई जने दीवार फांदकर आंगन में आ गए हैं। उसके पसीने छूटने लगे थे। उसकी सांस ऊपर की ऊपर रह गयी। जब उसने देखा कि पूरे तीन जने, अपने चेहरों पर कपड़ा बांधे हुए, राइफलों को कंधों पर डाले हुए, उस कमरे का दरवाजा तोड़ कर भीतर उसके सामने आ खड़े हुए हैं, उसके चेहरे पर ढेर सा पसीना आ गया था, कड़ाके की सर्दी में भी...उसके चेहरे पर हवाइयां उड़ने लगी थी। उसकी जुबान को जैसे कोई कुतर गया था। वह हड़बड़ी में चिल्लाई थी, 'कौन हो तुम कम्बख्तों, मर जानो...क्यों आए हो इस वक्त...क्या चाहिए...बोला?'

'बताते हैं। तुमें इत्मीनान से...बैठने को नहीं कहेगी रांड? उनमें से एक जना बोला था, उसके चेहरे पर टार्च की रोशनी फेंकते हुए।'

'बैठाती है मेरी जूती...हरमियो भागते कि नहीं...।'

'देख रांड...बकबक की तो अभी तेरी खोपड़ी खोल देंगे...चपर-चपर ही करती जा रही है रांड...' उसने उस पर बन्दूक तान दी थी।

उसका पसीना छूटने लगा था, 'रहम करो जालिमो हम पर...रब्ब के मारे हुए हैं...गरीब लोग हैं...हम...।'

'देख कम्बख्त...अभी तो हम जानेवाले नहीं...रात भर यहीं रहेंगे...खाएंगे....पीएंगे...मौज करेंगे...।'

'कहा ना, रहम करो...जाओ कहीं और चले जाओ...।'

'यहां क्या कमी है...तुम गरीब कहां से हो...तेरे पास तो खजाने हैं...।' उसने उसके पास सोई हुई लड़कियों की तरफ इशारा करते हुए कहा था। उसकी आंखें शराब के नशे से सुर्ख लग रही थी।

'जरा उठा तो अपनी शहजादियों को...और सुन...अभी खाना भी खाना है हमें....घर में कुछ है बना हुआ...?' दूसरे ने पेंट की जेब में से शराब का अद्धा निकाल लिया था।

'नहीं उठाती जा...कमीने क्या कर लेगा?'

'क्या कहा...हमसे जुबान लड़ाती है रांड?' उसने उसके गाल पर जोर से झांपड़ धरते हुए कहा था।

'जाओ मैं नहीं उठाती....' वह रोने लगी थी।

'तेरा बाप भी उठाएगा समझी...उठ इनको भी देखों कैसे सो रही हैं सुसरियां...।'

तभी उनमें से दूसरे ने दूसरीचारपाई पर सो रही दोनों लड़कियों को उठा दिया था। वे हक्की-बक्की रह गयी थीं उनकी आंखे फटी की फटी रह गयी थी।

वे तीनों शराब पीने लगे थे। बैठकर, उनकी आंखों में और लाली बढ़ आई थी। वे शराब के नशे में बहकने लगे थे। बैठकर, उनकी आंखों में हवस की चिंगारियां सुलग उठी थी।

एक बोला था, 'देखा नहीं बड़ी वाली सुसरी, आज तो सभी ऐश करेंगे।'

'छोटी वाली भी साली कौन सी कम है...साली के नखरे देखे हैं?' दूसरा बोला था।

'और जो मां की छाती के साथ सटकर सोई थी...उसकी बात करो...' पहले वाला बोला था।

'कम्बख्त...वो तो जन्नत के नजारे दिखा देगी...।'

तीसरा भी बोल उठा था नशे में बहकते हुए।

'लेकिन...जल्द बाजी नहीं करनी...सालियां हाथ लगाते ही मैली होनेवाली तितलियां हैं...।' पहला बहक गया था।

'इनके पंख देखना अभी कैसे तहस-नहस करते हैं—साला नशा तो हो जाने दो जरा...।' तीसरे ने कहा था।

'कमबख्त...जब तीन शराब की 'पहले तोड़' की बोतले सामनेहोतो बोल यह बेजान बोतल क्या नशा देगी...।' दूसरा भी बहकने लगा था।

उन लोगों के हाथों में बंदूके न होती तो शामो की लड़कियां उनके लिए इस वक्त भला रोटियां सेकती? सिर्फ मौत का डर था जो उन्हें कठपुतलियों की तरह बना रहा था। शामो कितनी अकड़ी थी, पर एक औरत कर भी क्या सकती है। वे तीनों बुरशे के बुरशे रोटी पर ऐसे टूट पड़े थे, जैसे कई दिनों के भूखे हों...पूरा गांव अपनी नींद में सोया रहा था। लेकिन...शामो के लिए यह रात, कहर की रात थी। अभी फिर रात खत्म कहा हुई थी...उसने महसूस किया था, पिछले दो घंटों से वे लोग इस घर में पड़े हैं...उनकी बेहूदा फरमाइशें पूरी करते-करते वह भी एक कठपुतली हो गयी हैं।

'अब क्या सोची है रांड?' एक ने रोटी खाने के बाद जमुहाई लेते हुए कहा था।

'अब जाओ...खाना खिला दिया है...आपके हाथ जोड़ती हूं।'

'अभी तो रात बाकी है...रात खत्म होते ही चले जाएंगे...तुमें कहा ना...जाओ सो जाओ जाकर...।'

'ऐसे नींद कहां आएगी...जवान लड़कियां हैं घर में...।'

'तुम क्यों चिंता करती हो...तेरे जंवाई जो है यहां...क्यों अपना खून जलाती है...फिर एक रात यहां रुकना है...क्या समझी...?'

'जाकर सो जाओ तुम भी...मेरी लड़कियों पर रहम करो...मैं हाथ जोड़ती हूं आपके...।'

'पगली बुढिया...सामने आग जल रही है...आग भी अंगारोंवाली...वो भी, तीन-तीन...ऐसे में नींद आएंगी?'

'कम्बख्तों रहम करो...रब्ब से डरो...।'

'क्या रब्ब को घसीट रही हो...जाओ सो जाओ चुपचाप और...अपनी लड़कियों को कहो...अब कहां भाग सकेंगी...तुम बचा सकती हो तो बचा लो...रांड आदमियों की तरह बोल रही है...नहीं मानेगी तो जबरदस्ती करना क्या मुश्किल है अपने लिए?'

तभी एक जने ने शामो की छाती पर बंदूक तान दी थी, 'कर दूं इसका दी इंड...बोल करतारिया...रांड चपर-चपर कर रही है...।'

'छोड़ यार...दफा कर...क्यों मूड खराब करता है...रांड को बांध दे...पड़ी रहेगी यहीं ठण्ड से ठिठुरती हुई...मरने दे इसे...।'

दूसरे ने उसे रस्सियों से बांध दिया था।

वह फिर चिल्लाई थी, कम्बख्तों मैं जो हूं...मेरे साथ मुंह काला...मरजानो मेरी बेटियों को छोड़ दो...वे मरजानो तुम्हारा कुल नाश हो जाए...पिण्ड-पीटो रहम करो...बेटियां...भैणां सबकी सांझी होती हैं...इनका बाप यहां होता तो तुम्हारे टुकड़े कर देता, मरजानो। 'चल भैनचो...तुममें क्या रखा है...थुल-थुल जिस्म...शुक्र कर हम तीन जने हैं...अगर चार होते तो तुम्हारी ख्वाहिश भी पूरी कर देते...?'

'हरामियों अपनी मां के खसमो, शर्म करो...रहम करो...मेरी बड़ी लड़की को तो दाग मत लगाओ...उसकी शादी है...उसका ब्याह दिया हुआ है...अगले हफ्ते...मर जानो...तुम्हें कीड़े पड़े...रब्ब से डरो...लड़कियां तो होती ही बेजुबान हैं...ये तो चिडियों का चम्बा होती हैं...फुर्र से उड़ जाती हैं...इन्हें वक्त से पहले मत मारो...इनको उड़ने दो...इनके पंख तो ना काटो...चिडियां का चम्बा तो ना उजाड़ो मेरा।' वह रोती रही थी। चिल्लाती रही थी। रब्ब की दुहाई देती रही थी। लेकिन...वे तीनों जने उसकी तीनों बेटियों को भीतर कमरे में ले गए थे। उसकी चिल्लाहट दीवारों से टकरा कर वापस लौट आई थी।

लगभग एक घंटे के बाद, उसकी तीनों बेटियां अस्त-व्यस्त कपड़ों पर पड़ी सिलवटों की तरह हो गयी थी। शामो का चिडियों का चम्बा उजाड़ दिया था, उन तीनों ने, बंदूक की नोंक पर, वे तीनों सुबकने लगी थी। उनके चिन्दी-चिन्दी हुए कपड़ों मे से उनका जिस्म नंगा हो रहा था। पुरी रात भर बेटियों को कस कर सीने से लगाए, दुहत्थड़े मारते हुए रोती रही थीं।

वे कुत्ते-कमीने तो उसी वक्त चले गए थे। शामो ना अब जिन्दा लोगों में थी और ना ही मरे हुए लोगों में। उसकी हालत बहुत ही खराब हो गयी थी।

शामो सोचने लगी थी कि जाती बार एक-एक गोली कम्बख्त उसकी बेटियों और उसकी कनपटी पर दाग जाते तो आज यह ग्लानि की चादर तो ना ओढ़नी पड़ती...।

दूसरे दिन पूरे गांव में यह खबर जंगल में आग की तरह फैल गयी थी। इस बार बिजली शामो के चौबारे पर गिरी थी।

'कुडिए रात को हमें इत्तला दे दी होती तो शायद अनर्थ न होता...' गांव का कोई मोतबर आदमी दूसरी सुबह, उसके घर में इकट्ठी हुई भीड़ में बोला था।

'क्या इत्तला देती मैं...कम्बख्तो ने बंदूकें ताने रखी पूरी रात भर क्या करती मैं...किसी का क्या दोष...जब अपने ही करम फूट गए तो किसी को क्या कहकर...मैं तो जिन्दा ही मर गयी करमजली...साथ में मेरी तीनों कुडियां...सब खत्म हो गया...' शामो रो-रोकर निढाल हो चली थी।

'छोटी वाली को भी नहीं छोड़ा?'

'बहुत तरले किए थे...पांव पड़ी थी उन मरजानों के...पर मुए मेरी एक ना माने...मरजाने मरने आए हुए थे...आंखों में एक ही भूत सवार था उनकी....' 'बहुत बुरा हुआ यह तो कुडिए...पुलिस में रपट लिखवानी है अब? बोल क्या सोचा है...।'

'आप चाहते हैं शामोकी रही सही इज्जत भी मिट्टी में मिल जाए...पहले ही क्या कम इज्जत मिट्टी में मिली हैं?'

'हौंसला रख शामो...इसमें तेरा क्या कसूर...चल शुदैन ना होते...ऐसे रोते हैं भला...तुम ही रो-रो कर बेहाल कर लोगी अपना तो कुडिओं का क्या होगा....?' ....कुडियों का बाप आनेवाला था ना?...'

'आकर क्या करेगा वो...अब कौन ब्याह करेगा...मेरी लड़कियों से...? इस आंधी में अपना तो 'चिडियों का चम्बा' उजड़ गया।...'

'अब फिजूल में नहीं सोचना...करमों का खेल होता है सारा...तू अब इसका जिक्र नहीं करना किसी से भी...इनके बापू से भी नहीं...हौंसला रख, घर जा...चल मेरी भैण....शाबाश....' उस आदमी ने उसे हौंसला देते हुए घर भिजवा दिया था।

घर आते ही उसने छत पर झूल रहीं तीनों बेटियों की लाशें देखी, तो उसको उसकी दुनिया उजड़ती हुई लगी थी...वह दुहत्थड़े मारती हुई बाहर दौड़ी थी। पूरा गांव वहां जुटने लगा था। औरतें हाथ उछाल-उछाल कर बातें कर रही थी। पूरे गांव के लोग स्तब्ध रह गए थे।

इस आंधी ने यह नई सौगात दी थी गांव वालो को। शामो को। पुलिस की जीप सायरन बजाती हुई आ गयी थी, शामो के घर। शामो बेतहाशा विफर उठी थी, 'प्रीतो के बापू...आकर देख...तेरी तीनो बेटियां एक साथ विदा हो रही हैं...अपना चिडियों का चम्बा एक साथ खाली हो रहा है...उजड़ गया हमारा चिडियों का चम्बा...।'

उसकी तीनों बेटियों की लाशे जब पुलिस की गाड़ी में लादी तो वह छाती पीटते हुए, गाड़ी के पीछे दूर तक भागती चली गयी थीं...वह लुट गई थी।

□□□

21

बाबूलाल तेली की नाक

--स्वयंप्रकाश

एक दिन एक अतिमहान देश के एक अतिसामान्य नागरिक श्री बाबूलाल तेली के साथ एक अजीब-सा हादसा हो गया। हुआ यह कि एक बलिष्ठ व्यक्ति ने बाबूलाल तेली की नाक पर खामखां एक जोरदार घूंसा जड़ दिया। बाबूलाल तेली उस व्यक्ति को जानते तक नहीं थे। यही उनके पिटने का कारण बना। बलिष्ठ व्यक्ति बीच सड़क पर एक टूटे-फूटे से अधेड़ आदमी को निर्दयता से पीट रहा था और भीड़ चुपचाप तमाशा देख रही थी। बाबूलाल तेली के मुंह से 'अरे-अरे' निकल गया और बस, बलिष्ठ व्यक्ति ने उनकी नाक पर जोरदार घूँसा जड़ दिया। बलिष्ठ व्यक्ति सोचता था, बाबूलाल तेली जैसे हर व्यक्ति को उसे जानना चाहिए और उससे डरना भी चाहिए। बाबूलाल तेली को बलिष्ठ व्यक्ति को इस महत्वाकांक्षा की जरा भी खबर होती तो उसे जानते ही नहीं, उससे डरने में भी उन्हें कोई आपति नहीं होती जहां इतने लोगों से डर रहे हैं, एक इनसे भी डर लेंगे, क्या फर्क पड़ता है। किसी को इसी में खुशी मिलती है तो अपना क्या जाता है बाबूलाल तेली की नाक पर जोरदार घूँसा जड़नेके बाद बलिष्ठ व्यक्ति अपने रास्ते चला गया। झगड़े की कोई गुंजाइश बनी ही नहीं। बनती भी तो बाबूलाल तेली क्या लड़ते। उन्होंने सोचा शुक्र है उनकी गर्दन ही नहीं दबा दी गई। शुक्र है एक घूँसे में ही बात खत्म हो गई। शुक्र है...।

लेकिन उनकी नाक से खून बह रहा था। कमीज खराब हो रही थी कमीज खराब होते देख कर कमजोरी-सी महससूस होने लगी। टांगे कांपने लगी।

पीड़ा और जलन की लहरें नाक से खोपड़ी तक दौड़ने लगी। तमाम कोशिशों के बावजूद जब खून बंद नहीं हुआ तो हार कर बाबूलाल तेली ने सोचा-अस्पताल जाना ही पड़ेगा।

सामने ही एक विशाल और शानदार अस्पताल था जो एक बड़े सेठ ने अपनी दिवंगत सेठानी की याद में बनवाया था। लिखा न होता अस्पताल तो वह पांच सितारा होटल लगता। बाबूलाल तेली शहर के एक सामान्य-से कार्यालय में एक सामान्य से क्लर्क थे और मजाक की भाषा में कहा जाए तो यह अस्पताल उनके स्टैंडर्ड का नहीं था। पर इस समय अपने स्टैंडर्ड का अस्पताल ढूंढने निकलना भी आसान नहीं था। वह पता नहीं कितनी दूर हो और इसी स्थिति में टैंपो-रिक्शावाले भी पता नहीं उन्हें बैठाएं या नहीं। बाबूलाल तेली कोई पांच मिनट तक असमंजस में पड़े रहे, फिर सोचा मुझे कौन सा ऑपरेशन करवाना है, मरहम-पट्टी ही तो करनी है, दस-बीस रुपए लग भी गए तो क्या हो गया? वैसे भी कभी अपने पर कुछ खर्च करता नहीं। गन्ने का रस तक नहीं पीता। चलो चलते हैं, जो होगा देखा जाएगा तो बाबूलाल तेली रूमाल से नाक पकड़े-पकड़े रिसेप्शन पर पहुंचे। रिसेप्शन पर कुछ टेलीफोन, एक कंप्यूटर और एक सुंदर-सी लड़की एक साथ कार्यरत थे।

बाबूलाल तेली की सारी बात धैर्यपूर्वक सुनने के बाद और इस निमित्त बाबूलाल तेली के मन में अपार कृतज्ञता उपजानेके उपरांत लड़की ने मासूम परेशानी से पूछा—इज इट इमरजैंसी?

मैं नहीं जानता। बाबूलाल तेली ने जवाब दिया।

लड़की ने कृपापूर्वक स्वविवेक का प्रयोग किया, एक पर्ची काट कर दी और बोली-पांचवां माला।

बाबूलाल तेली लिफ्ट की लाइन में खड़े हो गए।

पांचवें माले पर इमरजेंसी थी। इमरजेंसी जमीनी माले पर भी थी, पर वह इमरजेंसी मरा चाहने वाले मरीजों के लिए थी, यह इमरजेंसी जिया चाहने वाले मरीजों के लिए।

पांचवें माले के इमरजेंसी वालों ने दूर से ही बाबूलाल तेली को देख कर कहा- 'आठवां माला।' जैसे हकाल रहे हो।

आठवें माले पर ईएनटी इनडोर था। उन्होंने बाबूलाल तेली को सुन कर कहा—'चौथा माला।'

चौथे मालेपर ईएनटी आउडोर था। उन्होंने बाबूलाल तेली को सूंघ कर कहा—'सातवां माला।'

सातवें माले पर विशेषज्ञ था। उसने बाबूलाल तेली की नाक की सफाई करवाई और बोला—मैं नाक विशेषज्ञ हूं। लेकिन मैं दाहिने नथुने का विशेषज्ञ हूं। आपकी चोट बाएं नथुने में हैं। बाएं नथुने के जो विशेषज्ञ हैं वे विकासशील देशों के नाक संबंधी रोगों पर आयोजित एक सेमिनार में भाग लेने अमेरिका गए हैं। परसों तक आ जाएंगे। बेहतर है आप पल्ले रोज आ जाएं।

पल्ले रोज फिर आना पड़ेगा? बाबूलाल तेली ने पूछा। वह इसके लिए तैयार नहीं थे।

हां, और इसमें लापरवाही नहीं होनी चाहिए।

और मेरी नाक?

'मीनवाइल...आप खून की जांच, छाती का एक्स–रे और खोपड़ी का स्कैनिंग भी करवा लीजिए। बेहतर तो यह होगा कि एक बार ईसीजी भी करवा ही लें।' मैं लिख देता हूं। लेकिन तब तक मेरी नाक।

उसकी फिलहाल ड्रेसिंग करवाए देते हैं। मैं लिख देता हूं। बाजू की बिल्डिग में चौथे माले पर हो जाएगी लेकिन पहले एचआईवी टेस्ट सर्टिफिकेट लाना होगा पैथेलॉजिकल लैब से।

सारा अस्पताल वातानुकूलित था। सारा काम कंप्यूटर से होता था। पान खाने और धूम्रपान की सख्त मनाही थी। मरीज कांच की दीवारों के पीछे जीवाणुमुक्त थे। सब कुछ अत्यंत आधुनिक और वैज्ञानिक था। ऐसा कि देख कर तबीयत खुश हो जाए। देश की प्रगति पर मन में वाह-वाह-सी होने लगे। पेट में खामखां राष्ट्रप्रेम की मरोड़ उठने लगे। लेकिन बाबूलाल तेली को ऐसा कुछ नहीं हुआ। वह बुरी तरह थक और ऊब गए थे। लाऊंज में पड़े सोफे में धंस गए। खून अपने आप ही बंद हो चला था। सांस लेने के लिए मुंह खुला रखना पड़ता था। नाक से सांस लो तो खोपड़ी में बिजली दौड़ती थीं बाबूलाल तेली को प्यास भी लगी थी पानी कहीं दिखता नहीं था।

हार कर वह बाहर निकलने को हुए। अपनेआप ठीक हो जाएगा। घर जा कर आराम कर लेते हैं थोड़ा, बस। रिसेप्शनवाली लड़की ने उन्हें जाते देखा एक आदमी भिजवा कर उन्हें बुलवाया और कंप्यूटर से बना एक सुंदर-सा बिल उन्हें पकड़ा दिया।

बिल की रकम देख कर बाबूलाल तेली के होश उड़ गए। जेबों की झड़ती हो गई। लगा जीवन में पहली बार इतनी बुरी तरह ठगे गए हैं।

बाहर निकले तो कुछ लट्ठमार किस्म के लोगों ने उन्हें सहानुभूतिपूर्वक घेर लिया। क्या हुआ?

कुछ नहीं। डॉक्टर नहीं है।

तकलीफ क्या है?

नाक फूट गई है?

आप हिंदू हैं?

बाबूलाल तेली को प्रश्न असंगत लगा। पर बहस करने की हिम्मत नहीं थी बोले—हां। क्यों?

कौन जात?

फिर वहीं बेवकूफी बाबूलाल तेली को गुस्सा-सा आया। लेकिन चुपचाप अपनी जाति बता दी—तेली, बाबूलाल तेली।

आप ही हैं बाबूलाल तेली? अरे भई ये ही हैं। कोई बोला।

हम आपको ही ढूंढ रहे थे। हम लोग तेली समाज से आए हैं। देखिए बाबूलालजी, ऐसा है कि यह धांधली कोई पहली बार आपके ही साथ नहीं हो रही है। ऐसा का ऐसा ही चार रोज पहले हुआ था। अपने समाज के एक भाई की टांग टूट गई थी और वह भी गलती से यहीं आ गए थे, उनकी भी झड़ती करा ली गई थी और आखिर में कह दिया गया कि डॉक्टर नहीं है, सारी जांच करा कर चार रोज बाद आइए। हो सकता है, वह बेचारे भी आज आएं।

और यह धांधली तभी खत्म होगी....दूसरा बोला....जब हमारा अलग अस्पताल होगा और उसमें हमारे समाज के डॉक्टर होंगे। और वह सिर्फ अपने समाज के लोगों के लिए होगा। ठीक है न? मानते हैं या नहीं।

आप हुलिया बताओ उस साले का...तीसरा बोला...जिसने आपकी ये हालत की है। उस साले को तो हम देख लेंगे। आपके ही हाथ से उसकी नाक पर घूंसा मरवाएंगे। पर पहले आपको हमारे साथ डॉ. लालूराम तेली के पास चलना होगा। अपने समाज का डॉक्टर है। वहीं आपकी नाक का सही इलाज करेगा।

बाबूलाल तेली चक्कर खा कर गिर पड़े। उनकी नाक से फिर खून बहने लगा। लट्ठमार किस्म के समाजसेवकों ने देर नहीं की। वे फौरन बाबूलाल तेली को उठा कर डॉ. लालूराम तेली के दवाखाने तक छोड़ आए।

डॉ. लालूराम सरकारी चिकित्सालय से सादर-साभार निलंबित हो कर अब अपना प्राइवेट कलीनिक चला रहे थे। वे गॉज-रुई-पट्टी ही नहीं, दवाइयां तक अपने समाज के निर्माताओं द्वारा दी हुई इस्तेमाल करते थे। यहां तक कि वह अकल भी अपनी ही इस्तेमाल करते थे।

डॉ. लालूराम ने बाबूलाल तेली के चेहरेको ध्यानपूर्वक मुआयना किया। बाबूलाल जी का चेहरा और खास कर उनकी रक्तरंजित नाक उन्हें इस कदर उत्तेजक, सेक्सी और आपरेशनीय लगी कि उन्होंने तुरत-फुरत बगैर एक्स-रे-ब्लड टेस्ट वगैरह का झंझट किए उनका आपेरशन करने का निर्णय कर लिया। खुद ही लोकल एनेस्थीसिया दिया और कार्रवाई चालू कर दी, नाक को काटा गया और 'ठीक' करके अंदर-बाहर से सी दिया गया और मरहम-पट्टी कर दी गई। दुर्भाग्य से वहां 'इनडोर' भी था और पैसे-वैसे पहले जमा करनेकी झंझट इसलिए नहीं थी कि मरीज अपने ही समाज का है भाग कर जाएगा कहां? घरवाले बेचारे पता लगाते-लगाते किसी तरह आए और तीमारदारी में जुट गए। दफ्तरवालों को पता चला तो दौड़-दौड़ आए और बोले-कहां इस कसाई के यहां फंस गए? तुम्हें तो सरकारी अस्पताल जाना चाहिए था। पैसा जो भी खर्च हो सरकार देगी सरकारी

नौकरी का यही तो फायदा है कि पूरे परिवार की हारी-बिमारी सरकारी जिम्मेदारी हो जाती है। चलो उठो। हम लिए चलते हैं।

एक-दो रोज और देख लेते हैं। बाबूलाल तेली ने कहा।

सहकर्मी उदास हो गए। देखों, कैसी मति मारी गई है। भला-बुरा तक अपना नहीं सोच पा रहा।

बात यह है...बाबूलाल जी बोले...मैं समाज को छोड़ कर नहीं चल सकता। अभी मुझे अपनी बेटियों की शादियां करनी हैं। नाक का क्या है। आज नहीं तो कल, ठीक हो जाएगी।

सहकर्मी चले गए।

तीसरे रोज बाबूलाल जी की हालत यह हो गई कि उन्हें न ठीक से सुनाई दे रहा था न दिखाई। नाक में मवाद पड़ गया था और चाय घुटकने में भी तकलीफ हो रही थी। समाज के लोग देखने आ रहे थे।

आखिर सातवें रोज डॉक्टर लालूराम ने हाथ खड़े कर लिए। बोला—केस बिगड़ गया है। मरीज को फौरन बंबई ले जाना पड़ेगा।

यह नहीं कहा कि यहीं किसी और डॉक्टर या विशेषज्ञ को दिखा दो। कहा कि फौरन बंबई ले जाना पड़ेगा। समाज के लोगों ने सिर जोड़े। अब यह एक गंभीर समस्या थी। अब सवाल बाबूलाल तेली की नाक का नहीं, समाज की नाक का था। किसी ने इस बीच 'डॉक्टर की लापरवाही' शीर्षक से एक स्थानीय समाचारपत्र में खबर भी छपवा दी थी, जिससे डॉक्टर लालूराम भी परेशान जैसा दिखाई दे रहा था। शीघ्र कुछ करना जरूरी था।

तो समाज के लोगों ने बाबूलाल जी से कहा—तुम चिंता मत करो। तुम्हारी नाक अब तुम्हारी नाक नहीं, समाज की नाक है। चाहे जितना खर्च आए, समाज उसकी व्यवस्था करेगा। हम तुम्हारा अच्छे से अच्छा इलाज करवाएंगे। पर एक बात बताओ। हो तो तेली ही न? कोई और तो नहीं हो?

इस किस्म की सहानुभूति पा कर बाबूलाल तेली की हालत और बिगड़ गई।

समाज के लोगों ने चंदा किया और दो वॉलंटियरों के साथ बाबूलाल तेली को इलाज के लिए सपरिवार बंबई भिजवा दिया गया।

कोई महीने भर बाद बाबूलाल तेली बंबई से लौटे तो एकदम चंगे हो कर। बल्कि कुछ हट्टे-कट्टे भी हो कर। चलते-फिरते, खाते-पीते। बस, एक जरा-सी बात थी, सूखी-सड़ी, बासी पकौड़े जैसी, कैसी भी सही, जाते समय चेहरे पर एक नाक थीं, आते समय नहीं थीं उसे काट कर फैंक देना पड़ा था। नाक की जगह सिर्फ दो सूराख रह गए थे। बाबूलाल तेली को एक जुलूस के रूप में घर लाया गया। उनकी प्रशंसा में खूब अच्छी-अच्छी बातें की गई। सीमा पर जवान जिस तरह अपनी जान दे कर भी देश की आजादी की रक्षा करता है, भाई बाबूलालजी ने अपनी नाक दे कर समाज के लिए अद्‌भुत और अनुकरणीय त्याग का उदाहरण पेश किया है। समाज उनकी इस कुर्बानी को कभी नहीं भूलेगा। आदि-आदि। और बाबूलाल तेली घर में अपने बिस्तर पर पड़े-पड़े सोच रहे थे—शुक्र है!! शुक्र है उसने मेरी नाक पर ही घूंसा मारा।

❑❑❑

22

मुक्तिद्वार

--सुशीलकुमार फुल्ल

कुलवन्त क्षत-विक्षत पक्षी सा फड़फड़ा रहा था, एकदम असहाय एवं बेबस।

वह मन ही मन अपने निर्णय पर तड़प रहा था। क्यों उसने जबरदस्ती उसे वहां भेज दिया था। अब जब भी कोई बात होती है, तो वह सारा दोष कुलवन्त के सिर मढ़ देता है।

तृष्णा भी तो बेटे का ही साथ देती है।

'बेटा, तुम ने एक बार भी हम से सलाह नहीं की।' कुलवन्त ने कहा था।

"मैं यदि आप से पूछता भी...तो आप ने कौन-सा हां कर देनी थी, जब बी-टेक ज्वाइन करनी थी, तब भी तो आपने अपनी मन-मर्जी की। उसी का खमियाज़ा मुझे भुगतना पड़ा है।...मेरी इच्छा भी हुई कि आपको बता दूं परन्तु जानता हूं आप लक्कड़ हैं भावना विहीन। सो मैंने खुद ही निर्णय ले लिया। और त्याग पत्र देने के इलावा कोई चारा भी तो नहीं था।" लल्लू बोलता गया।

'त्यागपत्र देना भी कोई समाधान तो नहीं। जब तक दूसरी नौकरी हाथ में न हो, त्यागपत्र देना बेवकूफी है।"

"यह तो मैं जानता हूं कि जंगलों में जीवन कैसा होता है। बड़ी कम्पनियां खून चूस लेती हैं।"

"और लोग भी तो काम करते हैं। उड़ीसा कौन सा काले पानी की जेल है।"

'तुम कभी देखने तो आए नहीं कि लल्लू कैसे वहां दिन काट रहा है। इसलिए तुम्हें कुछ कहने का भी अधिकार नहीं। मैंने जो भी किया बिल्कुल ठीक किया।'

'तुम्हें अब इतनी बड़ी नौकरी नहीं मिलेगी।'

'नहीं मिलती, न मिले।'

'तो क्या बेकार बैठोगे?'

'मिल जाएगी नौकरी। यह मेरी चिन्ता है। आप अपनी सोचो।'

'तो अब घर की रोटियां तोड़ोगे?'

'क्यों अब मैं भार लगने लगा हूं। कहो तो कहीं डूब मरुं?' वह फुंफकार रहा था।

"तुम बाहर क्या गए, बदतमीज हो गए। बाप से ऐसे बोलते हो। आठ लाख के पैकेज को ठोकर मार दी। यह जनरेशन ही बिगड़ैल है।"

लल्लू तमतमा उठा। एकदम उठा और उसने कुलवन्त को तमाचा जड़ दिया और बोला—कंजूस मक्खी चूस बाप सन्तान के लिए कोढ़ होते हैं।

कुलवन्त की आंखों से टप-टप आंसू बह रहे थे।

कमरे में भटक आई चिडिया अचानक पंखे से टकरा गई। लहूलुहान होकर फर्श पर तड़प रही थी। असहाय एवं बेबस मर्मान्तिक छटपटाहट। जो चिडिया बाहर आंगन में फुदक रही थी, अब बेसुध होती जा रही थी।

उसने फर्श पर रखी चिरमिची को देखा। जरूरत पड़ी तो वह उल्टी कर देगा या कोई करवा देगा। अभी तक तो कोई असर दिखायी नहीं दे रहा था। सब चीजें नकली आने लगी हैं। घटिया चीजों में ज्यादा मुनाफा होता है। उसके चेहरे पर बेचारगी थी लेकिन वह फिर भी मुस्करा दिया।

वह बड़ी-बड़ी मुसीबतों से बच निकला था। उसे शंकर रोड़ का हादसा याद है। ए टी एम से पैसे निकालने वाला किस्सा। उसे अहसास तो हो रहा था कि कोई उसका पीछा कर रहा है लेकिन उसे यह भी गुमान था कि दिल्ली का ही पढ़ा लिखा होने के कारण वह किसी भी स्थिति से जूझ लेगा। पीछा करने वाला व्यक्ति भी केबिन में घुस गया। कुलवन्त थोड़ा हिचकिचाया। फिर बोला—पहले मुझे निकाल लेने दो पैसे? 'तो निकालो न।' बदमाश दिखायी देने वाले मुच्छड़ ने कहा और धीरे से उसे छुरे की नोक भी दिखा दी।

वह सहम गया। रात के नौ बजे थे। ट्रैफिक तो बराबर चल रहा था परन्तु ए टी एम केबिन में वे दोनों ही थे। कोई गार्ड वहां नहीं था।

ज्यों ही कुलवंत ने पैसे निकाले, उस मुच्छड़ ने उसका हाथ पकड़ लिया। कुलवंत ने पैसे दूसरे हाथ में कर लिए। बदमाश ने छुरा उसके पेट पर फिरा दिया! एक लम्बा चीरा उसके पेट पर था...खून बहने लगा। बदमाश तो नोट उड़ा कर चला गया और वह तड़प रहा था...निरीह चिडिया सा, जो पंखे से टकरा कर फर्श पर पड़ी छटपटा रही थी।

उसने एक थ्रीव्हीलर को रोका और कहा—ईस्ट ऑफ कैलाश, ई ब्लाक। बेसुधी में ही कहा-- ज़रा जल्दी।

कुलवन्त की आंखें बन्द होती जा रही थीं। उसे लगा वह इस बार भी बच जाएगा। शायद कोई आ जाएगा। ग्यारह बजे तो कचहरी में भी पहुंचना है। जो मुश्तरका ज़मीन बेची है, उसकी रजिस्ट्री करवानी है। अभी तो सुबह के साढ़े दस बजे थे। उसे दफ्तर जाना था लेकिन पता नहीं क्यों वह बाज़ार से घूम कर वापिस घर आ गया। और बिस्तर में दुबक गया।

शायद नकली हो...शायद कुछ और ही निकले...लेकिन उसकी आंखें मुंदने लगी थीं। इतना बड़ा घर सांय-सांय कर रहा था और वह नितान्त अकेला था।

उसकी आंखों में पंखें से टकरायी क्षत-विक्ष्त चिडिया घूम गई और उस पर खुमारी चढ़ने लगी।

□□

राम प्रकाश के हाथ मुंह काले हो गये थे। वह कोयले का व्यापारी था। इतना बड़ा भी नहीं कि नौकर-चाकर रख ले और स्वयं गद्दी पर बैठा रहे। वास्तव में पुश्तैनी कच्चे घर के आगे के दो कमरे कोयले के लिए इस्तेमाल होते थे।

पहाड़ पर बर्फ पड़ने से पहले ही वह कोयले की सौ-पच्चास बोरियां स्टाक कर लेता था। और फिर दो-दो चार-चार किलो करके बेचता रहता। घर का गुज़र-बसर हो जाता लेकिन कभी खुला हाथ नहीं देखा था।

परिवार बड़ा था। दुकान छोटी। तीन लड़के और चार लड़कियां। आज तो इतनी संख्या बताते ही शर्म आने लगती है...लेकिन समय-समय की बात है।

संभ्रांत दिखाई देने वाला कोई व्यक्ति सामने खड़ा था। बोला—मैं राम प्रकाश जी से मिलना चाहता हूं। क्या वह यहीं हैं?

कोयले की कालिख में भी राम प्रकाश की बत्तीसी चमक उठी। विनम्र स्वर में कहा—जी, मैं ही राम प्रकाश हूं।

'अच्छा!' आगन्तुक ने उसे ऊपर से नीचे तक टटोलते हुए कहा।

'कहिए कैसे आना हुआ?'

'मुझे हरिकृष्ण गोयल जी ने आप के बेटे के बारे में बताया था।'

रामप्रकाश समझ गया। कहीं कोई बात चली होगी। उसने तुरन्त कहा—चलिए घर के बरामदे में बैठते हैं। वहां थोड़ी धूप भी है।

वे दोनों बरामदे में जा बैठे। एक तख्तपोश पड़ा था। दो पुरानी सी कुर्सियां। लगता था एक कुर्सी तो तीन टांग वाली ही थी।

आगन्तुक इधर-उधर बड़े ध्यान से देख रहा था...मानो जायज़ा ले रहा हो कि क्या डील सुखकारी भी हो सकेगी। व्यापारी जैसे नाप-तोल कर ही कोई सौदा करते हैं। और फिर यहां तो लाडली के जीवन भर का सवाल था। नए सम्बन्धों की शुरूआत होनी थी। लड़का भावी सोने की खान था।

वह चुपचाप इधर-उधर नज़र घुमाता रहा। फिर बोला—आप ने शायद नाम सुना हो, मैं राख से धनेश्वर लाल हूं।

'हां, हां, ठेकेदार साहिब। आप को कौन नहीं जानता। शहर के बड़े-बड़े मॉल...और यूनिवर्सिटी के ब्लाक जिन्होंने बनवाए हैं, वही धनेश्वर लाल हैं न आप?'

'जी, वही नाचीज़!' धनेश्वर लाल गर्व से झूम उठा।

'आपने बड़ी कृपा की।'

'कृपा तो आप की चाहिए। मैं अपनी लाडली बेटी के लिए आया हूं। कुलवंत का नाम गोयल साहिब ने सुझाया है।'

'वह तो अभी पढ़ता है।'

'मेरी बेटी भी अभी जालन्धर में पढ़ती है। उसका भी एक साल बाकी है। लग्न बाद में कर लेंगे।'

'लेकिन रिश्ता बराबरी में ही ठीक रहता है।' राम प्रकाश ने कहा। और सोचने लगा कि वह धनेश्वर की रईस बेटी के नाज़-नखरेसहन नहीं कर पाएगा। मुश्किल से दाल-रोटी चलती है। ठीक है पुरखों की काफी ज़मीन है परन्तु उस पर तो काश्तकारों का ही कब्जा है। कौन कोर्ट-कचहरियों के चक्कर काटे। कानून है? जो जोते, वही मालिक। यह तो सुना था- जो कमाए, सो ही खाए।

वह सोचता रहा। पुरखों ने मेहनत करके कमाया। सरकार को क्या हक है कि वह उसे छीन कर दूसरों में बांट दे। यह तो सरासर अन्याय है। मैं दो-दो चार-चार किलो कोयले बेच कर घर चलाता हूं... दिन भर मेहनत करता हूं... मैं कौन सा अमीर हूं लेकिन नहीं, सरकार को तो निर्धनता से नीचे के लोग ही दिखायी देते हैं.... उनके लिए सब कुछ मुफ्त... और हमारे लिए सारी मुसीबतें! टैक्स हम भरें और खाएं वे।

राम प्रकाश के मन में उथल-पुथल हो रही थी।

'परमात्मा ने मुझे सब कुछ दिया है। मैं बेटी का घर भर दूंगा। आखिर इस का भी तो उतना ही हक बनता है'... धनेश्वर ने राम प्रकाश की तन्द्रा तोड़ी।

उसे धनेश्वर की बातों पर ज्यादा विश्वास नहीं हो रहा था। उसके अपने गांव में रत्नी बुआ रहती थी, जो विवाह के कुछ देर बाद ही विधवा हो गई थी। भाइयों ने मां-बाप की सारी सम्पति दबोच रखी थी लेकिन रत्नी को कुछ नहीं देना चाहते थे। औरत को बराबरी का हक तो मात्र किताबों की बात थी... यथार्थ में कुछ नहीं बदला था... धनेश्वर यदि अपनी बेटी को बराबर का हिस्सा दे भी दे... तो उसके बेटे क्या कहेंगे?

राम प्रकाश को मन ही मन कुछ कचोट रहा था। मैंने और मेरे भाइयों ने कौन सा परम्परा से हटकर कुछ किया था। हमने भी तो अपनी बहनों को फुसलाकर प्रापर्टी अपने नाम कर ली थी... दिया कुछ भी नहीं। और अगर धनेश्वर ने उसे उसका हिस्सा दे भी दिया, तो वह हम सब पर सवार रहेगी... न बाबा न... बेमेल रिश्ता नहीं करना मुझे। उसने साहस कर कहा—ठेकेदार साहिब, आप की लड़की पढ़ी-लिखी है, गुणवान है। उसे तो कहीं भी रिश्ता मिल जाएगा। मुझे क्षमा करें।

'लाला जी, आप भी क्या बात करते हैं। यह संयोग ही है कि हरिकृष्ण गोयल जी ने आपके बेटे का नाम लिया। शायद यह सम्बन्ध बनना ही है। आप क्यों सकुचाते हैं। मैं करूंगा सारे प्रबन्ध।' धनेश्वर ने फरियारी स्वर में कहा था।

राम प्रकाश को लगा कि किसी ने कुलवन्त को पकड़ कर शीशमहल में बन्द कर दिया था...और वह उस पक्षी की तरह फड़फड़ा रहा था, जो खिड़की से बाहर निकलने के लिए बार-बार शीशे से टकरा कर लहूलुहान हो रहा था।

टकराना, फिर टकराना और मुक्ति की लालसा में मर जाना... यही तो नियति है चुंगल में फंसे जीव की।

❑❑

कुलवन्त निश्चेष्ट पड़ा था।

फिर भी उसके कानों में किसी पक्षी की फड़फड़हट की ध्वनि पड़ रही थी।

शायद कोई आ ही जाए। ग्यारह बजे का समय है कचहरी में मिलने का। अभी साढ़े दस बजे हैं। घड़ी की टिक-टिक घडियाल की टिक-टिक सी लग रही है लेकिन अभी किसी की धमक सुनाई नहीं दे रही... हां, उसे यमराज की घुड़दौड़ का अहसास होने लगा है। चेतना से मात्र इतना ही टपक रहा है... मुझे कुछ हो रहा है... कुछ-कुछ हो रहा है... धमनियों में खलबली मची है... ओह! शायद मैंने कुछ पी लिया है।

उसके अस्फुट शब्द हवा में बिखर रहे थे।

अचानक दरवाज़े पर उसका भतीजा आ खड़ा हुआ था। वह घबरा कर बोला—ताऊ जी।

'रणवीर... मैंने कुछ खा लिया है औं'.... इतना कहते ही कुलवन्त के हाथ झूल गए।

वह डर कर भागा लेकिन उसे समझ नहीं आया कि क्या करें? वह दौड़ा-दौड़ा अपनी मां के पास आया और हांफता हुआ बोला—ताऊ जी, अन्ट सन्ट बक रहें हैं। उन्हें कुछ हो रहा है।

"चुप कर मुर्ख। मैं अभी फोन करती हूं, जा तू बरामदे में बैठ कर पढ़ ले। समय नष्ट न कर। परीक्षाएं सिर पर हैं।" कह कर मोबाईल ढूंढने लगी। अभी तो लाड़ी का कर्कश स्वर सुनाई दे रहा था। लाड़ी को स्कूल छोड़ कर आया होगा। वहीं से दफ्तर चला जाता... तो पेट्रोल बचता। पर किसे परवाह है। इनके लिए तो पेड़ों पर पैसे लगते हैं... यह तो मैं ही गरीबड़ी हूं... मेरे ही भाग्य में दुर्दिन देखने लिखें हैं। वह कुलवंत से तेरह साल छोटा था लेकिन उसे गए तो वर्षों हो गए।

वह सोच नहीं पा रही थी किस को फोन करे क्या कहें? उसने फोन मिलाने शुरू किए...फोन कहीं लग ही नहीं रहा था...मन के किसी कोने में यह विचार कौंध रहा था...कि कही जेठ जी का समय तो पूरा नहीं हो गया।

वह अपने में ही खो गई थी।

कितनी ही बार कहा था कि सुखवन्त अपनी ट्रांसफर करवा ले। सरकार अपनी थी और शिक्षा-मंत्री भी अपनी ही जाति का परन्तु नहीं यही रटता रहा...वहां मेरी कम्पनी है, अंडरस्टैंडिग है, मन लगा हुआ है। हर रोज़ स्कूटर पर भटकता था...और बैसाखिया ले कर तुरन्त स्कूटर पर बैठ जाता। उसकेलिए स्कूटर ही हेलिकाप्टर था। उसे बिठा कर शामू बड़े ध्यान से स्कूटर चलाता...ताकि उसे कोई असुविधा न हो। बचपन में पोलियों ने उसकी एक टांग नाकारा कर दी थी...फिर भी गज़ब का जीवट

था उस में लेकिन जब सन्देशा आया...तो पृथ्वी कांप उठी...और वह तो सन्न ही रह गई।

अभी साढ़े आठ बजे घर से निकला था। स्कूल पहुंचने ही वाला था...कि लम्बे ट्रक को ओवरटेक करने के चक्कर में और सामने से आते तेज़ रफ्तार ट्रक से बचने के लिए स्पीड बढ़ाई...और बैसाखियां फंस गईं ट्रक में। वह बाईं ओर गिरा, स्कूटर चालक दूसरी ओर।

उसके ऊपर से ट्रक गुज़र गया था। स्कूटर चालक बच गया था लेकिन उसका साथी सड़क पर पिचका हुआ पड़ा था। शामू अपना सिर धुनता रहा। लेकिन, सुखवन्त तो सड़क पर पिचका पड़ा था। लहू ही लहू। रणवीर की मां विगत में डुबकियां खा रही थी। वह कल्पना मात्र से निढाल होती चली गई। सिर पकड़ कर बैठ गई। भूल गई कि कुलवन्त के बारे में कोई फोन करना था...उसे लगा आत्मा फुर्र कर के आकाश में विलीन हो गई।

❑ ❑

'देखों, मेरे पापा ने कितना कुछ दिया है। सुख सुविधा की शायद ही कोई चीज़ छोड़ी हो', तृष्णा ने गर्व से कहा!

'मेरे पिता ने तो कुछ भी तो नहीं मांगा था। हम अपने साधनों में ही प्रसन्न हैं',।

'लेकिन जो मिल गया, उसे संभालने रखने का सलीका भी तो आना चाहिए। यहां तो डाइनिंग टेबल, चेयर रखने के लिए भी जगह नहीं हैं।'

'चिंता न करो। बरामदे के एक कोने में रख देंगे। हम सब तो रसोई में ही टाट पर बैठ कर भोजन करते हैं। मां की छाया में सूखा-रूखा भी स्वादिष्ट लगता है।'

'अच्छा...यह तो सुख-सुविधाओं को धत्ता दिखाने वाली मानसिकता है।'

'तुम अभी नई-नई आई हो, जल्दी ही अभ्यस्त हो जाओगी।'

तृष्णा को इन सब बातों में कोई रुचि नहीं थी। उसे यह सब अटपटा लगता था, ठेकेदार के घर में नौंकर-चाकर सब कुछ था। कुछ करना नहीं

पड़ता था। यहां तो रसोई में खटना-खपना पड़ेगा। मां ने समझाया था...नये घर में, नये स्थान पर एडजस्ट करने में थोड़ी दिक्कत आती है। परन्तु इच्छा हो तो सब ठीक हो जाता है। और फिर धीरे-धीरे उन लोगों को अपने रंग में ढाल सकती हो।

तृष्णा विवश थी। वह तो इस विवाह के ही पक्ष में नहीं थी...वह पंजाब के खुले वातावरण में पढ़ी थी...हास्टल लाईफ की तरह रहना...जहां चाह होती हां जाती...कोई रोक-टोक नहीं और यहां पूरे घर वालों की नज़र उस पर गड़ी रहती। उसे लगता वह पिंजरे में बन्द हो गई थी।

उस दिन वह चहक उठी थी। समुद्र पार से पत्र आया था...दूर का कोई रिश्तेदार वर्षों पहले विदेश में गया था और फिर वहीं बस गया। तृष्णा अपनी खुशी छिपा नहीं पा रही थी। ज्यों ही कुलवन्त आया,उसने पत्र उसके हाथ में थमा दिया।

'क्या है यह?' उसने पूछा।

"कुछ खास है।"

'पहेलियां मत बुझाओं।'

'आस्ट्रेलिया के लिए आमंत्रण है। हम विवाह के बाद कहीं गए भी नहीं। चलो हनीमून ट्रिप समझकर आस्ट्रेलिया ही जा आते हैं।' और वह उसकी आंखों में झांकने लगी, प्रतिक्रिया देखने के लिए।

'आस्ट्रेलिया? यह कोई दस-पन्द्रह किलोमीटर की दूरी पर तो है नहीं, जो थैला उठाया और चल दिए।' कुलवन्त ने कहा।

'हवाई यात्रा होगी, कोई पैदल थोड़े जाना है।'

'हवाई यात्रा क्या मुफ्त होती है? इतन महंगा ट्रिप। मैं तो इसे एफोर्ड नहीं कर सकता।'

'पापा देंगे आने जाने का टिकट। मुफ्त ही हुआ समझो'

'क्यों मैं क्यों उन्हें टिकट के लिए कहूं? जब जाना होगा, अपने बलबूते जाएंगे।'

'तो बुढ़ापे तक इन्तजार करना होगा।' वह बुझ गई थी।

'हां, मैं बुढ़ापे तक भी इन्तजार कर सकता हूं।'

तृष्णा अचानक मायके चली गई थी, बिना किसी को बताए। कुलवंत हैरान था। उसकी मां भी परेशान थी। राम प्रकाश ने कहा—कहीं कोई झगड़ा बगड़ा तो नहीं हुआ?

'झगड़ा कब नहीं होता। उसके सिर पर तो बाप का पैसा सवार रहता है। अब कहती है कि आस्ट्रेलिया चलो...हनीमून के लिए।' उसे हनीमून शब्द कहते हुए भी संकोच हो रहा था। पुरानी पीढ़ी के लोग इन शब्दों से परहेज करते थे परन्तु आजकल तो ऐसे फूहड़पन से इन शब्दों का प्रयोग करते हैं, मानो ये भगवद्पूजन के पर्याय हों।

उसकी मन: स्थिति पंखें से टकरायी चिडिया जैसी हो रही थी, लेकिन बिना कहे भी रामप्रकाश उस की पीड़ा को समझ गया था। उसने केवल इतना कहा—उसे तंग नहीं करना लेकिन क्योंकि वह खुद गयी है, तो उसे लेने भी नहीं जाना। आती है तो ठीक, नहीं आती तो इन्तज़ार करो।

और अगले ही दिन ठेकेदार धनेश्वर अपनी बेटी को कुलवन्त के दरवाज़े पर छोड़ गए थे। बिना किसी से मिले—बात किये! तृष्णा पिटी हुई बिल्ली की चाल से घर में प्रवेश कर गयी।

कुलवंत ने कोई टिप्पणी नहीं की। उस की वापसी को सहजता से लिया। फिर यह आम बात हो गई, तृष्णा अपने मायके चली जाती...और वहां भी अनचाही सी लगने पर पुन: लौट आती। कोई कारण तक न पूछता। तृष्णा अनेदखी से भी तिलमिला उठती लेकिन वह किसी को दोष न दे पाती। सब कुछ होते हुए भी वह घायल पक्षी की भान्ति फड़फड़ाती रहती।

कुलवन्त मूक-दर्शक बना रहता। उसकी बहुत कुछ कहने की इच्छा तो होती परन्तु वह अपने आपको रोक ही लेता क्योंकि बहस में तृष्णा को जीत पाना उसके बूते की बात न थी।

शायद प्रियंका आई थी...कुलवन्त की मझली बहन। सास ने कहा था—तृष्णा कुछ अच्छा सा बना लो।

'क्या कोई खास बात है?'

'खास ही है। प्रियंका कभी कभार आती है। उसकी पसन्द का कुछ बन जाए, तो अच्छी बात है।' कुलवन्त की मां ने आत्मीयता से कहा था।

'उसे बता कर आना चाहिए था। सब के अपने-अपने प्रोग्राम होते हैं।'

'तुम बता कर जाती हो', कुलवन्त ने पूछा।

'वहां तो हर समय कुछ खास बनता ही रहता है' बताने की जरूरत नहीं होती।

'पता नहीं तुम किस मिट्टी की बनी हो। तुम्हारे संस्कारों में गड़बड़ी है।'

'तुम मेरे मां-बाप को मत घसीटो। मैं यह हरगिज़ बर्दाश्त नहीं कर सकती।'

'तुम्हारे कमेंट ही ऐसे होते हैं। वहां तो हर दम कुछ खास बनता रहता है। क्यों वहां बाबे का लंगर चलता है न। वह फिर बोला—और यहां क्या नहीं। अपनी हैसियत से ज्यादा खर्च करके तुम्हें संतुष्ट रखने का प्रयत्न करते हैं।'

'कोई अहसान थोड़े करते हो। शादी की है, तो निभानी भी तो पड़ेगी।'

'शादी बर्बादी के लिए तो नहीं की। तुम्हारी भी तो बराबर की जिम्मेदारी है।'

'अपनी लाडली के लिए जो बनाना है, खुद बना लो। मेरा तो यहां सांस घुटता है।' कह कर उसने अपना पर्स उठाया और बाहर निक़ल गई।

घर में सन्नाटा पसर गया था।

❐❐

लल्लू ने इंजीनियरिंग में प्रवेश के लिए आल इण्डिया टेस्ट तो क्वालिफाई कर लिया था परन्तु उसे अपनी पसन्द का ट्रेड नहीं मिल रहा था परन्तु कुलवन्त इस बात पर अड़ा था कि जो भी ट्रेड मिले, वह ले लेना

चाहिए लेकिन पढ़ना एन आई आई टी में ही चाहिए, चाहे देश के किसी भी कोने में सीट क्यों न मिलें।

बेटे ने कहा था—पापा, मैं किसी निजी संस्थान में प्रवेश ले लेता हूं। थोड़ी फीस ही तो ज्यादा लगेगी।

'तुम नहीं समझते। फीस तो काफी ज्यादा लगेगी ही लेकिन संस्था का नाम भी तो पैकेज में सहायक होता है।' कुलवन्त ने कहा था।

'अभी पढ़ना शुरू किया नहीं! आप को पैकेज की चिन्ता है। आपके पास इतना पैसा है, फिर भी आप कंजूसों वाली बातें क्यों करते हैं।'

'हां, मैं कंजूस हूं। मैंने गरीबी देखी है। और पेट काट कर पैसा जमा किया है।'

'लेकिन अब तो खूब पैसा है। हमें क्यों तरसाते हो, मेरे सब साथी तो पटियाला, चण्डीगढ़, दिल्ली के निजी कालेजों में प्रवेश ले रहे हैं और आप मुझे उड़ीसा भेज रहे हैं। और वह भी मैटालर्जी ट्रेड में।'

'फिर क्या हुआ?'

'इसका उत्तरी भारत में कोई स्कोप ही नहीं। मैं तो सारी उम्र वहीं फंसा रहूंगा।'

'तो क्या हुआ? घर से बाहर निकलना सीखो। तभी कुछ बन पाओगे।'

'आपने तो सारी उम्र एक ही जगह काट दी?'

'लल्लू, बड़ों की बात सुनते हैं। वह तो तुम्हारे हित की ही बात कर रहे हैं।' तृष्णा ने कहा था। वह चुप हो गया था। जानता था कि उसका पापा टस से मस होने वाला नहीं हैं। यदि उसकी मां भी वकालत करती, तो भी वह नहीं झुकता। लल्लू ने बार-बार अपने मम्मी-पापा को उलझते देखा था। दोनों एग्रोसिव थे बल्कि नहले पर दहला।

छोटी-छोटी बातों पर भी वे तुनक उठते। एक बार कोई मेहमान घर में आए हुए थे। वे खूब हंस-हंस कर चाय की चुस्कियां ले रहे थे। अचानक कुलवन्त के हाथ से गिलास फिसल गया था और फर्श पर कांच के टुकड़े बिखर गए थे।

‘अब मैं तुम्हें गिलास पकड़ना भी सिखाऊं?’ तृष्णा अपने पति को बुरी तरह डांट रही थी।

और मेहमान बीच-बचाव कर रहे थे कि कोई बात नहीं। ऐसा कभी कभार हो जाता है। गिलास तो किसी से भी गिर सकता है।

‘यहां तो यह हररोज़ का ही काम है।’ तृष्णा तुनक रही थी।

कुलवन्त दूसरे कमरे में चला गया था। और वहां से सिसकियों की आवाज़ आ रही थी।

नीरु के रिश्ते की बात चली, तो तृष्ण अड़ गई थी कि वह उसके लिए कोई प्रवासी मैच ढूंढेगी। कुलवन्त ने कहा भी—विदेशी दूल्हे आम तौर पर बेईमान निकलते हैं और लालची होते हैं।

‘सभी तो एक जैसे नहीं होते।’ तृष्णा ने कहा।

‘भारतीय संस्कृति में पली सन्तानें बाहर सुखी नहीं रहती, और यहां भी तो अच्छे रिश्ते मिल जाते हैं।’ वह समझ नहीं पा रहा था कि उसे कैसे समझाए। एक बार दिमाग में कोई बात बैठ गई, वह फिर उसे छोड़ने के लिए तैयार नहीं होती थी। कुलवन्त तो उसे हठधर्मी कहता ही था।

तृष्णा इसी बात पर अड़ी हुई थी...कि इंग्लैंड, अमरीका, कनाडा... सभी देशों में तो भारतीय पनप रहे हैं। और कितने बड़े-बड़े व्यवसाय उन्होंने दुनिया भर में सफलता पूर्वक चलाए हैं। हमारी बेटी को ही बुरा क्यों देखना पड़ेगा। तुम्हारी सोच ही नकारात्मक है।

कुलवन्त ने कितने ही किस्से सुनाए कि अरविन्द महाजन की बेटी की तो अस्थियां भी बड़ी मुश्किल से आई थीं। विदेशी में अकेली लड़की और दरिंदे ससुराल वाले। राधेश्याम की बेटी अनुराधा का भी किस्सा कितना दर्दनाक था! किस प्रकार उन्होंने उसे टिकट के लिए पैसे नहीं दिए थे। यह तो भला हो उस की सहेली का जिसने उसे कहा कि वह इण्डियन उच्चायोग से सम्पर्क करे।

और उसका काम बन गया था। अन्यथा उसका हश्र भी वैसा ही होता जैसा अरविन्द महाजन की बेटी का हुआ था।

कुलवन्त ने समझाने का बड़ा प्रयत्न किया परन्तु मां-बेटी अड़ी हुई थी। नीरु ने तो इन्टरनेट पर ही अपने साथी के लिए हां कर दी थी। कहा था लड़का तो लड़का ही होता है। जैसा भी हो, मुझे पसन्द है। मेरा तो जन्म ही विदेश के लिए हुआ है।

कुलवन्त ने कहा था—आपस में मिलना, बातचीत करना आवश्यक होता है। तभी सही तस्वीर का पता चलता है। कहीं गूंगा-बहरा ही न हो।

'पापा, आप भी क्या बात करते हैं। नहीं ठीक बैठेगा, तो क्या कोई और नहीं मिलेगा।' 'पैसे से कुछ भी खरीद ले।'

कुलवन्त हक्का-बक्का रह गया था। नीरु में तृष्णा घुस गई थी।

उसके हाथ-पांव झूल गए थे। और चेतना में यही कौंध रहा था—वह उसे आने नहीं देगा। कहेगा-पहले मां-बाप से रिटर्न टिकट मंगवालो....फिर जाना।

कितना समझाया था लेकिन किसी ने नहीं सुनी और अब पछताने से क्या? मां-बाप को सख्ती से निर्णय लेने चाहिए। एक चूक हो जाती है, तो उम्रभर का जीवन दोज़ख बन जाता है।

वह पंखे से टकरायी चिडियां सा छटपटा रहा था।

बाहर गाडियां ही गाडियां खड़ी थीं।

शायद सब को खबर हो गई थी कि कुलवन्त को कुछ हो गया है। तृष्णा के भाई बड़ी-बड़ी गाडियां ले कर पहुंच गए थे... और उसे उपचार के लिए ले जाने के प्रबन्ध कर रहे थे।

लोग अलग-अलग क्यास लगा रहे थे। शायद कुछ खा लिया है।

'कोई पारिवारिक झगड़ा रहा होगा।' कोई दबी ज़बान में कह रहा था।

'कभी दोनों की बनी ही नहीं, कुत्ते-बिल्ले की तरह लड़ते ही रहे।'

'और बच्चों ने कौन सा सुख दिया'

'आजकल हवा ही बदल गई है। समय के साथ मां-बाप को भी बदलना चाहिए।'

‘बदलना तो चाहिए परन्तु बच्चों को मनमानी करने देना भी अपराध है। उसी से सब कुछ गड़बड़ हो जाता है।’ कोई मध्यममार्गी कह रहा था। तभी एक कोने में कुलवन्त का भाई तेजवन्त किसी से धीमे स्वर में कह रहा था—ऐसा जहर भी क्या जहर हुआ, जिसे खाने पर कोई दो घंटे के बाद मरे।

'ऐसा मत कहो। तुम्हारा बड़ा भाई है।’ उसके मित्र ने कहा।

"रिढ़कने से तुरन्त मर जरना बेहतर है। अब यह चण्डीगढ़ में पड़ा रहेगा...किसी एयर कन्डीशन्ड अस्पताल में... वेंटीलेटर पर।‘ छोटा भाई आग उगल रहा था... साथ ही बुरबुदा रहा था... सड़क किनारे की सारी प्रापर्टी हड़प गया...साल्ला।"

एम्बूलेंस सरपट दौड़ रही थी।

□□□

असगर वजाहत

जन्म फतेहपुर (उत्तर प्रदेश) में सन् 1946 में। जामिया मिल्लिया इस्लामिया विश्वविद्यालय, दिल्ली से प्रोफैसर/अध्यक्ष, हिन्दी विभाग से सेवानिवृत्त।

उपन्यास, कहानी, नाटक, आलोचना, यात्रा-संस्मरण विधाओं में विशेष योगदान। रात में जागने वाले, पहर दोपहर, सात आसमान, कैसी आग लगाई (उपन्यास); स्वीमिंग पूल, आधी बानी, सब कहां कुछ, मैं हिन्दू हूं (कहानी संग्रह); अकी, फिरंगी लौट आए, इन्ना की आवाज़, वीरगति (नाटक); चलते तो अच्छा था, जिस लाहौर नंहि वेख्या (यात्रा संस्मरण); हिन्दी–उर्दू की प्रगतिशील कविता (आलोचना) आदि ग्रन्थ प्रकाशित एवं चर्चित।

कथा यू. के सम्मान 2005, दिल्ली हिन्दी अकादमी पुरस्कार सन् 1998 तथा अन्य अनेक सम्मान एवं पुरस्कार।

सम्पर्क: 79, कलाविहार, मयूर विहार फेज़-I, नई दिल्ली-110091.

उदय प्रकाश

1 जनवरी, 1952 में मध्यप्रदेश के जिला शहडोल (अब अनूपपुर) के छोटे से गांव सीतापुर में जन्म। माता-पिता की बचपन में मृत्यु। विज्ञान में स्नातक और हिन्दी साहित्य में आचार्य नंददुलारे वाजमेयी स्वर्ण पद्क के साथ सागर वि. वि. से स्नातकोत्तर। जवाहरलाल नेहरू वि.वि., नयी दिल्ली में शोध एवं अध्यापन। संस्कृति विभाग, मध्यप्रदेश शासन में विशेष कर्त्तव्यस्थ अधिकारी। टाइम्स ऑफ इंडिया के प्रतिष्ठित साप्ताहिक दिनमान के संपादन विभाग में कार्य। संडेमेल में सहायक संपादक। प्रेस ट्रस्ट ऑफ इंडिया के टेलिविज़न विभाग में विचार और पटकथा प्रमुख। टाइम्स रिसर्च फाउंडेशन में पत्रकारिता का अध्यापन। अंग्रेजी पत्रिका 'एमिनेंस' का संपादन आदि।

कृतियां : कविता संग्रहः सुनो कारीगार, अबूतर-कबूतर, रात में हारमोनियम (प्रकाशित) एक भाषा हुआ करती है (प्रकाशनाधीन)। **कहानी संग्रहः** दरियाई घोड़ा, तिरिछ, और अंत में प्रार्थना, पॉल गोमरा का स्कूटर, पीली छतरी वाली लड़की, दत्तात्रेय के दुःख, अरेवा-परेवा, मेंगोसिल (प्रकाशित)। **उपन्यासः** चीना बाबा (प्रकाशनाधीन)। **अनुवादः** कला अनुभव, इंदिरा गांधी की आखिरी लड़ाई, लाल घास पर नीले घोड़े, रोम्या रोलां का भारत (प्रकाशित), चाय से बना सैरा (प्रकाशनाधीन), क्योंकि जीवन एक वाक्य है (प्रकाश्य)। **फिल्म-टीवीः** ताना-बाना, बिज्जी का ख़जाना, कृषि कथा जैसी लिखित-निर्देशित श्रृंखलाएं तथा कई वृत्त चित्र दूरदर्शन के राष्ट्रीय चैनल द्वारा प्रसारित। 'उपरांत' (प्रदर्शित), 'डबल लाइफ' तथा 'हाइ वे 39' (निर्माणाधीन) फीचर फिल्मों की पटकथा एवं संवाद। 'मोहन दास' कहानी पर फीचर फिल्म निर्माणाधीन। **किताबें अन्य भाषाओं में:** 'तिरिछ अणि इतर कथा' (मराठी) **अनुवादकः** जयप्रकाश सावंत (महाराष्ट्र फाउंडेशन पुरस्कार से सम्मानित)। 'दि गर्ल विद गोल्डेन पैरासोल' (अंग्रेजी) **अनुवादकः** जेसन ग्रूनबॉम (विख्यात अंतरराष्ट्रीय पेन सम्मान) के अलावा 'शॉर्ट शॉट्स लांग शॉट्स' तथा 'रेज रिवेलरी रोमांस' (अंग्रेजी) **अनुवादकः** रॉबर्ट ह्यूक्स्टेड तथा अमित त्रिपुरनैनी। 'पीली छतरी वाली लड़की' (उर्दू) **अनुवादकः** सैयद हैदर जाफरी तथा अजमल कमाल और जीनत (आज तथा पुस्तकाकार रूप में पाकिस्तान में प्रकाशित) 'मोहन दास' शीर्षक संग्रह चार भाषाओं में प्रकाशनधीन। लगभग सभी प्रमुख भारतीय एवं विदेशी भाषाओं में कविताएं और कहानियाँ अनूदित। जर्मन भाषा में सुविख्यात भारतविद लोठार लुत्श द्वारासंपादित और अनूदित स्वतंत्र संग्रह शीघ्र प्रकाश्य।

अंतर्राष्ट्रीय कविता समारोह रॉटरडम (हालैंड) में कवि के रूप में शिरकत तथा जर्मनी की यात्रा।

आजकल : स्वतंत्र लेखन, फिल्म निर्माण, अखबारों तथा फिल्मों के लिए लेखन।

काशीनाथ सिंह

जन्म: बनारस जिले के जीयनपुर गांव में 1 जनवरी, 1937

शिक्षा: आरंभिक शिक्षा गांव के पास के विद्यालयों में। काशी हिन्दू विश्वविद्यालय से हिन्दी में एम.ए. ('59) और पी-एच.डी. ('63)। काशी हिन्दू विश्वविद्यालय में 'हिन्दी भाषा का ऐतिहासिक व्याकरण' कार्यालय में शोध-सहायक ('62-64)। '65 में वही के हिन्दी विभाग में प्राध्यापक, फिर प्रोफेसर एवं अध्यक्ष पद से '97 में सेवा मुक्त। पहली कहानी 'संकट' कृति पत्रिका (सितंबर, 1960) में प्रकाशित।

प्रकाशित कृतियां: लोग बिस्तरों पर, सुबह का डर, आदमीनामा, नई तारीख, सदी का सबसे बड़ा आदमी, कल की फटेहाल कहानियाँ, प्रतिनिधि कहानियाँ, दस प्रतिनिधि कहानियाँ, कहानी उपखान, (कहानी: संग्रह), घोआस (नाटक), हिन्दी में संयुक्त क्रियाएं (शोध), आलोचना भी रचना है लेखक की छेड़छाड़ (समीक्षा), अपना मोर्चा, काशी का अस्सी, रेहन पर रग्घू, महुआ चरित (उपन्यास), याद हो कि न याद हो, आछे दिन पाछे गए, घर का जोगी जोगड़ा (संस्मरण), काशी के नाम (नामवर के पत्र) गपोड़ी से गपशप (साक्षात्कार), प्रकाशित उपन्यास 'उपसंहार' शीघ्र प्रकाश्य। अपना मोर्चा का जापानी एवं कोरियाई भाषाओं में अनुवाद। जापानी में कहानियों का अनूदित संग्रह। कई कहानियों के भारतीय और अन्य विदेशी भाषाओं में अनुवाद। उपन्यास और कहानियों की रंग प्रस्तुतियां। 'काशी का अस्सी के एक अंश पर डॉ; चन्द्र प्रकाश ...... के निर्देशन में फिल्म पूर्ण। 'तीसरी दुनिया' के 'लेखकों-संस्कृतिकर्मियों के सम्मेलन' के सिलसिले में जापान-यात्रा (नवंबर, 81)

सम्मान: कथा सम्मान, समुच्चय सम्मान, शरद जोशी सम्मान, साहित्य भूषण सम्मान, साहित्य अक़ादेमी पुरस्कार, बिहार सरकार का राजभाषा सम्मान, भारतीय भाषा परिषद का समग्र कृतित्व सम्मान तथा मीरा स्मृति सम्मान।

संप्रति: बनारस में रहकर स्वतंत्र लेखन

संपर्क: बी-61, ब्रिज इन्क्लेव, सुंदरपुर, वाराणसी

केशव

हिमाचल प्रदेश के कांगड़ा जनपद के टम्बर गांव में वर्ष 1949 में जन्में केशव ने अंग्रेजी साहित्य में एम.ए. की है।
अबतक तीन कहानी संग्रह, छः कविता संग्रह तथा दो उपन्यास प्रकाशित। एक उपन्यास अंग्रेजी में भी।
'गुलेरी सम्मान' तथा 'नई धारा रचना सम्मान'।
हिमाचल प्रदेश के सूचना एवं जनसम्पर्क विभाग से सेवानिवृत्त होने के पश्चात फिलहाल स्वतंत्र लेखन। 'शिखर' पत्रिका का सम्पादन भी।
पता: गीता कुंज, राजकीय शहतूत फार्म के निकट, राजपुर, पालमपुर-176061, हिमाचल प्रदेश

गंगा राम राजी

जन्म: 29-05-1944, स्थान बग्गी बल्ह मण्डी हिमाचल प्रदेश में, वर्तमान में पुराना बाजार सुन्दर नगर पिछले 35 वर्षों से।
शिक्षा: एम.ए., एम.फिल., बी.एड., प्रभाकर, पी.-एच.डी.
राजकीय एस.के.टी. महाविद्यालय सुन्दरनगर के हिन्दी विभागाध्यक्ष (एसोसिएट प्रोफैसर) के पद से सेवा निवृत।
उपन्यास: मन मंथन 1973: व्यास सतलुज लिंक परियोजना में मजदूरों के संघर्ष पूर्ण जीवन की कहानी पर आधारित इस उपन्यास की कथा है।
भैरों कभी मरा नहीं: प्रकाशन से पूर्व ही यह उपन्यास विशेष चर्चा का विषय बना हुआ है। एक सुंदर नर्स के जीवन पर आधारित कहानी जिसको एक डॉक्टर शादी का लालच देकर उसका भोग करता रहा और मन भरने पर उसे छोड़ कर विदेश चला जाता है। नर्स हार नहीं मानती और समाज

में व्याप्त मान्याताओं को चुनौती देते हुए अपना जीवन व्यतीत करने में कोई हिचकिचाहट नहीं करती। भारतीय परिवेश के गत छः दशकों को उकेरती मार्मिक कथा।

गीता बोल रही हूं: एक ग्रामीण फौजी जो कारगिल युद्ध की पृष्ठ भूमि में ही शहीद हो जाता है कि पत्नी के जीवन की मार्मिक गाथा है।

कहानी संग्रह: 1. युगों पुराना संगीत: लेखक का पहला कहानी संग्रह। कुल बारह कहानियाँ। इस संग्रह में आदर्श, प्रेम, भावुकता, कर्त्तव्यपरायणता के माप दण्डों को स्थापित करने वाली कहानियाँ है।

2. चक दे इंडिया: उत्तर भारतीयों के साथ महाराष्ट्र में क्या हो रहा है कहानी चक दे इंडिया में चित्रित है।

3. सिंहावलोकन: इस कहानी संग्रह में 'अनुभव संसार की कहानियाँ हैं।'

4. प्रेम-पत्र: सोलह कहानियों का संग्रह।

5. रिम झिम बरसे: इसमें पंद्रह कहानियाँ है।

6. चलती का नाम गाड़ी है: इस कहानी संग्रह में बारह कहानियाँ हैं। अपनी बात में लेखक ने अपने जीवन के कुछ पन्ने भी खोले हैं।

7. मेरी मुम्बई प्रवास की कहानियाँ: इस संग्रह में चौदह कहानियाँ हैं।

8. एक और मुक्ति वाहिनी: इस संग्रह में 13 कहानियाँ हैं।

सम्प्रति: डॉ. गंगा राम राजी

राजी महल, पुराना बाजार, सुंदर नगर (हिमाचल प्रदेश)

गोविन्द मिश्र

बहुभाषाविद् प्रख्यात लेखक गोविन्द मिश्र का जन्म 01-08-1939 को अतर्रा (बांदा) उत्तर प्रदेश में हुआ। सन् 1957 में हिन्दी साहित्य सम्मेलन, प्रयाग की विशारद परीक्षा उत्तीर्ण। सन् 1959 में इलाहाबाद विश्वविद्यालय से अंग्रेजी साहित्य में एम. ए.। सन् 1959 से 1961 तक कालेज में अध्ययन। सन् 1961 में

भारतीय राजस्व सेवा के लिए चुने गये। और सन् 1997 में अध्यक्ष, केन्द्रीय प्रत्यक्ष कर बोर्ड से सेवानिवृत्त। सन् 1965 से नियमित लेखन।

पच्चास से अधिक पुस्तकें प्रकाशित, जिस में कहानी संग्रह, यात्रा वृत्तांत, कविता संग्रह, साहित्यिक निबन्ध, उपन्यास, विविध विषयों पर वैचारिक एवं आलोचनात्मक पुस्तकें सम्मिलित हैं।

बीस से अधिक प्रतिष्ठित पुरस्कारों/सम्मानों से अलंकृत गोविन्द मिश्र को 'कोहरे में कैद रंग' उपन्यास के लिए सन् 2008 में साहित्य अकादेमी अवार्ड मिला; सन् 2011 में उत्तर प्रदेश हिन्दी संस्थान, लखनऊ का भारत-भारती सम्मान; देश का बहुप्रतिष्ठित सरस्वती सम्मान 2013 उपन्यास 'धूल पौधों पर' आदि नवीनतम सम्मान हैं।

रचनाएं देश विदेश की अनेक भाषाओं में अनूदित।

संपर्क: एच एक्स-94, ई-7, अरेरा कालोनी, भोपाल-462016

चन्द्रकान्ता

ख्यातिलब्ध कथाकार एवं शिक्षाविद् चन्द्रकान्ता का जन्म 3 सितम्बर, 1938 को प्रो. रामचन्द्र पंडित के घर श्रीनगर (कश्मीर) में हुआ। भरपूर परन्तु उत्कृष्ट लेखन के लिए मशहूर। 14 कहानी संकलन, 7 उपन्यास तथा 5 अन्य पुस्तकें (जिनमें कविता संकलन, संस्मरण, संस्मरण एवं आलेख, साक्षात्कार आदि) प्रकाशित हुई हैं। पहला कहानी संग्रह सन् 1975 में 'सलाखों के पीछे' शीर्षक से प्रकाशित हुआ।

अनेक पुरस्कारों एवं सम्मानों से अलंकृत...जम्मू-कश्मीर कलचरल अकादमी से 1982, 1986, 1994 एवं 2006 में बेस्ट बुक्स अवार्ड; हरियाणा साहित्य अकादमी से सन् 1997, 2006, 2010, 2013 में सम्मान; मानव संसाधन मंत्रालय, भारत सरकार का सन् 1983, 1989, 2003-2004 के पुरस्कार; हिन्दी आकदमी, दिल्ली से सन् 2002, 2008 में पुरस्कृत; के. के. बिरला फाउण्डेशन, दिल्ली का प्रतिष्ठित व्यास सम्मान

2005 'कथा सतीसर' उपन्यास के लिए। तेरह अन्य महत्वपूर्ण सम्मान। दूरदर्शन एवं आकशवाणी के कार्यक्रमों में महत्वपूर्ण सांझेदारी।

लेखिका के अपने शब्दों में—जहां मेरी कृतियां सामयिक व्यवस्था के विद्रूपों एवं स्त्री विमर्श की जटिलताओं की तहे खोलती हैं, वहीं सम्बन्धों के विघटन और मनुष्य के यांत्रिक होते जाने की विडम्बना के बावजूद मूल्यों और विश्वासों की सार्थकता को नये आयाम देती है। मनुष्य के स्क्रूपों, स्मृतियों और उम्मीदों को जिन्दा रखने का प्रयास है मेरा लेखन।

संपर्क: 3020, सैक्टर-23, गुड़गांव (हरियाणा)

चन्द्ररेखा ढडवाल

जन्म: 15 अप्रैल, 1952

कंठ सम्राज्ञी कवयित्री चन्द्ररेखा ने कहानी लेखन में विलम्ब से प्रवेश किया परन्तु त्वरित गति से अपनी कहानी-लेखन क्षमता का लोहा मनवा लिया।

हंस, वागर्थ, कथादेश, कथाक्रम, किस्सा, वर्तमान साहित्य आदि में कहानियाँ प्रकाशित और चचिर्त।

राष्ट्रीय स्तर पर प्रकाशित अनेक संकलनों में रचनाएं संकलित। कई कहानियाँ पुरस्कृत।

'लिखना मेरे लिए
शब्द-शब्द जुगनू बटोरना
और सूरज के समकक्ष
खड़े होने का हौसला पा लेना।'

राजकीय स्नातकोत्तर महाविद्यालय, धर्मशाला से विभागाध्य (हिन्दी) पद से सेवा-निवृत्त।

सम्प्रति: स्वतंत्र लेखन।

संपर्क: चन्द्ररेखा ढडवाल, 227, श्याम नगर, धर्मशाला (हिमाचल प्रदेश)

चित्रा मुदगल

बहुआयामी व्यक्तित्व की धनी चित्रा मुदगल का जन्म तो 10 दिसम्बर, 1944 को चेन्नई में हुआ परन्तु उच्च शिक्षा मुम्बई में—हिन्दी साहित्य में एक. ए. की डिग्री। समाज के कमजोर वर्गों के उत्थान में चित्रा मुद्गल अपनी युवावस्था से ही सक्रिय रही हैं। इन की रचनाओं में भी लेखिका की ये चिन्ताएं मुखर हुई हैं। लेखिका का उपन्यास 'आवां' बहुचर्चित एवं बहुप्रशंसित कृति के रूप में विद्वज्जनों ने स्वीकार किया है।

अनेक संस्थाओं की अनेक परियोजनाओं से सक्रिय रूप में सम्बद्ध। शिक्षा, फिल्म, पत्रिका सम्पादन-लेखन, स्तम्भ लेखन, निर्देशन आदि अनेक कलाओं में...दक्ष! सम्मानित पदों पर आसीन रही हैं। और अपने विशेष योगदान के लिए जानी-पहचानी गई हैं।

कथा संग्रह: जरर‍ा ठहरा हुआ, लाक्षागृह, अपनी वापसी, इस हमाम में, जगदम्बा बाबू गांव आ रहे हैं, ग्यारह लम्बी कहानियाँ, चर्चित कहानियाँ, मामला अभी आगे बढ़ेगा, जिनावर दी हाइना एण्ड अदर स्टोरीज़, लपटें, केंचुल, भूख, बयान।

उपन्यास: एक जमीन अपनी, आवां, दी क्रूसेड, गिलिगड।

कहानी-उपन्यास के अतिरिक्त बाल साहित्य में विशेष सक्रिय; नाटक एवं वैचारिक लेखन। अनेक संग्रहों का सम्पादन।

सम्मान/पुरस्कार: प्रज्ञा सम्मान (1986); हिन्दी अकादमी सम्मान 1986-87, राधिकारमण प्रसाद सिंह पुरस्कार 1987; फणीश्वरनाथ रेणु पुरस्कार, हिन्दी अकादमी साहित्यकार सम्मान 1995, हिन्दी अकादमी, दिल्ली पुरस्कार 2000, उत्तर प्रदेश हिन्दी संस्थान का साहित्य भूषण सम्मान 2000 तथा अन्य अनेक सम्मान।

संपर्क: बी-105, वर्धमान अपार्टमेण्टस, मयूर विहार, फेज़-1, दिल्ली-110091

ज्ञानप्रकाश विवेक

जन्म: 30-01-1949 (बहादुर गढ़)

शिक्षा: एम.ए. हिन्दी, इन्श्योरेंस कम्पनी से सेवा निवृत्ति के बाद पूर्णकालिक लेखन।

प्रकाशित कृतियां: कहानी संग्रह: अलग-अलग दिशाएं, जोसफ़ चला गया, शहर गवाह है, उसकी ज़मीन, पिताजी चुप रहते हैं। शिकारगाह, सेवानगर, तथा बदली हुई दुनिया।

उपन्यास: गली नम्बर तेरह, अस्तित्व, दिल्ली दरवाज़ा, आखेट, चाय का दूसरा कप तथा नलघर।

ग़ज़ल: धूप के हस्ताक्षर, आंखों में आसमान, इस मुश्किल वक़्त में, तथा गुफ्तगू अवाम से है।

कविता संग्रह: दरार से झांकती रोशनी।

आलोचना: हिन्दी ग़ज़ल की विकास यात्रा; हिन्दी ग़ज़ल दुष्यंत के बाद-मूल्यांकन।

उपलब्धि: अनेक पुरस्कार तथा सम्मान।

फेलोशिप: संस्कृति मंत्रालय द्वारा हिन्दी ग़ज़ल पर सीनियर फेलोशिप।

संपर्क: ज्ञान प्रकाश विवेक, 1875, सेक्टर-6, बहादुर गढ़, हरियाणा-124507

त्रिलोक मेहरा

7 मार्च, 1951 को पालमपुर (हिमाचल) में जन्में त्रिलोक मेहरा ग्रामीण परिवेश के कुशल चितेदे हैं तथा उन महीन समस्याओं को उजागर करने में दक्ष जो प्राय: नज़र अन्दाज़ हो जाती हैं। राजनीतिशास्त्र में स्नातकोत्तर उपाधि के साथ-साथ तमिल भाषा में डिप्लोमा तथा प्रशिक्षण में बी.एड. डिग्रियों के साथ शिक्षा विभाग से मुख्याध्यापक के रूप में सेवानिवृत्त।

'कटे-फटे लोग', 'मम्मी को छुट्टी हैं (दोनों कहानी संग्रह)' तथा तथा बिखरते इन्द्रधनुष उपन्यास प्रकाशित।

संपर्क: गांव, मेड्डा, पो. आ. भवारना, जिला-कांगड़ा, पिन-176083

प्रदीप पंत

हलद्वानी, उत्तराखंड में 24 अप्रैल, 1941 को जन्मे प्रदीप पंत की स्नातकोत्तर तक की शिक्षा लखनऊ में हुई।

प्रदीप पंत के अब तक छह उपन्यास प्रकाशित हुए हैं। उनके चर्चित व्यंग्य उपन्यास 'महामहिम' का मराठी, मलयालम और तमिल में अनुवादहो चुका है। इसकी कई नाट्य प्रस्तुतियां भी हुई हैं। प्रदीप पंत की कन्नड़ में अनूदित कहानियों का संकलन 'न्यायामट्टू इतहार कथेगलु' शीर्षक से आया है। प्रदीप पंत के देश-विदेश के यात्रा-संस्मरणों की चार पुस्तकें हैं। संयुक्त राष्ट्र बाल सहायता कोष (यूनिसेफ़) के लिए उन्होंने लगभग एक दर्जन नुक्कड़ नाटक लिखे तथा चार खंडों में 'वीरेन्द्र मिश्र: गीत समग्र' का संपादन किया।

प्रदीप पंत की कहानी 'ढलती शाम के समय' पर दूरदर्शन की 'क्लैसिक इंडियन स्टोरीज़' श्रृंखला के अंतर्गत फिल्म निर्मित और प्रदर्शित हुई है। जाने-माने निर्देशक सागर सरहदी ने उनकी कहानी 'अपनी-अपनी लड़ाई' पर टेलीफिल्म बनाई और उन्होंने 'लालसा' धारावाहिक का लेखन भी किया।

सम्मान-पुरस्कार: जवाहरलाल नेहरू पर उत्कृष्ट लेखन के लिए 'जर्नलिस्ट्स वेलफेयर फाउंडेशन' का यूरोप-भ्रमण का पुरस्कार, उत्तर प्रदेश हिंदी संस्थान का 'प्रेमचन्द अनुशंसा पुरस्कार', हिंदी अकादमी, दिल्ली द्वारा दो बार 'साहित्यिक कृति पुरस्कार' के अलावा 'साहित्यकार सम्मान', उत्कृष्ट व्यंग्य लेखन के लिए हिंदी भवन, नई दिल्ली का वर्ष 2011 का 'व्यंग्यश्री सम्मान' तथा अन्य अनेक साहित्यिक संस्थाओं से सम्मानित-पुरस्कृत।

संप्रति: स्वतंत्र लेखन और पत्रकारिता।

संपर्क: सी 2/31, ईस्ट ऑफ कैलाश, नई दिल्ली-65

डा. जे. बाबु

शिक्षा: एम. ए., पी. एच. डी (हिन्दी) दक्षिण भारत के ख्यात हिन्दी कहानीकार। अनेक कहानियाँ चर्चित एवं पुरस्कृत। बाबु की कहानियों में तीक्ष्ण व्यंज्य मिलता है, जो जीवन के विविध पक्षों को बारीकी से उद्घघाटित करता है। हिन्दी जगत् में एक अलग प्रकार का उच्छवास।

केरल प्रदेश के सरकारी महाविद्यालय से हिन्दी विभागाध्यक्ष के पद से सेवानिवृत्त।

संपर्क: डा. जे. बाबु, 'हरीशी', ए. के. जी. नगर, पेरूरकड़ा, त्रिवेन्द्रम (तिरूवनन्तपुरम्)।

डा. महीप सिंह

जन्म 15 अगस्त, 1930 जिला उन्नाव, उत्तर प्रदेश। शिक्षा एम. ए., पी- एच. डी (हिन्दी); शिक्षाविद् एवं साहित्यकार।

प्रमुख कहानी संग्रह: सुबह के फूल, उजाले के उल्लू, घिराव, कुछ और कितना, मेरी प्रिय कहानियाँ, भीड़ से घिरे चेहरे, कितने सम्बन्ध, धूप की उंगलियों के निशान, महीप सिंह की रचनावली आदि।

उपन्यास: यह भी नहीं, अभी शेष है, बीच की धूप।

निबन्ध संग्रह: कुछ सोचा, कुछ समझा।

शोध कार्य: गुरू गोविन्द सिंह और उन की हिन्दी कविता आदि ग्रन्थ में संगृहीत कवि, सिख विचारधारा गुरू ग्रन्थ साहिब तक।

बाल साहित्य में भी विशेष योगदान। संचेतना पत्रिका का सम्पादन। अनेक ग्रन्थ सम्पादित।

सम्मान: पंजाब का शिरोमणि साहित्यकार सम्मान, उत्तर प्रदेश हिन्दी संस्थान का पत्रकारिता भूषण, हिन्दी अकादमी,दिल्ली, पंजाबी अकादमी,

दिल्ली साहित्य सम्मान, केन्द्रीय हिन्दी संस्थान, आगरा द्वारा सम्मानित। अन्य अनेक सम्मान एवं पुरस्कार।

संपर्क: सी-1/407, पालम विहार, गुड़गांव-122017

मालती जोशी

जन्म 4 जून, 1934 को औरंगाबाद (महाराष्ट्र) में। शिक्षा एम. ए. (हिन्दी)। हिन्दी तथा मराठी में भरपूर लेखन। कथा-साहित्य के लिए विशेष चर्चित। लगभग 45 पुस्तकें हिन्दी में तथा एक दर्जन पुस्तकें मराठी में प्रकाशित।

सम्मान: मध्यप्रदेश साहित्य सम्मेलन का भवभूति अलंकरण, मध्यप्रदेश शासन का शिखर सम्मान।

संपर्क: स्नेहबंध, 50, दीपक सोसायटी-चूनाभट्टी, कोलार रोड़, भोपाल-16

राजी सेठ

बहुविध रचना-कर्मी राजी सेठ का जन्म अविभाजित भारत में सन् 1935 में नौशहरा छावनी में हुआ। अंग्रेजी साहित्य में स्नातकोत्तर राजी सेठ ने विलम्ब से लिखना शुरू किया परन्तु शीघ्र ही कथा-साहित्य में अपना वर्चस्व स्थापित कर लिया। अब तक 15 कहानी संग्रह, दो उपन्यास, दो लेख संग्रह, कविता संकलन प्रकाशित। अनेक भाषाओं में रचनाओं का अनुवाद-भारतीय एवं विदेशी भाषाओं में। राजी सेठ ने स्वयं भी अनुवाद किए हैं, जिन में रिल्के के 100 पत्रों का अनुवाद विशेष चर्चित रहा है। इनके कई ग्रन्थ एम. ए. के पाठ्यक्रम में विभिन्न विश्वविद्यालयों में संस्तुत।

साहित्यिक पत्रिका 'युग साक्षी' लखनऊ का सन् 1987 से आठ वर्ष तक सम्पादन। भारतीय कहानियाँ (1987-88) भारतीय ज्ञानपीठ के लिए सम्पादित।

प्रमुख सम्मान: हिन्दी अकादमी सम्मान, भारतीय भाषा परिषद् पुरस्कार, अनन्त गोपाल शेवड़े पुरस्कार, वाग्मणि सम्मान, रचना पुरस्कार, प्रथम

टैगोर लिटरेरी अवार्ड। फेलो, उच्च अध्ययन संस्थान, शिमला 1996-1998

संपर्क: एम-16, साकेत, नई दिल्ली-110017

विजय सहगल

अप्रैल, 1943 में सपाटू (हिमाचल प्रदेश) में जन्में विजय सहगल ने पत्रकारिता एवं कथा-साहित्य में ख्याति अर्जित की है। अपनी पत्रकारिता नवभारत टाईम्स, नई दिल्ली से उप-सम्पादक के रूप में शुरू कर मुम्बई के टाईम्स समूह पत्रों...नवभारत, सारिका, धर्मयुग में वर्षों तक कार्यरत रहने के बाद दैनिक ट्रिब्यून, चण्डीगढ़ के सम्पादक पद से सेवा-निवृत्त।

अनेक कहानियाँ राष्ट्रीय पत्र-पत्रिकाओं, विभिन्न संकलनों में प्रकाशित। 'आधा सुख' कहानी-संग्रह सन् 1984 में प्रकाशित। यात्रा-संस्मरण भी प्रकाशित। दो उपन्यास तथा सैकड़ों वैचारिक लेख प्रकाशित।

संपर्क: 1162, सेक्टर-51-बी, न्यू लाईट सोसायटी, चण्डीगढ़-160047

सुदर्शन वशिष्ठ

जन्म: 24 सितम्बर, 1949, पालमपुर हिमाचल प्रदेश (सरकारी रिकॉर्ड में 26 अगस्त, 1949)।

नौ कहानी संग्रह: (अन्तरालों में घटता समय, सेमल के फूल, पिंजरा, हरे-हरे पत्तों का घर, संता पुराण, कतरनें, वसीयत, नेत्र दान तथा लघु कथा संग्रह: पहाड़ पर कटहल)।

चुनींदा कहानियों के चार संग्रह: (गेट संस्कृति विशिष्ट कहानियाँ, माणस गन्ध, इकतीस कहानियाँ)।

दो लघु उपन्यास: (आतंक, सुबह की नींद)।

दो नाटक: (अर्द्ध रात्रि का सूर्य, नदी और रेत)।

एक व्यंग्य संग्रह: संत होने से पहले।

चार काव्य संकलन: युग परिवर्तन, अनकहा, जो देख रहा हूं, सिंदूरी सांझ और खामोश आदमी।

सम्मान: जम्मू अकादमी तथा हिमाचल अकादमी से 'आतंक' पुरस्कृत।

उपन्यास पुरस्कृत: साहित्य कला परिषद् दिल्ली से 'नदी और रेत' नाटक पुरस्कृत। कई स्वैच्छिक संस्थाओं से साहित्य सेवा के लिए सम्मानित।

सीनियर फैलो: संस्कृति मंत्रालय भारत सरकार।

संपर्क: "अभिनंदन" कृष्ण निवास लोअर पंथा घाटी शिमला-171009, हिमाचल प्रदेश।

सुधा अरोड़ा

जन्म: 4 अक्टूबर, 1946 लाहौर (अविभाजित भारत में)। सन् 1947 में कलकत्ता आगमन।

मेधावी छात्रा; शिक्षा-दीक्षा...कलकत्ता में। कलकत्ता विश्वविद्यालय से एम. ए. (हिन्दी साहित्य) प्रथम श्रेणी, प्रथम-गोल्ड मेडेलिस्ट।

प्राध्यापन, सम्पादन, पत्रकारिता, स्तम्भ लेखन में सक्रिय। स्त्री-विमर्श में महत्वपूर्ण भागीदारी। टेलीफिल्म, साक्षात्कार, स्तंभ लेखन एवं अनुवाद भी।

सारिका, मार्च 1966 में प्रकाशित 'एक सेंटीमेंटल डायरी की मौत' प्रथम प्रकाशित कहानी। मरी हुई चीज पहली कहानी, जो ज्ञानोदय (1965) सितम्बर अंक में प्रकाशित हुई। प्रथम कहानी संग्रह: 'बगैर तराशे' हुए सन् 1967।

कहानी संग्रह: बगैर तराशे हुए; युद्धविराम, महानगर की मैथिली, काला शुक्रवार, कांसे का गिलास, मेरी तेरह कहानियाँ, रहोगी तुम वही, 21 श्रेष्ठ कहानियाँ, एक औरत-तीन बटा चार, मेरी प्रिय कथाएं, 10 प्रतिनिधि

कहानियाँ, तथा सन् 2014 में प्रकाशित—अन्नपूर्णा मंडल की आखिरी चिट्ठी।

उपन्यास: यही कही था घर (2010)

एकांकी: ऑड मैन आउट ऊर्फ बिरादरी बाहर। (2011)

कविता: रचेंगे हम साझा इतिहास (2012)

स्त्री विमर्श: आम औरत: जिन्दा सवाल, एक औरत की नोटबुक, औरत की दुनिया: जंग जारी है आदि अनेक पुस्तकें।

सम्मान: सन् 1978 में उत्तर प्रदेश हिन्दी संस्थान का विशेष पुरस्कार; सन् 2008 का साहित्य क्षेत्र का भारत निर्माण सम्मान; सन् 2010 का प्रियदर्शिनी सम्मान; सन् 2011 का वीमेंस अचीवर अवार्ड, सन् 2012 का महाराष्ट्र हिन्दी साहित्य अकादमी पुरस्कार।

संम्पर्क: 1702, सालिटेअर, हीरानन्दानी गार्डेन्स, पवई, मुम्बई-400078

सैली बलजीत

जन्म: 7 जनवरी, 1949; देश की शीर्षस्थ पत्रिकाओं—'हंस', 'सारिका', 'गंगा', 'कादम्बिनी', 'साप्ताहिक हिन्दुस्तान', 'वर्तमान साहित्य', 'संचेतना', 'कथाक्रम', 'प्रेरणा', 'शिखरवार्ता', 'पश्यंती', 'समरलोक' इत्यादि में कहानियाँ प्रकाशित। नौकरी के दिनों में विद्युत बोर्ड में जूनियर इंजीनियररहेऔर एस.डी.ओ. के पद से सेवानिवृत्ति। पंजाब तथा हिमाचल प्रदेश के विश्वविद्यालयों से एम.फिल. हेतु शोधकार्य सम्पन्न। प्रतिष्ठित कथाकारों—कमलेश्वर, राजेन्द्र अवस्थी, डॉ. महीप सिंह द्वारा कहानियों पर टिप्पणियां। अनेक सम्मानों से सम्मानित। केन्द्रीय हिन्दी निदेशालय (मानव संसाधन विकास मंत्रालय) नई दिल्ली के अहिन्दी भाषीय हिन्दी लेखन के अन्तर्गत कृति 'मुखौटों वाला आदमी' को एक लाख रुपये का राष्ट्रीय पुरस्कार (2007 के लिए) प्राप्त।

कृतियां

कहानी-संग्रह: अपनी-अपनी दिशाएं; गीली मिट्टी के खिलौने; अब वहां सन्नाटा है; तमाशा हुआ था; बापू बहुत उदास है; मुखौटों वाला आदमी; घरौंदे से दूर; अंधा घोड़ा; वह आदमी नहीं था; घोड़े अब हांफ रहे हैं; यह नाटक नहीं था; तुम यहां खुश हो ना...चन्द्रमोहन; यंत्र-पुरूष

उपन्यास: मकड़जाल।

संपादित कहानी संग्रह: धूप में नंगे पांव; कहर के दिन; खूबसूरत शहर और चीखें।

संस्मरण: मेरे आईने में; अपने-अपने आईने।

लघुकथा संग्रह: आज के देवता; नाटक: नागफनियों के देश में।

कविता संग्रह: पिता जी जब घर में होते हैं।

शीघ्र प्रकाश्य: मैं बहुत उदास रहता हूं इन दिनों (कविता संग्रह)

सम्पर्क: सैली बलजीत, 1288, लेन-4, श्रीरामशरणम कॉलोनी, डलहौजी रोड़, पठानकोट (पंजाब) 145001

स्वयं प्रकाश

जन्म: 20 जनवरी, 1947

भाषा: हिन्दी

विधाएं: कहानी, उपन्यास, निबन्ध, नाटक

कहानी संग्रह: मात्रा और भार, सूरज कब निकलेगा, आसमां कैसे-कैसे, अगली किताब, आयेंगे अच्छे दिन भी, आदमी जात का आदमी, चर्चित कहानियाँ, अगले जन्म, आधी सदी का सफरनामा, पार्टीशन।

उपन्यास: जलते जहाज पर, बीच में विनय, उत्तर जीवन कथा, ईंधन, ज्योति रथ के सारथी।

निबन्ध: स्वान्त: सुखाय, दूसरा पहलू, रंगशाला में एक दोपहर।

नाटक: फीनिक्स।

राजस्थान साहित्य अकादमी पुरस्कारस, वनमाली स्मृति पुरस्कार, सुभद्राकुमारी चौहान पुरस्कार, पहल पुरस्कार।

सम्पर्क: 3/33, ग्रीन सिटी, ई-8, अरेरा कॉलोनी, भोपाल-462029

सुशीलकुमार फुल्ल

15 अगस्त, 1941 को पंजाब के एक गांव काईनौर (जिला रोपड़) में जन्म,प्रारम्भिक शिक्षा-दीक्षा महात्मा गांधी मैमोरियल नेशनल हाई स्कूल अहमदगढ़ (संगरूर) में...बाद में पंजाब विश्वविद्यालय, चण्डीगढ़ से एम. ए. (हिन्दी, अंग्रेजी) एवं पी. एच. डी. (हिन्दी)...

कर्मक्षेत्र गत पचास वर्ष से...पालमपुर (हिमाचल प्रदेश) हिमाचल प्रदेश कृषि विश्वविद्यालय, पालमपुर से 35 वर्ष के अध्यायनोपरान्त, सन् 2001 में आचार्य एवं अध्यक्ष, भाषा विभाग के पद से सेवा-निवृत्त।

कुल साठ पुस्तकें प्रकाशित। लेखन हिन्दी एवं अंग्रेजी में। 12 कहानी संग्रह, 8 उपन्यास, 5 बाल उपन्यास, 15 आलोचना पुस्तकें, 15 आलोचन एवं साहित्येतिहास की पुस्तकें प्रकाशित।

नवीनतम प्रकाशित पुस्तकों में—चिडियों का चोगा (2013); कहानी संग्रह; हिन्दी साहित्य का सुबोध इतिहास (2013);पीयरसन से, जलजला (2012) कहानी संग्रह; मुंशी प्रेमचन्द की उत्कृष्ट कहानियाँ (2014), हिन्दी के शब्द–शिल्पी (2013) आदि।

सम्मान: मेमना और होरी की वापसी कहानियों पर क्रमश: 1978 एवं 2003 में राष्ट्रीय पुरस्कार। मिट्टी की गंध (1983) उपन्यास एवं सन् 2000 में यू. सिंह लापता है, कहानी संग्रह पर हिमालय साहित्य अकादमी पुरस्कार। 'हारे हुए लोग' (1990) उपन्यास पर चन्द्रधर शर्मा गुलेरी स्टेट अवार्ड। बीस अन्य सम्मान।

सम्पादन: 'रचना' पृत्रिका का सन् 1985 से सम्पादन-प्रकाशन।

सम्पर्क: पुष्पांजलि, राजपुर (पालमपुर) 176061 हिमाचल प्रदेश।

□□□